KB259734

전환기 한미관계의
새판짜기 2

국립중앙도서관 출판시도서목록(CIP)

전환기 한미관계의 새판짜기 2 / 엮은이: 평화 · 통일연구소;
지은이: 강정구, 고영대, 고케츠 아츠시, 김승국, 김진환, 박기학, 이재
봉, 이철기, 한호석, 허영구. -- 파주 : 한울, 2007
    p. ; cm

관제: 홍근수 목사 고희기념문집
ISBN 978-89-460-3793-9 03340

349.11042-KDC4
327.519073-DDC21   CIP2007002500

전환기 한미관계의 새판짜기 2

평화·통일연구소 엮음

강정구·고영대·고케츠 아츠시·김승국·김진환·
박기학·이재봉·이철기·한호석·허영구 지음

『전환기 한미관계의 새판짜기 2(홍근수 목사 고희기념문집)』를 펴내며

　　평화·통일연구소 이사장이신 홍근수 목사님의 고희를 기념하여 지난 해 이 책을 헌정하려 했으나 이제야 출간하게 됐습니다. 홍 목사님은 한평생 반(反)민족적, 반자주적, 반평화적, 반통일적 역사행로를 마감하고 민족 자주와 자존, 평화와 통일로 향한 역사 순응의 행보를 개척하기 위한 길을 걸어오셨습니다. 당신께서는 이러한 문제의식을 언제나 연구소와 우리 필자들께 불어넣어 주셨습니다. 홍 목사님의 혼과 우리들의 몸부림이 담긴 이 책을 홍근수 목사님의 고희기념문집으로 헌정합니다.

　　이 책은 또, 평화·통일연구소의 첫 번째 연구물인 『전환기 한미관계의 새판짜기 1』의 후속편이기도 합니다. 첫 책은 해방과 분단, 미군주둔이 2005년에 이르러 60년 환갑을 맞았다는 문제의식에서 출발했습니다. 그 사이 한미관계와 조미관계의 전환을 재촉하는 일들이 한두 가지가 아닙니다. 2·13합의로 한반도 비핵화와 평화체제 확립의 주고받기식 합의가 이뤄졌습니다. 한반도에서 전쟁을 원천적으로 배제하는 평화협정을 위해서는 무엇보다 미군 철수와 한미동맹 철폐가 이뤄지고 이에 상응하여 북의 핵무기도 폐기되어야 합니다. 험난하지만 희망적입니다.

　　그렇지만 한미관계를 보면 한반도 평화체제와 정면으로 배치되는 주한미군의 전략적 유연성이 합의되고 평택 미군기지의 확장·재편이 강행되고 있습니다. 전시작전통제권이 드디어 2012년 한국에 환수되고 한미연합사가 해체된다는 반가운 소식과 동시에 한미안보협의회의와 한미군사협의회를 그대로 존속시키고 유엔사를 강화하고 동맹군사협조본부(AMCC)를 신설해 전구급 기능별 협조본부와 각 작전사별 협조기구를 한미 간에 구성한다는 어이없는 계획이 추진 중입니다. 겉으로 표방된 작통권 환수와 달리 실질적인 미국의 작전통제권 재장악입니다.

어디 이 뿐입니까? 한미FTA합의로 경제생활, 문화생활, 일상생활에 이르기까지 생활 규범과 경기규칙까지 미국에 맞추는 일체화를 강요당하게 될 것입니다. 자주의 씨앗을 군사만이 아니라 사회전반에 걸쳐 질식시킬 위험을 안고 있는 게 한미FTA입니다.

한반도를 둘러싸고 명암이 교차하면서 전개되는 전환기적 현상들이 우리를 현란하게 합니다. 이 전환기에 선택한 역사행로는 이후 몇 백 년 역사궤도를 결정지을 것이기에 가야할 방향을 제시해봅니다.

1장은 국가주권의 핵심인 작전통제권이 얼마나 불법적으로 미국에 의해 박탈되고 어떻게 한국군의 탈주권화와 기형화가 초래되었는지를 밝힘으로써 작전통제권 환수의 주권적 의의를 제시합니다. 2장은 불평등한 한미동맹의 전형적인 사례로서 미군 소유 탄약의 한국군 저장관리의 문제점과 그 군사전략적 연관을 밝힘으로써 한미동맹 폐기의 필요성을 제기합니다. 3장은 『2004 국방백서』의 안보관이 미국 안보관의 복사판으로서 북한주도 안보위협론의 확산과 미국주도 안보위협론의 은폐에 앞장서는 결과를 가져옴을 제시함으로써 국방안보 분야 전환의 방향을 제시합니다. 4장은 군비증강과 신 대미종속의 길을 걷는 참여정부의 국방개혁의 문제점을 밝혀 평화군축과 자주국방이 지향해야 할 시대적, 국민적 바람임을 밝힙니다. 5장은 한미동맹의 불평등성을 경제로까지 확장하는 한미FTA의 본질을 밝혀 자주국가의 필수요건으로서 경제주권의 중요성을 제시합니다. 6장은 제네바회담을 파탄내고 정전협정의 군비증강 금지 규정인 13항 ㄹ목을 폐기하는 역사적 과정을 규명해 미국이 곧 한반도 평화와 통일의 가장 큰 걸림돌임을 밝힙니다. 7장은 북한 핵문제의 본질과 미국의 대응 과정을 개괄함으로써 미국의 대북 적대정책 폐기야말로 한반도 평화의 핵심내용임을 제시합니다. 8장은 미국의 북한인권법의 본질적 문제로서 서양 인권개념의 근본적 한계, 저강도 전쟁전략, 세계적 수준의 인권침해 주범으로서의 미국 위상 등을 제기함과 함께 북한인권의 진정한 개선 방안을 제안합니다. 9장은 당면한 최대과제로 떠오른 한반도 평화협정 체결과 관련해 한반도의 영구적 평화와 자주적 통일이 담보되는 방안을 제시합니다.

10장은 한반도와 동북아시아 평화의 중대한 위협 요소인 미국의 MD 전략을 분석함으로써 그 폐기의 중요성을 살펴봅니다. 11장은 '중국위협론'의 허구성을 제시함으로써 한미동맹을 미국의 대중국 포위동맹으로 변환시키려는 미국의 의도와 과감히 맞서야 함을 강조합니다. 12장은 미일동맹이 미국의 세계군사패권 전략의 산물임을 보여줌으로써 한반도와 동북아시아 평화에 대한 그 적대적 성격을 드러냄과 동시에 한일 민중 연대의 중요성을 제시합니다.

한반도가 평화와 통일, 민족자주의 궤도를 달리는 새로운 역사가 열릴 수 있도록 이 책이 조그만 밑거름이 되기를 간절히 바랍니다.

2007년 8월

해방과 분단 62년의 광복절을 맞아

저자를 대표해 강정구 씀

차례

『전환기 한미관계의 새판짜기 2(홍근수 목사 고희기념문집)』를 펴내며 5

제1부 한미관계 새판짜기

제1장 작전통제권 상실 과정과 한국군의 탈주권화 ······················ 15

　　1. 머리말 15
　　2. 작전통제권과 국가주권 17
　　3. 강압과 불법으로 점철된 작전지휘권 상실 과정 22
　　4. 한미연합사 창설의 불법성과 한미연합사령관의 작전통제권 행사 31
　　5. 작전통제권 상실로 인한 한국군 탈주권화와 기형화 39
　　6. 한국군 기형화의 구조물로서 한미연합사 59
　　7. 유엔사의 실체와 작전통제권의 유엔사 환원기도의 부당성 65
　　8. 환수불가론의 허구성 69
　　9. 맺음말 75

제2장 미국의 방위비 분담 요구의 본질과
　　　미군주둔비 지원 폐지의 당위성 ······························ 80

　　1. 글을 시작하며 80
　　2. 미국의 패권적 군사전략과 동맹국의 방위 부담의 상관성 81
　　3. 한국군의 미군 소유 탄약 저장관리의 현황과 문제점 110
　　4. 한국 공군의 미 공군 탄약 저장관리의 문제점 123
　　5. WRSA탄을 전량 미국으로 철수시켜야 할 이유 126
　　6. 자립적 탄약비축정책의 확립을 위하여 139
　　7. 대안을 찾아서 147

제3장 『국방백서』의 미국 추종적 안보관 ················· 150

　　1. 머리말 150
　　2. 맹목적 대미 추종주의에 갇힌 안보관 152
　　3. 냉진시각에 사로잡힌 '대북안보관'과 대미 추종주의 159
　　4. 표방된 협력적 자주국방과 재강화될 예속국방 170
　　5. 우리 민족의 동북아균형자 역할론 175
　　6. 맺음말: 미국의 국방백서가 아닌 민족의 국방백서를 모색하며 179

제4장 '국방개혁2020'의 문제점과 자주적 국방개혁의 모색 ·········· 184

　　1. 머리말 184
　　2. 협력적 자주국방론과 국방개혁2020의 한계성 186
　　3. 자주적 국방개혁의 모색 200
　　4. 맺음말 206

제5장 한미FTA는 자본의 신자유주의 세계화와

　　　제국주의 침략의 결정판 ······················· 208

　　1. 머리말 208
　　2. 신자유(본)주의 세계화 210
　　3. 한미FTA 추진 과정 212
　　4. WTO 세계체제와 한미FTA 216
　　5. 한미군사동맹을 뒷받침하는 경제동맹인 한미FTA 218
　　6. 한미FTA 타결과 비준 전망 221

제2부 북미관계 새판짜기

제6장 미국의 제네바 회담 파탄내기와 중립국 감시소조 추방 및

　　　정전협정 13항 ㄹ목 폐기 ···················· 227

　　1. 글을 시작하며 227
　　2. 제네바 정치회담의 결렬과 분단 고착 228

3. 한미 합의의사록 체결과 의미 241

4. 중립국 감독위원회 감시소조의 강제 추방에 나선 미국 246

5. 미국의 휴전협정 일방적인 13항 르목 폐기와 핵무기 도입 264

6. 글을 마치며 271

제7장 북한 핵문제에 대한 미국의 대응과 평화적 해결 전망 ····· 273

1. 북한 핵무기 개발의 배경과 과정 273

2. 북한 핵무기 개발에 대한 미국의 대응 283

3. 북한 핵문제 해결을 위한 6자회담의 전개와 전망 292

4. 6자회담 이외에 미국이 선택할 수 있는 방안 301

제8장 미국 북한인권법의 반인권성과 북한 붕괴전략 ················ 305

1. 머리말 305

2. 인권범주의 재구성과 보편성이 결여된 미국식 인권 309

3. 현실주의 외교기조와 양립 불가능한 미국의 인권정치 317

4. 북한 정권 교체 전략인 저강도전쟁 321

5. 북한인권법의 저강도전쟁성과 미국의 인권 제국주의 325

6. 진정한 북한인권 개선의 모색 334

7. 맺음말 339

제9장 한반도 평화체제 수립방안 ························· 344

1. 머리말 344

2. 한반도평화체제 수립의 기본방향 345

3. 한반도평화체제 개념과 최대주의적 접근 351

4. 한반도평화체제 수립과정 357

5. 맺음말 370

제3부 동북아 새판짜기

제10장 미사일방어와 미국 군산복합체 ·····················375

  1. 미일동맹 재편과 MD　376

  2. 군산복합체론으로 조명한 '북한 미사일-MD 관계'　378

  3. 미일MD동맹과 북한위협론　380

제11장 '중국위협론'의 실체 ·····················410

  1. 글을 시작하며　410

  2. 중미관계의 변화요인　411

  3. 중국 시장사회주의의 빛과 어둠　416

  4. 중국이 겪는 재앙과 미국의 제국주의 개입정책　421

  5. 중미관계의 자극요인　425

  6. '중국위협론'의 실상과 허상　429

  7. '중국위협론'과 미일동맹군의 무력증강　435

  8. 글을 맺으며　442

제12장 현대 일본정치의 군사화 배경과 미일동맹 ·····················445

  1. 머리말　445

  2. 전후 일본정치와 미일안보조약의 위치　447

  3. 전후 보수권력을 지탱한 미일안보와 한일관계　448

  4. 전후 일본사회의 변동과 미일안보체제　451

  5. 미군재편과 연동된 일본의 헌법개악　453

  6. 미군재편과 한·미·일 동맹　457

  7. 남북한 자주통일의 가능성과 한일관계　459

부록 1 제4차 6자회담 공동성명　465

부록 2 '9·19공동성명 이행을 위한 초기조치'와 '대북지원부담의 분담에 관한 합의 의사록'
　　전문　468

제1부
한미관계 새판짜기

제1장 작전통제권 상실 과정과 한국군의 탈주권화

제2장 미국의 방위비 분담 요구의 본질과 미군주둔비 지원 폐지의 당위성

제3장 『국방백서』의 미국 추종적 안보관

제4장 '국방개혁2020'의 문제점과 자주적 국방개혁의 모색

제5장 한미FTA는 자본의 신자유주의 세계화와 제국주의 침략의 결정판

제1장

작전통제권 상실 과정과 한국군의 탈주권화[*]

강정구 · 박기학 · 고영대

1. 머리말

6월 민주항쟁 이후 한국사회가 전반적으로 민주화되고 이성화되었지만 미국, 북한, 안보에 관한 사안만큼은 아직도 민주화 이전 수준에 머물고 있다. 이 영역에 관한 한 '민주화 이후의 민주화'가 과제가 아니라 '민주화 이전의 민주화'가 아직도 화급한 과제이다. 곧, 미국·북한·안보에 관한 많은 사안은 참이 참으로 받아들여지지 않으며, 있는 그대로의 객관적 서술도 국가보안법과 냉전-색깔몰이에 의해 제약을 받고 금기시되고 있다. 참 역사와 보편주의는 실종되고 미국·북한·안보 예외주의라는 냉전성역이 판치는 반이성과 야만의 족쇄에 갇혀 있는 게 오늘날 한국사회가 처한 엄연한 현실이다.

특히 전시작전통제권 문제와 같이 이들 세 영역이 혼재되어 있는 사안일수록 이런 반이성과 '친북반미'라는 냉전-색깔몰이는 더욱 기승을 부

---

* 이 글은 한국사회학회 주최 '2006년 후기사회학대회'(2006년 12월 15~16일, 서울대학교 미디어관)에서 발표된 「작전통제권 상실 과정의 참 역사와 환수 의의」를 수정·보완한 것이다.

려 상승작용을 하기 마련이다. '동맹'으로서의 미국과 '안보위협 대상'으로서의 북한이 연계되면서 안보영역이 핵심으로 자리 잡기 때문이다.

오늘날 지구촌에서 작전권을 다른 나라에 이양한 사례는 미국의 괴뢰국가에 불과한 이라크 정부와 유엔사무총장을 배출한 선진국이라는 대한민국 외에는 없는 것 같다.

어느 나라나 국가수반에게 지워진 제1의 책무는 국민의 생명과 재산을 보호하는 것이다. 국민 개개인에게도 가장 핵심적인 것은 죽고 사는 문제인 생명권(right to life)을 국가로부터 보장받는 것이다. 전시작전통제권을 국가수반이 제대로 행사하지 못하는 것은 생명권을 외세에게 맡기는 바와 진배없다. 이런 점에서 작전통제권 환수는 단순한 군사기술이나 전력 수준 문제가 아니라 국가주권에 관한 문제다.

이 글은 전시작전권이 핵심적인 국가주권이라는 관점에서 출발하여 강압과 불법으로 점철된 작전지휘권(통제권) 상실 과정을 파헤친다. 또한 작전통제권 상실로 인한 한국군의 탈주권화와 기형화를 그 구체적 표현인 한미연합사를 중심으로 들추어내어 '국가 없는 국가'로서의 한국이라는 국가의 주권피탈 형상을 보여줄 것이다. 동시에 환수불가론의 허구성을 밝혀 즉각 환수의 필요성을 제시한다.

2012년 전시작전통제권 환수에 한미가 합의하면서 당면한 과제는 환수하느냐 마느냐의 문제가 아니라 어떻게 기만적 환수를 막고 환수의 주권적 의의를 살릴 것인가 하는 문제다.

주한미군의 전략적 유연성과 이에 맞춘 새로운 '한미연합지휘체계', 더 나아가 한·미·일·호주를 함께 묶는 '광역연합지휘체계'를 추진하여 동북아패권을 굳히려는 미국의 군사팽창주의 전략 때문에 전시작전통제권 환수는, 국민여론의 비판이 없다면 1994년 평시작전통제권 반환 때처럼 하나마나한 것이 될 것이 뻔하다. 이 글은 기만적 반환의 구체적

실상과 그 비판을 목적으로 한 것이 아니지만 작전통제권의 군사주권적 의미를 누누이 강조함으로써 작전통제권의 즉각적이고 전면적인 환수의 문제의식을 갖도록 하기 위한 것이다.

2. 작전통제권과 국가주권

1) 작전통제권은 군사주권의 핵심

국가주권의 핵심인 군통수권은 군정권과 군령권을 포괄하는 것이지만 군령권이 그 핵심을 이룬다. 군령권은 군사력을 운용하는 용병기능으로서 작전지휘권이 그 주요한 내용을 이룬다. 군정권은 군사력을 건설, 유지, 관리하는 양병기능으로서 국방정책의 수립, 국방관계법령의 제정, 개정 및 시행, 자원의 획득배분과 관리, 작전지원 등에 관한 권한을 의미한다. 이 점에서 군정권은 전투와 관련한 군사 활동의 본질적인 부분은 아니다.

가장 넓은 개념인 지휘권[1]은 군정 범주의 행정지휘권과 군수지원,

---

1) 한국 합참(2004)은, 지휘권: "가용자원의 효율적인 사용을 위한 권한과 책임 그리고 부여된 임무를 완수하기 위한 군대의 운용, 편성, 지시, 협조 및 통제의 권한과 책임을 포함"하며 "부하 개개인의 건강, 복지, 사기 및 군기에 대한 책임도 포함"; 작전지휘권: "작전수행에 필요한 자원의 획득 및 비축, 사용 등의 작전소요 통제, 전투편성(예속, 배속, 지원, 작전통제), 임무부여, 목표의 지정 및 임무수행에 필요한 지시 등의 권한"; 작전통제권: "작전계획이나 작전명령상에 명시된 특정임무나 과업을 수행하기 위해 지휘관에게 위임된 권한으로서 …… 지정된 부대에 임무 또는 과업부여, 부대의 전개 및 재할당, 필요에 따라 직접 작전통제를 실시하거나 이를 예하 지휘관에게 위임 등의 권한을 말하며 여기에는 행정

군령 범주의 작전지휘권으로 나뉜다. 작전지휘권은 행정지휘권에 대한 상대적 개념으로, 지휘권 가운데 행정과 군수가 제외된 권한이다.

작전통제권은 작전지휘권 가운데 부대편성, 부대훈련, 군기가 제외된 개념으로, 작전지휘권보다는 좁은 개념이나 작전지휘권의 핵심 내용을 이룬다. 작전통제권이 빠진 지휘권이란 알맹이가 빠진 형식적 권한에 지나지 않는다는 점에서 작전통제권은 군사주권의 핵심이고 상징이다.

작전통제권이 국가주권에 속한다는 것은 1994년 평시작전통제권 환수 때 국방부와 합참이 밝힌 바다. 국방부는 "한국군은 정전 시 작전통제권을 환수함으로써 …… 실로 44년 만에 국가주권의 중요한 일부인 정전 시 작전통제권을 환수하고 독자적인 작전지휘체계를 확립하는 계기를 마련하게 되었다"(≪국방일보≫, 1994.12.1.)고 자평했다. 또 합참은 '주권행사 차원에서 특히 의미 있는 변화'의 구체적 예로서 "한국 함대가 제3국과의 군사교류를 하거나 해양자원 및 어로보호 활동을 위해 연합사의 작전구역을 이탈할 시 별도의 협조절차가 필요 없게 되었으며, 아울러 제3국의 항공기나 함정이 적법한 절차 없이 우리 영역을 침범할 시도 합참에서 독자적인 대응 조치를 취할 수 있게 되었다"(≪합참≫, 1995년 1월호)고 말했다.

국방부는 전시작전통제권 환수 결정을 내린 뒤에 "작전통제(OPCON: Operational Control)는 특정임무나 과업수행을 위해 설정된 지휘관계를 의미하며, 작전통제권은 해당 부대에 대해 임무를 부여하고 지시를 할 수 있는, 작전지휘의 핵심적 권한이다"(국방부, 2006: 17)라고 밝혀 작전통제권이 국가주권임을 스스로 인정했다. 또 전시작전통제권 환수

및 군수, 군기, 내부편성 및 부대훈련 등에 관한 책임 및 권한은 포함되지 않는" 것으로 기술하고 있다.

를 "주권의 제약이 아니라 오히려 주권을 회복하는 것으로 봐야 하며 ……, 오히려 현재의 상태는 대통령의 군통수권을 규정한 헌법정신과 부합하지 않는 측면이 있다. 군에 대한 작전통제권은 국군 통수권의 핵심 사항이기 때문이다"라고 서술하고 있다(국방부, 2006: 17).

결론적으로 작전통제권 상실은 주권상실이며, 이를 되찾는 것은 주권회복이고 주권의 기형화를 바로잡아 '국가 있는 국가'로 가는 정상화의 길이다.

2) 유례없는 작전통제권 상실

김달중의 지적처럼 현 지구촌에서 한국처럼 작전통제권을 전적으로 외세에 넘겨준 채 지속적으로 군사주권을 상실한 나라는 미국의 피점령국인 현 이라크나 아프가니스탄 외에는 없다.

어떠한 나라도 자국군의 지휘권을 전적으로 다른 나라에 이양해준 나라는 찾아볼 수 없다. 미국 역시 40여 개의 국가와 군사동맹관계 혹은 실질적 군사협력관계를 맺고 있으나 그들 중 어느 한 나라의 지휘권을 전적으로 이양 받아 행사하고 있는 나라는 없다(김달중 외, 1988: 178).

이런 국가주권 훼손 현상을 희석시키기 위해 일부에서는 작전통제권 이양이 예외 사항이 아니라 나토(NATO) 심지어는 미군의 경우도 마찬가지라는 주장[2]까지 나온다. 나토군의 지휘체제는 통합사령부 형태이

---

2) 차두현(2005: 15)은 "미군 역시 자체 규정(미 대통령 지침 25호)에 따라 타국 지휘관의 작전통제권하에 들어갈 수도 있음을 명시"하고 있다면서 작전통제권

고 최고사령관을 미군이 맡고 있다는 점에서 대미 예속 지휘형태의 하나이다. 하지만 나토의 경우 개별 회원국은 나토의 결정에 따르지 않을 권리가 있는 등 한미연합지휘체제와는 현격한 차이가 있다.

나토의 의사 결정은 전원 합의제며, 회원국은 이사회 또는 다른 산하 위원회에서 각자 자신의 결정에 대해 완전한 주권과 책임을 갖는다.[3] 1967년 12월 채택된 「동맹의 장래 임무에 관한 하멜 보고서(Hamel Report on The Future Tasks of The Alliance)」도 "주권국가인 회원국은 자신의 정책을 집단적 결정에 종속시킬 의무가 없다"고 썼다(모리하라 키미도시, 2000: 89).

또 한국이 작전통제권을 전면적으로 미국에 이양한 것과는 달리 나토 회원국들은 각자가 전면적인 지휘권(full command)을 가진 상태하에서, 정치적으로 합의된 작전에 대해, 배속된 군대에 한해서 정해진 절차에 따라 나토 전략사령부의 작전통제를 받는다.[4] 그리고 전략사령부 예하

이양이 한국의 특수 상황이 아님을 강조한다.

3) "결정을 해야 할 경우 행동은 전원합의로 이뤄진다. 다수결에 의한 투표나 결정은 하지 않는다. 각 회원국은 이사회 또는 다른 산하 위원회에서 각자 자신의 결정에 대해 완전한 주권과 책임을 갖는다"(NATO 홈페이지, NATO HAND-BOOK Chapter 7: Policy and Decision-Making에서 인용, 2005년 10월 24일 검색).

4) "부대를 나토에 배속시키는 경우 나토 회원국은 배속된 부대의 작전통제(또는 작전지휘)를 나토 전략사령부에 위임하지만(assign) 이때의 작전통제(작전지휘)는 전면적 지휘권(작전과 행정 모든 면에서 이들 부대에 대해서 갖는 지휘권한)과는 구별된다. 이 전면적 지휘권한은 나토군에 배속된 뒤에도 각 회원국의 책임이며 회원국의 통제하에 있다. 대부분의 나토군은 구체적인 작전이 정치적 차원에서 합의되어 그 작전에 배속되기 전까지는 각 회원국의 전면적인 지휘 밑에 있다"(NATO 홈페이지, NATO HANDBOOK Chapter 12: The Military Command Structure에서 인용, 2005년 10월 13일 검색).

각 사령부의 사령관은 부대를 파견한 나라의 군인, 가령 영국이나 독일 장성 등이 맡도록 함으로써 자율권을 존중해주고 있다.

특수한 상황에서 미군이 외국군의 작전통제하에 들어갈 수도 있는 가능성을 열어놓고 있는 미국 대통령 지령 25호를 한국군의 작전통제권 상실이 예외적인 사례가 아니라는 증거로 드는 것 또한 왜곡이다. 미국 대통령 지령 25호는 "특정 군사목표를 달성하기 위해 미군을 외국군 사령관의 작전통제하에 두는 것도 지휘통일을 보장하고 군사적인 성과를 극대화하는 이유라면 때로는 유리하거나 현명한 것이다"(국방대학교 합동참모대학, 2003: 78)라고 명시했다. 미국이 자국 군을 외국군의 작전통제하에 둘 수도 있다는 것은 특정한 군사목표를 달성하기 위한 특정한 작전에 한해서, 거기에 참가하는 미군 부대에 대해서 고려해볼 수 있다는 뜻이지 한국의 경우처럼 모든 한국군에 대해서 항상적으로 작전통제권을 이양한다는 뜻이 아니다.

미국 합참 교범은 "미국 대통령은 미군 전력에 대한 지휘권을 보유하며, 결코 이를 양도할 수 없다. 기본적인 경우에 한해서, 대통령은 안보회의에 의해 권한이 부여된 특정 유엔작전을 위한 합법적인 유엔사령관의 작전통제하에 있는 미군 전력에 대한 적절한 지위를 고려해야 한다"고 규정하고 있다(국방대학교 합동참모대학, 2003: 77~78). 미 합참 교범은 미군이 외국군의 작전통제를 받을 수 있는 경우에 대해서 특정의 유엔작전에 한하며, 이 경우도 한국처럼 작전통제권을 이양하는 것이 아니다. 합참 교범은 미군이 다국적군의 작전통제하에 들어가는 경우라 하더라도 미국 대통령의 지휘권이 우선한다는 것, 또 다국적군의 작전통제가 미군의 독자적인 방어 권리를 방해할 수 없다는 것 등을 분명히 하고 있다. 즉, 다국적군의 작전통제란 미군에게 있어서는 극히 제한적이고 형식적임을 알 수 있다.5)

3. 강압과 불법으로 점철된 작전지휘권 상실 과정

1) 강압에 의한 이승만의 작전지휘권 이양(1950.7.1.)

우리나라의 작전지휘권 행사는 공식적인 정부출범과 더불어 곧장 발효된 것이 아니라 주한미군이 500여 명의 군사고문단을 남기고 철수한 1949년 6월 말 이후부터였다. 정부출범 열흘 만인 1948년 8월 24일 체결된 '대한민국 대통령과 주한미군사령관 간에 체결된 과도기에 시행될 잠정적 군사안전에 관한 행정협정'에 의해 작전지휘권은 미군정 때와 마찬가지로 미국이 행사하게 되었기 때문이다.

이 협정 제2조는 "주한미군사령관은 공동안전에 부합된다고 간주될 때에 점진적으로 가급적 속히 전 경찰, 해안경비대 및 현존하는 국방경비대로서 된 대한민국 국방군의 지휘책임을 대한민국 정부에서 이양하기를 동의하며, 대한민국 대통령은 동 국방군지휘책임을 인수하기로 동의한다"로, 또 "미군철수의 완료시까지, 주한미군사령관은 공동안전을 위해 또는 대한민국 국방군의 조직, 훈련 및 장비를 용역케 하기 위해 필요하다고 인정하는 대한민국 국방군(국방경비대, 해안경비대 및 비상지역에 주둔하는 국립경찰파견대를 포함함)에 대한 전면적인 작전상의 통제

---

5) "다국적군의 작전통제하의 미군 전력은 국가통수기구에서 다르게 지시되지 않는한 다국적군의 교전 규칙에 따라야 한다. 다국적군의 교전 규칙과 전투식별수단은 미군 전력의 자체 방어를 위한 권리나 책임을 방해해서는 안 된다"라고 하면서 "미군 전력은 다국적군의 교전 규칙이 현행 CJCSI13121.01 '미군 전력에 대한 잠정 교전 규칙'에 포함되어 있는 개인 자체 방어에 대한 규칙과 부대 자체방어에 대한 정책지침과 일치된다고 전투부대사령관이나 상급기관에 의해서 결정될 경우에 다국적군의 작전통제로 남아 있거나 할당되어질 수 있다"(국방대학교 합동참모대학, 2003: 78).

를 행사하는 권한을 보유한 것으로 합의한다”고 약정했다(송기춘, 2006). 이로써 미군이 철수하는 시점까지 대한민국은 ‘국가 없는 국가’였다.

미군철수 후 약 1년 동안 한국 정부가 행사했던 작전지휘권(operational command)은 1950년 7월 15일 이승만 대통령이 ‘일체의 지휘권(command authority)’을 이양하는 공한을 맥아더 유엔군사령관에게 발송하고, 7월 18일 맥아더가 이에 관한 답신을 보냄으로써 공식적으로 미국에 이양되었다. 이와 관련하여 다음 세 가지 점을 주목한다.

첫째, 알려진 것과 달리 이승만 대통령의 작전지휘권 이양은 한국 측이 제안하고 미국 측이 수락하는 자발적 이양이 아니라 미국의 강압에 의한 것이었다. 실제 이양일도 1950년 7월 8일이었다. 1950년 6월 29일, 6·25전쟁의 현황 파악 차 한국에 온 맥아더는 미군 투입의 전제조건으로 작전지휘권 이양을 요구했고, 이승만은 미국의 강요에 따라 1950년 7월 1일 정일권 참모총장에게 맥아더 사령관의 지휘를 받도록 지시했다. 이에 따라 미국은 ‘미국 통제하의 통합사령부(a unified command under the United States of America)’6)를 구성하기로 한 유엔결의가 있기 전인 7월 1일, 미군을 남한에 파견했고, 7월 8일에는 대전협정을 통해서 한국군의 작전지휘권을 장악했다(사단법인 대한민국헌정회, 『통일로 가는 길 - 분단조국과 민족통일(Ⅱ)』, 1990). 그런데 미국은 미군이 아닌 유엔군이 북한군과 싸운다는 외피를 쓰기 위해서 유엔기가 한국에 도착한 다음날인 7월 18일자로 유엔군 사령관의 명의로 한국군의 작전지휘권을 공식적으로 이양 받는 형식을 취했다.

둘째, 불법성이다. 이승만이 이양한 ‘일체의 지휘권’은 인사권을 제외

---

6) 이 미국 통제하의 통합사령부는 엄밀한 의미에서 유엔 사무총장의 지휘를 받는 유엔사는 아니다. 이 부분은 나중에 자세하게 다룰 것임.

한 작전지휘권 전반에 관한 것으로서, 국가주권에 관한 사안이다. 그런데도 주권을 제약하고 훼손하는 작전지휘권 이양이 국회동의나 국무회의의 의결, 심지어는 외무부와의 논의 등 최소한의 적법한 절차도 밟지 않은 채 위헌적으로 이루어졌다.

김달중은 "미국 측 자료에 의하면 이 대통령의 작전지휘권 이양에 관한 공한은 대통령 비서실의 보좌나, 국무회의 의결이나, 외무부의 역할이 개입된 흔적이나 혹은 미국 대사관의 역할이 개입된 사실을 찾아보기 힘들다"면서 "이 대통령 공한의 합법성이 문제시될 수도 있으며, 현재에 이르기까지 적법절차를 거쳐 보완되지 않았기 때문에 대통령 공한에 의한 주권 일부로 간주될 작전지휘권 이양이 위헌으로 주장될 소지를 안고 있다"고 썼다(김달중 외, 1988: 156).

셋째, 조건부다. 이승만 대통령의 서한은 "현 적대상태가 계속되는 동안 한국 육·해·공군에 대한 일체의 지휘권을 이양"한다는 조건부로, 적대상태가 중단되면, 곧 정전협정 체결과 동시에 다시 환수되어야 하는 잠정적인 것이었다. 이런 조건 때문에 정전협정 체결 시점을 전후로 하여 이 문제가 한미 간의 중요한 현안으로 등장했으며, 실제로 1954년 3월부터 수차례에 걸쳐 부분적이나마 지상과 해상의 작전지휘권이 환수되었다.

2) 일시적인 작전지휘권 환수(1954.3~11.)

작전지휘권은 "현 적대상태가 계속되는 동안"이란 표현에서 보듯이 잠정적·한시적으로 이양됐다. 그렇기 때문에 미국은 정전협정이 체결되면 작전지휘권이 환수될 것을 염려해 정전 이전부터 대비책을 마련하기 시작했다. 정전 직후 덜레스 국무장관은 한국을 방문해 한국군을 유엔군사령관의 작전지휘하에 두기로 이승만과 합의하고 이를 한미상호방위조약 공동성명(1953년 8월 8일)으로 발표했다.

이승만은 1953년 8월 7일 덜레스 장관과의 회담 때 "클라크 유엔군사령관에게 한국군을 유엔군사령부의 통제하에 남겨두지 않을 이유가 없다고 했다. (정전협정에 따른) 정치회담 기간이나 심지어 그 이후까지도 유엔군사령부 통제하에 두겠다고 클라크를 확신시켰다"고 말했다. 그렇지만 이승만은 "유엔군사령부와 한국 정부가 동일한 목표를 함께 추구하지 않는다면 한국 정부는 한국군을 유엔군사령부로부터 분리시키겠다(remove)"(US State Dept, *FRUS*: 1,483)고 하여 경우에 따라서는 미국으로부터 작전지휘권을 환수할 수도 있음을 내비쳤다. 이는 정전협정 체결로 작전지휘권을 언제든지 환수할 수 있는 상황임을 환기시킨 것이기도 하다.

한미상호방위조약 조인식(1953년 10월 1일, 워싱턴)에서 발표된 덜레스 국무장관의 단독성명도 이를 재확인했다. 그는 "8월 8일자 공동성명에서 이 대통령과 내가 밝힌 대로, 한국에 주둔한 우리 두 나라 군대는 지금부터 상호방위조약이 발효되리라고 예상되는 시점까지 사이에는 유엔군사령부에 복속될 것"[7]이며 상호방위조약이 발효되기 전에 공산군이 공격해 오면 자동적으로 즉각적인 유엔군의 반격을 받게 될 것이라고 발표했다.

8월 8일자 공동성명은, 명시는 하지 않았지만, 상호방위조약이 발효

---

7) "As set forth in the joint statement of August 8 by President Rhee and myself between now and the date when the mutual defense treaty can be expected to come into force and effect, the armed forces of our two nations in Korea will be subject to the United Nations Command, which will comply with the armistice terms"(*Department of State Bulletin*, October 12, 1953: 485).

되리라고 예상되는 시점을 2월 말로 상정한 것으로 보인다. 1953년 8월 27일자 미 국무회의에서 덜레스는 8월 8일자 공동성명이 "확보한 기간(terms)은 한국군을 최소한 다음 2월까지 유엔군사령관의 통제하에 남겨둔다는 것이었다. 또한 지금 가용한 한국 시설물들을 6개월 동안 계속 활용한다는 단서도 있었다"라고 확인했다.[8] 이러한 시점은 한미상호방위조약이 미 의회의 비준 동의를 받게 될 시점(1954년 1월 26일)과 연동되어 있었던 것으로 보인다.

덜레스는 1954년 6월 4일자로 주한 미국 대사관에 보낸 서한에서도 8월 8일 공동성명에서 합의된 작전통제권의 유엔사 장악은 3월 말로 끝난 것으로 확인하고 있다. 그것은 "'지금부터 상호방위조약이 발효되리라 예상되는 시점까지 사이에는' 한국군은 유엔사에 복속되는 것으로 해석되어야 한다. 그 약속은 3월 말로 끝났다. 8월 8일자 공동성명 뒷부분 문단에서 한국은 '정치회담 기간 동안 통일을 위해 무력수단을 통한 일방적 행동을 취하지 않는다고 약속했다.' 그 약속도 정치회담이 끝나면 소멸된다"(US State Dept, *FRUS*: 1,804).

그렇지만 1954년 5월 28일자 주한 미국 대사 브릭스(Briggs)의 대국무성 서한은 "이 시점에서 한국군과 유엔군사령부와의 관계 문제를 제기하지 않고 실용적으로 이 작전지휘권 문제를 풀어나가는 것이 좋

---

8) "Mr Dulles stressed the last sentence of the communique, to the effect that there were no agreements, not represented in the communique. The terms obtained for the United States South Korean assurance that the ROK forces should remain under the control of the United Nations Commander until at least next February. Also there was a proviso that the United States would continue for six months to make use of Korean facilities presently available" (US State Dept, *FRUS*: 1,502, 이 글은 1954년 8월 27일자 *Minutes of Cabinet Meeting*의 일부임).

다”라면서 부대별 또는 사례별로 처리하자고 제안했고 국무성의 6월 4일자 답신은 이 제안을 수용했다(US State Dept, *FRUS*: 1,801, 1,804).

이에 따라 한국은 1954년 3월 주한미군 2개 사단 철수를 계기로 3월 21일 “한국군 제1야전군사는 미 10군단으로부터 한국군 제1, 2, 3군단의 작전지휘권을 환수”하게 된다. 또한 10월 20일 “한국 6군단의 작전지휘권을 인수, 이로써 전 전선 작전지휘권을 미 측으로부터 완전 인수” 받게 된다(국방부 군사편찬연구소, 2002: 811). 해군은 1954년 9월에 남해상의, 1955년 1월에 동해상의, 3월에 서해상의 해상 작전지휘권을 반환받았다.9) 해병대 역시 3월과 10월 지상군과 함께 환수받게 되었다(서울신문사, 1979: 304). 그러나 지상군 일부와 공군의 작전지휘권은 여전히 환수되지 않았다.

이처럼 작전지휘권은 한국전쟁 발발 이후 줄곧 미국에 귀속된 것은 아니었고 비록 제한적이고 한시적이었지만 1954년 3월에서 11월 17일 한미상호방위조약이 발효되는 시점 사이, 곧 한미 합의의사록 체결 이전에 한국군에 환수되었다.

3) 한미 합의의사록 강압과 작전통제권 상실(1954.11.17.)

미국의 작전지휘권 장악은 미국의 한반도 지배라는 이해관계의 발로였지만 동시에 무력북진통일을 꾀하는 이승만에 제동을 걸기 위한 방편의 하나였다. 미국의 강력한 제동에도 불구하고 지속적으로 무력북진통일을 추구하는 이승만을 제어하기 위해서 미국은 한미상호방위조약 발효를 담보하는 비준서의 교환을 미루면서 이를 무기삼아 한국군 작전통

---

9) 해군 홈페이지, “한국 해군 50년사”(2006년 10월 20일 검색).

제권 장악을 꾀했다.

본래 한미상호방위조약 발효일은 1954년 3월 18일로 예정되었다(US State Dept, *FRUS*: 1,775). 그러나 이승만 대통령이 아이젠하워 대통령에 보낸 3월 6일자 호전적 편지 때문에 조약 발효는 연기되었다. 이 편지에서 이승만은 "통일을 위해 일방적 무력행위를 감행할 것을 통보하고, 더 나아가 미국이 한국의 무력북진통일을 도와주고, 한국의 요구대로 한국군을 강화하는 데 도움을 준다면, 한국이 제네바 정치회담에 참가하겠다"라고 통보했다(US State Dept, *FRUS*: 1,774~1,775).

그러나 당시 한미 간 현안은 작전지휘권 문제뿐 아니라 평화라인과 원조물자의 대일 구매 등 한일관계, 환율 현실화, 남한 당국 보유 외화에 대한 미국 정부의 통제 등, 정치, 통일, 경제, 군사문제 전반에 걸쳐 있었으며, 이러한 현안들을 매듭짓기 위해 1954년 7월 27일부터 30일까지 워싱턴에서 한미 정상회담이 개최되었다.

이 회담에서 이승만은 제네바 회담 결렬로 "정치회담 기간 동안 통일을 위해 무력수단을 통한 일방적 행동을 취하지 않는다"고 한 미국과의 약속이 소멸함에 따라 이를 명분삼아 무력북진통일을 위한 미국의 지지·지원을 받아낼 계획이었다(해리슨, 2003: 260). 그러나 중국 공산화에 맞서 일본을 동아시아의 전략적 군사·경제 요충지로 삼으려는 아이젠하워는 이승만에게 한일관계를 정상화하도록 고강도 압박을 가했다. 이를 둘러싼 대립으로 아이젠하워와 이승만이 잇달아 회의장을 퇴장하고, 이승만이 귀국하는 극한 대립 속에 회담은 정작 한일관계와 경제문제를 중심으로 진행되었다. 각료 중심으로 진행된 이후 회담은 경제, 군사 소위원회로 나뉘어 9월 14일까지 계속되었으나 끝내 결렬되었다.

서울에서 속개된 협상도 교착상태를 벗어나지 못했다. 이에 미국은 원조를 무기로 자신들의 입장을 관철시키려고 하는 한편 쿠데타 공작도 병행했다. 이에 이승만 정권은 10월 1일 유엔군에 대한 환화(貨) 대여를 중단하는 초강수를 두었으며, 미국은 석유 공급 중단으로 대응했다. 이승만 정권은 11월 6일에 환화 대여를 재개했으나 유엔군사령관 헐은 11월 8일에 이승만 정권의 제거를 위한 4단계 긴급행동계획을 작성하여 리지웨이 육군 참모총장에게 승인을 요청했다. 원조의 불안정과 석유공급 중단은 남한에 감내하기 어려운 부담을 가중시켰다. 미8군의 한국군 장성들에 대한 통제와 충성 확보 노력, 한국군 보급품에 대한 6~7일분 제공 등에 위기를 느낀 한국군 장성들은 이승만에게 미국의 요구를 수용하도록 압박을 가했다. 결국 이승만 정권은 11월 14일 미국 안을 무조건 수락하는 백기를 들었고, 이로써 11월 17일 작전통제권을 비롯한 남한에 대한 미국의 정치적·경제적·군사적 지배 고리를 법적으로 보장하는 한미 합의의사록이 체결되었다.

이러한 한미 합의의사록 체결과정에서 보듯이 한미 합의의사록에 의한 작전통제권 이양 역시 이승만 서한에 의한 작전지휘권 이양과 마찬가지로 이승만 대통령의 자발성에 의한 것이 아니라 전적으로 미국의 군사적, 경제적 강압에 의해 이뤄졌음을 알 수 있다.

또한 이승만의 작전지휘권 이양 서한이 작전지휘권만 이양한 반면 한미 합의의사록은 훨씬 더 포괄적으로 정치, 통일, 경제, 군사 분야 전반에서 국가주권을 제약하고 있는데도 국회 동의 과정도 없이 한미상호방위조약 부속합의서 형태(이장희 외, 2004: 257)로 처리됨으로써 불법성 정도가 이승만의 서한을 능가한다.

한미 합의의사록의 작전통제권 이양 역시 잠정적인 것이었다. 한미 합의의사록 2항은 "국제연합군사령부가 대한민국의 방위를 위한 책임을 부담하는 동안 대한민국 국군을 국제연합군사령부의 작전통제권하에 둔다"라고 규정하고 있다. 이는 곧 유엔사가 대한민국의 방위를 책임지는 동안만 유엔사의 작전통제권 장악이 허용됨을 뜻한다.

그러나 유엔이 아닌 바로 미국이 한미 합의의사록 체결의 주체가 됨으로써 유엔군사령부는 미국과 주한미군의 보장에 의해서만 한국 방위를 수행할 수 있게 되었다. 또한 유엔이 아닌 미국이 한미 합의의사록의 체결 주체가 됨으로써 "이는 전쟁이 종결된 이후에도 유엔군사령관을 겸하고 있는 미군사령관이 한국군을 계속 통제할 수 있는 근거를 제공해 줌으로써 한반도에서의 한국과 미국의 방위 노력이 한국의 필요성에 의해서라기보다 미국의 범세계적 전략 요구에 의해서 추진"되었다고 할 수 있다(안광찬, 2002: 98).

한편 한미 합의의사록 체결로 이전의 작전지휘권 이양에서 작전통제권 이양으로 그 범위가 다소 축소되었지만 본질상 변화는 없었다.

4) 작전통제권 행사주체의 실질적 변경: 유엔군사령부에서 미태평양 사령부로(1957.10.9.)

1957년 7월 1일 주한미군사령부가 창설되면서 유엔군사령부 예하의 지상구성군사령관을 겸직해왔던 미 8군사령관이 유엔군사령관과 주한 미군사령관을 겸직하게 됨으로써 유엔군사령부는 그 지위가 한 단계 격하되었다. 나아가 태평양사령부가 창설된 지 약 3개월 만인 1957년 10월 9일[10]에는 유엔군사령관의 주한미군에 대한 작전통제권이 태평양 사령관에게 넘어가게 되었다.

이러한 주한미군의 지휘체계 변경으로 여러 가지 변화가 수반되었다.

첫째, 그 동안 미국을 비롯한 16개 6·25전쟁 참전국의 다국적군 통합

---

10) 이는 1957년 7월 1일자로 소급 적용되었다(국방부 군사편찬연구소, 2002: 601).

사령부로서의 지위를 누려 왔던 유엔군사령부는 이제 사실상 한국군만을 작전 통제하기 위한 기구로 지위와 기능이 축소·변경되었다. 당시까지 한국에 남아 있던 6·25전쟁 참전국은 태국 등 2~3개국에 불과했다.

둘째, 주한미군과 한국군의 관계가 "지휘와 피지휘관계로 바뀌게" 되었다. 즉, "주한미군사령부 요원은 유엔군사령부 요원으로 이중 보직되어 한국군에 대해 작전통제권을 행사할 수 있"게 된 것이다(안광찬, 2002: 101).

셋째, 주한미군에 대한 작전통제권이 없는 유엔군사령부는 사실상 정전관리 임무만 맡게 되고 한국 방위는 실질적으로 주한미군이 맡게 되었다. 즉, 한국 방위에 대한 유엔군사령부 임무는 전적으로 명목상에 그치게 된 것이다. 따라서 이미 이때부터 유엔군사령부가 한국군에 대한 작전통제권을 행사할 수 있는 근거 — 유엔군사령부가 한국의 방위를 부담하는 동안 — 가 사실상 소멸되었음을 의미하며, 이는 곧 한미 합의의사록 2항이 폐기되어야 함을 말한다.

이로써 미국을 당사자로 하는 한미 합의의사록의 체결로 한층 도드라졌던 주한미군 외피로서의 유엔군사령부의 본성과 유엔군사령부의 한국 방위 임무와 실제 방위 수행 주체와의 괴리는 더욱 전면화되었다.

4. 한미연합사 창설의 불법성과 한미연합사령관의 작전통제권 행사

1) 한미연합사 창설 배경

한미연합사 창설 배경은 멀리는 닉슨 독트린(1969년 7월 25일)으로 거슬러 올라간다. 닉슨 독트린은 아시아 국가들의 1차적인 방위책임과 주한미군의 완전 철수를 겨냥하고 있었다. 닉슨 독트린이 발표된 지 1년여가 지난 1970년 8월 24일 주한미군 감축 문제를 협의하기 위해서 한국을 방문한 애그뉴 부통령은 이한(8월 26일) 기자회견에서 "한국군의 현대화가 완전히 이루어지면, 아마 앞으로 5년 이내에 주한미군은 완전히 철수될 것"이라는 입장을 발표한 바 있다(구영록·배영수, 1982: 165).

한편 1972년 2월 21일 '상해공동성명'이 발표되어 중미관계가 정상화되고 중국이 유엔 안보리의 상임이사국이 됨으로써 중국과 적대해온 유엔군은 더 이상 존립 명분을 찾을 수 없게 되었다. 미국은 '상해공동성명'을 통해 동남아시아에서 미군을 철수시킬 것을 중국에 약속했다.

또한 1972년 6·25전쟁 참전 유엔회원국 중 마지막까지 남아 있던 태국군마저 철수함에 따라 주한미군만으로 구성된 유엔군사령부는 더 이상 유엔 기치하의 다국적 사령부로서의 명분을 유지할 수 없게 되었다.

1968년 12월 20일 미국은 제23차 유엔총회에서 UNCURK(언커크)의 존속과 유엔군의 계속 주둔을 확인하고 한국문제의 자동 상정제도 대신 재량 상정제도를 채택하여 공산 측과 비동맹국가들의 유엔군 철수 주장을 차단하고자 했다. 그러나 변화된 국제정세하에서 재량 상정제도를 더 이상 유지할 수 없게 되었다. 마침내 1973년 11월 28일 제28차 유엔총회가 채택한 '한국문제 합의 성명'에 따라 다음날 언커크가 해체되었다. 이제 유엔군사령부가 해체될 차례였다.

이에 미국은 1974년 4월 28일 한국군의 작전통제권을 주한미군의 선임 장교 지휘하의 한미연합사에 이양할 것을 한국에 공식 요구했다(국방부 군사편찬연구소, 2002: 595). 유엔군사령부의 해체 가능성에 따른 주한미군의 전면 철수 가능성을 사전 차단하는 한편 유엔군사령부에 이어 정전을 관리하고 한국군의 작전통제권을 행사할 대체 기구를 마련하려는 미국의 의도가 발로된 것이었다. 주한미군 철수에 위기의식을 갖고 있던 박정희 정권은 1974년 5월 1일자로 한미연합사 상부기구로 군사위원회를 설치하고 연합사령관의 작전통제를 받는 한미 양국군 부대 목록을 한미 합의하에 결정하며, 한미 합의의사록을 수정하자는 입장을 미국에 전달했다.

이후 미국은 1974년 9월부터 유엔군사령부와 주한미군사령부, 8군 사령부를 아예 통합 주한미군사령부로 개편하여 운용하게 되었다(구영록·배영수, 1982: 174). 1957년 7월 1일 주한미군사령부의 창설로 예하 지상구성군사령관이었던 8군 사령관이 유엔군사령관을 겸직하게 됨으로써 그 격이 한 단계 낮아진 유엔군사령부가 이제는 주한미군사령부의 부속 기구마냥 현저하게 그 지위가 전락되고 만 것이다.

한국 정부가 한미연합사에 관한 입장을 미국 정부에 전달한 지 1년 뒤인 1975년 5월 28일에 미국은 한국군을 연합사령관이 계속 작전 통제한다는 것 등을 내용으로 하는 답변을 보냈으며, 한 달 뒤인 1975년 6월 27일에는 "중공과 북한이 유엔군사령부의 기능과 책임을 한미 양국군에 이양하는 것에 동의한다면 1976년 1월 1일을 기해서 유엔군사령부를 자진 해산하겠다"는 내용의 결의안을 제출하기에 이른다. 아울러 8월 16일에는 유엔군의 업무와 직접 관련되는 유엔군사령부와 군사정전위원회 시설을 제외한 대부분의 주한미군 군사시설에서 유엔기가 내려졌다. 이는 유엔군사령부 해체의 기정사실화로 주한미군이 자동적으로 철수되는 것을 막기 위해서 주한미군을 유엔군사령부와 갈라내려는 미국의 고육지책이었다. 그러나 1975년 11월 18일 유엔총회는 서방 측과 공산 측 안을 모두 통과시켰으며, 유엔군사령부 해체는 기정사실로 되고, 주한미군 지속 주둔은 결정적 타격을 입게 되었다.

이후 1976년 9차 한미연례안보협의회의 등의 논의를 거쳐 군사위원회를 나토형으로 하는 것으로 합의하고, 1977년 7월 10차 한미연례안보협의회의에서 한미연합사 창설에 관한 최종적인 합의를 보게 된다.

한편 1976년 주한미군 철수를 공약으로 내건 카터가 대통령에 당선되고, 1977년 1월에 취임해 주한미군 철수를 본격적으로 추진하게 됨으로써 한미연합사의 창설로 주한미군 철수를 막거나 지연시키려는 박정희 정권의 의지가 보다 적극적으로 발동되어 한미연합사 창설은 한층 탄력을 받게 된다. 당시 박정희 정권은 월남에서 주월미군이 쉽게 철수할 수 있었던 것은 미월연합지휘체계가 병렬형이었기 때문이라고 보고 나토형과 같은 통합형 지휘체계를 한미연합사의 지휘체계로 제기했으며, 한미연합지휘체계를 유지할 경우 주한미군의 철수 결정 후에도 연합사령부를 해체하는 데 최소한 1년이 소요되리라고 판단했다(국방부 군사편찬연구소, 2002: 596).

2) 한미연합사 창설 및 작전통제권 한미연합사령관 이양의 불법성

한미연합사는 '한미연합군사령부 설치에 관한 교환각서', '군사위원회 및 한미연합군사령부 관련 약정(TOR)'과 '전략지시 제1호'에 의거해 1978년 11월 7일 창설되었다. 그러나 한미연합사 창설 과정 역시 불법이다.

국방부는 1978년 7월 27일에 한미 국방장관이 한미군사위원회에 하달한 '군사위원회 및 한미연합군사령부 관련 약정(TOR)'과 7월 28일에 한미군사위원회가 한미연합사령부에 하달한 '전략지시 제1호'에 의거해 한미연합사가 창설되었다고 밝히고 있다. '군사위원회 및 한미연합군사령부 관련 약정'은 유엔군사령부를 대체하여 한미연합사가 새롭게 한국방위를 책임진다는 전략지침이며, '전략지시 제1호'는 한미연합군사령관이 한국군의 작전통제권을 행사한다는 것을 명령한 전략지시이다.

그러나 '군사위원회 및 한미연합군사령부 관련 약정'은 조약 체결권이 없는 양국 국방장관 사이의 합의에 불과한 것으로 합법적인 조약이라고 볼 수 없다. 따라서 '군사위원회 및 한미연합군사령부 관련 약정'은 한미연합사 창설에 관한 국제법적 근거로 될 수 없다. 또한 한미연합사가 한국 방위를 책임진다는 것과 한미연합군사령관이 한국군의 작전통제권을 행사한다는 것은 국가안전보장에 관한 사안으로 반드시 국가 간 조약으로 체결되어 국회의 동의를 받아야 효력을 발휘할 수 있다.[11]

'군사위원회 및 한미연합군사령부 관련 약정'이 국제법적 요건을 갖추지 못했다는 것은 이를 근거로 하달된 '전략지시 제1호'도 법적 근거가 없다는 것을 의미한다. 군통수권의 핵심인 작전통제권을 한미연합군사령관에게 부여하는, 곧 작전통제권을 미국에 이양하는 국가주권에 관한 사안을 아무런 법적 근거도 없이 합참의장의 지시로 처결한 것은 행정편의주의 발상의 극단을 이룬다고 할 수 있다.

한미연합사 창설 당시 "한국 측은 한미연합군사령부를 보다 확고한 법적 뒷받침을 가진 군사기구로 하기 위해 양국 간의 의회의 승인을 얻어 협정이나 조약이 체결되기를 원했으나 미국 측의 반대로 뜻을 이루

---

11) 국가를 대표하여 조약을 체결할 수 있는 권한은 대체로 국가원수 또는 국가수반에게 부여되어 있다. 그러나 조약 체결권자는 조약 체결에 관한 권한을 제3자에게 위임할 수 있다. 전권대표는 전권위임장을 제시함으로써 국가를 대표하는 것으로 간주된다. 그러나 관련 국가들의 관행이나 기타 사정으로 보아 전권위임장을 필요로 하지 않을 수 있다. 특히 그 직무의 성격상 전권위임장을 제시하지 않더라도 당연히 자국을 대표하는 것으로 간주되는 자들도 있다. 즉, 외무장관은 전권위임장을 제시하지 않더라도 조약 체결에 관련된 모든 행위를 수행할 목적으로 국가를 대표하는 것으로 간주된다. 외교공관장은 전권위임장을 제시하지 않더라도 파견국과 접수국간의 조약문을 채택할 목적으로 국가를 대표하는 것으로 간주된다(김대순, 2005: 103~104 발췌 인용).

지 못"했다는 사실은 한미연합사 창설 과정의 불법성을 잘 입증해 주고 있다(안광찬, 2002: 117).

이와 같은 한미연합군사령부 창설 과정의 불법성을 해소하기 위해 한미 양국은 1978년 10월 17일에 '한미연합군사령부 설치에 관한 교환각서'를 체결하여 한미연합사령부 설치를 추인했다. 그러나 '한미연합사 설치에 관한 교환각서'도 국가안전보장에 관한 조약으로서 국회의 동의를 요하나, 국회의 동의를 얻지 않아 그 효력을 인정받을 수 없다. 나아가 '한미연합군사령부 설치에 관한 교환각서'는 한미연합군사령부 설치에 대해서만 규정하고 있을 뿐 한미연합군사령부의 한국 방위의 임무나 한미연합군사령관의 한국군 작전통제권 행사에 대해서는 규정하고 있지 않아 '군사위원회 및 한미연합군사령부 관련 약정'과 '전략지시 제1호'를 추인할 수 있는 법적 근거를 결여하고 있다.

'한미연합군사령부 설치에 관한 교환각서'가 국회의 동의를 받았다고 해도 역시 불법이다. '한미연합군사령부 설치에 관한 교환각서'는 한미 상호방위조약과 한미 합의의사록을 근거로 하고 있다.[12] 그러나 쿠데타와 석유공급 중단이라는 경제적 위협 속에서 강제 체결된 한미 합의의사록은 무효이며, 이에 의거한 '한미연합군사령부 설치에 관한 교환각서'도 무효다.

유엔헌장 2조 4항은 "…… 국제관계에 있어서 다른 국가의 영토보전

---

12) 한미 양국은 '한미연합군 설치에 관한 교환각서'에서 "…… (군사위원회 및 한미연합군사령부) 1953년에 서명된 대한민국과 미합중국 간의 상호방위조약 및 1954년에 서명되고 1955년과 1962에 각각 개정된 바 있는 대한민국 정부와 미합중국 정부 간의 군사 및 경제원조에 관한 합의의사록 중 한국 측 정책사항 제2항의 규정의 범위 내에서 정당하게 이루어진 약정이며 ……"라고 약정하고 있다(국방부 군사편찬연구소, 2002: 599).

이나 정치적 독립에 반대되거나 또는 국제연합의 목적과 양립할 수 없는 다른 어떠한 형태의 무력행사도 삼가야 한다”고 규정하고 있다. 이에 근거하여 비엔나협약 52조는 유엔헌장에 구현되어 있는 국제법의 제 원칙에 위반되는 힘의 위협 또는 사용에 의하여 이루어진 경우에는 ‘무효’라고 규정하고 있다(김대순, 2005). 지금도 국제관계에서 주권평등 등을 위반해 군사적·정치적·경제적으로 위협하거나 힘을 사용하는 것은 금지(‘조약 체결에 있어 군사적, 정치적 혹은 경제적 강박의 금지에 관한 선언’, 1962년 비엔나 회의)하고 있다.

한편 한미연합사 창설에 관한 국내법적 근거는 ‘국방부 훈령 제237호’(1978년 4월 19일)인 것으로 알려지고 있다(김대순, 2005; 116). 이 훈령의 내용이 알려져 있지 않아 그 법적 근거를 확인할 수 없으나 한미연합사 창설이 국가주권에 관한 사안이라는 점에서 국방부라는 일개 행정기관의 명령으로 처리할 수 없다는 것은 명확하다. 또한 한미연합사의 창설과 작전통제권 이양에 관한 한미 간의 체결 조약(국제법)에 상응하는 지위의 국내법적 근거가 마련되어야 한다는 측면에서도 국방부 훈령을 국내법적 근거로 삼는 것은 무리다.

이와 같이 한미연합사 설치에 따른 작전통제권 이양은 국내법적·국제법적 근거가 없는, 불법적인 과정으로 점철되어 있다. 이는 1950년 이승만 대통령의 공한에 의한 작전지휘권의 이양이나 1954년 한미 합의의사록에 의한 작전통제권 이양보다도 훨씬 더 심각한 불법성을 지니고 있다고 하겠다.

3) 유엔이라는 겉옷을 벗어던진 미국의 작전통제권 행사

한미연합군 창설 전까지 미국은 유엔군사령부를 외피 삼아 한반도 문제에 개입하고 한국군의 작전통제권을 행사해왔다. 그것은 유엔과 집단안전보장 원칙을 내세움으로써 제3국에 대한 군사 개입의 부당성을 은폐하고 유엔 회원국의 지원을 얻어낼 수 있었기 때문이다.

그러나 앞서 살펴본 바와 같이 1975년 11월 유엔총회에서 한반도 문제 해결에 관한 서로 상충되는 두 결의안이 통과됨으로써 유엔이 더 이상 한반도 문제 해결 주체로서의 자격을 유지할 수 없게 되었다. 이에 미국은 이제 유엔군사령부라는 외피를 완전히 벗어던지고 주한미군의 이름으로 직접 한반도 문제에 개입하게 되었으며, 한미연합사 창설과 한미연합군사령관의 작전통제권 장악은 이를 위한 강력한 물리적 발판을 확보하기 위한 것이었다.

이 이양 역시 위의 조건부 이양을 그대로 계승했다. 1978년 외무부장관과 주한미국 대사간에 교환한 한미연합사령부 설치에 관한 교환각서 관련사항은 아래와 같이 한미 합의의사록 한국 측 정책사항 2항의 조건부 규정의 범위 내라는 것을 분명히 했다. 앞에서 본대로 한미 합의의사록 2항은 "국제연합군사령부가 대한민국의 방위를 위한 책임을 부담하는 동안 대한민국국군을 국제연합군사령부의 작전통제권하에 둔다"라고 함으로써 조건부였다.

…… 제11차 한미연례안보협의회의에서 대한민국 국방장관과 미합중국 국방장관 간에 합의된 군사위원회 및 한미연합군사령부에 관한 권한위임사항(TOR)에 언급하는 영광을 가지는 바입니다…… 상기 권한위임사항이 상호방위조약 및 합의의사록 중 한국 측 정책사항 제2항의 규정의 범위 내에서 정당하게 이루어진 약정이며, 또한 동 약정은 한미연합군사령관이 미군 4성 장군으로서 국제연합군사령관 및 주한미군사령관을 겸임하는 동안 효력을 갖는 것으로 이해함을 통보하는 영광을 또한

가지는 바입니다.

이를 두고 국방부는 기존의 '미 국가통수→ 미 합참의장→ 미 태평양사령관→ 유엔군사령관'의 체계에서 "연합사령관은 양국 국가통수·군사지휘기구(NCMA)하에 있는 한미군사위원회(MC)의 지시를 수명토록 함으로써 미국(유엔사) 단독지휘체제에서 한미공동지휘체제로 전환"이라고 의미를 부여하고 있다(국방부, 2006).

그렇지만 한미연합군사령관은 어디까지나 미군 장성이고 또 미국의 군사전략이 일방적으로 관철되는 한미군사위원회의 작전지침과 전략지시에 따라 작전통제권을 행사한다. 또한 "한국군 지휘관은 작전통제권이 결여된 지휘권(인사행정, 부대훈련, 군수지원 등의 기능)을 행사하기로 합의하"(허남성, 1995: 89)여 작전지휘권의 핵심적 내용이 미군에 장악되어 있는 바 공동지휘체제라고 볼 수 없다.

오히려 한미연합사는 미국이 6·25전쟁의 참전 이래로 그토록 강조하고, 유지하고자 했던 집단안전보장 원칙과 그 틀인 유엔과 유엔군사령부를 포기하고 미국이 단독으로 직접 한반도 문제와 한국군을 통제하기 위한 장치로서의 성격을 확연히 한 것이다.

5. 작전통제권 상실로 인한 한국군 탈주권화와 기형화

1) 군령은 물론 군정까지 미국이 통제

국가는 그 수반을 통해서 군통수권을 행사한다. 국가수반인 한국 대통령은 비록 헌법상 군통수권자이지만 통수권의 양대 구성요소인 군령권과 군정권을 제대로 행사하지 못하는 '국가 없는 국가'의 군통수권자에 불과하다. 군령권의 핵심인 작전통제권이 미국에 의해 장악된 상태이기 때문이다. 군정권 역시 형식적으로는 대통령에게 주어져 있지만 이나마 제대로 행사하지 못하는 제약 속에 놓여 있다. 용병(用兵)을 핵심으로 하는 군령권은 본질적으로 양병(養兵)을 핵심으로 하는 군정권과 분리된 별개의 관계가 아니라 군정권을 제약하고 규정하고 지배한다(over-rule). 군령의 핵심인 작전계획, 전략기획, 군사교리, 전술 등이 어떠하냐에 따라 군 구조, 규모, 무기체계, 군수 등의 군정권이 그에 부응할 수 있도록 조직·조정된다. 비록 평시 작전통제권이 한국에 귀속되어 있다지만 미국이 군령의 핵심 영역인 '작전계획 수립'과 '군사교리 발전' 등의 권한을 CODA를 통해 계속 장악하고 있기 때문에 대통령의 군정권 행사도 구조적 제약을 받을 수밖에 없다.

또한 군통수권의 고유 기능인 안보 정세판단, 이에 따른 전략적 대응 또한 한미연합사령관의 '연합정보관리'에 의해 규정되므로 우리 대통령의 군령권 행사는 한계를 가지게 된다. 더불어 '전쟁억제, 방어 및 정전협정 준수를 위한 연합위기관리'도 미국에 의해 행사되므로 군통수권은 제약받을 수밖에 없다.

그 결과 작전통제권을 장악한 미국의 한국군 구조개편, 국방개혁, 무기체계 선정 등에 대한 개입과 간섭이 구조화되어 있어 미국이 군령은 물론이고 군정까지 좌지우지하고 있는 실정이다.

2) 국방개혁과 군 구조 개편조차 미국 동의는 '필수'

① 국군병력 기준과 원칙을 규정한 한미 합의의사록 부록B

미국은 자신의 군사전략적 필요와 의도에 따라 한국군의 규모와 전력

구조를 재단해왔으며 자신의 세계군사전략이 바뀔 때마다 '한국군 현대화'니 '국방개혁'이니 하는 이름으로 한국군의 전력구조 개편과 전력 증강을 강요했다. 이를 위해 일찍이 미국은 "(한국은) 효과적인 군사 계획의 유지를 가능케 하는…… 국군 병력 기준과 원칙을 수락한다"('한미 합의의사록'에 규정된 한국의 정책 사항 3항)는 것을 아예 "한국의 정책으로 삼"(한미 합의의사록 전문)도록 했다. 이 국군 병력 기준과 원칙은 '한미 합의의사록 부록 B'에 자세하게 규정되어 있다. 미국의 한국 군정에 대한 개입의 뿌리는 한미 합의의사록에서 비롯된다.

1954년 '한미 합의의사록 부록 B 1항'은 1955 회계연도에 한국군 '인가 병력'을 육군 66.1만(20개 사단), 해군 1.5만, 공군 1.65만, 해병대 2.75만으로 모두 72만 명으로 규정하였다.

한국군 해·공군력 제한은 미국이 이승만의 단독 북진을 견제하기 위한 의도이며[13] 과도한 규모의 육군 병력을 유지하도록 한 것은 전쟁 시 한국 지상군과 미국의 해·공군력을 이용함으로써 미국 자신의 피해를 최소화하려는 의도를 드러낸 것이다. 이를 위해 미국은 휴전 당시 남한의 병력이 북한의 두 배를 넘었는데, 남한 경제력으로는 도저히 감당할 수 없는 수준인 72만 명을 유지하도록 했다. 이 때문에 남한의 국방비는 대부분 미국의 군사원조에 의해 충당되지 않으면 안 되었다.[14]

---

13) "이(승만) 대통령이 1955년 대북 공격계획을 갖고 워싱턴에 왔으나 당시 상황이 그렇게 할 수 없었기 때문에 제시하지 못했다. …… 이승만은 1954년 북한의 개성과 웅진 지역을 탈환할 준비를 비밀리에 지시했다"(해리슨, 2003: 260).

14) 남한의 GNP 대비 국방비 비율은 1955년 6.07%, 1957년 6.90%, 1958년 7.40% 1959년 7.51%였으며 국방비에서 미국의 국방예산 지원(PL480-1 대충자금)을 빼고 남한의 고유부담을 기준으로 계산하면 각각 2.20%, 1.56%, 2.43%, 2.37%에 지나지 않았다. 이는 매해 남한 국방비의 2/3 정도가 미국의 원조로 채워졌음을 뜻한다(함택영, 1998: 292 표 참조). "무상원조의 한국 국방

② 대량보복전략에 맞춘 한국 육군 병력감축

아이젠하워 정권은 1950년대 중반 미국 국방비의 절감을 위해 대량보복전략을 채택하면서 주한미군의 현대화와 함께 한국군의 현대화를 추진하였으며 이를 위해 1958년 한미 합의의사록을 개정한다.

당시 국방장관 김정렬은 미국의 대소전략이 대량보복전략으로 바뀌면서 "종래의 재래식 무기를 바탕으로 한 군대 편성을 폐기하고 원자탄을 중심으로 한 5각구도(Pentomic Division)[15]의 새로운 군대를 편성하는 것"과 함께 "대포를 비롯한 재래식 무기는 점차 폐기되고, 원자탄, 유도탄, 8인치 포 등이 집중 보급되었으며, 이러한 신무기로 전력이 강화되는 만큼 병력 자체는 줄여나가게 되었다"면서 "주한미군을 이러한 (대량보복) 전략에 맞는 체제로 개편하고, 한국군의 감축을 단행하고자 한 것"이라고 회고했다(김정렬, 1993: 208).

1958년 개정된 한미 합의의사록은 1959 회계연도의 총 인가병력을 63만 명으로, 육군을 56만 5,000명으로 각각 규정했으며, 이 육군 규모는 이후 50년 가까이 거의 고정되었다. 미국의 애초 구상은 한국군(육군) 20개 사단을 8개 사단으로까지 줄이는 것이었으나 한국군의 반발도 있어 6만 명 정도를 줄이는 데 그쳤다.

개정 합의의사록은 또한 군인 봉급과 식비의 인상, 10개 예비사단

비 대비 기여도는 1950년대 국방재원의 대부분(국방비 자료 미상으로 정확한 비중산출 불가)을 차지했으며 1960년대 50.39%에서 1970년대 전반 31.28%로서 점차 감소되어왔고"(오관치 외, 1990: 66).

15) "1956년부터 미국 육군은 군 전체의 편제를 기존의 3각 편제(전투, 포병지원, 예비병력)에서 5각 편제로 바꾸었는데, 그중 하나로 새로 도입된 것이 핵 화력의 지원을 받는 기동전투부대로 이루어진 '펜토믹 사단'이었다. 당시 펜토믹 사단은 18개의 핵무기 체제(155mm 곡사포 12문, 8인치 곡사포 4문, 어네스트 존 미사일발사장치 2기)로 이루어졌다"(서울신문사, 1979).

창설, 한국군의 훈련 실시, 해·공군의 전력증강 한계, 군사건설 사업의
유엔사령관 승인, 한국 국방예산에 대한 유엔사령관과 한국의 공동 점검
등에 관해 상세히 규정했다. 이런 사실은 군정권도 미국에 의해서 철저
히 좌우되어 왔음을 보여준다.

③ 미국이 좌초시킨 국민의 정부 국방개혁

김대중 정권의 국방개혁은 미국이 나서서 이를 저지시킨 사례다. 김
대중 정권은 집권하자마자 1군과 3군의 통합, 지상작전사령부 창설,
2015년까지 56만 육군 병력의 35만으로의 감축 등을 내용으로 하는
국방개혁을 의욕적으로 추진했다. 이는 비대한 군부에 대한 개혁 요구와
함께 장기적인 한반도 평화통일 기반 조성을 위한 토대 형성에 긴요한
과제였기 때문이다. 그러나 그 결과는 지엽적인 국군간호사관교 폐교와
국군체육부대 해체에 그쳤다.

김대중 정권의 국방개혁 실패는 내적 요인 때문이 아니라 미국의 반
대에 부닥쳤기 때문이다. 당시 틸럴리 한미연합사령관은 1998년 8월과
10월 두 차례에 걸쳐 국방개혁안 특히 전방 1군과 3군의 통합을 반대하
는 편지를 천용택 국방장관에게 보냈다. 아래의 8월 20일 편지는 미국이
우리의 군령 못지않게 군정에 개입하여 통제하고 있음을 보여준다.

연합사와 지상구성군사령부를 분리시키는 것은 장차 전투 시 통합
능력 발휘에 제한, 지구사가 연합사와 분리 시 연합사 부사령관이 지구
사에 위치하게 되므로 CP TANGO에서의 연합작전 지휘 제한, 1·3군
사령부를 지상작전사령부로 통합하면 근접전투의 능력 발휘가 향상될
것이나 적절한 C4I 체제가 필요, 육군 항공강습부대 창설은 바람직하나
준비 기간을 충분히 갖고 추진, 2군 사령부 기능 보강과 국군수송사령부

창설은 한미 양군의 RSOI를 강화시키는 데 있어 매우 바람직함, 기타 군 구조조정은 참신한 계획으로 생각되며 개혁안을 발전시키는 데 적극 지원(국방부, 1999: 1238)

틸럴리 사령관이 "연합사와 지상구성군사령부를 분리시키는 것은 장차 전투 시 통합 능력 발휘에 제한"이라는 편지를 보낸 것은 국방개혁으로 생길 지상작전사령부가 한국군의 독자적인 지상작전능력을 강화하고, 사실상 연합사 지상구성군사령부 기능을 대체하는 결과가 되어 미국의 한국군 통제력이 약화될 것을 우려했기 때문이었다.

④ 부시정권의 신군사전략에 맞춰진 '국방개혁 2020'

참여정부의 '협력적 자주국방'과 '국방개혁 2020(안)'은 그 계기와 지향성이 주한미군의 전략적 유연성과 한미동맹의 현대화에 맞춰져 있으며 이 점에서 미국의 개입, 동의, 통제하에 추진되고 있다. 2020년까지 총 병력 50만, 육군 37만 1,000명 수준으로 감축, 육군 1군과 3군 통합, 지상작전사령부 창설 등을 내용으로 하는 이 국방개혁안은 그 발표에 앞서 안광찬 정책홍보실장이 라포트 연합사령관에게 사전 보고한 데서 볼 수 있듯이(≪중앙일보≫, 2005.9.10.) 미국과의 사전 조율과 통제하에서 추진되고 있다.

이는 미국이 이 국방개혁안에 대해 "이번(37차) 한미연례안보협의회의의 논의 주제"이고 "앞으로 계속 우리(미국)와 논의해나갈 사안이 될 것"(인터넷 ≪한겨레≫, 2005.10.16.)이라고 말한 데서도 확인된다. 이 같은 미국의 개입 의지는 "국방개혁안이 앞으로 동맹의 발전을 뒷받침해 줄 것"이라는 2005년 한미연례안보협의회의 공동성명에서도 확인된다. 여전히 한국군의 규모, 구조, 전력 현대화, 군사전략 등 군정·군령 전반에 대해 지속적으로 개입하겠다는 의지를 내비치고 있다.

미국은 국방개혁 2020이 한반도 및 아시아태평양에 대한 미국의 군사전략적 요구에 일치하도록 하기 위해서 끊임없이 주문하고 있다.

2007년 3월 7일 미 하원 군사위청문회에서 벨 주한미군사령관은 국방개혁에 대해 "한국이 현역과 예비역병력을 포함 현재 370만 명인 군 병력을 향후 13년간 200만 명 수준으로 46% 감축할 계획"이라면서 "비슷한 규모로 북한군의 감축이 없다면 한국 정부가 이 같은 대규모 군병력 감축을 조심스럽게 고려하기를 바란다"고 말했다. 또 한국군 복무단축 계획에 대해서도 "이 같은 접근은 병력충원의 문제를 야기하고, 군대의 내실을 해치거나 '작은 군대'를 초래할 수 있다"면서 "한국의 징병제 변화는 북한의 위협을 감안해 조심스럽게 검토돼야 한다"고 밝혔다(≪연합뉴스≫, 2007.3.8.). 북한군 병력감축에 상응하는 한국군의 병력감축에 대한 주한미군사령관의 요구는 미국의 전쟁목적(순수한 방어가 아닌 대북한 공격과 점령)이 한국군의 일방적인 병력감축으로 차질을 빚어서는 안 된다는, 미국 중심적 사고의 발로라 할 수 있다.

이처럼 주권국가의 고유 권한인 군정권 전반에 대한 미국 간섭의 빌미가 되는 것이 전시작전통제권의 미국 장악 그리고 불평등한 한미 합의의사록 한국정책사항 3항이다. 미국이 자신의 군사전략에 맞춰 한국군의 규모와 구조를 농단하지 못하도록 하기 위해서도, 한국이 자주적으로 국방개혁을 추진하기 위해서도 작전통제권의 전면 환수와 한미 합의의사록의 폐기는 선결조건이다.

3) 연합작전계획 수립의 미국 장악과 작전계획의 불법성

한국군의 대미 종속적 위상은 작전계획 수립 권한을 미국이 한미연합사를 통해 장악하고 있다는 점에서 단적으로 드러난다. 한국군은 전술적 수준의 작전계획 기획과 실행을 하고 있지만 전략적 수준의 한미연합 작전계획 수립에는 독자성을 갖지 못하고 있다.

한미연합사의 한반도 작전계획은 그 명칭이 미 태평양사령부를 뜻하는 '50'으로 시작되는 데서 보듯이 한미연합사 작전계획이라기보다 미 태평양사령부가 주관하는 미국의 작전계획이다.

대북 선제공격과 정밀폭격 작전계획인 5026, 대북 점령과 북한의 정권교체 등을 목표로 하는 작전계획5027, 대북 우발공격계획인 5028, 북한 급변 사태 시 대북 군사 개입 시나리오인 작전계획인 5029, 북한 전쟁 수행 능력을 고갈시키기 위한 작전계획인 5030 등은 남북화해협력과 한반도와 동북아 평화공존을 표방하는 국민의 정부와 참여정부의 햇볕정책과 평화번영정책에 정면으로 어긋나고, 민족을 또 다시 전쟁 참화로 몰고 갈 수 있는 작전계획들이다.

이런데도 이들 작전계획을 마치 우리의 것인 양 받아들여야 하는 게 바로 한국군이 처한 위상이다.

한미연합사령관이 장악하고 있는 작전계획 수립 권한은 매우 광범위하고 포괄적이다. 1994년 4월 7일에 체결된 '평시 작전통제권 전환 기본 합의문'(영어본)(한지윤, 2003: 부록 5)은 작전계획 수립을 정밀기획(deliberate planning)으로 명시하고 있다. 『합동연합작전 군사용어사전』(한국 합참, 2004)이나 미국 합참의 『합동작전기획교리』(국방대학교 합동참모대학, 2003: 110)는 정밀기획을 '합동전략기획문서에서 지정된 우발사태에 대한 개념요약과 합동작전계획의 발전을 포함한 합동작전기획 및 시행체계의 과정'으로 정의하고 있다. 정밀기획은 완성형 작전계획, 시차별 부대전개제원이 포함된 개념형 작전계획, 시차별 부대전개제원이 포함되지 않은 개념형 작전계획, 기능계획16) 등을 포함하고 있다.

따라서 정밀기획은 '전쟁 이외의 군사작전(MOOTW)'까지를 포함하는 개념으로, 이른바 평화유지활동(PKO) 등이 전쟁 이외의 군사작전에 속한다.

이같이 포괄적인 영역의 작전계획 수립 권한을 한미연합사령관이 장악함으로써 북한으로부터 무력공격을 받기 전에도 북한을 선제공격하거나, 북한 핵시설 등을 정밀폭격하거나, 북한 정권을 붕괴시키거나, 평시에도 대북 위협을 가하거나, 심지어는 재해로 인한 북한 내부의 혼란상에도 개입할 수 있는 호전적이고 모험적인 작전계획을 수립할 수 있게 되어 있다.

이에 따른 다양한 형태의 침략적이고 공세적인 작전계획은 국내법과 국제법을 위배하고 있다. 대북 연합작전계획은 헌법 4조의 평화통일 조항, 헌법 5조의 국제평화 조항, 유엔헌장(헌법 6조 1항에 따라 국제법 효력 규정에 따라 국내법적 효력을 갖는), 한미상호방위조약 등을 위배하고 있다.[17] 작전계획 수립 권한이 한미연합사령관에게 위임되었다고 하더라도 상위법인 한미상호방위조약을 뛰어넘어서까지 위임될 수는 없다.

---

16) 평시 또는 비적대적인 환경하의 군사작전 수행을 포함한다. 기능계획은 보통 특정한 기능이나 별도로 분리되어 독자적으로 수행되는 과업들 ― 피탈 핵무기의 환수 또는 핵무기 철수, 군수, 통신 등 ― 을 위해 수립되지만 재난구조, 인도적 지원, 평화유지 등의 평화 시의 기능적인 작전들을 위해 수립되기도 한다(국방대학교 합동참모대학, 2003: 8).

17) 헌법 제5조 1항: "대한민국은 국제평화의 유지에 노력하고 침략적 전쟁을 부인한다."; 한미상호방위조약 제1조: "당사국은 관련될지도 모르는 어떠한 국제적 분쟁이나 국제적 평화와 안전과 정의를 위태롭게 하지 않는 방법으로 평화적 수단에 의하여 해결하고 또한 국제관계에 있어서 국제연합의 목적이나 당사국이 국제연합에 대해 부담한 의무에 배치되는 방법으로 무력의 위협이나 무력의 행사를 삼갈 것을 약속한다."

한미상호방위조약은 남한이 외부로부터 무력공격을 당할 경우에 이를 방어하기 위한 방어동맹이지 침략동맹은 아니다. 따라서 국내법, 국제법, 한미상호방위조약에 부응하는 연합작전계획은 당연히 침략용이 아닌 방어용 작전계획이어야 한다.

이처럼 미국의 국가이익이나 군사전략의 필요에 따라 작성된 연합작전계획과 군사교리는 한국군을 미국의 군사전략을 실현하기 위해 동원하는 수단으로 삼고 있다. 그에 따라 한국군은 미군이 짜준 (연합)작전계획에 따라 행동할 수밖에 없으며 독자적인 작전계획을 작성하더라도 아무런 의미를 갖지 못하는, 결국은 그 지위가 미국의 동북아 패권전략과 미국 국가이익을 위해 고용된 용병이나 다를 바 없다. 한국군이 민족군대, 자주군대로 거듭나 우리 민족이익과 국가이익을 위해 헌신하는 군대가 되기 위해서도 전시 작전통제권 환수는 선결조건이다.

4) 한미연합사 보조기구에 불과한 한국 합참

국군조직법(2조)상 한국 합참은 "작전부대에 대한 작전지휘·감독과 합동 및 연합작전의 수행"을 위해 설치된 기관으로 전투사령부의 조직 위상을 가진다. 합참의장은 "군령에 관해 국방부장관을 보좌하고, 국방부장관의 명을 받아 …… 각 군의 작전부대를 작전지휘·감독하고 합동작전의 수행을 위해 설치되는 합동부대를 지휘·감독하는"(국군조직법 9조) 권한을 갖는다. 하지만 전투사령부로서의 한국 합참과 전투사령부의 최고 지휘관이자 군령의 보좌기관으로서의 합참의장의 법적 지위는 순전히 명목에 지나지 않는다.

한국 합참이 한미연합사의 보조기구에 불과하다는 것은 한미연합사 부참모장(1996년 12월~2002년 4월)을 지낸 안광찬의 증언으로도 확인된다. 그는 한국 합참이 "'단순한 협조 및 지원' 등에 국한된 임무만을 수행해"왔다면서 미국은 심지어 한국 합참을 불필요한 간섭 기관으로 여긴다고 증언했다.[18)

이는 전시 작전통제권을 상실한 한국 합참이 군령권을 제대로 행사하지 못하는 데서 오는 당연한 귀결이다. 이 결과 한국 합참은 연합작전계획을 작성할 수 없고, 연합군사교리, 연합합동군사훈련 등의 권한을 전혀 행사하지 못한 채 한미연합사령관에 의존하고, 지시를 받고 있으며, 단지 연합연습에 참가하는 한국군 부대의 결정이나 미국의 증원부대 지원에 관한 미 태평양사령부나 주한미군사령부와의 협의와 같은 단순한 보조 역할을 하고 있다.

한국의 전투지휘사령부 역할은 한국 합참이 아니라 사실상 한미연합사를 지휘하고 있는 주한미군사령부이고, 한국의 전투지휘사령관은 주한미군사령관이며, 한국 방위와 관련된 군령기구는 한국 국방부장관이나 합참의장이 아닌 미국의 합참의장이라고 할 수 있다.

5) '연합위기관리'의 탈주권성과 한국의 전쟁통제력 상실

김영삼 전 대통령은 퇴임 후 전쟁 일보직전 상황까지 돌입한 1994년 6월의 영변 핵위기 당시에 대한 회고에서 "하루는 보고를 받으니 내일 …… 대사관 직원 가족들의 철수를 발표한다는 것이었다. 미국이 전쟁 직전에 취하는 조처다 …… 남북에서 …… 1,000만 명에서 2,000만 명이

---

18) "한국 합참은 전략적 및 작전적 수준까지 통제를 원하나 한미연합군 사령부에서는 작전적인 수준의 문제에 대한 통제는 불필요한 간섭행위로 생각하여 잘 받아들여지지 않고 있다"(안광찬, 2002: 182).

죽을 것이다……그날 저녁 클린턴하고 32분 동안 통화했는데 대판 싸웠다"라고 밝히고 있다(≪한겨레신문≫, 1999.5.24.).

이는 한반도 전쟁에서 남과 북이 함께 2,000만 명이 죽게 될 수도 있는 운명공동체라는 점과, 또 전쟁 국면에 들어가면 우리의 생명과 재산을 지켜주어야 할 책무를 지닌 우리의 대통령마저도 미국 주도의 전쟁을 통제하거나 막을 수 없다는 기막힌 실상을 말해준다.

당시 미국은 한국 대통령의 반대에도 불구하고 자신들의 전쟁계획을 일방적으로 밀어붙였다. 2001년 6월 제주도 평화포럼에 참석한 당시 국방장관이던 페리는 이 사실을 확인했다.

전쟁이 발발하면 승리하겠지만 한국군, 미군, 한국 국민의 피해가 엄청날 것이라는 게 드러났다……주한미군을 수만 명 증원하는 계획을 입안했고, 주한 미대사관에 민간인 철수계획을 준비토록 지시했다. 그러나 클린턴 대통령이 전쟁 개시를 승인하기 불과 몇 시간 전에 우리는……김일성의 전언을 받아 협상에 나선 것이다(≪중앙일보≫, 2001. 6.17.).

노무현 대통령은 취임 직전 당선자 자격으로 한국노총을 방문한 자리에서 "막상 전쟁이 나면 국군에 대한 지휘권도 한국 대통령이 갖고 있지 않다"(≪한겨레신문≫, 2003.2.14.)면서 절박한 심정을 토로했다. 당시 부시 정권이 일방적으로 북미제네바협정(1994)을 파기한 채 '맞춤형 봉쇄(tailored containment)' 등을 천명하면서 전쟁위기로 치닫고 있었다. 노무현 당선자의 발언은 한국 대통령이 명목뿐인 군통수권자에 불과해 미국의 전쟁 의도대로 따라가지 않을 수 없기 때문에 어떻게든 전쟁을 사전에 막아야 한다는 심정을 나타낸 것이다.

이처럼 우리는 미국이 우리 국민의 의사와 상관없이 한반도에서 멋대로 전쟁위기를 조성하고 또 막상 전쟁이 나도 이를 통제할 수 없는 기막힌 현실 속에 살고 있다. 이는 근본적으로 헌법상 군통수권자이지만 군령권을 우리 대통령이 제대로 행사하고 있지 못한 데서 비롯된다. 더 세부적으로는 군령의 핵심인 작전통제권이 한미연합사령관 곧 미국에 이양되었기 때문이다.

우리의 죽고 사는 문제인 생명권이 미국에 의해 좌우되는 사실은 크게는 군통수권 상실에서, 구체적으로는 연합위기관리체계에서 비롯된다.[19] 이 연합위기관리체계는 1994년 평시 작전통제권 환수 협상 과정에서 미국이 강요한 연합권한위임사항(CODA: Combined Delegated Authority)의 여섯 개 항목 가운데 하나다.

앞에서 언급한 1994년 영변 핵 전쟁위기 당시 미국은 전쟁 발발에 대비한 '전투력 증강' 초기 조치의 일환으로 정보분석 요원, 작전계획수립 요원, 패트리어트와 에이타킴스 지대지 미사일 운용 요원 등이 포함된 300~400명의 미군을 오산기지를 통해 비밀리에 입국시켰다. '전투력 증강'은 작전계획 5027에 수록되어 있는 미군 증원전력의 한 종류로 신속억제방안(FDO: 전쟁 발발 이전 위기 시에 시행되는 증원전력의 한 종류) 등을 통해 전쟁억제에 실패할 경우에 대비해 초전에 긴요하다고 판단되는 주요 전투부대와 전투지원부대를 증원하는 조치다(국방부, 2005: 60~61).

기막힌 사실은 이러한 전쟁준비 조치가 한국 정부에 통보되지 않은 채 미국에 의해 일방적으로 이뤄졌다는 점이다. "당시 미국은 이 같은

---

19) 한국 국방부의 위기관리 규정에 의하면 위기관리란 "발생된 위기상황이 전쟁 등으로 사태가 악화되거나 확대되는 것을 방지"하는 것에 더하여 "전쟁을 준비하는 제반 활동"까지를 포함하는 개념으로 보고 있다.

조치(전투력 증강 초기 조치)를 우리 측에 통보하지 않고 진행했으며 한미연합사 내부에서도 한국군을 배제한 채 미군들끼리 북핵 대책회의를 한 경우가 종종 있었다"(≪조선일보≫, 1995: "주한미군 50년사: 도상작전 워게임").

이러한 한반도 전쟁 등에 관한 연합위기관리의 일방성은 무엇보다도 징후경보체제(Indication & Warning System) 운영의 일방성에서 확인된다. 이는 대북한 정보 판단이 미국에 의해 일방적으로 이루어져 우리 의지와 무관하게, 또한 우리도 모르는 사이 대북 선제공격 가능성을 초래해 민족의 운명이 거덜날 수도 있음을 말한다.

미국은 한반도에서 북한 위협과 도발을 미리 예측한다는 빌미 아래 북한군을 전·후방에 걸쳐 하루도 빠지지 않고 24시간 감시하는 징후경보체계를 운용하고 있다. 이 체계의 가장 중요한 목적 가운데 하나는 전쟁발발을 수일 전(D-3~1)에 조기 경보함으로써 이른바 미국의 (예방적) 선제공격전략을 실행에 옮기기 위한 것이다.

즉, 이것은 '확실한 조짐(unambiguous signs)'만 나타나도 북한을 공격하는 것으로 되어 있는 작전계획 5027-98이나 한국과 상의 없이 북한을 선제공격하도록 되어 있는 작전계획 5027-02 등이 실제로 가동될 수 있도록 정보력으로 뒷받침한다.

물론 이런 선제공격은 국제법적으로 불법이고, 또한 북한의 전쟁수행 능력이 남한에 비해 현저히 뒤진다는 점에서 북한의 전쟁도발을 기정사실로 전제하는 조기경보체제 운영 자체가 정당성을 가질 수 없다. 더욱 심각한 문제는 징후경보체제가 미국에 의해 일방적으로 운용됨으로써 미국이 대북 선제공격을 일방적으로 판단하고 실행할 수 있다는 점이다. 특히 일방적인 선제공격 우려는 징후경보체제 운용과 함께 미군 증원전력 전개능력의 획기적 강화로 더욱 커지고 있다.

미국은 징후경보체계를 위해서 한미연합으로 200개 안팎의 징후목록을 설정하고 이에 대한 정상, 비정상 등의 판단을 하고 있다. 그런데 이 징후목록 설정과 관리도, 각 항목의 정상, 비정상 등의 판단도, 결국 징후경보체제의 운용을 책임지고 있는 미국의 몫으로 귀착되어 있다. 징후목록은 전쟁 발발 가능성을 측정하기 위해 미군이 실전경험으로부터 습득한 자료를 토대로 설정된 것으로, 북한의 지·해·공군 및 방공을 비롯한 군사활동과 정치, 사회 및 국외활동 등을 항목화한 것이다. 따라서 징후목록이 다분히 미국의 이해와 입장에 의거해 작성되고 관리되리라는 것은 쉽게 짐작할 수 있다.

연합위기관리의 일방적인 미국 주도에서 비롯된 전쟁위기는 1998년의 금창리 핵위기 사태에서 그대로 드러난다. 이 전쟁위기는 당시 미국 국방정보국(DIA) 국장인 패트릭 휴즈가 유출한 인공위성 사진정보를 토대로 미국 내 강경파가 북한이 금창리에서 핵무기를 개발하고 있어 제네바합의를 위반했다고 주장한 데서 발단되었다(≪중앙일보≫, 1998. 11.24.).

당시 미 합참 간부회의에서 존 틸럴리 주한 미 사령관은 "올 봄 한국에서 일종의 긴급상황이 예상된다"고 밝혔고, 1999년 2월 2일 조지 테닛 CIA 국장은 상원 군사위에서 "북한이 절박한 경제상황으로 '미국과 위험한 극한정책'으로 치달을 가능성이 높아졌다"고 1999년 3월의 전쟁위기설을 경고했다(≪한겨레신문≫, 1999.2.4.).

셀리그 해리슨은, 1998년 10월 9일 주한미군 작전부참모장 레이먼드 아이어스 소장이 비보도를 전제로 아시아 여러 나라 출신의 지도급 언론인 13명에게 작전계획5027-98을 설명했는데, 그 내용에 대해서 첫째, 방어진지로부터 탱크나 포대가 대규모로 이동하는 것과 같이 북한이 공격 준비 중임을 보여주는 '확실한 조짐(unambiguous signs)'이 나

타날 경우 '선제공격을 할 가능성'을 강조하고, 둘째, 전쟁 시 북한 정
권을 남한의 점령 정권으로 대체하겠다는 노골적인 **흡수통일**을 지원하
고, 셋째, "우리는 그들을 모두 죽여 군대라고 할 수 있는 걸 가질 수
있는 능력을 없애 버릴" 극단적인 전쟁계획이었다고 확인했다(《한겨
레신문》, 1999.4.4.).[20]

1999년 당시 국방장관이던 천용택이 국정개혁보고회의에서 김대중
대통령에게 보고한 내용 가운데 "북한이 스커드 등 중거리미사일과 화
생무기로 도발할 확실한 징후가 포착되면 한미 양국은 핵심전력을 선제
공격할 계획을 세워두고 있고…… 북한의 주요 군사시설에 대해 군사
위성과 U2 정찰기 등이 24시간 감시, 대량살상무기의 선제공격에 실패
해도 피해 예상지역에 3분 내 경계경보가 가능하다"고 밝힌 것은 이
새로운 작전계획을 언급한 것이다(《한국일보》, 1999.3.24.).

미국은 당시 한국전쟁을 가정해 미 본토에서 BDU38이라는 핵공격
모의훈련까지 할 정도였다. 2004년 11월 8일 교도통신은 "김대중 정부
집권 초기인 1998년 12월 9일자 '제4 전투항공단사(史)'에 따르면, 미
제4 전투항공단은 같은 해 1월부터 6월까지 미국 본토에서 북한까지
항공기로 핵무기를 운반해 공격하는 상황을 가정해 F15E 전투폭격기
24대를 동원, 핵무기 사용을 가정한 모의탄두 탑재·투하 훈련과 검열을
했다"고 보도했다. 또 "당시 훈련은 미국 북부 노스캐롤라이나 주 세이
모어존슨 공군기지에서 출격해 남쪽으로 900km 떨어진 남부 플로리다
주 에이본파크 공군사격장에 BDU38 모의탄두를 투하하는 방식으로,
'작전 준비', '핵무기 확인', '핵무기 운용' 등 세 단계에 따라 실시됐다.
이 훈련에는 공중조기경보통제기(AWACS)와 KC135 공중급유기 등도

---

20) 할로렌 역시 동일하게 진술했다(Halloran, 1998).

참가했다”고 보도했다(≪프레시안≫, 2005.9.24.).

그러나 핵전쟁 위기까지 몰고 온 미국 인공위성 정보는 이후 베를린 합의에 따라 금창리를 사찰한 미국에 의해 사실무근임이 확인됐다. 이처럼 미국이 인공위성 사진을 잘못 찍거나 판독을 잘못했을 경우 우리 민족의 생명권이 좌우되는 현실 속에 한반도는 놓여 있다. 이는 크게는 작전통제권이나 군령권의 상실에서 작게는 한반도 위기관리의 일방적 미국 장악에 기인한다.

또 다른 한반도 연합위기관리 일방성은 데프콘 상향발령에서도 나타난다. 데프콘 상향발령은 한미 합의로 하게 되어 있지만 한국이 정보를 장악한 미국에게 끌려가지 않을 수 없다. 데프콘 징후목록은 위기상황을 가늠하는 근거로 사용된다. 징후목록이 일정 수준 이상으로 올라갈 만큼 북한군의 군사동향이 포착되면 데프콘 수준을 상향발령한다.

평시 작전통제권 환수 전에는 한미연합사가 징후목록을 단독으로 평가한 후 양국 합참에 보고하도록 되어 있었다. 평시 작전통제권 환수 이후에는 한미연합사 징후회의에 한국 합참요원이 참가하여 양국이 공동으로 평가하고 양국의 국가통수와 군사지휘기구 승인하에 데프콘을 상향발령하기로 합의했다. 그렇지만 데프콘 상향발령이 한미 합의에 의한다고 하더라도 미국이 정보를 장악하고 징후목록의 평가를 좌우하므로 한국으로서는 미국의 판단을 거부하기가 어려워 여전히 일방성이 지배한다.

연합위기관리의 미국 일방성은 한미연합사의 인적 구성에서도 확인된다. 곧, 연합사 작전참모부장(미군 장성)이 모든 연합위기관리에 대한 실무 책임을 지고 있어 위기조치의 성격이나 방향, 데프콘의 상향발령 등을 미국이 주도하게 되어 있다. 연합사·주한미군사의 작전참모부장은 사소한 위기상황 시 구성되는 한미연합사의 ‘초기대응반’, 또 위기상황이 고조되어 초기대응반의 작전능력을 초과하는 경우 구성되는 '위기조치반'의 반장을 맡는다. 위기조치반과 함께 완전한 계획수립 기능을 수행하기 위해 구성되는 '위기조치계획반'도 연합사·주한미군사 작전참모부 계획처 밑에 설치된다.

위기조치반장 임무는 '한국 합참에 데프콘의 변경 구두 통보'나 '데프콘 증가 건의 고려' 등을 포함하고 있으며, 위기조치계획반 임무는 '사령관 지침 준비 및 제출', '데프콘 변경 건의', '작전계획·작전명령 보완 발전', '지상군 이동·전개 및 운용에 관련된 건의서 작성' 등을 포함하고 있다. 연합사의 위기조치계획 절차 6단계(상황전개-위기평가-방책발전-방책선정-시행계획-시행)도 초기대응반과 위기조치반을 통해서 진행된다.

이같이 작전통제권 상실로 인한 군령권의 실질적 상실과 이에 따른 미국의 일방적 연합위기관리체계 구성 등으로 인해, 최고위 수준에서나 실무적 수준에서 미국의 일방적 연합위기관리체계가 구조화되어 있다. 이러한 기형적인 연합위기관리체계는 한국이 전쟁통제력을 제대로 행사하지 못하게 해 우리의 생명권을 외세인 미국에 맡기는 탈군사주권을 강제하고 있다.

6) '연합정보관리'의 탈주권성

국회 본회의에서 북한이 핵을 가지고 있느냐는 질문에 미국이 있다면 있고 없다면 없다고 답한 적이 있다. 그게 한미 간 정보협력의 실체다 …… 남북관계가 호전될 만하면 이 문제(북한 핵문제)가 나온다(정세현, 2005).

이는 정세현 전 통일부 장관의 증언으로 우리의 대북정보 해석과 판단이 전적으로 미국에 달려 있음을 말해주고 있다. 동시에 미국이 정보 독점을 악용해 남북관계를 얼마든지 왜곡하거나 파탄으로 몰고 갈 수 있음을 시사한다. 이러한 정보관리의 탈주권성은 CODA(연합권한위임사항)에 의해 연합정보관리 권한이 한미연합사령관에게 위임되어 있기 때문이다.

이 정보관리를 실무적으로 뒷받침하는 연합사 정보참모부는 정보 수집관리와 정보운영(징후경보와 상세분석) 임무를 가진다(이규홍, 2004: 70). 수집관리는 정보수집 부대(미 7공군 작전통제하의 정보부대나 미 501정보여단 등)에 필요한 수집을 명령하고21) 결과를 필요한 부대에 지원하는 임무다. 여기서 수집된 정보는 징후경보와 상세분석 등에 활용된다.

징후경보는 조기경보체제 운영을 통해 미리 설정해놓은 징후에 대한 이상이 발견될 경우 정보참모부장이 연합사령관에게 데프콘의 격상이나 추가조치를 요청하는 등의 임무다. 상세분석은 수집된 정보의 분석을 통해서 북한군 전략을 분석하고 그에 대한 대응 전술을 개발하며, 전술의 구체화로서 북한 지역의 공격 대상을 선정하는, 곧 표적을 개발하는 임무다. 상세분석은 정보참모부 산하 연합정보운영센터(CIOC)가 수행한다.

이처럼 주권과 직결된 업무를 관장하고 있는 정보참모부가 미군에 의해 좌지우지되고 있다. 그 현황을 살펴본다.

첫째, 정보참모부의 미군 장악은 인적 구성에서 드러난다. 한미연합사 근무 미군 요원 중 80%가 이곳에 배치되어 있다. 한미연합사령부 전 구성원은 540여 명으로 한국군은 장교 150여 명을 포함해 280여 명이고, 미군은 260여 명이다. 이 미군 260명 가운데 210명이 정보참모

---

21) 연합사령관이 필요로 하는 우선수집요구사항과 각 군이 요청하는 수집요청사항이 있다(이규홍, 2004: 71).

부에 배속되어 있다. 나머지는 70여 명의 한국군으로 구상되어 있어 인적구성에서 정보참모부는 미국에 의해 장악되고 있다.

둘째, 미국은 한미연합사 정보의 수집·판독·분석·처리, 정보원의 공개범위 등을 조정할 수 있다. 왜냐하면 한미연합사 정보참모부는 자체 정보조직과 정보수집수단을 갖고 있지 않은 채 이를 미 국방정보국이나 미 태평양사 산하 정보부대에 의존하기 때문이다.[22]

연합정보운영센터(CIOC)의 상세분석은 미 군사위성 KH-11, KH-12가 수집한 영상정보를 미 태평양사령부 산하의 한국정보생산센터(KIPC)가 분석한 자료 등에 의해 이뤄진다. U-2를 통해 수집된 신호·영상 정보는 미 공군정보국 소속 303정보대대와 607항공정보대대에 의해 분석되고 전파된다. 한미연합사 내 첨단 정보시설인 SCIF[23]도 미군의 통제 아래 있다.

이처럼 한미연합사 정보가 미국의 정보수집수단에 의해 수집되고, 미국 정보부대에 의해 분석되고, 또 전파되고 있어, 정보참모부의 징후경보나 북한 군사전략에 관한 상세분석 등이 미국의 필요에 따라 이뤄지는 구조를 갖고 있다.

---

22) "현 연합사 정보참모부 운영은 잠정편성체제로서 연합사 자신의 조직으로 운영되는 것이 아니라 주한 미8군 정보활동조직을 활용하고 있다"(김달중, 1988: 164).

23) "탱고 내에는 SCIF라는 최첨단 정보시설이 있다. 한국군 고위관계자도 함부로 들어갈 수 없을 만큼 보안이 철저하게 유지되는 극비구역으로 이 시설은 한반도 상공을 감시하는 첩보위성과 주한미군 U-2정찰기의 대북 감시정보는 물론 미 본토의 중앙정보국 CIA, 국방정보국이 파악한 첩보를 실시간으로 받아볼 수 있는 곳이라고 한다"(≪동아일보≫, 2005.3.22.).

6. 한국군 기형화의 구조물로서 한미연합사

한미연합사의 연합지휘체계는 일부에서 주장하듯이 작전통제권의 공동행사도, 수평적인 관계의 지휘체계도 아니다. 한미연합사는 유엔군사령부 해체와 주한미군 철수에 대비해 창설된 기구로서 한국군에 대한 미국의 수직적 통제체제라는 점에서 이전 유엔사와 달라진 게 전혀 없다. 이 결과로 기형화되어버린 한국군 현주소를 작전권 중심으로 간단히 살펴보겠다.

1) '연합 없는 연합군'

한미연합사는 '연합 없는 연합군'이란 특성을 가진다. 이는 상층 지휘부가 미국에 의해 장악되고, 하층 예하 구성군은 한국군으로 구성된 조직상의 특수성에서 비롯된다. 이는 말만 연합이지 실제로는 한국군을 통째로 미국이 통제·관리하는 '미국관리 한국군'이라 할 수 있다. 그 실상을 구체적으로 살펴보겠다.

첫째, 한미연합사는 사령관, 참모장, 핵심 참모부서 등 그 주요 보직과 직책이 주한미군에 의해 장악되어 있지만, 예하 구성군 사령부는 한국군만으로 편성되어 있고 미군전력은 제외되어 있다. 둘째, 지상군구성군사령관은 한국군이 맡지만 그 전력이 한국군만으로 구성되어 있다. 셋째, 해군구성군 역시 한국군 전투력만으로 편성되었으며 미군은 배속되어 있지 않다. 비록 평시에는 한국 해군작전사령관이 사령관을 맡지만, 정작 전시에는 사령관이 미군으로 바뀐다. 미 국가통수기구 승인에 의하여 미 7함대사령관과 7함대전력이 한미연합사에 의해 작전통제될 때 미 7함대사령관이 해군구성군사령관 임무를 수행한다(황의청, 2004: 67). 넷째, 공군구성군도 연합사령관의 평시 작전통제하에 있는 미 육군 38방공여단과 공군의 고공정찰 임무 중 비상대기하고 있는 두 대의 F-15E기를 빼면 전부 한국군만으로 편성되어 있다(조남풍, 1998: 67). 사령관은 전·평시를 막론하고 미군(미 7공군사령관)이 맡는다. 한국에 기지를 둔 미 공군부대의 평시 작전통제권은 한미연합사령관, 유엔군사령관, 주한미군사령관 등 어느 직위도 갖고 있지 못하며 미 태평양공군사령부가 갖고 있다.

이처럼 한미연합사 예하부대가 한국군 전력만으로 편성된 것은 한미연합사령부 창설 논의 과정에서 "미군에 대한 작전통제 문제는 미국 내 절차에 따른 유보 사항이나 양해 사항으로 하도록 합의했"기 때문이다(국방부 군사편찬연구소, 2002: 598). 이는 미국이 군사 개입에 대한 판단을 한국 측에 의해 구속받지 않고 독자적으로 내리겠다는 의사의 표시지만 다른 한편으로는 '한국방위의 작전효율화'(1977년 SCM 공동성명)라는 한미 양국이 겉으로 표방하는 한미연합사의 창설 취지와 달리 한국군을 수직적으로 관리·통제하고자 하는 의도가 반영된 결과다.

2) 한미연합사령부는 '미군사령부'

한미연합사령부의 인적 구성을 보면 연합이 무색해진다. 한미연합사령부는 사령관과 참모장을 모두 미군이 맡고 있다. 한국군은 참모 업무상 지휘계통에도 없는 부사령관과 부참모장만을 맡고 있다. 한미연합사 부사령관의 기능과 임무는 사령관 보좌와 연합사에 배속된 한국군 장병을 대표하는 것에 불과하다.

또한 7개 참모부서 가운데 사령부 업무수행과 지휘권 행사에 가장 영향력이 많은 핵심부서인 작전과 기획 부서를 미군이 맡고 있고 한국군은 보조 부서와 역할에 머물고 있다.

이처럼 핵심부서와 직책이 미군으로 편성됨으로써 한국 방위계획의 수립과 시행, 기타 연합작전과 관련한 의사결정이 미군 위주로 이루어지게 되어 있어 한미연합사령부는 미군사령부에 다름 아니다.

3) '한국 없는' 한미군사위원회

한미연합사는 한미군사위원회의 지시를 받도록 되어 있어 마치 작전통제권 행사가 한미 합의로 이뤄지는 것과 같은 형식을 취하고 있다. 한미군사위원회는 한미 양국이 군사작전 등에 관해 협의·조정하고 한미연합사에 전략지시와 작전지침을 주는 군령기구로서의 위상을 갖고 있다. 한미 양국 대통령, 국방장관(이른바 국가통수기구)도 이 군사위원회를 통해서 한미연합사령관에 대한 군령 행사를 하게 되어 있다.

그러나 실상을 보면 한미군사위원회는 미국의 군사전략이나 군사교리, 또는 미국의 작전적 이해나 요구를 관철하기 위한 장에 불과하다. 그것은 작전통제권의 미국 장악을 전제로 한미군사위원회가 설치되었기 때문에 빚어지는 현상이다.

한국 합참이 군사위원회에 참여한다고 해서 한국군의 작전통제권 행사 주체가 미국과 한국 공동으로 되는 것은 아니다. 1978년 한미연합사 창설에 관한 권한위임사항(TOR)과 전략지시 1호는 한미연합사가 한국 방위의 책임을 지며, 작전통제권이 한미연합사령관에게 있음을 명확히 하고 있다. 그 결과 한미군사위원회는 '한국 없는' '미국군사위원회'로 전락되었다. 이는 작전지휘권을 각 회원국이 갖고 있는 나토와 달리 한국군의 작전통제권이 미국에 귀속된 데서 비롯된다.

한미군사위원회의 미국 지배구도는 그 구성에서 확인될 수 있다. 한미군사위원회는 본회의의 인적 구성이 미국 3(합참의장, 태평양사령관, 한미연합사령관) 한국 2(합참의장과 추가적인 대표 1명)로 되어 있어 미국 우위의 의사결정 구조를 갖고 있다. 이로써 각 회원국이 결정을 따르지 않을 권리가 보장되어 있는 나토 군사위원회와는 달리 한미군사위원회 의결구조는 미국의 일방 지배를 담보하고 있다.

"한미연합사령부의 미군사령관은 미국의 고위 당국에만 보고하고 핵무기 사용에 관해서도 미국 상부에만 보고할 기술적·법적 재량권이 있다"(해리슨, 2003: 268)는 스틸웰의 지적은 한미군사위원회가 명목적인 것에 불과하고 실질적으로는 미국군사위원회에 다름 아님을 보여준다.

한미연합사령관이 미국 합참의장을 대리하는 주한미군 선임장교의 직책으로 한미군사위원회 상설회의의 미군 대표를 맡지만, 한국 합참의장과 한미연합사령관이 상설회의의 한미 각 대표로서 동일 위상에 위치하고 있어, 한국 합참의장이 한미연합사령관의 상위에 있다고 보기도 어렵다.[24] 한미군사위원회가 한미연합사의 군령기구이지만 그것이 명목상의 기구에 지나지 않은데다가 그나마 미국 위주로 운영되기 때문에 한국군 통수권자는 한미연합사령관의 작전통제권 행사에서 당연히 배제될 수밖에 없다.

미국 합참은 한미군사위원회를 주도함은 물론 한미연합사령관이 겸임하고 있는 주한미군사령관과 유엔군사령관, 주한미군 선임 장교 등을

---

24) 1978~1995년 사이 한미군사위원회 상설회의를 보면 12차례의 회의가 열려 군사위원회 본회의에서 결정된 내용을 합의각서 형태로 합의했음을 알 수 있다. 각서 내용은 비공개인 경우가 많지만 한미1군단의 한미야전사로의 부대명칭 변경(1980년), 미 7공군 창설(1986년), 연합사 참모장 직위를 미 공군 소장에서 미 육군 중장으로 1계급 상향 조정(1992년) 등 미국의 요구에 협조하는 내용이 대부분을 차지한다.

직접 지휘하는 지휘권을 갖고 있다. 나아가 주한미군 요원들이 한미연합사의 직책까지 겸하기 때문에 미국 합참은 한미연합사령관과 한미연합사령부의 상급기관 역할을 하고 있다.

한미연합사의 상급기관이 한국 합참이 아니라 미국 합참이고, 미국 국방부장관으로 이어지는 미국 군통수기구임은 작전계획 작성 과정을 보면 명백히 드러난다.

2002년 부시 정권은 기동력과 첨단정밀무기를 앞세운 선제공격전략을 내세우며 이를 한반도에 적용하기 위해 새로운 작전계획 수립(이후 작전계획5026으로 밝혀짐)을 한국에 강요했다. 2002년 10월 방한한 더글러스 파이스 미국 국방부 정책차관은 "오는 12월 워싱턴에서 열리는 한미안보협의회의에서 럼즈펠드 장관이 비상계획에 대한 입장을 제시할 예정이니 한국 측에서도 준비를 해 달라"고 요구했다.

이에 우리 정부는 "새로운 작전계획의 틀과 담길 내용이 미 군사력에 의한 북한 핵시설 선제공격을 담고 있는 등 기존의 작전계획과 상당히 다르다는 것을 확인하고서 계획 수립을 완강히 거부했"다(≪중앙일보≫, 2003.1.17.). 그러나 결국 우리 정부는 미국의 압력에 굴복하고 말았으며 2002년 SCM에서 '한미연합사의 작전기획을 위한 한국 국방장관과 미국 국방장관의 군사위원회에 대한 전략기획지침'을 채택했다. 이 지침에는 "유엔사·한미연합사 작전계획5027과 개념계획5029를 보완하는 추가적인 작전계획5026을 발전시킨다"고 되어있다.

또한 청와대는 2005년 초 개념계획5029-99를 완성형 작전계획5029-05로 바꾸는 한미연합사의 작업이 주권침해 소지가 있다며 중단하도록 한국 합참에 지시했다. 그러나 미국 7함대사령관이 "북한에 정권붕괴 등 급변사태가 발생할 경우 미 7함대가 전력을 투입할 것"이라며 (≪중앙일보≫, 2005.4.20.) 작전계획5029를 반대하는 한국 대통령의 입장에 대해 노골적으로 반기를 드는 등 미국은 한국을 전방위적으로 압박했다. 결국 미국은 개념계획5029를 보완·발전시킨다는 한미 국방장관 합의를 이끌어냈다(≪연합뉴스≫, 2005.6.4.). 심지어 작전계획5027- 02에 의하면 미국은 한국과 상의 없이 북한을 공격하도록 되어 있다.[25]

이는 한미연합작전계획 작성과 실행이 한국 합참은 배제된 가운데 미 태평양사령부, 미국 합참의 지휘 아래 이뤄지고 있음을 보여준다.

이러한 '한국 없는' 한미군사위원회의 문제점을 많은 연구자들이 한국 측의 실무기능이나 제도 운영의 미비 때문으로 해석하고 있다. "연합사의 한국 측 요원은 한국 합참의 입장에서 회의 준비 과정에 적극적으로 관여하고 있으나 공식적으로는 회의 준비 실무요원이나 회의 참석 실무요원에 포함되어 있지 않다"는 지적은 그 한 예다(김달중 외, 1988: 172). 그러나 한국 없는 군사위원회는 이러한 실무 기술 수준과 제도운영 차원의 개선이 이뤄진다 하더라도 전혀 개선될 수 없다. 미국의 작전통제권 장악이라는 한미 군사관계의 근본적인 구조와 이로부터 귀결되는 한미연합사의 기형화에서 비롯되었기 때문에 지엽적인 실무기술 수준의 개선으로 치유될 수 없는 성격이다.

이처럼 한미연합사는 허울뿐인 연합이고 실제로는 미국의 일방적 한국군 관리와 통제를 통해 한국군의 탈주권화와 기형화를 고착시키는 구조물인 셈이다.

---

25) 군사전문 인터넷 사이트인 글로벌시큐리티에 실린 원문은 다음과 같다. "This case study in the application of the Bush administration's new doctrine of pre-empty military action envisioned a swift attack, carried out without consulting South Korea, America's ally on the peninsular."

7. 유엔사의 실체와 작전통제권의 유엔사 환원기도의 부당성

작전지휘권(작전통제권)은 1950년 7월 1일부터 지금까지, 잠깐의 기간을 제외하면, 미국에 의해 전적으로 장악되고 행사되어왔다. 그런데 형식적으로는 1978년 한미연합사령관에 이양되기까지 작전권은 유엔군사령관에 귀속되어 있었다. 이를 기초로 일부에서는 한미연합사가 해체될 경우 작전통제권이 자동적으로 유엔사령관에게로 환원된다고 주장한다(조남풍, 1998: 72).

그러나 유엔사는 진작 해체되었어야 할 기구로 유엔사에 작전통제권을 환원시키려는 기도는 전시작전통제권 환수 자체를 부인하는 주장이다.

1) 유엔사 해체의 당위성

유엔사는 유엔헌장 규정에 의거해 설치되어 유엔 사무총장의 지휘를 받는 유엔헌장상의 기구가 아니라 미군 지휘의 다국적 통합사령부에 불과하다. 유엔사 설치의 근거가 된 1950년 7월 7일의 유엔안보리 결의 84호는 "병력과 기타 지원을 한국에 제공하는 모든 회원국은 이러한 병력과 지원을 미국 통제하의 통합사령부(a unified command under the United States of America)가 이용할 수 있도록 해줄 것을 권고한다"고 규정하고 있다.

이 유엔안보리 결의는 통합사령부가 유엔 기관이 아니라 미국 통제하에 있는 미국 군사기구임을 분명히 하고 있다. 이 결의는 그 전제하에서 회원국들에게 그들의 병력과 지원을 미군지휘의 통합사령부가 이용할 수 있도록 권고한 것이다.

이 안보리 결의에 따라 설치된 통합사령부가 유엔 기관이 아니라 미국 기관에 불과함은 리 유엔사무총장에 의해 1950년 7월 3일 제안된 '미국이 유엔군을 지휘하되 한국지원조정위원회를 통하여 시행하자는 결의안'을 미국이 거부한 데서 명확히 드러난다. 리 사무총장은 '한국지원조정위원회(Committee on Coordination of Assistance for Korea)'를 두어 여기서 모든 지원을 조정하고 현지 지휘관으로부터도 보고를 받자고 제안했다. 그러나 미국은 이를 거부하고 "미 합참이 작성한 '유엔군의 지휘구조는 미국이 유엔을 대신하여 한국전쟁의 전반적인 작전을 통제하고 유엔과 현지 사령관과의 직접적인 접촉을 배제한다. 그리고 정책적인 결정사항도 현지 작전사령관이 아닌 미국 정부가 결정하도록 해야 한다라'는 내용을 핵심으로 하는 결의안을 제시했다"(국방군사연구소, 1998: 25). 1950년 7월 7일 통과된 유엔안보리 결의 84호는 이런 미국 합참 의견을 배경으로 하고 있다.

정전협정 대체와 유엔군사령부 해체에 관한 조처를 시작해 달라는 북한의 1994년 5월 28일의 요청에 대한 갈리 유엔 사무총장의 답변 또한 유엔사가 전적으로 미국 기관임을 확인하고 있다. "안보리는 안보리의 통제를 받는 보조기구로서 통합사령부를 설립하지 못하고 미국 주도의 사령부 설립을 권고"했다면서 "통합사령부 해체는 유엔의 어떠한 기구의 책임 범위 안에 있는 것이 아니라 미국 정부의 권한에 속하는 제이다"(해리슨, 2003: 266).

또 1975년 30차 유엔총회도 유엔사 해체를 결의했다. 미국은 1975년 8월 16일부터 유엔군 업무와 직접 관련이 있는 주한유엔군사령부, 판문점 군사정전위원회 시설을 제외한 대부분의 군사시설에서 유엔기를 모두 내림으로써(서울신문사, 1979: 377) 이 결의를 존중한다는 의사표시를 했다.

유엔사는 미국 군사기구인데도 마치 유엔기구인 것처럼 외피를 쓰고 행세하면서 실제로는 유엔정신을 위반하고 미국의 대북 공격계획에 이용되고 있다는 점에서 해체되어야 한다. 더욱이 9·19공동성명과 2·13합의에서 평화체제로의 이행 합의가 이뤄진 만큼 한국전쟁의 유물인 유엔사는 해체돼야 한다.

2) 유엔사 역할 강화와 작전통제권 유엔사 환원 기도의 부당성

2003년에 이어 2004년, 2005년 한미연례안보협의회(SCM) 공동성명은 "정전협정과 유엔사령부가 한반도와 동북아시아의 평화와 안정유지에 긴요한 수단이 되어왔다"고 확인하고 있다. 라포트 한미연합사령관도 2005년 3월 8일 미 상원 군사위 증언에서 "한반도에서 유엔사의 역할이 강화되어야 한다"고 주장한 바 있다.

이미 유명무실화된 지 오래인 유엔사 역할을 미국이 부쩍 강조하는 이유는 북한 정권 제거를 명시한 작전계획5027, 북한 급변사태를 상정한 작전계획5029의 실행 의도와 관련된 것으로 보인다.[26] 곧 1950년 10월 7일의 유엔총회 결의 376호를 근거로 이른바 북한 급변사태 시 대북 군사개입의 합법화를 꾀하고, 나아가 북한을 점령할 경우 그 지역에 대해 군정을 실시하려는 의도가 숨어 있다.

대북 적대정책에 유엔사를 이용하려는 미국의 의도는 유엔사가 한반도 평화에 도움이 되는 것이 아니라 오히려 남북 대결과 한반도 전쟁위기를 부추기는 데 이용되고 있음을 보여준다.

미국이 '통일·독립·민주 정부의 수립'에 관한 1950년 10월 7일의 유

---

26) 작전계획 5027 및 5029는 형식적으로는 한미연합사와 유엔사의 작전계획으로 되어 있다

엔총회결의 376호를 근거로 유엔사의 적법성을 주장하는 것은 전혀 근거가 없다. 이 총회결의는 1953년 휴전협정 체결, 또 한국 문제의 평화적 해결을 규정한 1953년 8월 28일의 유엔총회결의 711호 등에 의해 대체되거나 그 효력이 정지되었다. 더욱이 1975년 총회결의는 유엔사 해체를 결의하고 있다. 따라서 1950년의 유엔총회결의를 근거로 한 북한에 대한 무력개입은 아무 근거가 없다.

또 유엔사 작전계획5027은 정전협정 위반일 뿐 아니라 분쟁의 평화적 해결, 자주권 존중, 내정 불간섭에 관한 유엔 원칙에 위반된다. 유엔사 작전계획5026, 5027, 5029 등이 유엔과는 전혀 관계없는 미 태평양사 작전계획에 불과하다는 점에서도 1950년 10월 7일의 유엔 총회 결의를 근거로 하는 것은 어불성설이다.

또한 한미연합사가 해체될 경우 작전통제권을 유엔사로 넘겨야 한다는 주장이 있다. 미국은 1978년 10월 체결된 한미연합군사령부 창설 관련 교환각서에 의거하여 한미연합사가 해체될 경우 작전통제권이 자동적으로 유엔사령관에게로 환원된다고 주장하기도 했다(조남풍, 1998: 72.). 그러나 1954년 한미 합의의사록에 따르면 한국이 유엔사령부에 작전통제권을 이양한 조건은 "국제연합사령부가 대한민국의 방위를 위한 책임을 부담하는 동안"으로 되어 있다.

그런데 1978년 한미연합사 관련 약정(TOR)에 따라 연합사가 한국 방어를 책임지고 유엔사는 정전협정 준수를 책임지는 것으로 바뀌었다. 이로써 유엔사의 대한민국 방위책임은 없어지게 되었으므로 한미연합사가 해체된다고 해서 작전통제권이 자동으로 유엔사로 넘어갈 수는 없다. 또 한미연합사의 해체는 곧 한국 방위의 책임을 한국이 진다는 전제하에서 이뤄지는 것이므로 한미연합사가 해체된다면 작전통제권은 한국으로 환수되어야 마땅하다.

8. 환수불가론의 허구성

1) 환수불가론의 유형

2006년 12월 21일 노 대통령의 민주평통 연설을 계기로 국회 여야의원 139명이 전시작전통제권 환수반대 모임을 결성하고, 역대 국방장관과 한국군 지도부를 역임했던 '별'들이 대통령의 작통권 발언에 밤잠을 못 이룬다면서 성명을 발표하고 사과를 요구하는 등 논란이 제기되었다.

전시작전통제권 환수 불가론은 굳이 나누자면 다음과 같이 나눌 수 있다.

첫째, 한국군이 군사·기술 수준에서 작통권을 감당할 역량이 부족하다는 전제하에 펼치는 '정보전력 미비론', '남한군열세론', '환수비용 불감당론', '시기상조론' 또는 '연기론' 등이다.

둘째, 작통권을 환수하면 주한미군 철수, 전시증원 불가, 안보위협 등으로 직결되면서 결국은 동맹이 와해된다는 한미동맹와해론이다.

셋째, 친북반미 음모론, 미국 은혜를 배반할 수 없다는 보은론 또는 배신불가론 등의 맹목적 반대론이다.

이들 대부분은 터무니없고 맹목적인 주장이나 주류신문, 주류정치세력, 주류지식인 등에서 전파되고 있어 그 허구성을 밝힌다.

2) 정보전력미비론

정보전력의 수준이 작전통제권 환수와 직접적인 관계는 없지만 굳이 따지자면 남한은 정보전력에서 북한을 압도한다. 국방부는 「8·17 전시작전통제권 환수 문제의 이해」(2006: 12~13)에서 "지난 십여 년 간 지속적으로 정보자주화 노력을 기울인 결과 대부분의 전략·전술 신호정보와 전술 영상정보를 스스로 확보할 수 있는 수준에 도달했다. 전술 레이더와 기타 특수 분야 정보도 거의 100% 독자적으로 확보하고 있다. 이러한 우리의 능력에 기초해서 한미 양국은 상호 비교우위가 있는 분야의 정보를 상호 보완의 원칙에 따라 주고받고 있다"고 밝히고 있다. 이는 전략 영상정보를 제외하고는 모든 분야의 정보를 한국군이 독자적으로 확보하고 있다는 사실을 밝힌 것이다.

남한은 이미 1991년부터 착수한 신호·영상 정보수집 장비도입 사업 (백두·금강 사업)으로 북한에 대한 신호·영상 정보를 독자적으로 수집하고 있다. 남한은 2003년 현재 공군만 무려 58대의 정찰기를 보유하고 있다(국방연구원, 2004: 560).

남한군은 정보기로 호커 800XP 8대, 호커 800RA 3대, RF-4C 20여 대, RF-5A 5대 등을 보유하고 있고, 호커 800XP와 호커 800RA는 영상정보시스템과 통신감청 장비인 원격조종감시체계 등을 갖추고 있어 휴전선에서 500km 떨어진 북한 백두산 지역까지 전파를 감시할 수 있고, 평양~원산선 이남까지 영상정보를 수집할 수 있다. RF-4C나 RF-5A 등도 카메라, 레이더, 적외선 등의 탐지 장치를 갖추고 야간에도 정보수집이 가능한 전술 정보기다.

주한미군에 비해 취약한 정보수집 분야는 전략영상정보 분야다. 그러나 우리별 3호나 아리랑 2호와 같은 1m급 고해상도를 갖춘 정찰위성 등으로 전략 영상정보 수집을 획기적으로 확대시킬 수 있어 전혀 문제가 되지 않는다. 지상수집소를 통한 신호정보 수집이나 인간정보에서는 오히려 미국이 한국에 의존할 정도라고 한다.

여기에다 남한은 첩보위성, 중·고고도 무인항공기, 전자광학영상장비 (EO-X), 장거리 레이더 등 각종의 첨단 정보무기 도입을 서두르고 있다.

또한 일본 전역과 중국 대부분을 커버하는 작전반경 3,500~5,500km의 고고도 무인정찰기 글로벌 호크(Global Hawk)를 도입할 예정이다.

북한의 정보전력은 정찰기 수에서 남한에 훨씬 뒤지는 등 비교가 되지 않는다. 『2006 국방백서』(22쪽)를 보면 북한은 정찰기를 30여 대 보유한 것으로 나와 있다. 그런데 『2004 국방백서』까지만 하더라도 북한은 정찰기를 한 대도 보유하지 않은 것으로 되어 있었기 때문에 이조차도 사실인지 의심스럽다. 또 북한은 인공위성을 갖고 있지 못하며 향후 정보전력을 강화할 수 있는 물적 여력도 없는 상태이다.

이런 한국군의 정보전력은 도리어 작전통제권 환수를 더 미뤄서는 안 되는 근거라 할 수 있다. 그럼에도 불구하고 한국군의 정보전력 수준을 이유로 작전통제권 환수시기를 미룬다면 이는 미국의 요구(군수산업의 요구, 광역작전능력 구비)를 대변하고 그럼으로써 기득권을 챙기려는 것으로밖에 볼 수 없다.

3) 한미동맹 약화론

작통권을 환수하면 전시 미군증원을 보장받지 못하게 되거나 미국이 주한미군을 주둔시키려 하지 않을 것이라는 주장이다.

그러나 전시 미군 증원이나 주한미군은 남북 간 군사력 균형에서 볼 때 과잉전력이고 한반도 화해와 평화의 관점에서 볼 때 시급히 폐기되거나 철수되어야 할 대상이다. 이 점에서 이런 주장은 남한의 대북한 무력통일을 바라는 자들이 아니라면 가질 수 없는 발상이다. 또 이 주장은 미국에게 군사에 관한 사항은 맡기면 맡길수록 좋다는 사고로서 미국의 군사적 지배에 길들여져 독자적인 사고를 하려고도 하지 않고, 하지도 못하는 자임을 보여주는 것이다. 또 이 주장은 친미보수주의 경쟁을 통해서 자신의 정파적 입지를 강화하려는 의도를 띠고 있다. 왜냐하면 작전통제권 환수를 추진하는 현 정권이든 그에 반대하는 친미보수주의 세력이든 한미동맹 강화에서는 아무런 본질적인 차이가 없기 때문이다.

노무현 대통령이 자주국방이나 작통권 환수를 표방한 것은 사실이다. 그렇지만 노 대통령의 표방은 대미 종속의 탈피를 통한 국가주권 회복의 선결조건으로 제시된 것이 아니라 한미동맹의 강화를 전제로 하는 것이다. 참여정부는 한미동맹을 더욱 강화하고 미국의 일방적 이해가 걸려 있는 전략적 유연성을 수용했으며 주한미군은 영구 주둔 채비를 다그쳐 왔다. 환수반대론자들이 쌍수 들어 환영할 친미 일변도의 정책이다.

진실이 이러한 데도 환수반대론자들은 노무현 대통령 때문에 작통권이 환수되고, 이 여파로 주한미군이 철수하고, 한미동맹이 와해되고, 전시증원이 불투명해지고, 안보위협이 가중되는 듯이 선동했다. 그리고 이들은 작전통제권 환수가 미국의 필요에 따라 미국의 이익을 보장해 주는 방식으로 진행되고 있음을 모를 리 없고 미국의 요구가 관철된 작전통제권 환수 로드맵에 결국 따르게 될 것이다. 결국 본질은 자신의 국내 정치적 입지를 확대하려는 친미보수주의 경쟁인 것이다.

4) 남한군사력 우위에도 불구하고 강요된 작통권 상실

작전통제권 환수 불가의 근거를 남한 군사력의 열세에서 찾는 것은 역사적 사실과도 부합하지 않는다. 역사적 사실은 그 반대다. 미국의 작전통제권 장악은 남한 군사력이 우세해 남한 단독으로 북한을 공격하는 것을 우려한 때문이었다.

1954년 11월의 한미 합의의사록에 의한 미국의 작전통제권 장악은 남한 군사력 열세와는 상관이 없다. 당시 남한 군사력은 북한보다 오히려 우위[27)]에 있었으며, 이를 토대로 이승만은 끊임없이 무력북진통일을 기도했다. 이승만은 미군만 끌어들이면 중국인민지원군의 북한 주둔에도 불구하고 승산이 있다고 보고 미국을 전쟁으로 끌어들이기 위한 압박정책 구사로 일관했다.[28)]

그러나 6·25전쟁의 조기 종결을 공약으로 내걸고 당선된 아이젠하워 대통령은 이승만 정권 제거 계획까지 세워 놓고 무력북진을 막으려고 했으며, 따라서 작전통제권 재장악은 아이젠하워 정권의 사활적 문제였다. 그리하여 아이젠하워 정권은 합의의사록 체결에 반대하는 이승만 정권을 석유공급까지 중단하는 초강수로 굴복시키고 끝내 작전통제권을 다시 장악했다.

뒤이어 1955년 7월 25일 8군사령부 본부가 일본의 자마캠프로부터 서울로 이동했다. 8군사령부 본부의 서울 이동에 대해서 당시 UP통신은 "…… 한국 육군에 대한 미군의 보다 강력한 지도를 뜻하는 것이다. 20개 전투사단과 10개 예비사단을 보유하고 있는 한국 육군은 미국이 지도하기에 곤란을 느낄 만큼 너무 비대하다……"고 평가했다(서울신문사, 1979: 315). 이승만 정권의 무력북진을 막기 위해 작전통제권을 다시 장악한 미국에게 남한 지상군 전력은 주한미군이 감당하기에 벅찰 정도

---

27) 휴전 직후인 1953년 7월 31일 남한군은 약 59만 명, 유엔군은 약 30만 명이었으며, 북한군은 약 27만 명, 중국군은 약 60만 명으로 양쪽이 비슷했다. 한미 합의의사록이 체결된 해인 1954년도에는 남한군은 약 70만 명, 유엔군은 약 24만 명이었으며, 북한군은 약 30만 명, 중국군은 최대 약 30만 명으로 남한군은 북한군에 비해 무려 2배에 달하며, 북한군과 중국군을 합쳐도 한국군에 미치지 못했다(함택영, 1998: 156~157; 국방부 군사편찬연구, 2002: 699~692).

28) 이승만은 1954년 3월 11일 아이젠하워에게 보낸 서한에서 남한군의 단독 북진을 지원하든가, 아니면 남한군의 전력을 강화하든가 양자택일하라고 압박했다(이종원, 1996: 84).

로 막강했다.

1957년 7월 1일에는 동경에 주둔하고 있던 유엔군사령부가 서울로 이동했다. 남한군의 작전통제권을 쥐고 있는 유엔군사령부의 서울 이동은 같은 날 창설되어 8군사령부를 예하에 두게 된 주한미군사령부의 전력을 물리력으로 하여 남한 현지에서 직접 남한군에 대한 작전통제권을 행사함으로써 남한군에 대한 통제를 한층 강화할 수 있게 되었다.

1958년 중국인민지원군은 북한에서 완전히 철수했다. 남한 전력은 1956년에 8만 병력을 일방적으로 감축한 북한 전력에 비해 압도적 우위를 점하게 되었다. 북한군의 전면 남침은 불가능한 상황이었다.

이승만 다음 정권은 무력북진통일 정책을 포기했으나 미군은 작전통제권을 남한에 반환하지 않았다. 1968년에 발생한 1·21 사태와 푸에블로 호 사건을 계기로 박정희 정권이 미국에 전면적인 작전통제권 반환을 요구했을 때도 미국은 한국 위기관리능력 부족을 이유로 환수를 거절했다. 그러나 당시 한국 정부 입장은 오히려 작전통제권을 환수해야만 한반도 위기관리가 가능하다는 입장으로, 이는 작전통제권 환수가 대북 군사력 열세 여부와 무관함을 보여주는 또 하나의 사례다.

1960년대 이후부터 주한미군의 남한군 작전통제권 장악은 무력북진을 막기 위한 것으로부터 오로지 남한군에 대한 통제와 한반도에서 미국의 국가이익과 군사전략 이해를 지켜주기 위한 미국의 기득권으로 그 성격이 고착된 것이다. 특히 탈냉전 이후 북한 재래식 전력의 현저한 약화와 남한 전력의 수직 상승으로 남한 전력의 압도적 우위는 군사 전문가들 사이에서 국제적 공인 사실이 되었다.

1954년 11월 17일 한미 합의의사록 체결로 미국이 남한의 작전통제권을 다시 장악한 이래로 지금까지 남한의 대북 전력 열세와 미국의 작전통제권 장악과의 그 어떤 상관관계도 찾아볼 수 없다.

9. 맺음말

현재 작전통제권 환수를 위한 로드맵에 한미가 합의했으나 그것을 주도하는 것은 미국이지 우리나라가 아니다. 이런 점에서 이제 작전통제권 관련 논의는 환수여부의 차원을 이미 뛰어 넘어 어떤 식의 환수냐가 논의의 관건이다.

미국은 전시작전통제권을 반환하는 것처럼 하면서 유엔사를 내세워 작전통제권의 핵심적 권한을 다시금 장악할 심산이다. 또 미국은 새로운 '동맹 군사구조'를 구축하여 한미연합지휘체계의 대미종속성을 능가하는 통합형 지휘체계를 수립하고, 나아가 광역연합지휘체계를 구축하려고 하고 있다.

미국은 동북아와 지구촌 전체의 군사패권을 위해 노무현 정부를 압박해 전략적 유연성을 확보하고 그 실행단계에 들어갔다. 미2사단 병력이 이라크전에 투입된 데 이어, 군산 미 공군 제8전투비행단 소속 F-16 전투기들이 2007년 5월 미·싱가포르 연합훈련인 '코만도 슬링(Commando Sling)' 훈련에 참가했다(≪연합뉴스≫, 2007.1.21.).

동북아지역군 또는 지구촌 신속기동군으로서 한반도를 공개적으로 들락거리는(In and Out) 주한미군은 한국방위에 대해서는 주로 '머리' 역할을 맡고 지역 기동군의 역할에 집중할 수 있는 새로운 한미지휘체계를 구축하려는 것이다. 이럴 경우 작전통제권 환수는 그 주권적 의의를 상실하게 될 것이 뻔하다.

전시작전통제권 환수가 도루묵이 되는 것을 막으려면 연합권한위임사항(CODA)을 통해 한국군을 환수전과 다를 바 없이 작전통제 할 수 있도록 허용했던 평시작전통제권 환수의 전철을 밟아서는 안 된다. 즉, '국가 없는 국가'라는 굴욕적이고 위험천만한 과거와 단절하고, 진정으로 군사주권을 되찾는 전환점이 되려면 작전통제권은 한 점의 유보도 없이 즉각적이고 전면적으로 환수되어야 한다.

그런데 전시작전통제권 환수를 무의미하게 만드는 이런 미국의 기도는 미군 주둔을 근거로 강요해온 한미동맹의 불평등성에서 비롯된다. 때문에 한미동맹의 불평등성을 구조화해온 물리력인 주한미군의 철수가 이뤄져야 진정한 군사주권의 회복도 가능하다.

▌참고문헌

강정구 외. 2005. 『전환기 한미관계의 새판짜기』. 한울.

강정구. 2005. 「한·미관계의 비판적 검토와 새판짜기」. 한국현대사연구회. ≪현대사연구≫, 제1호(통권 14호). 12월.

______. 2006. "성우회의 맹목적인 환수 반대론을 뜯어보니". ≪프레시안≫. 2006-12-27. 오후 12:38:28. http://www.pressian.com/Scripts/section/article.asp?article_num=40061227111059&s_menu=사회.

______. 2007. "'식민지 총독'과 '노란 피부의 하얀 가면'". ≪프레시안≫. 2007-03-12. 오후 12:29:41. http://www.pressian.com/Scripts/section/article.asp?article_num=40070312120515&s_menu=세계.

구영록·배영수. 1982. 『한미관계 1882~1982』. 서울대학교 미국학연구소.

≪국방과 기술≫ 편집인. 1995. "한국군 평시 작전통제권 44년 만에 되찾아". 한국방위산업진흥회. ≪국방과 기술≫, 1월호.

국방군사연구소. 1998. 『유엔군지원사』.

국방대학교 합동참모대학. 2003. 『미 합동작전기획교리』.

국방부 군사편찬연구소. 2002. 『한미군사관계사』.

국방부. 1999. 1999 국정감사 요구 자료 II.

______. 2000.『국방백서 2000』.

______. 2003. ≪국방소식≫, 3월호.

______. 2003.『자주국방과 우리의 안보』.

______. 2003.『참여정부의 국방정책』.

______. 2005.『2004 국방백서』.

______. 2006.8.17.「전시 작전통제권 T/F, 전시 작전통제권 환수 문제의 이해」. 미발표 보고서

국제정치학회 충북지역. 2003.9.「한미동맹관계 변화 가능성과 한국의 대응방안」. 국회통외통위 제출 보고서.

국회 입법조사분석실. 1995.4.27.「한국군의 평시작전통제권 환수」.

김달중 외. 1988.『2000년대의 이상적 국방체제』. 세종연구소.

김대순. 2005.3.20.『국제법론』.

김일영·서주석·조성렬. 2002.9.「주한미군의 향후 위상에 관한 연구」. 국회국방위 제출 보고서.

김일영·조성렬. 2003.『주한미군: 역사 쟁점 전망』. 한울.

김정렬. 1993.『김정렬 회고록』. 을유문화사.

나현곤. 2000.10.「연합작전시 지휘관계 고찰」. 육군대학. ≪군사평론≫.

백봉종. 1989.2.「국군의 작전통제권과 한국방위」. 부산정치학회. ≪부산정치학회보≫, 2호.

백종천 엮음. 2003.『분석과 정책 한미동맹 50년』. 세종연구소.

서울신문사. 1979.『주한미군 30년사』. 행림출판사.

서진태 외. 2004.『협력적 자주국방과 국방개혁』. 오름.

해리슨, 셀리그. 2003.『코리안 엔드게임』. 삼인.

송기춘. 2006.「한·미 군사동맹의 유지체계와 구조에 관한 헌법적 논의」. 민주주의 법학연구회 2006년 심포지엄. "군사안보·외교통상 정책에 대한 민주주의적 통제" 발표문. 일시: 2006년 11월 11일 충북대학교 법과대학.

안광찬. 2002.「헌법상 군사제도에 관한 연구」. 동국대학교 박사학위 논문.

오동석 외. 2004.『한반도 안보관련 조약의 법적 재조명』. 백산서당.

유인택. 1996.『한반도 군사문제의 이해』. 법문사

이규홍. 2004. 「미국의 한반도 군사전략변화와 그 영향」. 성균관대학교 석사학위 논문.

이성덕. 2003. 「미국의 군사작전통제권하의 한국군: 1977년 추가의정서 I과의 관계」. ≪국제법학회 논총≫, 제48권 제2호.

이장희 외. 2004. 『한반도 안보관련 조약의 법적 재조명』. 백산서당.

이종원. 1998. 『동아시아의 냉전과 한미관계』.

정세현. 2005. "부시 정부는 협상 아닌 항복 얻으려 6자회담 열었다". ≪신동아≫, 3월호.

조남풍. 1998. 「한미군사동맹체제에 관한 연구」. 동국대학교 박사학위 논문.

차두현. 2003. 「미래 한미동맹: 새로운 대의와 비전 그리고 새로운 형태의 협력」.

______. 2005.10.20. 「전시 작전통제권 안정적 환수를 위한 제언」. 평통사 주최 "작전통제권 환수의 의의와 대안 모색" 토론회 발표문.

평통사. 2005. ≪평화누리 통일누리≫, 통권 제56호.

한국 합참. 2004. 『합동연합작전 군사용어사전』.

한국국방연구원. 2004. 『2003~2004 동북아 군사력』.

______. 2005. 『05 국방예산 분석·평가 및 06 전망』.

한용섭. 2003. 「한미 연합지휘체제의 평가 및 개선 방향」. 국방대학교 안보문제연구소. 『한미동맹 50년과 군사과제』.

한지윤. 2003. 「한미군사동맹의 평시작전통제권 이양 협상에 관한 연구」. 숙명여자대학교 석사학위 논문.

함택영. 1998. 『국가안보의 정치경제학』. 법문사.

허남성. 1995. 「평시 작전통제권 환수경과와 향후의 대책」. 한국외교협회. ≪외교≫, 제33호.

황의청. 2004. 「한미동맹의 수평적 관계모색」. 국방대학원 석사학위 논문.

모리하라 키미도시(森原公敏). 2000. 『NATOはどこへゆくか』. 신일본출판사.

Halloran, R. "Soft Smile ⋯⋯ But Carry a Big Stick." *Far Eastern Economic Review* 12. 3. 1988.

NATO 홈페이지. NATO HANDBOOK Chapter 7: Policy and Decision-Making

Chapter 12: The Military Command Structure

US State Dept, *FRUS 1952-1954* v.15 part 2.

미국의 방위비 분담 요구의 본질과
미군주둔비 지원 폐지의 당위성
미국 소유 탄약의 저장관리 문제를 중심으로

박기학

1. 글을 시작하며

우리나라는 반세기 넘게 미군 주둔에 따른 온갖 부담을 져왔으며 방위비 분담금도 그중의 하나다. 주한미군에 대한 우리 국민의 부담은 그 동안 한미동맹의 이름 아래 당연한 희생으로 여겨왔다.

사실 한미동맹을 담보로 강요된 주한미군에 대한 우리나라의 지속적인 지원은 비용 면에서도 견딜 수 없는 것이지만 우리의 주권과 국익 훼손, 우리 국민의 자긍심과 생명·재산의 침해, 자주국방의 포기, 한반도 군비경쟁 등을 동반하는 것이었다.

이 글은 미국 소유 재래식 탄약을 한국군이 저장관리하는 문제를 통해서 주한미군에 대한 한국의 지원이 얼마나 불평등한가를 제시하며 이런 불평등성이 미국의 군사전략에 대한 종속에서 근본적으로 비롯된다는 것을 밝히는 데 초점을 둔다. 현재 미국은 탄약이 대부분인 WRSA-K를 한국이 전부 인수하도록 압박하고 있는데 탄약 문제는 한미동맹의 불평등성을 집약적으로 보여주는 사례다. 그렇지만 그 동안 사안의 특수성 때문에 그 실상이 국민들에게 거의 알려져 있지 않았다. 이 글은 WRSA-K가 불평등하고 대북 적대적인 한미동맹의 산물임을 밝힘과 동시에 WRSA탄 인수의 부당성을 제시한다.

아울러 우리 군이 탄약정책의 대미 종속에서 벗어나 전수방위전략에 토대한 자립적인 탄약정책을 추구해야 함을 강조한다.

2. 미국의 패권적 군사전략과 동맹국의 방위 부담의 상관성

1) 트루먼 독트린

(1) 미국의 원자폭탄 독점의 붕괴와 NSC-68

소련의 원폭개발 성공(1949년)으로 인한 미국의 원폭 독점의 붕괴, 중국인민공화국 수립(1949년)이라는 국제정세를 맞아 미국은 국가안보전략을 재검토하여 한국전쟁 직전인 4월 25일 국가안보회의문서 NSC-68을 내놓았다.

NSC-68은 소련을 미국의 절대적인 적으로 묘사했다. 또 이 문서는 원자전쟁의 초기에 선제기습의 이점은 매우 클 것이라고 강조하면서 소련에 대해 선제공격 가능성을 거론했다.

NSC-68은 봉쇄의 경제적 수단을 중시하던 종전과 달리 무력이 뒷받침되지 않는 봉쇄는 엄포에 불과하다며 군사적 수단에 전적으로 의지해야 한다고 표방했다. NSC-68은 그 이전에 이미 시작된 미국의 군사력 강화에 대한 새로운 제안을 담았는데 한편으로 '전쟁억지' 기능으로서 질과 양 모든 면에서의 핵무기의 발전을 통한 강력한 핵 보복력의 구비를 강조하고 또 한편으로 전면전쟁 일변도의 구상 속에서 재래식 전력이

소홀히 되어왔고 소련의 제한적인 침략에 대한 대비가 부족하다는 이유
에서 재래식 전력의 증강을 강조했다.

(2) 미국의 대소 봉쇄전략 속에 편입된 서유럽

미국의 대소 봉쇄정책은 1949년 집단적 방위기구인 NATO 결성으로
'봉쇄정책의 군사화'로 나아갔다. 소련과의 전면적인 군사적 대결을 국
가목표로 정한 미국은 나토 결성을 통해서 이 대결정책을 직접 담당하는
집행자로 서유럽을 끌어들였다.

1950년 이전의 서유럽의 방어 전략은 이른바 '해방전략(liberation stra-
tegy)'이었다. 이 전략은 라인 강(독일과 프랑스 국경 근처)을 방어선으로
정했다. 즉, 동방 쪽(소련)의 공격이 있을 경우 서유럽 동맹군은 네덜란드
북쪽 지역과 라인 강 동쪽의 모든 독일 지역에서 철수하거나 포기하고
뒤에 그 지역을 해방한다는 것이었다. 서유럽 동맹의 군사전략은 이런
'해방전략'과 미국의 대소 '핵전력 우위'에 의거했기 때문에 서유럽의
재래식 전력도 그 증강속도가 점진적이었다.

그러나 미국은 소련의 원폭실험과 중국인민공화국 수립이 있게 되자
통합방위와 전진방어전략을 내용으로 하는 새로운 '전략개념'을 서유럽
동맹국에 강요했다. 나토 이사회는 1950년 1월 6일 '전략개념'을 승인했
다. 통합방위는 서유럽 국가들이 각각 '균형된 국가전력(balanced national
force)' 대신 '균형된 집단적 전력(balanced collective force)'을 추구하는
것이다. 해방전략을 대신한 '전진방어전략(영어로 forward defense
strategy로 표현하는데 이는 1976년 나토가 채택한 적극방어전략과 구분되며
'고수방어' 개념에 가깝다. 적극방어전략도 때로 전진방어전략이라 표현되므로
주의를 요한다)'은 "서유럽 동맹이 공격을 받을 경우 최대한 동맹국 국경
근처에서 침입자(동방)를 저지하는 능력을 갖추는 것을 말한다."[1] 나토군

의 방위선도 독일의 나토 가입 뒤에는 대략 1960년대 중반부터 동서독 국경에 가까운 쪽으로 이동했다. 나토 이사회는 1950년 말 전진방어전략의 태세를 갖춘다는 명분으로 유럽연합군의 창설을 승인했다.

2) 아이젠하워의 대량보복전략과 재래식 전력의 유지

(1) 미국의 경비절감을 위한 전략의 선회 - 뉴룩(New Look)

1952년 선거전 때 NSC-68에 의거한 트루먼 정권의 군사정책이 갖는 과도한 인적·경제적·재정적인 비용 소모를 강하게 비판했던 아이젠하워는 집권하자 방위전략의 뉴룩(New Look) 기치를 내걸었다.

뉴룩 전략의 한 측면은 긴축정책을 꾀하면서 대소 군사적 우위를 유지하고자 한 것이다. 아이젠하워 정권은 전략핵과 전술핵에 의존하기로 결정했으며 그럼으로써 돈과 인력을 크게 절약할 수 있으리라 여겼다.

(2) 대량보복전략은 공세적 전략

뉴룩의 다른 측면은 대량보복전략이다. 1954년 1월 12일 존 포스터 덜레스(Dulles) 미 국무장관에 의해 정식화된 대량보복전략은 공산주의의 모든 무력침략을 대량보복(Massive Retaliation)으로 억지할 수 있다는 핵전략으로 전략공군의 대규모 대량보복 기조를 살리고 전술핵무기를 육·해·공군의 제일선에 배치함으로써 국지적인 전쟁에서도 핵무기를 사용할 수 있는 체제를 만드는 것이다.

덜레스는 '대량보복'을 동유럽 사회주의 국가를 '해방'시키는 정책과

---

1) Christopher S. Raj, *American Military in Europe : Comtroversy Over NATO Burden Sharing* (ABC Publishing House, 1983) p.15.

직접적으로 연계시켰다. '대량보복'('보복'이라는 단어에서 추론되듯)은 방어정책이 아니다. 이는 전후 유럽의 정치적·영토적 현실을 변화시키는 데 사용되는 적극적 공세전략이었다. 1956년 1월 23일 아이젠하워는 일기에서 "피해를 감소시키는 단 한 가지 가능한 방법은 우리가 주도권을 쥐고…… 소련에 대해 기습공격을 감행하는 것"이라고 썼다.

(3) 나토의 대량보복전략 채택

대량보복은 전략핵무기의 사용은 물론 재래식 군대의 전술무기 사용을 포함했다. 유럽에서 대량보복은, 중대한 타격을 가하거나 빠른 돌파를 하기에는 충분하지 않은 공격 정도는 격퇴할 수 있을 만큼 동독 국경에 가깝게 재래식 군대를 배치하는 것을 의미한다. 만약 전진부대가 동방의 공격에 무너지면 나토는 빠르게 전술핵무기를 사용하는 데로 나갈 것이다. 만약 거대한 손실을 피할 수 없게 될 경우에는 전략핵무기가 사용될 것이다.

나토 이사회는 1954년 12월 대량보복전략을 채택함과 동시에 재래식 전력의 차이를 메우고 나토 방위태세를 현대화한다는 명목으로 유럽최고사령관에게 침입자가 전술핵무기를 사용하든 안 하든 상관없이 전술핵무기 사용에 근거한 나토의 전략적 계획을 작성할 권한을 주었다.

이후 처음에는 주유럽 미군에, 다음에는 주유럽 동맹국 군대에 제공된 핵무기 운반수단이 증가했다. 동맹국들은 280mm 원자포와 어네스트 존과 레드스톤 미사일과 같은 전술핵무기 운반수단들을 소유하고 통제했으며 탄두는 미국이 관리했다.

(4) 대량보복전략의 한국 적용

아이젠하워 정권은 대량보복전략에 따라 주한미군과 한국군의 현대화를 추진했다. 미국은 주한미군의 현대화 차원에서 1953년 7월 주한 '제7보병사단'을 미육군에서는 9번째로, 이어 1957년에는 주한 제1기갑사단을 원자전에 대비한 펜토믹사단으로 개편했다. "재래의 보병사단이 3개 연대로 편성되는 데 비해 기동력과 화력을 중시하는 펜토믹사단은 대대 병력급의 5개 전투단으로 편성하며 핵무기로 장비된다. 미육군 참모총장 맥스웰 D. 테일러 대장이 당시 미 의회에서 증언한 바에 따르면 이 팬토믹 사단 편성법은 1953년 한국전 휴전 이후 한국에서 행한 실험을 통해 안출, 발전시킨 것으로 전해졌다."[2]

팬토믹 사단이 전술핵무기가 배치된 유럽 동맹국이 아닌 한국에서 처음 실험, 고안된 것은 한국이 미 군사교리의 실험장으로서 위치 지워져 있으며 이는 다름 아니라 한국이 다른 어느 동맹국과도 비교할 수 없을 정도로 미국에 철저히 군사적·정치적으로 종속되어 있음을 반증한다. 미국은 주한미군의 현대화와 함께 한국군 현대화도 추진했다.

미국은 1954년 한미 합의의사록으로 한국군의 병력 규모와 수준을 정했다. 한국군의 병력 규모와 기준을 구체적으로 명시한 합의의사록 부록 B는 회계연도 1955의 한국군 병력 수준의 상한선을 육군 66만 1,000명을 포함해 72만 명으로 정했다. 한미 합의의사록은 미국의 대량보복전략을 실행하기 위한 한국군 현대화 계획에 따라 1958년 개정되는데 회계연도 1959의 총 인가병력은 63만 명, 육군은 56만 5,000명으로 축소되었다.

미국의 당초 구상이 한국 육군 현역사단 수를 20개에서 8개로 대폭 감축하는 것이었으나 2개 사단 감축(18개 사단 유지)에 머무른 것은 한국의 반발도 있었다. 그러나 보다 중요한 것은 한국군을 대규모 지상군

---

2) 서울신문사, 『주한미군 30년』(1979), 318쪽.

위주로 편제함으로써 한편으로는 독자적인 대북 공격 가능성을 제어하고 한국군의 대미 종속을 구조화하며, 다른 한편으로는 유사시 한국군의 대규모 지상군에 의존함으로써 대북한 공격작전을 가능케 하고 미군의 피해를 최소화한다는 의도가 숨겨져 있다.

한국은 미국의 이런 의도에 따라 대규모 지상군을 유지함으로써 자신의 경제력으로는 도저히 감당할 수 없는 국방비 지출을 강요당했으며 한국군의 균형적인 방위력 건설도 근본적으로 제한되었다.

3) 케네디·존슨의 유연대응전략과 동맹국의 재래식 전력 증강

(1) 대소 전략핵 우위의 추구

미국은 1957년 인공위성 스푸트니크의 발사로 소련의 ICBM의 실전화, 미국 본토 공격능력이 확인되자 '미사일 갭'의 극복을 당면한 최우선적인 국가목표로 정하고 대소 전략핵 우위를 재확립하는 데 열을 올렸다. 미국은 ICBM만이 아니라 SLBM의 개발·배치를 서둘렀으며 그에 따라 ICBM, SLBM, 전략폭격기로 구성되는 전략핵전력의 3개 중심축(트라이던트)이 형성되었다.

미국의 전략핵 전력의 증강은 맥나마라 국방장관이 말한 '제2격주의'의 논리에 의거해 추진되었다. 그러나 1960년대를 통한 미국의 전략핵의 거대한 증강은 단순히 '2차 공격능력'을 확보하기 위한 것만은 아니었다. 미국의 공세적인 핵군비 증강은 1962년의 포괄적인 도시방어계획 수립, 1967년의 전국 범위의 미사일 방어망 건설 결정과 함께 대소련 선제핵공격을 노린 것이었다.

(2) 유연대응전략과 2½전쟁전략

대량보복전략은 1957년 소련의 스푸트니크 위성 발사를 계기로 '유연대응전략(reflexible response strategy)'으로 대체된다.

유연대응전략은 소련의 전략핵의 보유로 '상호억제'가 조성된 조건에서 미국이 핵전쟁, 재래식 전쟁, 게릴라전, 심지어 비밀공작 등 모든 수준에 대응할 수 있는 군사적 능력, 특히 이전에 경시되어온 재래식 전력(대게릴라전 능력 포함)을 강화한다는 전략이다. 케네디와 존슨 정권은 3개월간의 서유럽 전진방어 그리고 중국의 전면 공격에 맞서 남한 또는 서남아시아를 방어하는 전쟁, 기타 지역에서의 하나의 소규모 전쟁을 동시적으로 수행할 수 있는 2½전쟁전략을 채택했다.

(3) 나토의 유연대응전략 채택

핵 군비경쟁에 몰두하던 미국은 서유럽 동맹국들이 독자적인(national) 핵전력을 갖는 데 대해서 반대했다. 미국의 전략개념은 유럽의 전쟁이 어디까지나 재래전에 의해 마무리되어야 하며 유럽 때문에 미국이 대륙간 핵전쟁에 조기에 말려들어서는 안 된다는 데 기초한다. 미국은 전술핵무기의 사용이 전면 핵전쟁으로 비화될 심각한 위협을 내포하며 재래식 방위를 대체해서는 안 된다고 주장하면서 유럽 동맹국에게 재래식 전력의 증강을 요구했다. 1962년 12월 맥나마라와 러스크는 나토 이사회에서 미국이 유럽의 3배나 되는 국방비를 지출한다면서 나토의 재래식 전력 강화에 더 많이 기여할 것을 동맹국에게 촉구했다. 서독은 1962년 징병기간을 12개월에서 18개월로 늘렸고 그 해 12월까지 3개 사단을 추가하여 모두 11개 사단을 NATO에 파견했다.

4) 닉슨독트린과 한국의 방위비 분담 시작

(1) 닉슨독트린과 현실억지전략

닉슨은 1969년 취임하자 베트남전의 베트남화, 아시아화를 내건 괌 독트린을 발표했으며 1970년 괌 독트린의 적용 대상을 모든 동맹국으로 확장한 닉슨독트린을 발표했다.

닉슨 정권은 닉슨독트린을 실현하기 위해 '유연대응전략'을 '현실억지전략'으로 바꾸었다고 발표했다. "가장 간단히 공식화하면 현실억지는 우리가 닉슨독트린을 실행하기 위해 구상한 전략이다. 이 전략은 핵무기 분야를 제외하고 다른 나라들에게 그들 자신의 방어를 위해 더욱 더 많은 대비(특히 인력 공급)를 하도록 요구한다."[3]

현실억지전략은 $2\frac{1}{2}$전쟁전략을 $1\frac{1}{2}$전쟁전략으로 축소했다. 이런 축소는 중국과의 데탕트를 반영해 아시아의 큰 전쟁, 즉 중국과의 전쟁 가능성을 배제하는 것이다. 여기서 $\frac{1}{2}$전쟁에 가장 가까운 사태는 중국의 지원을 받지 않는 북한의 남한 공격이 상정되었다.

(2) 적극방어전략과 한반도 적용

① 적극방어전략의 배경

적극방어(active defense)전략은 방어정면을 축소하고 방어종심을 증가시킴으로써 화력의 밀도를 증가시켜 공격해오는 적을 현 전선에서 격멸함으로써 방어선을 유지하는 것이다.

미국의 적극방어(active defense) 교리는 미국이 베트남전쟁의 패배를 겸허하게 받아들이는 대신 소극적인 군사력 사용에 그 탓을 돌리면서

---

3) 레어드 국방장관의 1971년 4월 21일 전 미국신문편집인 협회 연설.

자신의 깎인 군사적·정치적 위신을 더욱 도발적인 군사전략으로 만회해보려는 패권주의자의 사고가 바탕에 깔려 있다.

슐레진저 국방장관을 비롯한 미국 군부는 베트남전 패배의 원인을 첫째, 핵병기는 사용하지 않는다는 무기사용상의 제한, 둘째, 하노이의 심장부를 공격하지 않는다는 지역적 제한, 셋째, 지상군이 17도선을 넘지 않는다는 정치적 제한 때문이었다고 주장하며 선제 핵공격을 중심으로 하는 보다 적극적인 무력개입노선, 즉 적극방어를 주창했다.

또 적극방어전략에는 베트남전 패배로 극도로 위축된 미 육군이 실추된 입지를 만회해보려는 의도가 깔려 있다. "1970년대 전반기를 통해, 미국 군사지출은 연 4.5%의 비율로 눈에 띄게 줄었다. 정부 제출 예산에서 의회가 삭감한 액(연평균)은 1950~1969년에 국방비가 19억 달러, 비국방비가 92억 달러였던 데 반해, 그 다음 6년간(1970~1975)에는 국방비가 60억 달러 삭감되고, 비국방비는 역으로 47억 달러 증가했다."4)

그렇지만 1971년 닉슨의 중국 방문, 1972년 7·4 남북공동성명에서 보듯이 긴장완화(데탕트)의 새로운 정세를 맞은 한반도에서 갑작스럽게 방어전략을 공격적으로 바꿀 이유가 없었다. 유럽에서도 1972년부터는 동서 양 진영 사이에 유럽안보협력회의(CSCE)와 상호균형감군 협상이 동시에 시작되었고 1975년에 역사적인 헬싱키 최종합의서가 채택되었다. 이런 정세로 보면 전진방어전략은 베트남전 패배 이후의 미 국방비의 대폭 삭감 추세 그리고 긴장완화의 정세를 역전시키고 자신의 입지를 만회하려는 미 군부의 초조감을 반영했다.

---

4) 사카이 아키오(坂井昭夫), 『軍擴經濟の 構圖』(유비각, 1984), p.65.

② 적극방어전략의 한반도 적용인 전진방어전략

한반도는 미국이 적극방어전략을 유럽(1976년 채택)보다 앞서 첫 시험 적용한 대상이다. 한반도에서 1974년 시험된 적극방어전략은 흔히 전방방어 또는 전진방어(forward defense)전략으로 불린다. 그것은 전방(군사분계선 근처)에 한미군의 군사력을 집중시켜 거기서 결전을 벌여 적을 완전히 격멸하는 전략이기 때문에 부쳐진 이름이다.

1968년 이전 한미군의 방어전략은 후퇴방어전략이었다. "1968년 4월 18일 ≪리프트≫지에 의하면 북한의 총공격에 대해 미 제7사단과 제2사단은 임진강 지역에서 24시간, 그리고 서울 북방 회랑지역에서 한국군은 72시간 방위가 가능할 뿐이므로 일단 서울 이남으로 후퇴했다가 반격작전을 해야 한다."[5]

후퇴방어전략은 1968년 1·21사태 이후 '고수방어'로 바뀐다. 1968년 5월 27일 1차 한미국방장관 회의에서 한국방위를 이동방어(후퇴방어)로부터 고수방어개념으로 방위전략을 수정하여 서울은 물론, 모든 부대가 현 위치에서 국토를 사수한다는 적극적인 방위개념으로 전환했다.[6]

'고수방어'는 다시 '전진방어전략'으로 바뀌는데 이 '전진방어전략'에 의거해 작성된 것이 1974년 판 작전계획 5027이다. "작전계획 5027-74의 초점은 북한의 공격을 격퇴하는 데로부터 전방에 근거를 둔 공세적 전략(forward-based offensive strategy)으로 바뀌게 되었다."[7] 그와 함께 대

---

5) 백봉종, 「미국의 대한 군사정책 변화에 관한 연구(3)」, ≪공군평론≫, 제59호, 11쪽. 1974년 이전의 방위계획은 한국군의 재편성 및 역습 시까지 일시적인 서울점령을 예상하고 있었다(국방대학교 안보문제연구소 옮김, 『주한미군 철수에 관한 미의회 보고서』, 1979, 58쪽).
6) 국방군사연구소, 『1945~1994 국방정책변천사』(1995), 167쪽.
7) Globalsecurity 홈페이지, OPLAN 5027 Major Theatre War 참조

부분의 포와 탱크, 보병이 비무장지대 남쪽으로 5마일에 걸쳐 있는 군사통제구역(MCZ) 쪽으로 전방 배치되어 군사준비태세가 공격적으로 바뀌었다.

작전계획 5027-74는 개성 진격과 원산상륙작전을 통한 평양점령을 전쟁목표로 했다. 즉, 전진방어전략은 평양점령을 실행하기 위한 군사교리(군사행동의 기본원칙과 지침)의 위상을 갖는다. 전진방어전략은 북한 공격을 현 전선에서 단순히 격퇴하는 데 초점을 둔 고수방어와 달리 평양점령을 위한 군사행동지침이라는 점에서 그 공격성을 볼 수 있다.

홀링워스가 1974년에 한미1군단장을 맡아 수립한 전략(작전계획 5027-74)에 대해서 레온 시갈은 "미국의 해병 제3사단과 남한의 해병 제1사단이 같이 원산에 상륙하여 동쪽에서 평양으로 공격한다. …… 미국의 제2보병사단의 2개 여단을 북쪽으로 진격하게 하여 개성을 점령하도록 배속한다. 북한군의 집결을 저지하기 위해 공격의 주축이나 공급선이 될 가능성이 있는 곳을 폭격하도록 B-52기를 준비하기도 했다. 홀링워스가 수립한 전략은 일부 수정되어 지금도 연합군의 지침이 되고 있다"(≪통일뉴스≫, 2007.5.31.)고 증언했다.

슐레진저는 1975년 북한의 목표를 전술핵무기로 공격하는 것(1975년 6월 25일 기자회견)을 분명히 했고 '북한의 심장부에 핵무기를 퍼붓는' 9일 전쟁계획이 작성됐다. '9일 작전'[8]은 1974년 12월 박정희 대통령이 한미 제1군단을 방문했을 때 홀링워스가 직접 보고해 재가를 받았으며

---

8) '9일 전쟁계획'은 전쟁개시와 함께 괌과 오키나와 등에서 B-52 전략폭격기를 포함한 공군력을 비무장지대 상공에 시간 당 202회, 하루 24시간 1천 회 이상 출격시키고 공중 및 지상화력을 집중하여 5일 만에 적의 기동력을 완전 제거한 뒤, 나머지 4일 간 지상병력에 의한 토벌전을 전개해 섬멸하는 계획이다(이정혁, 『팀스피리트와 미국의 군사전략』, 동녘, 1989, 79~80쪽).

1975년 8월 제7차 SCM에 참석하기 위해 방한한 슐레진저 미 국방장관에게 홀링워스가 보고하면서 알려지게 되었다.[9]

1976년부터 팀스피리트 훈련이 시작되는데 1978년 훈련 때는 '전진방어전략과 그에 의거한 9일 전쟁계획'을 시험적용하기 위해 참가병력이 10만 명을 넘었으며 B-52 전략핵폭격기 편대, 랜스미사일 대대 등 핵공격력을 갖춘 부대들이 대거 동원되어 핵공격 훈련이 실시되었다.

레온 시갈은 "이(작전계획 5027-74)에 대한 북한의 대응은 탱크와 장갑차를 DMZ 근처에 더 많이 재배치하는 것"이었다면서 "동맹국들은 북한이 공격할 준비가 되어 있고 그에 따라 서울을 방어할 태세가 되어 있다고 오래 전부터 주장해왔다. 그러나 군사적 현실은 이러한 평가와 정반대다"라고 말했다. 이는 적극적 방어전략이 남북 상호 간의 첨예한 군사력 전진배치의 1차 원인임을 지적한 것이다.

(3) 한국군 현대화 계획

현실억지전략이 채택되고 $2\frac{1}{2}$전쟁전략이 아시아에서 중국과의 대규모 전쟁을 배제한 $1\frac{1}{2}$전쟁전략으로 바뀌면서 한국에서 주한 미 7사단이 철수했다. 그와 함께 '자조'라는 이름으로 한국군 현대화 계획(당초 계획은 1971~1975년인데 뒤에 2년 더 연장됨)과 율곡사업이 추진되었다.

한국군 현대화계획은 미군 철수의 공백을 메우는 것을 넘어 전쟁목적이 평양점령으로 바뀌고 군사교리가 적극방어(전진방어)와 단기 속전전략으로 바뀐 데 따른 전력증강 요구를 충족시켜야 했다.

'9일 작전'이 보여주듯이 단기결전(초전승리)은 전쟁 초반에 대량의 물량을 집중적으로 소모하는 전쟁전략이다. 더구나 이 전략은 단지 북한

---

9) 국방부 군사편찬연구소, 『한미군사관계사 1871~2002』(2002), 660쪽.

의 공격을 격퇴하고 기존 경계선을 회복하는 데 머물지 않고 개성과 평양을 단기간에 점령하는 작전이므로 북한 전력의 최소 3~4배의 공격력을 필요로 한다.

1971~1977년 사이에 한국군 현대화를 위한 미국의 군사원조는 9.88억 달러, FMS차관 5.28억 달러 합해서 15.16억 달러에 달했는데 이 역시 도발적인 미국의 대북 군사작전을 실행에 옮기기 위한 동맹국의 군사력 증강이라 할 수 있다. 한국의 국방비도 전진방어전략 채택에 따라 급증하게 되는데 미국 군사원조를 제외한 국방비는 1973년 1,836억 원에서 1974년 2,968억 원으로 1975년에는 4,424억 원으로 불과 2년 사이에 두 배 넘게 올랐다. 1976년에는 7,037억 원, 1977년에는 9,496억 원으로 더욱 급격히 상승하여[10] 1973년부터 1977년까지 4년 사이에 매년 평균적으로 국방비는 1973년 한 해의 국방비를 넘는 액수인 1,919억 원씩이나 늘어났다.

또 1980년 SCM에서는 '한국 내 F-5E 및 F-5F 제트 전투기의 공동생산', '효과적인 근접 항공지원을 위한 미 공군 A-10기의 한국 배치계획과 조기 경보역량의 보강 및 한국 해군의 대잠수함전 훈련을 위한 협력 증대'에 합의했다.

1980년 10월 31일 한미 공군 간 A-10기 전개에 관한 공동운영계획이 서명된 데 이어 1981년 1월 15일 한미 공군 간의 A-10 항공기 전개에 관한 양해각서가 체결되었으며 1982~1983년에 주한미군의 A-10기 26대가 한국에 배치되었다. A-10기는 무게 4,309kg의 포를 지니고 2시간 동안 반경 464km 거리에서 적 탱크를 타격하는 작전을 할 수 있는

---

10) 함택영, 『국가안보의 정치경제학: 남북한의 경제력·국가역량·군사력』(법문사, 1998), 206쪽 남한의 총국방비 지출 표에서 인용.

항공기다. A-10기는 전진방어전략을 위해 도입이 되었지만 공격용 헬기와 함께 종심작전과 근접항공지원을 위한 주요 무기이기도 하다. 한국은 이 A-10기의 배치에 필요한 시설 및 부지를 우리 국방예산(CDIP사업)으로 제공했다.

한국은 미국의 세계군사패권전략의 실행을 돕고 미 군부의 입지 만회를 위해 국방비를 기하급수적으로 올리고 빚까지 내야 했으며 남북 간의 군비경쟁과 첨예한 군사적 대결의 길을 걷지 않으면 안 되었던 것이다.

(4) 닉슨독트린과 방위비 분담의 시작

① 경비절감 수단으로서의 SALS-K

미국은 닉슨독트린의 선언과 함께 무상군원을 대폭 줄이는 동시에 공동방위를 명목으로 주한미군 유지 경비의 분담 압력을 가중시키기 시작했다.11)

1974년 9월 24일 열린 제7차 한미연례안보협의회의(SCM)의 공동성명은 "클레멘츠 (국방)차관은 대한민국이 방위분담의 점차 많은 부분을 부담하고자 하는 능력과 용의를 갖고 있는 데 대해 찬양의 뜻을 표했다"고 밝혔다. 이어 1974년 11월 23일의 박정희와 포드의 정상회담 공동성명서는 "포드 대통령은 대한민국이 감당할 능력과 의사를 가진 방위분담의 폭이 증대되고 있음에 유의하고 ……"라고 말함으로써 SCM 합의를 확인했다. 그리고 한미정상회담 공동성명서가 발표된 이틀 뒤인 11월 25일 한국 내 재래식 탄약 보급에 관한 합의각서(SALS-K 합의각서)가 서명되었다.

"이 때(SALS-K합의각서 체결)부터 우리의 국방예산에서 주한미군 유지

---

11) 국방부, 『방위비 분담(1988)』(1989), 32쪽.

를 위한 비용부담이 시작되었다."12) 미국은 1974년까지만 해도 미군의 한반도 주둔을 위해 필요한 경비는 대부분 자신이 부담했고 한국의 지원은 한미소파상의 의무지원 사항인 시설·토지의 제공과 같은 간접적 형태를 띠었다. 또 미국이 들여오는 신무기체계에 대해서 한국이 시설과 부지를 제공하는 연합방위증강사업(CDIP)이 1974년에 시작된다.

② 전진방어전략과 WRSA-K

SALS-K 합의각서 체결은 전진방어전략과 작전계획 5027-74의 실행에 필요한 탄약을 확보하기 위한 것과 연관돼 있다.

평양점령과 단기속결전략 그리고 이를 위한 군사행동 지침인 전진방어전략은 중포병과 박격포, 공군의 근접지원을 필요로 하며 초전에 다량의 탄약 소모가 불가피하다. SALS-K 합의각서가 20개 사단 규모의 45일분 어치의 탄약 비축분을 사전에 저장토록 규정한 것도 단기속결전을 염두에 둔 것이다. 앞서 언급한 미 상원 보고서는 "전진방어전략은 전쟁의 초기에 강력한 화력을 필요로 하므로 충분한 탄약의 비축은 필수적이다"13)고 지적했다.

1978년 7월 11차 한미연례안보협의회의(SCM)에서 "브라운 장관은 …… 한국이 필요한 전쟁준비물자를 보강하겠다고 확약하고, 노 장관은 한국이 전쟁비축물자의 충분한 사전비축을 확실히 하도록 자원을 제공할 필요가 있음을 인정하"(공동성명 7항)는 공동성명이 발표되었다.

전진방어전략을 실행하기 위한 조치로서 1980년 SCM에서는 "전시

---

12) 같은 책, 32쪽.

13) 국방대학원 안보문제연구소, 『주한미군 철수에 관한 미의회 보고서』(1979), 69쪽.

<표 2-1> 미국이 한국에 비축한 연도별 SDA 규모

회계연도	1977	1978	1979	1980	1981	1982	1983	계
금액(백만 달러)	125	270	90	95	85	130	125	920

주: 대외방위물자비축사업(SDA)은 미국의 대외원조법(FAA)에 근거하며 미국이 전쟁
　　에 대비해 동맹국과 우방국에 전쟁예비물자를 미리 비축해두는 사업이다. 미국은
　　SDA로 한국에 WRSA를 비축해왔다.
　자료: 홍대권, 『자주군수능력과 국가안보』(세종연구소, 1998), 64쪽.

군수지원 계획에 따라 전쟁 예비물자의 보급과 비축을 지원하기 위한
공동노력의 필요"에 합의했다. 피터 헤이즈는 1970년대 초에 한미군이
전진방어전략을 채택했는데 이 전략의 실행력을 높이기 위해 "포병탄약
의 저장량이 두 배로 늘었고 신형탄약이 도입되었다"[14]고 썼다.

<표 2-1>을 보면 전진방어전략 채택 뒤인 1977년부터 매년 1억
달러 이상의 탄약이 한국에 반입되었음을 보여준다.

이의명은 1977년 현재 한국 내 육군탄약이 43만 톤인데 한국군 자산
이 39만 4,000톤이고 미군 자산은 3만 6,000톤(8% 금액기준)이라고 썼
다.[15] "1988년 현재 총 저장 탄약 중 미군 전용탄이 15.1%, WRSA탄
이 65.1%가 저장되어 있"[16]으므로 전진방어전략과 주한미군의 경비절
감을 위한 WRSA탄 반입이 한국군의 대미 탄약 종속을 구조화하는
결과를 가져왔다.

---

14) Peter Hayes, *Pacific Powderkeg* (Lexington Books, 1991), p.159.

15) 이의명, 「전시군수지원체제에 관한 연구: 전쟁대비 탄약 확보를 중심으로」(국
　　방대 연구보고서, 1978), 104~122쪽 참조.

16) 국방부, 『방위비 분담(1988)』, 76쪽.

5) 동시다발 보복전략과 WRSA-K

(1) 레이건 정권의 동시다발 보복전략과 무한군비증강 노선

① 동시다발 보복전략

레이건 정권은 1981년 중순 카터 정권 시절부터 군부 내에서 논의되어온 '동시다발 보복전략'을 채택했다. 이는 전 세계 전쟁전략으로 전시에 수세적 방어에 머물지 않고 전쟁의 결과를 좌우할 적의 영토와 군사시설을 공격함으로써 소련을 격멸하려는 전략이다.

존스 미 합참의장은 1982년 "서반구, 서유럽, 동북아시아, 서남아시아가 서로 연결된, 불가분의 전략지대를 형성한다면서 분쟁이 발생할 경우 우리의 전략은 적의 약점에 힘을 집중해야 하며 이것은 공격을 받은 지점(적의 힘이 집중된 지점이기도 하다)은 물론 적의 약점으로 여겨지는 곳도 포함된다"고 말했다.[17]

레이건 정권은 제3세계를 대상으로 한 $\frac{1}{2}$전쟁 하나만을 준비했던 종전의 $1\frac{1}{2}$전쟁 개념을 몇 개의 $\frac{1}{2}$전쟁에 대해 동시에 대비한다는 개념으로 확대했다. 레이건 정권은 동시다발 보복전략을 수행하기 위한 전력을 갖추기 위해 무한군비증강을 벌이며 동맹국에 대해서도 군비증강을 강요하게 된다.

② 공지전투 교리

동시다발 보복전략과 쌍을 이루는 것이 공지전투 교리이다. 공지전은 동시다발 보복이라는 전 세계적 전쟁전략을 수행하기 위한 군사행동의 기본원칙과 지침으로서의 위상을 갖는다.

---

17) 후지이 하루오(藤正治夫), 『미국 군사력의 철저연구』(광인사, 1986), 91쪽.

공지전은 선제공격전략이고 전·후방을 동시 타격하는 전 국토의 동시 전장화 개념이다. 초기 공지전투 개념은 소련군이 전투력을 그대로 보존한 채 전방에까지 나타나 교전을 하게 되면 이미 승산이 없으므로 적의 후속제대를 사전에 타격하여 전면에서는 약화된 적과 교전할 수 있게 되어 승리한다는 것이다.

미국은 1982년 8월『작전』(교범 100-5)에서 공지전투 교리의 도입을 정식화했다. 미 육군은 1983년에 공지전투 교리에 입각해 사단 재편을 시작해 1986년에 86형 공지전투 사단 및 군단 편성을 완료했다. 미국은 1983년에 한미연합연습인 팀스피리트 훈련 때 공지전을 시험했으며 나토에서는 1984년 말 후속제대 타격(Follow on Force Attack)이라는 이름으로 공지전투 교리가 도입되었다.

미국의 초기 '공지전투' 개념은 1991년 걸프전을 거치면서 '공지작전' 개념으로 정립되었다. '공지작전' 개념에서 항공력의 역할은 전술적 수준에서 작전적·전략적 수준으로 상승했다. 이는 1980년대 후반부터 1990년까지 전투기의 거리, 융통성과 치명도의 비약적 증가가 이뤄짐으로써 가능했다.

(2) 동시다발 보복전략을 위한 WRSA-K 및 CRDL 이양 합의각서

미국은 소련의 약점을 공격하기 위한 우선적 대상으로 한반도를 지목하고 한반도에서 동시다발 보복전략의 실행을 다그쳤다. 이런 동시다발 보복전략하에서 실시된 것이 1984년 팀스피리트 훈련이다.

(팀스피리트 1984는) 단지 한반도 유사시만이 아니라 동북아시아 전체의 유사시, 아니 미소의 전쟁을 상정하고 있는 것입니다. 물론 이 시나리오에는 당연히 일본의 행동도 포함된다고 보아야 하겠지요.[18]

이 동시다발 보복전략를 실행하기 위해 미국은 한국에 대해 각종의 전쟁예비물자의 비축 또는 동원 절차를 강요하였다.

1982년 3월 31일 제14차 SCM에서 "전시 소요물자의 사전비축을 공동으로 증대해나가기로 합의하"고 한반도에서 전쟁이 발발하거나 전쟁 징후가 있을 때, 미국 정부가 소유하는 전쟁물자를 미 의회의 승인 없이 한국 정부에 이양한다는 "군사 긴급사태에 있어서 동맹국을 위한 전쟁비축물로 지정된 재산의 한국에 대한 판매에 관한 대한민국 정부와 미합중국 정부 간의 합의각서(MOA #1)"를 체결했다. 이 합의각서는 WRSA 장비 및 물자를 데프콘 2 때나 한미 양국 대통령 공동결정 시 주한미군사령관이 한국에 이양하도록하고 있으며 이로써 미국 정부는 전시 미국 의회에 통고만으로 WRSA 자산을 한국에 이양할 수 있게 되었다.

1982년 SCM에서 미국은 한국에 대해 전시 동원이 가능하도록 '비상대비자원관리법'의 입법을 요구했는데 1984년 6월 이 법이 국회를 통과했다.

1983년 4월 15일 제15차 SCM에서 "전투준비태세와 전쟁지속역량을 강화하기 위해 전시소요물자의 사전비축을 증대"하기로 합의하는 한편 "전투긴요물자의 신속하고 지속적인 보급을 위해 한미 연합군수지원체제를 우선적으로 보강, 발전시키기로 합의했다."

1984년과 1985년, 1986년 SCM에서 "전시 표준보급지원절차의 발전과 전시 소요물자의 사전비축의 증대를 위한 공동노력"에 합의했다.

1984년 3월 7일에는 CRDL(긴급소요부족목록)의 이양에 관한 합의각서(MOA#2)가 서명되었다. 이 합의각서의 명칭은 "군사 긴급사태에 있어서 동맹국을 위한 전쟁비축물로 지정된 물자 이외의 미 합중국 소유

---

18) 이정혁, 『팀스피리트와 미국의 군사전략』, 15쪽.

평시 운용 재고 및 전쟁 비축물자의 대한민국에 대한 판매에 관한 대한민국 정부와 미합중국 정부 간의 합의각서"이다. '긴급소요부족목록(CRDL)'이란 WRSA로 획득이 어려운 전투긴요 장비 및 물자로서 전시 초기 30일 간의 한국군의 전투손실 및 소모보충을 위해 국내외에 미군이 소유하고 있는 평시 운영재고 및 전쟁예비 물자 중 사용가능한 방위물자 및 용역의 목록을 가리킨다. 여기에는 탄약, 장비, 수리부속, 화생방물자, 의무물자 등 2,260개 품목이 들어있다. 이 CRDL은 데프콘 2 때나 한미 양국 대통령 공동결정 때 한국에 이양되며, 물자 인수 후 60일 이내에 대금을 상환하도록 되어 있다.[19]

1985년 10월에는 미 제19지원사령부가 후방의 탄약을 전방으로 옮김으로써 전시에 바로 이용할 수 있는 탄약보유량을 늘렸다.[20]

(3) 공지작전과 신형 탄약의 도입

미국은 공지전 수행을 목적으로 신형 탄약을 한국에 반입했다. 1987년 5월 6일 제19차 SCM에서 1988년과 1989년 한미연합군의 화력을 대폭 증가시키기 위해 미국의 현대화된 신형탄약을 한국에 전쟁예비물자로 비축하는 "한미 국방부 간 전쟁예비비축탄약 현대화 협정"에 서명했으며 비축 탄약의 안전성을 제고하기 위한 계획의 중요성을 확인했다.

비축키로 한 신형탄약은 "사람 및 전차에 타격을 주는 지뢰지대를 형성해 적 기계화부대를 격퇴할 수 있는 신형지뢰, 적 비행장을 조기에 무력화시킬 수 있는 폭탄, 지하화된 적 요새와 진지를 파괴할 수 있는 정밀유도탄 등"(≪동아일보≫, 1987.5.7.)으로 종심작전용 무기이다.

---

19) 육군본부, 『알기쉬운 군수용어』(2001), 106쪽 참조.
20) Peter Hayes, *Pacific Powderkeg*, p.157.

1988년 6월 9일 열린 제20차 SCM에서 한미 국방장관은 탄약현대화 협정을 연장, 확대하는 탄약현대화협정개정서에 서명했다. 이 탄약현대화협정 및 개정으로 신규 획득탄약 물량을 저장하기 위한 탄약저장시설 신축과 미국의 탄약저장시설 안전도 강화 요구에 따른 탄약저장시설 개선을 위한 시설 투자가 필요하게 됨으로써 한국은 막대한 투자부담을 지게 되었다.[21] 1989년 제21차 SCM에서는 "1990~1992년 탄약 현대화계획에 따라 최근 서명된 구매탄약 목록 합의서를 신속히 추진하기로 약속했다"(21차 SCM 공동성명서 9항). 탄약현대화계획은 한국과 미국이 2 대 1의 비율로 신형탄약을 확보하여 한국군의 전쟁예비탄약과 WRSA 탄으로 비축하는 계획이다. 탄약현대화계획은 한국이 미국 무기(탄약)를 구입하는 계획으로 SALS-K 협정이나 WRSA라는 것이 미국 무기를 한국에 판매하는 수단의 하나임을 보여준다.

6) 냉전 종식 이후 미국의 지역방위전략과 전쟁비축물자 축소

(1) 지역방위전략과 미국의 전쟁비축물자 감축
① 미국의 전쟁전략의 변화와 전쟁비축물자 소요의 감소

미국은 냉전이 종식되자 세계적 규모의 전쟁과 장기전을 상정했던 전쟁전략을 2개 지역의 주요사태(Major Regional Contingency)에 동시에 대처하여 승리하는 윈윈(win-win)전략과 단기전 전략으로 전환했다. 그와 함께 군 병력을 1/3 정도(1989년 11월 212만 4,900명에서 1999 회계연도에 139만 5,800명으로 약 73만 명 줆) 감축했다.

---

21) 황동준·한남성·이상욱, 『미국의 대한안보지원 평가와 한미방위협력 전망』, 민영사(1990), 90쪽.

미 회계 감독국(GAO)은 1994년 6월 15일 하원군사위 준비태세 소위 (Readiness Subcommittee of the House Armed Services Committee)의 얼 후토 (Earl Hutto) 위원장에게 "전쟁비축물자와 기타 사전배치 자산에 대한 각 군의 소요 그리고 실제 보유량은 모두, 해상 사전배치물자를 제외하고는 사막의 폭풍작전 이후 감소해왔다. 그것은 군사전략의 변경과 군 전력감축 때문이다"라는 보고서를 제출했다.

미국 국방부는 1990년대에 걸쳐서 전쟁비축물자 규모를 1,000억 달러 수준에서 그 반으로 줄이는 방침을 세웠다. "FY1955 미국방연례보고서를 보니까 1990년 미국의 전쟁예비물자 규모가 1,020억 달러였습니다. 1995년에는 693억 달러, 1997년에는 640억 달러로 축소할 것으로 계획하고 있고 FY1996 미국 국방연례보고서를 보니까 2001년에 500억 달러로 비축 수준을 줄이는 것으로 나와 있습니다."[22]

② 주유럽 미군의 전쟁비축물자 감축

GAO 유럽사무소는 주유럽 미군의 초과탄약의 미국으로의 철수에 관한 보고서를 주유럽 미군사령관 조지 줄완(George A. Joulwan)에게 1994년 4월 29일 제출했다. 이 보고서는 주유럽 미군이 병력 철수가 시작되기 전인 1990년 9월 30일 31만 800명에서 1993년 3월 31일까지 17만 2,800명으로 줄었고 1996년까지 10만 9,000명으로 줄 예정이라고 썼다. 그와 함께 탄약저장량과 탄약고 수가 유럽주둔 미 육군의 경우 1991년 90만 톤(이하 미국 톤으로 1톤=907kg), 101곳에서 1994년 30만 톤, 5곳으로 줄었고 최종적으로는 8만 5,000톤, 3곳으로 줄 계획이라고 밝혔다. 또 주유럽 미 공군은 탄약보유량과 탄약고 수가 1991년 26만

---

22) 임복진 의원, 1995년 9월 25일 국정감사 때 질의.

톤, 132곳에서 1994년에 13만 톤, 28곳으로 줄었으며 최종적으로는 8만 7,000톤, 9곳으로 줄 계획이라고 밝혔다.

(2) 주한미군의 전쟁비축물자 증대의 의미와 사례

① 미군탄약 증가는 미국의 경비절감과 한반도 패권 위한 것

냉전이 종식되고 유럽에서 CFE(재래식 무기 감축)조약이 1990년 체결됨으로써 미국은 많은 장비와 병력을 유럽에서 감축해야 했다.

그런데 냉전 종식 뒤 유럽에서만 군축 정세가 조성된 것은 아니다. 한반도에서도 1991년 불가침선언과 군사적 신뢰구축, 군축 등이 담긴 남북기본합의서가 체결되었다. 또 1994년에는 북미 사이에 제네바 기본합의서가 체결되었다. 유럽과 같이 한반도에서도 병력과 장비의 감축이 이루어질 수 있는 정세가 조성되었다. 그러나 사막의 폭풍 작전 뒤 미국의 전쟁예비물자와 탄약저장량은 유럽에서는 대규모로 감축된 반면 태평양지역 특히 한국에서는 크게 늘어났다. 남북기본합의서 체결 뒤에도 엄청난 양의 WRSA탄이 들어왔고 1995년에 미 육군 1개 여단 분의 사전배치장비가 한국에 들어왔다.

이는 첫째, 유럽에서 남는 탄약을 한국으로 옮김으로써 미국의 경비를 절감하려는 데 있다. 이는 한미동맹이 미국과 서유럽의 나토 동맹국 간의 관계와 비교할 수 없을 정도로 불평등하다는 증거다.

둘째, 미국의 군사전략이 지역방위전략으로 바뀌면서 한반도(북한)가 두 개의 주요전구 전쟁(MRC) 대상의 하나로 된 것은 미국의 세계패권 추구를 위해 소련을 대신하는 위협으로 한반도가 지목된 것을 뜻한다. 즉, 한반도가 냉전 종식 이후 미국의 세계군사패권주의의 희생양이 된 것이다. 이런 미국의 전쟁전략이야말로 남북기본합의서도, 제네바기본합의서도 무효로 돌린 근본 원인이다.

앞서 언급한 GAO의 미 하원 보고서는 미 공군 탄약과 관련해 "회계 연도 1992~1994 동안 미 본토 밖의 전쟁예비비축 탄약량은 50만 7,000톤(이하 미국 톤)에서 38만 8,700톤으로 줄었는데 회계연도 1995까지 39만 2,800톤으로 늘 예정이다"라고 하면서 "1994~1995 사이의 증가는 태평양지역의 증가분이다"고 썼다. 그러면서 이 보고서는 태평양지역의 탄약량이 1992 회계연도의 16만 2,000톤에서 1994 회계연도 17만 8,000톤으로 는 것은 "병력 규모의 변화와 새로운 두 개의 주요지역사태(MRC) 전략 시나리오에서 비롯된다"고 썼다.

② 미 육군의 사전배치장비의 한국 저장

앞서 언급한 GAO의 미 하원 제출 보고서에 따르면 사막의 폭풍작전 이전에 사전배치장비(유럽에서는 부대단위 사전배치 물자, 영어 약자로는 POMCUS로 불림)에 대한 미 육군의 소요는 13개 여단 분이며 이 모든 장비는 중부유럽에 배치하는 것으로 계획돼 있었다. 그런데 사막의 폭풍작전 뒤 미 육군의 소요는 9개 여단 분으로 줄어드는 데 4개 여단 장비가 중부유럽(독일, 벨기에, 네덜란드)에, 한 개 여단 장비가 이탈리아에, 하나는 해상에, 두 개는 남아시아에, 하나는 남한에 두는 것으로 바뀌었다.

한국이 사막의 폭풍작전 뒤 미군 1개 여단의 중무장 장비를 사전 저장하는 곳으로 된 것이다. 에바다 겐스케는 이것이 주유럽 미 육군의 감축으로 불필요하게 된 장비를 한국에 옮긴 것이라고 밝혔다.[23]

'미 육군장비 육상 사전배치(AWRPS-K)'를 위해 한미는 1995년 4월

---

23) 에바다 겐스케(江畑謙介), 『米軍再編』(비즈니즈사, 2005), p.275. 미 육군 1개 중여단급 장비(M1A1 전차 120대, M2A2브래들리 보병전차 68대 등)를 1996년부터 대구 주한미육군자재지원본부에 사전 비축해 놓고 있으며 일부 장비는 일본 사가미종합보급창에도 저장되어 있다.

10일 "한국 내 육군 전쟁예비 사전배치 장비에 관한 합의각서"를 체결했다. 합의각서는 1개 중여단급 장비의 주한미군사 시설 내의 사전배치와 관련하여 "한국 국방부는 연합방위증강사업(CDIP) 계획에 의거하여 사전배치 장비의 저장창고 및 지원시설 건설에 필요한 자금을 제공"하며, "사전배치 장비의 정비와 관련된 한국인 고용원의 인건비를 제공한다"(제3조 가항 ① 및 ②)고 규정했다.

미 육군 전쟁예비물자 사전배치 저장시설 건설 사업은 1993년부터 3단계로 나눠 실시되었는데 1993년 1,026만 달러, 1994년 1,643만 달러, 1995년 1,156만 달러 합쳐서 3,825만 달러가 우리 국방예산에서 방위비 분담 명목으로 지출되었다. 그런데 1995년 합의각서가 체결되기도 전인 1993년 미 육군 사전배치장비 저장시설 사업이 시작된 것이므로 이는 불법이라고 할 수 있다.

국방예산의 지출은 저장시설 건설에 그치지 않으며 지원시설 건설과 장비정비비에까지 이른다. 미 육군 사전배치 장비정비 지원사업은 1996년부터 1999년까지 진행되었다.

이 사례는 방위비 분담금이 미국의 세계군사전략 변경과 병력감축으로 남아돌게 된 미군 잉여장비를 처리하기 위한 비용으로, 한국이 미군의 잉여장비 보관소로 되고 있음을 보여준다.

③ WRSA-K의 증가

<표 2-2>를 보면 냉전이 종식된 1991년 이후에도 WRSA탄약이 한국에 계속 상당규모로 반입되었다. 1995년에도 미국은 155mm DPICM(이중목적개량탄), 백린연막탄(D563) 20만 발, 신관 20만 발 등 약 4만 톤을 WRSA-K로 지정하여 한국에 반입했다.

앞서 언급한 GAO 유럽사무소의 보고서는 유럽전구 탄약의 미국으로

<표 2-2> 미국이 한국에 비축한 연도별 SDA 규모

회계 연도	77	78	79	80	81	82	83	84-87	88	89	90	91	92	93	계
금액 (백만 달러)	125	270	90	95	85	130	125	중단	106	67	21.7	29.9	0.94	39	1,184.5

자료: 홍대권, 『자주군수능력과 국가안보』(세종연구소, 1998), 64쪽.

의 철수 결과 유럽주둔 미 육군과 미 공군의 탄약저장량과 탄약고가
큰 폭으로 줄었으며 주유럽 미 육군은 회계연도 1995 말까지, 주유럽
미 공군은 회계연도 1996 말까지 탄약 철수사업을 마칠 계획이라고
밝혔다. 이 점에 비추어 한국의 1990년대 상반기 동안의 상당한 량의
WRSA반입은 유럽에서 남는 탄약을 한국으로 옮긴 것으로 볼 수 있다.

　미국 의회는 무려 4억 달러어치의 초과(잉여) 방위물자를 2000 회계
연도에 한국과 태국에 WRSA로 추가하는 법을 1999년 11월 제정했다.

　WRSA탄이 무분별하게 도입되자 강창성 의원은 2002년 9월 17일
국정감사 때 "미국은 그동안 대부분 미군이 사용하고 남은 초과보유탄
과 더 이상 쓸 수 없는 도태탄을 동맹국 전쟁예비물자(WRSA)라는 명목
으로 한국에 들여와 저장함으로써 결과적으로 한반도를 고물탄약 쓰레
기장으로 만들어놨다"고 분개하면서 "앞으로 이 나라를 1960~1970년
대 심지어 1940년대 미제 고철탄약의 무덤으로 황폐화시킬 가능성이
있는 어떠한 합의도 하지 말라"고 촉구했다.

④ M48A5 전차의 WRSA-K 지정과 한국 판매

　M48A5 전차의 WRSA-K 지정과 한국 판매 또한 미국이 잉여장비
를 처리하기 위한 방편으로 WRSA-K를 이용한 사례다.

M48A5 전차는 미국에서 1950년대 개발된 구형 전차로 미국 주방위군의 예비비축용으로 저장되어 있었다. 이런 전차가 1990년에 WRSA-K로 지정되어 281대가 한국에 배치되었다. 한국은 1995년에 미국 소유 탄약의 저장관리비를 탕감해주는 대가로 이 전차 275대를 인수했다. 임복진 의원은 1995년 9월 25일 국정감사 때 M48A5 전차의 대한국 판매가 "냉전 시대 비축물량의 50% 규모만 갖고 나머지는 잉여물자로 처분하겠다는 (미국의) 계획"(국회 속기록)의 일환이라고 지적하면서 "미국에서는 이것(M48A5 전차)을 바다의 물고기 집으로 쓸려고 계획하고 있다고 (오늘 아침 신문에 워싱턴발로) 발표가 되어 있어요"라고 폭로했다.

M48A5 전차의 인수 과정의 굴욕성은 또한 M48A5가 쓸 수 없는 F급으로 도입되었고 이를 한국이 무려 1,700만 달러(1991~1994년 사이 정비지원비의 합계로 우리 돈으로는 143억 원)의 비용을 들여 B급으로 정비한 뒤 구입했다는 사실에도 있다.

임복진 의원은 앞서 언급한 국정감사 때 "이것(M48A5)이 우리나라의 WRSA 장비로 들여올 때 F급으로 왔는데 쓰지 못할 것을 들여왔습니다. 우리 돈 40억 불을 주어서 정비를 해서 우리가 산 것입니다"라고 비판했으며 이에 대해서 국방부 안광남 군수국장은 "F급은 F급입니다마는 그 전차는 원래 우리가 전쟁이 났을 때 전쟁예비량으로 지원해주도록 지정되어 있는 품목에 포함된 전차"(국회 속기록)라고 답함으로써 F급으로 도입되었음을 인정했다.

임 의원은 "그 안(한국이 1995년 인수한 WRSA품목)에 보면 철조망, 지뢰까지 들어 있습니다…… 지뢰는 미국에서도 생산이 중단되고 금수품입니다. 법에 의해서 못 팔게 되어 있는데 왜 삽니까?"라고 국방부의 대미 굴욕적 태도를 질타했다.

미국은 자신들에게는 아무 필요가 없고 오히려 짐만 되는 M48A5

전차를 한국으로 하여금 구입비 외에도 정비비와 장비보관 시설 건설비 (CDIP사업으로 지원)까지 부담토록한 뒤 인수하게 한 것이다. 여기서 방위비 분담금의 굴욕성을 볼 수 있다.

7) 부시정권의 군사변환과 한국군 현대화 요구

(1) 미국의 군사변환과 주한미군의 신속기동군화

미군의 군사변환은 최첨단 무기체계와 작전개념의 혁신 그리고 그에 걸맞은 군사조직의 혁신을 통해 21세기에도 미국의 압도적 군사적 우위를 확보함으로써 세계군사패권을 영구화하겠다는 것이다.

'신속결전'으로 불리는 새로운 작전개념은 적과의 대치선을 중심으로 전선을 형성해서 싸우는 기존의 개념과 달리 적의 핵심부와 후방, 측면 등을 동시에 입체적으로 타격하는 것이고, 적의 지휘부와 지휘통제 체제를 공격하여 적의 전의를 꺾고 적의 핵심적인 전쟁 능력을 효과적으로 파괴하여 전쟁수행 능력을 조기에 마비시켜 신속하게 결정적으로 승리한다는 개념이다.

군사조직의 혁신은 미군을 다양한 위협에 대응할 수 있는 전력으로, 또 세계 어느 지역에나 신속히 이동해 기동력과 화력, 정보력의 절대적 우세로 적을 선공하여 제압할 수 있는 신속기동군으로 변환하는 것이다. 해외 미군기지와 해외 주둔 미군의 변환도 군사변환의 핵심 내용의 하나다. 특히 냉전 시대 붙박이 군대로 있던 주한미군과 주독미군이 이런 군사변환의 주요 대상이다.

신속기동군화한 주한미군은 작전반경을 한반도에서 아시아태평양지역으로 넓힘으로써 중국을 군사적으로 봉쇄하는 것을 주요 목적으로 하며 주일미군(기지), 필리핀 방문미군, 주싱가포르(기지) 그리고 한국,

일본, 호주 등의 동맹군, 나아가 NATO군과 함께 아시아태평양지역에서 미국의 군사적 패권을 보장하려는 야심을 갖고 있다.

(2) 한국군의 군사변환과 국방비 부담의 급증

미국은 주한미군의 군사변환과 함께 한국군의 군사변환(현대화)도 주문하였다. "(한미)양국 군 변혁과 한미동맹 현대화"에 관한 2003년 5월 한미 정상회담 합의, "협력적 자주국방계획을 미국의 군사변혁과 조화되도록 추진한다"는 2004년 SCM 공동성명, "국방개혁안이 앞으로 동맹의 발전을 뒷받침해 줄 것"이라는 2005년 SCM 공동성명 등이 그 예다.

그러나 한국군의 군사변환과 (협력적) 자주국방은 그 목적과 방향이 대미 군사적 종속의 탈피와 군사주권의 회복에 있는 것이 아니라 주한미군의 신속기동군화를 뒷받침하고 지역안보에 대한 미국의 요구를 수용할 수 있는 기동력과 화력, C4I 능력, 군수능력을 갖추는 데 있다.

한국군은 미국의 신작전개념에 따라 대북한 선제공격 체제를 갖춰야 하고, 최대한 북한에 대한 종심작전 능력을 확보해야 하며, 장거리 타격과 파괴성을 갖춘 무기체계와 정밀 탄약을 도입해야 한다. 한국군은 전면전만이 아니라 전쟁 이외의 군사작전(가령 북한 급변사태나 PKO 등)에도 대응해야 하며 나아가 주변국의 위협에 대한 군사적 대응능력 확보를 통해 미국의 대중국봉쇄나 대테러 작전 등을 뒷받침해야 한다.

그에 따라 한국의 방위비 부담은 이전과는 비교할 수 없을 정도로 가중된다. 한국은 주한미군의 신속기동군화를 위한 기지재편 비용 10조 원을 거의 100% 부담해야 한다. '국방개혁 2020'을 위해서 한국이 지불해야 할 비용이 얼마나 큰가는 2020년까지 매년 평균 국방비가 2005년 국방비의 두 배 수준에 이른다는 한 가지 사실만으로도 짐작할 수 있다.

3. 한국군의 미군 소유 탄약 저장관리의 현황과 문제점

1) 현황

(1) 법적 근거

① 1969년 양해각서

한미는 1969년 1월 9일 "한미 정부 간 미국 탄약의 한국 시설 내 저장에 관한 양해각서"를 체결했다. 이 양해각서는 미군 전용탄의 경우 미군이 관리하고 WRSA탄(당시 PR탄)은 한국 측이 관리하되 미 측이 보상한다고 규정했다.

② SALS-K 합의각서

1974년 11월 25일 한국 국방장관과 주한미군사령관은 "대한민국에서의 재래식 탄약보급에 관한 대한민국 정부와 아메리카 합중국 정부 간의 합의각서"(일명 SALS-K 합의각서)에 서명했다.

SALS-K 합의각서 제1조는 "한국 정부는 현재 미8군이 수행하고 있는 주한미 지상군에 대한 재래식 탄약의 야전근무 지원을 제공한다"고 함으로써 이때부터 한국군은 미8군이 담당해왔던 주한미 지상군의 재래식 탄약과 관련한 야전근무지원(탄약의 수송, 저장, 정비, 처리, 항만하역 등을 가리킴)을 대신 맡게 되었다. 이 합의각서 제2조는 미국이 한국군의 전투예비탄 부족분 보충을 위해 재래식 탄약을 한국 내에 저장하도록 함으로써 WRSA탄의 한국 내 도입, 저장의 법적 근거가 된다. 또 합의각서 제5조는 미국 정부가 요청할 경우 한국 정부가 미국 소유 탄약을 수입하고, 저장하고, 경계를 제공하고, 정비작업을 수행하고, 적송할 의무를 규정했으며 그에 소요된 용역비는 미국이 부담하도록 했다. SALS-K

<표 2-3> SALS-K 합의각서 및 의정서 주요 내용

구분	한국 정부	미국 정부
합의각서	· 미 지상군 재래식 탄약에 대해 야전근무지원(저장, 정비, 처리, 수송, 항만하역) 제공 · 미국 요청 시 미국 소유 재래식 탄약의 수령, 저장, 경계업무 , 정비, 적송 업무 수행	· 한국군 전투예비 부족량 보충 · 미군 탄약시설 단계적으로 한국 이양·미국 소유 재래식 탄약의 수령, 저장, 경계업무, 정비, 적송 업무의 용역비를 한국에 보상 · 미국 소유 탄약 반출 권리
부속 의정서	· 탄약의 저장시설을 무료 제공 · 미군규정에 의한 탄약 수령, 저장, 정비, 처리, 수송, 경계 업무 수행	· 정비와 비군사화에 소요되는 비용 제공 · 탄약 수령, 저장, 수송, 검사에 필요한 모든 물자와 장비 제공 · 탄약검사, 재산계정 및 재물조사 · 정비자재 및 탄약 특수 장비 제공
보충기록각서	· 한국 내 비축되는 WRSA는 프로젝트 ROK로 부름. 한국은 이의 수송비를 분담	· 태평양사 예비탄약(PCR)의 한국 내 저장 시 항만하역과 수송비를 부담 · PCR은 한국 방어만을 위한 물자는 아님

주: 의정서의 부록 A와 부록 B에 한미 양국의 책임이 구체적으로 규정되어 있으며 부록 C에는 관련 업무가 명시되어 있으나 의정서 전문을 입수하지는 못했다.

합의각서는 WRSA탄과 미군 전용탄을 구분해서 보상 문제를 규정하지 않고 일괄해서 미국 소유 재래식 탄약의 저장관리를 위해 한국이 제공한 용역에 대해서 미국이 보상하도록 규정했다.

"한미 정부 간 한국 시설에의 미군 소유 재래식 탄약의 수령, 저장, 수송 등에 관한 의정서"(SALS-K 의정서)는 합의각서와 같은 날 한국 국방장관과 주한미군사령관 사이에 체결되었는데 미국 소유 탄약의 수령, 저장, 수송, 검사장비, 경계지원을 규정하고 있다. 이 의정서는 "한국 정부가 미국 소유탄의 한국 내 저장시설과 동 시설의 경계업무를 제공하고, 저장·수송·불출 등의 업무를 지원하며 미국은 탄약 수령·저장·수송·검사에 필요한 모든 물자와 장비, 그리고 정비 및 비군사화에 소요되는 비용을 제공하고 구체적인 양국의 책임은 부록 A와 B로 규정했다."[24]

1976년 9월 7일에는 한국 육군본부와 미 8군 사이에 SALS-K 합의각서와 의정서에 대한 보충기록각서(Memorendum for Record)가 체결되었다. 이 보충기록각서에 의하면 "한국 내에 비축되는 우방국을 위한 전투예비재고(WRSA)는 프로젝트 ROK로 칭하며, 한국 측은 이의 수송비를 분담하고 미국 측은 태평양사 예비탄약(PCR)의 한국 내 저장 시 항만 하역과 수송비를 부담하며 동 PCR은 한국 방어만을 위한 물자는 아님"[25]이라고 되어 있다.

(2) 미국 소유 탄약의 저장 시설비와 부지 사용료, 근무비용 부담

한국은 미국소유 재래식 탄약(WRSA탄, 미군 전용탄 다)에 대해서 토지(탄약고 부지)와 시설비, 시설유지비, 시설감가상각비를 무상으로 제공한다. 또 한국은 야전근무(수송·경계·정비·항만하역·처리 등)를 제공한다. 미군 전용탄의 경우 근무용역비를 미국이 보상한다고 되어 있으나 한국이 방위비 분담금으로 지원해준다.

미국 소유 탄약의 저장관리 지원을 평가하는 방법에는 몇 가지가 있다. "대략 탄약 10만 톤을 저장하는 데 300만 평 이상의 부지와 1,000억 원 이상의 시설비 및 1개 탄약창 규모의 관리부대가 필요"하다.[26]

위 인용대로 하면 탄약고 부지로, WRSA탄 규모를 대략 60만 톤으

---

24) 한국국방연구원, 『한미안보관련협정 색인집』(1989), 57쪽.

25) 같은 책, 87쪽.

26) 박거일, 「전쟁예비탄약 문제와 미군 신소요 개념의 고찰」, ≪군사발전≫, 73호 (1994년 11월호), 62쪽.

로 잡을 때 1,800만 평이 필요하다. 국방부는 2002년 국정감사 때 제출한 자료에서 미군에 공여된 부지의 1평 당 재산가액을 13만 5,968원(공여면적 7,320만 1,564평의 재산가액을 9조 9,531억 원으로 평가)으로 계산했다. 이 기준대로라면 그 사이 물가상승을 무시한다 하더라도 1,800만 평의 재산가액은 2조 4,474억 2,400만 원이며 그 10%를 적용하면 매년 토지사용료가 2,447억 원이 된다. 또 탄약고 시설비는 탄약 10만 톤 당 1천억 원으로 계산하면 60만 톤일 경우 6,000억 원에 이른다. 여기에 6개 탄약창 부대의 운용비가 추가된다.

또 하나의 계산방식은 좀 연도가 오래된 것이기는 하지만 국방부의 『1988 방위비 분담』(1989 발행)에 나와 있다. 이 책자는 한국이 1988년 한 해 WRSA탄과 미군 전용탄을 관리하는 데 직접비(시설비, 시설유지비, 저장관리비, 매그넘 탄약고 안전대책)로 6,481만 달러(498억 원), 간접비(시설비, 토지임대료)로 2억 1,005억 달러 합쳐서 2억 7,486만 달러(2,001억 원)를 지원한 것으로 계산했다.

국방부의 『주한미군을 위한 한국 정부의 방위비 분담』(1994년)은 WRSA탄약의 저장관리와 매그넘 탄약고 주변 주민 보상을 위해 국방비에서 1991년 6,534만 달러(479억 원), 1992년 10,123만 달러(790억 원), 1993년 7,689만 달러(617억 원)를 지출했다고 썼는데 이 액수는 직접비에 한정된 것이다.

<표 2-4> 미군 탄약 저장관리비 지원액 추이

연도	2000년	2001	2002	2003	2004	2005	2006
SALS-K (만 달러)	1,840	1,936	2,200	2,083	2,291	198억 원	175억 원
매그넘(억 원)	48	54	69	69	70	73	89
계(억 원)						271	264

한국은 1990년부터 방위비 분담금으로 미군 탄약의 저장관리비를 지원해왔는데 <표 2-4>에서 보듯이 그 액수가 매년 200억 원이 넘는다. 이 부분은 한국이 부담하는 미군 탄약 저장관리비용 중 극히 일부에 불과하다.

(3) WRSA탄의 정비 문제

WRSA탄의 정비는 SALS-K 의정서에 따라 미국의 책임하에 미국의 예산으로 하게 되어 있다. 그러나 미국은 예산부족을 이유로 정비를 오래전부터 사실상 중단해 왔다.

WRSA-K탄은 벌써 1970년대 미국 의회가 수명 연한이 지난 노후탄약의 처리를 걱정할 정도로 도입 당시부터 노후 정도가 심각했다. 미 상원의 보고서는 1970년대 전진방어전략을 위해 한국에 도입된 전쟁비축탄약에 대해서 정책수립자들이 3가지 의문을 갖고 있다고 하면서 "(수명)기간이 지난 포탄은 시험사격을 통해서 성능이 점검되어야 하는데, 행정부는 이런 문제에 대해서 적절한 해명이 없었다"고 문제를 제기하는 한편 "(수명)연한이 지난 탄약에 관해서는 '글렌' 상원의원이 미군 고위지휘관과 논의했는데, 미군의 기술지원과 한국 공업의 향상된 무기 탄약기술능력에 의한 적절한 대책이 강구되어야" 한다고 촉구했다.[27]

위 미 의회의 지적은 1970년대 도입된 WRSA탄이 당시 벌써 수명 연한이 지난 탄약들이었음을 알려준다.

임복진 의원은 1995년 대정부 질의 때 "미군이 예산삭감을 이유로 WRSA에 대해 전혀 정비를 하지 않고 있어 4~5년 후 폐탄 처리될 물량이 지속적으로 발생할 전망"이라고 말했다(≪연합뉴스≫, 2005.4.18.).

---

27) 국방대학원 안보문제연구소, 『주한미군 철수에 관한 미의회 보고서』, 69~70쪽.

지금(2007년)부터 10년도 더 전에 미국이 예산 절감을 이유로 WRSA탄을 방치해놓고 있다는 지적은 WRSA탄이 무분별하게 도입되었고 미국이 한국을 탄약창고로, 쓰레기탄 처리장으로 여기고 있음을 보여준다.

강창성 의원도 똑같이 "WRSA탄약 정비는 한미 간 합의에 따라 미국 측 예산으로 실시하게 되어 있으나 미 측의 무성의로 사실상 정비가 거의 이뤄지지 않고 있다"고 지적함과 동시에 "미군이 자체 검사 및 상태 판정 결과 대부분 사용가능 탄약으로 판단하고 있다며 미 측 주장을 무작정 따라가고 있는"[28] 국방부를 질타했다. 이에 대해 국방부는 "WRSA탄약의 정비 책임은 미 측에 있기 때문에 정비율을 향상시키기 위해 대미 협의를 계속해오고 있으나 미국의 가용예산 부족으로 정비에 제한을 받고 있습니다"[29]라며 인정했다.

국방부는 2002년과 2003년 잇따라 SCM 군수협력위에서 WRSA탄이 대부분 장기저장으로 노후화되어 정비가 요구된다는 것, WRSA탄의 노후화는 미국이 협정의 의무를 이행하지 않은 때문임을 지적했다.

따라서 1970~1980년대나 1990년대 도입된 WRSA탄의 대부분이 현재 시점에서는 적정수명 연한(보통 30년)이 이미 지났다고 봐야 한다.

(4) 비군사화 문제
① 비군사화 개념

비군사화는 "장비 및 물자가 지니고 있는 군사적 특징을 제거하는 행위로서 군사 목적으로 더 이상 사용할 수 없도록 해체, 절단, 폭파, 소각, 변조 등의 조치를 취하는 것"이다.[30]

---

28) 2002년 9월 17일 국정감사 때 질의.
29) 강창성 의원의 2002년 9월 17일 질의에 대한 국방부 장관 답변.

야외소각 또는 야외기폭 방식은 안전사고의 위험이 높고 소각 때 화약의 불완전 연소에 의한 대기, 수질, 토양 오염 그리고 야외 폭발에 따른 폭발음 및 진동 발생으로 환경과 생태계에 미치는 부정적 영향이 지대하다. 유럽의 일부 국가들은 야외소각과 야외기폭을 완전히 금지하고 있고 미국도 환경보호청의 엄격한 심사와 환경영향 평가 결과에 따라 부분적으로 허가하고 있으며 조명탄의 야외처리는 금지하고 있다. 미국이나 독일 등 유럽 국가는 과학적 설비를 갖춘 불용탄의 대량처리시설(탄약 비군사화 시설)을 운영하고 있는데 이를 야외기폭이나 야외폭발과 구별해 탄약 비군사화사업이라고 한다.

② 비군사화 책임

SALS-K 합의각서와 의정서는 한국군이 관리하는 미국 소유 탄약의 처리와 비군사화에 대해서는 그 비용을 미국이 부담한다고 규정했다. 그리고 미국은 1990년대 초부터 비군사화 시설을 운영한 반면 한국에는 그러한 시설이 아직까지 없다. 따라서 미국은 폐처리 대상 탄약(노후화로 인한 사용불능 탄약과 무기도태에 따른 도태 탄약, 수요초과 탄약)을 당연히 미국으로 반출해, 자국의 비군사화 시설에서 처리해야 했다.

그러나 폐처리 할 WRSA탄약은 미국으로 반출되는 대신 주로 야외에서 소각하거나 폭파시키는 방식으로 이뤄져왔다. "육군의 경우 폐기탄약의 처분을 위해 7개소의 탄약창에 오염방지장치가 전혀 없는 하루 2.4톤 규모의 소각로 7기를 관계부처(환경부)의 승인도 없이 불법으로 설치하여 소구경탄을 소각처리하고 있고, 규모가 큰 포병탄약과 박격포탄 등은 탄약창 야산 계곡에서 기폭처리하고 있는 것으로 드러났다."[31] 주민과

---

30) 국방부, 『국방군수용어편람』(1991), 309쪽.

국회에서 탄약의 야외처리가 문제가 되자 국방부는 2001년 10월 이후 소각로 가동을 일시 중지했다. 한미는 1999년 비군사화 시설 건설에 관한 협정을 맺었다. 이는 사용불능 WRSA탄을 미국으로 반출하지 않고 한국에서 처리하기 위한 것으로 폐기처리 부담을 한국에 지우는 것이다.

국방부는 2000~2006년 사이에 비군사화를 위해 미국으로 반출된 WRSA탄약이 6만 톤에 이른다고 공개했다. 그러나 영동에 짓고 있는 비군사화 시설이 2008년 완공되면 미국은 협정에 따라 WRSA탄을 이곳에서 비군사화하려 할 것이다.

2) 불평등한 SALS-K 협정은 폐기돼야

(1) SALS-K 협정의 굴욕성과 폐기의 필요성
① SALS-K 협정의 위헌성과 한미소파 위반

우리 헌법은 한국 국민에게 중대한 재정적 부담을 지우는 조약의 경우 국회의 비준동의 절차를 밟도록 하고 있는 바 SALS-K 협정은 이런 절차를 거치지 않았다.

또 미국 소유 탄약의 저장을 위한 한국군 시설의 제공은 한미소파상으로 그 법적 근거가 없다. 한미소파 제2조 제4항(나)는 "합중국 군대가 일정한 기간에 한하여 사용할 시설과 구역에 관해서는, 합동위원회는 이러한 시설과 구역에 관한 협정 중에 본 협정의 규정이 적용되지 아니하는 한계를 명기해야 한다"고 되어 있다. 이 조항은 한국의 관리하에

---

31) 박양수 의원 질의, 『2002년도 국정감사 국방위원회 회의록』(국회사무처, 2002. 10.4.), 14쪽.

있는 시설과 구역을 미군이 일시적으로 사용할 경우 적용되는 조항이다. 미국 소유 탄약의 저장을 위한 한국군 시설의 사용은 일정한 기간에 한한 것이 아니라 기간의 정함이 없는 장기적인 것이다. 따라서 한국군 탄약 저장시설의 이용은 한미소파에 그 근거가 없다.

또 한국군이 미군 소유 탄약에 대해서 야전근무를 지원하는 것은 한미소파 상의 의무지원 사항이 아니다. 야전근무는 파견국으로서 미국이 책임지고 수행해야 할 업무로 한국에 그 부담을 떠넘기는 것은 한미소파 위반이다.

② 한국 방위용이 아닌 미국 소유 탄약까지 저장관리하는 굴욕성

SALS-K의 불평등성은 한국 방위용이 아닌 미국 소유 탄약까지 한국군이 저장관리하도록 되어 있는 점에서도 드러난다. 한국군이 저장관리하는 미 태평양사 예비탄약이 한국방어만을 위한 물자가 아님을 명시한 SALS-K 보충기록각서는 한미상호방위조약을 위배한 것이다. 미국이 자국의 필요상 WRSA탄을 해외로 반출할 경우 저장관리비를 보상하도록 하고 있으나 이것이 한국 방위용이 아닌 미국 탄약의 한국 내 저장의 불법성을 정당화해 주지 않으며 미국의 보상이란 것도 실제 비용의 극히 일부에 불과하고 그마저도 면제되기 일쑤였다.

또 미국이 한국군이 저장관리하는 미국 소유 탄약을 언제든지 한국의 동의 없이도 한국 밖으로 반출할 수 있게 되어 있는 점도 한국의 주권을 유린하는 굴욕적인 부분이다. 미국은 이 조항을 이용해 평시 한국군의 비용과 부담으로 자국의 탄약을 한국 내에 저장하다가 걸프전이나 이라크전, 아프가니스탄전과 같이 한국 이외의 지역 작전에 사용하기 위해 언제든지 마음대로 반출할 수 있다. 미국은 1995~1996년 사이에 한국에 통고만 한 채 수만 톤의 포탄류(155mm)를 교육용으로 사용한다는 명목으

로 인출했다.[32] 또 네티즌들은 이라크전(2003년)에 미크릭(MICLIC, '기뢰 제거선' 또는 '지뢰파괴로켓폭약'으로 불린다) 등의 WRSA탄을 보내기 위해 포장한 경험을 증언했다.[33]

③ 탄약 정책과 방위산업의 대미 종속을 강요

한국군 20개 사단의 (미국이 인가한 기준의) 45일분의 전쟁예비탄약을 저장하도록 의무화한 것(SALS-K 합의각서 2조)은 우리의 독자적 탄약정책을 가로막고 미국 탄약의 도입을 강제하는 독소조항이다. 이 독소조항 때문에 한국군은 어떤 탄종을 어느 량만큼 평시에 전투예비로 비축할 것인가를 결정하지 못하고 미국의 승인을 받아야 하며 또 미국이 인가한 량에 미치지 못할 경우에는 부족량을 미국 소유 탄약으로 보충해야 한다. 미국이 전시비축 탄종과 그 비축량을 인가하도록 한 것은 우리의 고유한 군정권에 대한 침해다. 우리나라는 이 조항 때문에 비인도적인 대인지뢰도 비축해야 하며 국제적으로 이를 금지한 오타와협정에도 가입하지 못하고 있다. 또 미국은 자신의 군사전략과 군사교리, 자신의 작전적 필요와 요구를 일차적으로 감안해 탄종과 그 탄약 비축량을 결정하고 이를 한국군에 강제한다. 그 결과 한국군은 북한의 후방지역까지 초토화할 수 있는 각종 탄약을 도입, 비축하게 됨으로써 한반도의 군비경쟁과 군사적 긴장을 촉발한다.

또 북한을 공격, 점령하는 군사전략을 구사하는 미국은 자신의 작전적 필요 상 한국이 도저히 감당할 수 없는 규모의 탄약량을 평시에 비축

---

32) 홍대권, 『자주군수능력과 국가안보』, 93쪽.
33) 유용원의 군사세계 블로그의 토론방, 무기 편에 2007년 6월 18일 게재된 WRSA 관련 기사의 댓글 참조.

토록 함으로써 한국은 자원을 과도하게 방위산업에 배분하게 되어 민간
경제의 발전을 제약받게 된다. 한편 한국은 1970년대부터 탄약의 국산
화를 이뤘지만 미국이 인가한 기준의 전쟁예비비축량의 과도한 규모
때문에 미국 소유 탄약으로 보충할 수밖에 없어 미국은 한국에 탄약을
팔아 이득을 챙길 수 있는 반면 한국의 대미 종속은 심화된다.

WRSA탄의 도입 비축은 또 한국의 방위산업의 기형화를 초래한다.
"WRSA탄은 미군으로부터 비축되기 때문에 탄종에 따라 불균형이 심
하여 한국이 필요로 하는 탄종이 요망저장 수준에 미달되는 것도 있"
다.34) 한국의 방위산업은 주로 미달되는 부분에 맞춰 전투예비탄약을
확보, 비축하게 될 것이므로 한국군 전체의 관점에서 보면 기형적인
생산기반을 갖게 되고 이는 다시 한국의 방위산업의 자급력에 족쇄로
된다.

또 한국군은 한국 소유의 전투예비비축 탄약이라 하더라도 전시에
그것을 통제할 권한을 갖지 못하며 한미연합사(미국)가 보급통제권을
행사한다. 그것은 한미연합사령관이 작전통제권을 갖고 있기 때문이다.
한미연합사는 한국 소유와 미국 소유 전쟁예비비축 탄약을 어느 부대에
얼마를 할당할 것인가에 관한 탄약할당 권한을 갖고 있다. 탄약에 대한
미국의 간섭에서 벗어나려면 SALS-K의 폐지와 함께 전시작전통제권
의 환수도 필요하다.

④ SALS-K 협정을 폐기해야

WRSA-K 합의각서(전시 WRSA탄의 이양절차에 관한 협정)와 CRDL 합
의각서는 2004년 말 폐지되었다. CRDL은 그 물량을 미국 내에서 조달

---

34) 홍대권, 『자주군수능력과 국가안보』, 93쪽.

하는 것으로 상정돼 있으므로 협정의 폐기로서 그치지만 WRSA는 한국에 물량이 저장돼 있으므로 미국으로 철수해야 한다. 그렇게 되면 한국에는 더 이상 WRSA가 남아 있지 않게 되며 WRSA의 수령, 저장, 정비, 처리, 경계근무 등을 규정한 SALS-K 협정도 불필요하게 된다.

앞으로 더 이상 미국 소유 탄약을 한국군이 저장관리하지 않도록 하기 위해서는 WRSA-K 합의각서 폐기에 그쳐서는 안 되며 SALS-K 합의각서와 의정서, 보충기록각서 그리고 관련된 각종 하위협정들을 전부 폐기해야 한다.

(2) 탄약 비군사화 처리 시설 건설의 불평등성

1999년 4월 21일 "한국 내 탄약 비군사화 처리시설의 건설, 운영 및 유지관리에 관한 한미 합의각서" 체결되었다. 그런데 이 합의각서는 주권 국가로는 도저히 보기 어려운 독소조항들을 담고 있어 국회에서 관련자를 처벌하라는 요구가 쏟아졌다.

이에 따라 한미는 2003년 9월 4일 개정협정에 서명했다. 그렇지만 굴욕성은 개정협정에서도 크게 바뀌지 않고 그대로 남아 있다. 무엇보다도 이 개정협정은 전문에서 "한미단일 탄약보급체제(SALS-K)가 설정된 1974년 당시에는, 탄약의 비군사화 처리가 일반적으로 야외소각 및 야외기폭 방식을 통하여 이루어졌"지만 "현재 한국군의 비군사화 처리 능력은 현행의 비군사화 처리 소요를 충족시키기에 불충분하다"라고 명시함으로써 비군사화가 SALS-K 합의각서상의 한 과정임을 분명히 했다. 또 이 개정협정은 전문에서 SALS-K 합의각서와 부속의정서상의 '특정 및 세부절차의 제정' 규정에 따라 체결되는 것임을 밝힘으로써 불평등한 SALS-K 협정의 하위 문서임을 밝히고 있다.

비군사화될 탄약의 대상(범위)과 관련해서는 미국 소유의 모든 탄약으로 범위를 무제한 넓힌 이전 협정의 조항은 삭제되었다. 하지만 "본 시설은 한국 내에 저장된 미국 소유의 탄약을 처리하기 위해 사용될 수 있다"(제3조 개념 바항)거나 "동맹군용 전쟁예비 탄약 중 소요초과 구형 도태 상태이거나 수리할 수 없는 탄약은 우선적으로 한국에서 비군사화된다"(제3조 개념 아항)라고 규정함으로써 비군사화 처리 시설이 WRSA탄의 처리에 우선적인 목적이 있음을 보여준다.

또 비용과 관련해서도 이전 협정의 불평등성이 바뀌지 않았다. 미국은 탄약 특수장비와 일부 기술을 제공하는 것에 그치는 데 반해 한국은 비군사화 시설을 건설하기 위한 토지와 시설을 제공하고 시설의 운영에 필요한 모든 공급설비(전기, 수도, 난방 등)를 제공한다. 또 비군사화 시설의 운영과 유지관리는 한국 책임이다. 한국은 비군사화될 탄약과 비군사화 과정에서 발생되는 조성품 및 부산물을 저장하기 위한 탄약고를 제공해야 한다. 또 미국이 제공한 장비의 수리와 정비에 대해서 한국 국방부는 자신의 기술적 능력이 닿는 범위 내에서 이를 책임진다.

한국은 미국 소유 장비를 이용할 경우 그 사용료를 미국에 상환해야 한다. 미국도 한국 소유 장비를 이용할 경우 사용료를 한국에 상환해야 한다. 하지만 미국은 한국이 제공한 토지와 시설, 공급설비의 사용료를 내는 것이 아니기 때문에 미국 장비의 사용료를 받는 것은 불공정하다.

1999년 협정에서는 "동맹국용 전쟁 예비물자의 상태로 보관 중인 미국 소유 탄약이 본 시설에서 비군사화 처리되거나 비군사화 처리 목적으로 한국에서 반출될 경우" "해당 탄약이 '한국 정부 외의 사용자를 위해 한국 저장지역으로부터 반출되는 것'이 아니기 때문에, 미국 측이 해당 동맹군용 전쟁예비물자의 비군사화 처리 이전에 발생된 저장과 근무비용에 대해 한국 측에 상환할 의무가 없다"(제3조 개념 8항)고 규정했는데 개정협정에서는 이 문구가 빠졌다. 하지만 WRSA탄의 비군사화 처리 시 그때까지의 한국군의 저장과 근무 비용을 미국이 부담하는 문제가 개정협정에서 어떻게 처리되었는지는 확인이 필요하다.

탄약 비군사화 시설 관련 합의각서는 SALS-K 합의각서의 부속문서로서의 지위를 갖고 있으므로 SALS-K 협정과 함께 폐기되어야 한다. 이 합의각서는 '제9조 라 종료 1)'에서 "본 합의각서는 단일 탄약보급체제 합의각서의 존속기간 동안 유효하다"라고 규정함으로써 SALS-K 합의각서가 종료되면 자동으로 비군사화시설 합의각서 또한 폐기토록 되어 있다. 그리고 WRSA탄은 미국으로 철수되어야 할 탄약이므로 비군사화 시설도 불필요하다.

4. 한국 공군의 미 공군 탄약 저장관리의 문제점

1) 한국 공군의 미 공군 탄약 저장관리의 법적 근거

미 공군 탄약을 한국 공군 시설에 저장, 관리하는 것을 한미 항공탄약 공동관리 — 이는 MAGNUM(Munitions Activities Gained by Negotiation of US-ROK MOU)으로 불린다 — 라 한다. 한국 공군이 저장하는 미군 탄약에는 "전시 주한미군사령관의 이양승인에 따라 한국 공군에 자동으로 이양되는 탄약"인 디와사탄(Designated War Reserve Stocks for Allies)과 "전시 미 공군 증원군 용으로 관리되고 있는" 미군 전용탄약이 있다. 미국 공군 탄약을 한국 공군 시설에 저장하기 시작한 것은 1966년 4월 19일 체결된 "한국 공군탄약 시설 내 미 합중국 공군탄약의 저장에 관한 한국 공군과 미 합중국 공군 간 합의서"[35)에 의해서였다.

이후 1975년 9월 18일 "한미 공군 간 미 공군 예비탄의 한국 공군시설 내 저장에 관한 양해각서", 1978년 1월 3일 수정, 1980년 10월 21일, 1983년, 1987년 8월 13일, 1990년 1월 25일, 1996년 4월 19일, 2001년 4월 19일의 1996년 양해각서의 1년 연장 합의, 2003년 5월 15일 양해각서 체결 등이 이루어졌다.

2003년 5월 15일 서명된 "한미 공군 간 한국 공군 탄약시설 내 미 공군탄약의 저장에 관한 합의서"(매그넘 양해각서)를 보면 "우발사태 및 전시작전을 위해 한국 공군 매그넘 내 미 공군 탄약저장에 동의한다"(제2조)고 되어 있다. 그런데 부록 — 명칭은 '합의서 부록 1 미공군 탄약의 저장에 관한 운용지침'이다 — 을 보면 "본 부록의 목적은 기본합의서(양해각서를 지칭) 2조에 언급된 시설에서 태평양공군이 관리하는 미 공군 탄약(필자 강조)에 관계된 절차, 운용지침 및 기타 특별 세부사항을 제공하고 있다"고 규정되어 있다. 이 규정은 한국 공군이 저장관리하는 탄약이 미 태평양 공군 탄약임을 말해준다.

이 양해각서에 따라 한국 공군은 미 공군 탄약의 저장을 위해 청주, 대구, 오산, 광주, 수원, 사천, 군산 7곳의 한국 공군기지를 매그넘 기지(미 공군탄약을 저장하는 한국 공군기지)로 제공한다. 그 밖의 원주, 중원, 예천, 서산 등의 한국 공군기지도 미 공군 탄약 저장을 위해 제공될 수 있도록 규정하고 있다.

이 양해각서는 한국 공군이 매그넘 탄약의 저장, 정비, 기능점검, 검사 및 시한성 기술지시 등을 관리 및 수행할 책임을 규정했다. 이 양해각서는 미 공군의 세부책임 사항으로 저장용 미 공군 탄약의 제공, 한국

---

35) 이 조약문은 확인할 수 없었으나 2003년 체결된 매그넘 합의각서는 이 1966년 합의서를 대체하는 것으로 되어 있다.

공군 시설 내 미 공군 탄약의 반입·반출 시 수송 및 처리비용의 부담, 미 공군 탄약의 정비 및 안전을 위해 한국 공군이 제공한 용역에 대한 보상 등을 규정했다. 또 양해각서는 미 공군 전용탄은 상호협의 없이, WRSA탄은 상호협의하에 미국이 반출할 수 있다고 규정했다.

2) 문제점

2003년 5월 합의각서는 제1조 체결근거에서 한미상호방위조약 제2조 및 제4조와 한미소파에 근거한다고 명시했다.

그런데 한미소파는 주한미군의 유지운영에 관한 사항은 미국 부담으로 한다고 규정하고 있다. 따라서 미 공군 소유의 탄약에 대해서 한국 공군이 저장시설을 무료로 제공하고, 정비 업무를 수행하며, 경계를 제공하는 등의 지원을 하는 것은 한미소파에 어긋난다. 한국 공군이 수행하는 일부 용역에 대해서 미 공군이 보상한다고 되어 있으나 이 보상에는 매그넘과 관련된 시설과 부지의 제공은 들어있지 않음은 물론 보상 액수도 지극히 한정되어 있고 그나마 한국이 방위비 분담을 통해 미국의 용역비를 대신 지불해주고 있는 실정이다.

매그넘 관리를 위한 양해각서는 기관 간 약정이 아니라 조약체결권자가 서명하는 조약으로서 위상을 가져야 하며 국회의 동의 또한 필수적이다. 그러나 이 양해각서의 체결 당사자가 대한민국 공군을 대표한 공군작전사령부 군수부장과 미 공군을 대표한 제7공군사령부 군수부장으로 되어 있다. 이는 이 양해각서가 기관 간 약정에 불과하며 국가 간 의무를 발생케 하는 조약으로서의 위상을 갖지 못하다는 것을 말해준다.

이 양해각서는 새로운 국방예산의 소요를 낳는다. 한국 공군은 탄약고를 확장하거나 새로 지어야 하며, 탄약의 수송을 위한 비용을 부담해야 하고, 탄약관리를 위한 부대 또는 요원을 유지해야 한다. 이는 기존의 예산과 요원 이외의 추가를 의미한다.

한국 공군이 2006년 한 해만 매그넘 관련 용역 지원비로 방위비 분담금에서 89억 원을 지출했다. 이 액수는 매그넘 관리에 따른 직간접비용(시설과 부지 비용 포함)의 일부에 불과하다. 국회 동의절차를 거친 방위비 분담의 경우 합법적이라 해도 나머지 매그넘 관련 지원비용은 여전히 불법인 셈이다.

매그넘 양해각서는 한국 공군 내 저장시설에 저장하는 미 공군 탄약의 범위가 미 태평양 공군이 관리하는 탄약으로 규정하고 있다. 아울러 미 공군 전쟁예비물자 탄약의 경우 한국과 협의 없이 들여올 수도 있고 반출할 수도 있다. 이는 SALS-K와 마찬가지로 저장된 미 공군 탄약이 한국 방위용에만 한정되지 않는다는 의미를 갖는다. 매그넘 양해각서는 미국이 한국 방위와 상관없는 미 공군 탄약까지도 한국에 반입해 저장할 수 있도록 보장함으로써 한국민은 불필요한 비용적·외교적 부담을 지게 된다. 또 미국은 한미상호방위조약을 위반해 주한미군 기지는 물론 한국 공군기지를 미국의 세계군사패권전략을 위해 이용하고 그 부담을 한국민에 떠넘기는 것이 된다.

5. WRSA탄을 전량 미국으로 철수시켜야 할 이유

1) 미국조차도 WRSA탄을 억지력의 방해요소로 규정해

(1) 군사적 효용성을 상실한 WRSA탄

울포위츠 부장관은 2004년 6월 "WRSA-K 계획과 CRDL은 과거 한반도 평화와 안정 유지에 중요한 역할을 해왔지만 더 이상 한국의 탄약 자급력과 억지력 향상이라는 당초 목적을 달성하지 못하고 있다"(≪조선일보≫, 2005.4.18.)는 서한을 조영길 국방장관에게 보냈다. 그보다 앞서 미국은 2003년 SCM에서 WRSA-K나 CRDL을 종료해야 하는 이유를 지적하면서 그것이 '더 이상 (대북) 억지력이 아니며' '한국군 유지력과 전투력 복원 노력에 방해요소'(≪동아일보≫, 2005.4.18.)라고 규정했다. 그것은 다음과 같은 이유 때문이라고 할 수 있다.

첫째, WRSA탄은 1970년대와 1980년대 미국에 저장된 수요초과 또는 도태탄약을 들여온 것으로 현재 90% 이상이 저장된 지 20~30년을 경과해 적정수명을 다 한 노후탄약인 데다 정비마저 이뤄지지 않음으로써 계속 전시비축탄약으로 저장할 수 없게 되었다. 이를 계속 유지하면 미국으로서는 정비비만 헛되이 낭비한다.

둘째, 한국이 재래식 탄약을 생산할 수 있는 방위산업 능력과 경제력을 갖추고 있다는 점이다. 따라서 미국은 전시 필요한 탄약을 전시지원협정이나 상호군수지원협정을 통해서 한국으로부터 지원받을 수 있기 때문에 굳이 재래식 탄약을 미리 한국에 저장해둘 필요가 없다.

셋째, 작전계획 5027-04에서 시차별부대전개 제원(TPFDD)이 빠진 데서 보듯이 전쟁수행 방식이 대규모 병력에 의존하던 데서 기동력과 화력을 겸비한 신속기동군에 의한 우회돌파와 거점장악, 종심작전으로 바뀜으로써 재래식 탄약 소모가 이전처럼 대규모로 필요하지 않게 되었기 때문이다.

넷째, WRSA탄의 80% 이상을 차지하는 것이 포병탄(화포탄약 또는 야포탄약)인데 "최대 사거리 증대, 탄의 위력 증대에 주안점을 두고 소량의 탄약으로 표적을 정밀 타격하는 정확도가 증가된 지능탄 체계로 발전되고 있는 추세"[36]여서 노후화된 WRSA탄은 그 효용성이 없다.

(2) 미국의 경비절감을 위해 고물탄약을 인수하는 것은 안 된다

미국이 군사적 효용성이 없는 WRSA-K를 한국이 인수토록 강요하는 것은 다름 아니라 자국의 경비를 절감하기 위해서이다. 미국이 버린 WRSA탄을 한국이 인수한다면 미국은 수송비용과 비군사화 비용을 줄일 수 있지만 한국은 이를 고스란히 떠안게 된다.

미 국방부 정책회의(General Counsel)의 윌리암 헤인즈 2세는 'WRSA-K 품목 이양권한 법의 제정 필요성'에 관한 편지를 2004년 3월 11일 미 하원 던컨 헌터 군사위원장에게 보냈다. 미국 법(22 U.S.C. § 2321)은 WRSA-K의 방위물자를 FMS 또는 무상군사원조를 통해서만 이양할 수 있다고 규정하고 있다. 이 편지는 "이(WRSA-K 품목의 이양) 권한이 없을 경우 국방부는 고물이 되어가는(aging) 현재의 WRSA-K 재고를 정비하는 데 5.32억 달러 이상을 지출해야 합니다. 전체 재고를 미국으로 철수시키는 비용은 6.4억 달러를 넘으며 비군사화 비용은 6.5억 달러를 넘습니다"라고 썼다.

미국은 이전에도 WRSA-K를 경비절감 차원에서 한국에 넘기기 위한 시도를 두 차례 했다. 미국 의회는 국방장관에게 WRSA-K와 WRSA-T(태국) 품목을 각각 한국과 태국에 판매함으로써 국방지출을 늘릴 수 있도록 허용하는 법(Public Law 106-113)을 1999년 11월 19일 통과시켰다. 이 법은 또 4억 달러어치의 초과(잉여) 방위물자를 한국과 태국의 WRSA에 추가하는 것을 승인했다. 이 사실은 미국이 WRSA-K를 한국에 팔아 그 재고를 줄이는 한편으로 WRSA- K를 추가하는 방법으로 미국 소유 도태 탄약이나 장비를 한국에 옮김으로써 그 저장비용을 절약하는 행태를 되풀이 해왔음을 보여준다. 미국은 WRSA-K를 종결한

---

36) 이희각 외, 『신편 무기체계학』(청문각, 2005), 123쪽.

다고 2003년 6월 SCM 한미군수협력위에서 통고한 순간에도 WRSA를 한국에 추가로 들여오는 조치를 취했다. 라포트 주한미군사령관과 한국 국방부는 2006년까지 110억 달러 이상을 투입해 주한미군의 전력을 증강키로 했다고 2003년 5월 31일 발표하면서 거기에 WRSA를 포함시켰다(≪한겨레신문≫, 2003.5.31.). WRSA-K가 미국의 일방적 이익을 위해 이용되는 증거다.

2) WRSA탄이 전력의 유지향상에 방해 요소임을 입증하는 사례

<증언 1>은 재고를 줄이기 위해 교육용으로 쓰는 WRSA탄이 노후화로 인해 어떻게 병사들의 교육의 질을 떨어뜨리는가를 보여준다.

▌증언 1

전 81mm 박격포가 주특기인데요. 제가 있던 사단 내에서 대대별 81mm 측정이 있었습니다. 거의 연말 되면 비축탄 소진하기 위해서 벌이는 연례행사죠. 이틀 동안 했는데. 첫날은 꽝(?)이었습니다. 사격 끝나고 죽도록 기합 받았습니다. 중대장의 불호령과 함께요. 그런데 그 다음 날은 거의 백발백중이었습니다. 저뿐만이 아니고. 저희 중대, 아니 다른 대대의 모든 포가 이상하게도 그렇게 쏘았지요. 환호하는 분위기속에서 부대로 복귀하는 중에 FDC(사격지휘소), OP(관측소) 동기에게 물어보았습니다. 결론은 포탄과 장약이었습니다. 전날 쏜 탄은 1977년 미국산, 다음날 쏜 탄은 1988년산 풍산금속 것이었습니다. 우리나라 군대의 현실이었습니다. 박격포의 특성상 초탄(제1탄)의 정확도는 상당히 떨어지는 것이 사실입니다. 심지어 전시에는 박격포의 초탄에 아군이 희생되는 사례도 종종 있었다고 합니다. 이런 것에 비춰보면 신형탄의 중요성은

아무리 강조해도 지나치지 않다고 봅니다.[37]

<증언 2>는 신형무기가 도입돼도 WRSA탄의 재고 때문에 구형 탄약을 계속 사용함으로써 전력 향상에 도움이 되지 못할 뿐만 아니라 구형무기와 신형무기가 중복되는 결과가 빚어짐을 보여준다.

▌증언 2

군복무 시절, M-16소총을 사용했다. 미국 콜트사로부터 라이센스 생산권을 얻은 대우정밀이 만든 총이다. 잘 맞았다. 후배들은 K-2를 사용했다. 순수 국산인 K-2는 M-16보다 분명 우수하다. 그런데도 불만이 많았다. 오히려 M-16보다도 성능이 떨어진다는 폄하도 있었다. '국산이 그렇지 뭐'라는 불평도 들었다. 그럴 수 있다. K-2가 제 성능을 발휘하려면 신형탄을 써야 하는데 그렇지 못했으니 거기서 거기라는 말이 나올 만했다. 기억이 가물하지만 나토명 SS-109탄으로 생각된다. M-16용 탄약보다는 나중에 나온 신형탄이다. 신형탄을 써야만 K-2가 성능을 발휘하는데도 우리 군은 M-16용탄을 그대로 썼다. 물론 호환은 가능하다. 왜 신형탄을 사용하지 않았을까. 막대한 물량의 재고 때문이다. M-16소총탄의 재고를 소진할 때까지는 K-2소총을 지닌 병사도 신형탄을 구경조차 못했다. 아직도 M-16용 탄을 사용하는 K-2가 태반인 게 현실이다. 미군은 어떠했을까. 그들도 제식소총을 M-16A1에서 M-16A2로 바꿨다. M-16A2는 K-2에 사용되는 신형탄을 똑같이 사용한다. 그들은 소총을 바꾸자마자 탄약도 교체했다. 당시 막대한 물량

---

37) '비축탄약의 진실'이라는 이름으로 2005년 4월 12일 http://blog.hankooki.com/ tb.php?blogid=hongw&id=10174jsoh7에 실림.

의 M-16A1용 구형탄은 한국군에 그대로 인계됐다. 한국군이 신형소총에 걸맞은 신형탄을 오랫동안 사용하지 못한 데는 미군의 재고물량을 떠안았던 점도 작용했다.[38]

WRSA탄 때문에 무기를 도태시키지 못하고 계속 사용하는 악순환은 다음 예에서도 보인다. 2002년 현재 M1소총 탄약 1,352만 2,000발(405톤)과 칼빈 소총 탄약 2,236만 1,000발(223톤)이 WRSA탄으로 저장돼 있다. 제2차 세계대전이나 한국전 때 사용된 M1소총이나 칼빈소총은 진작 도태되어야 할 무기지만 도태되지 않고 예비군용으로 사용되는 것은 이처럼 WRSA탄이 남아 있기 때문이다.

또 WRSA탄은 그 노후화로 인해 교육용 탄약 등 운영용 탄약으로 전환해 사용할 경우 사고 위험이 대단히 높다는 점이다. 탄약의 불량상태로 인한 폭발 또는 오발 사고는 언론에 보도된 것만 해도 헤아리기 어렵다. 1993년 6월 10일 현역사병과 예비군 19명이 사망한 연천 다락대 사격장의 155미리 포탄 폭발사고는 노후화된 미국제 신관 안전장치의 결함 때문인 것으로 알려졌다(≪한겨레신문≫, 1993.6.12.).

<증언 3>은 불량탄약의 폭발 위험성에 대한 일선 군인의 불안감을 보여준 것인데 사고위험성이 가장 큰 것이 WRSA탄이다.

▌증언 3

중대 81mm 박격포 사격 훈련 때 1943년 생산된 포탄이 지급된 적도 있다. 중대장은 '사고 날 것 같아 구형 포탄으로 사격 못하겠다'고 항의했지만, 탄약 선임하사는 '구형 탄약 소비하라는 지시가 내려왔다'며 머리

---

38) '비축탄약의 진실'에 실린 네티즌 글에서.

를 긁적거렸다. 사격장 근처 땅 속에서 박격포탄 150여 발이 발견된 적도 있었다. 누군가 사고가 날까봐 상부에 사격했다고 허위보고하고 몰래 버린 것이었다.[39]

3) WRSA 없이도 한국 자체적으로 탄약 자급이 가능해

(1) 한국은 자력으로 탄약을 생산할 수 있어

한국의 탄약 국산화율은 90.51%다(≪오마이뉴스≫, 2003.7.14.). 이는 현재 우리의 방위산업이 탄약 자급능력을 완전히 갖추고 있음을 뜻하는 것으로 굳이 고물이 되어 성능을 발휘할 수 없는 WRSA탄을 인수할 필요도 없고 인수해서도 안 된다는 것을 말해준다.

국방부도 "WRSA의 탄종의 국내 생산이 가능하고, 노후탄약이 많아 관리에 어려움이 많다"며 "WRSA가 없어도 유사시 한국군의 전쟁수행 능력에는 별다른 문제가 없다"(≪동아일보≫, 2005.4.18.)고 밝혔다.

WRSA탄이 도입되기 시작한 1970년대 중반부터 한국은 탄약을 자체적으로 생산할 수 있는 능력을 갖추고 대부분 탄약을 양산하기 시작했다. "대부분의 탄약이 이미 개발되어 양산하고 있으며 특히 소구경 탄약은 그 정밀성을 인정하고 (해외에서) 구매하여 가는 실정이다. 이미 생산하고 있는 탄약은 소구경 탄약과 박격포 및 곡사포 종류의 고폭탄이며 1978년도까지 개발 완료하여 양산할 수 있는 탄약이 90미리 무반동총탄약, 105미리 ICM탄약, 90미리 탱크탄약, 105미리 탱크탄약, 105미리 조명탄과 8인치 탄두, CS작용제, 유색연막수류탄이다."[40]

---

39) 김태경, "탄약 부족이 단지 국방비 탓인가", ≪오마이뉴스≫, 2003.8.8.

40) 이의명, 「전시군수지원체제에 관한 연구: 전쟁대비 탄약 확보를 중심으로」,

WRSA탄이 한국 내 전쟁예비비축탄약의 60%를 차지한다는 것은 한국의 탄약자급능력이 갖춰져 있지 않아서가 아니라 전투탄약 비축목표량을 터무니없이 높게 설정한데서 빚어지는 현상이다. 이에 관해서는 뒤에서 서술한다.

(2) WRSA탄의 저장관리비로 전시비축탄약 자급하고도 남아

국방부는 전투예비탄약을 확보하기 위해 매년 1,000억 원이 넘는 예산을 쓴다. 그런데 국방부가 WRSA탄을 저장관리하는 데 드는 비용은 전투예비탄약 예산을 뛰어넘는다.

대략 매년 미군 소유 탄약의 저장관리비는 2,400억 원의 부지사용료(간접비)와 600~700억 원의 직접비를 합하면 3,000억 원에 달한다. 이는 WRSA탄을 미국으로 철수시키면 절감되는 비용으로 전투예비탄약 예산을 충당하고도 남는다는 것을 의미한다.

평통사의 정보공개청구에 따르면 1톤당 탄약의 저장관리비(직접비)는 2007년 기준으로 15만 3,971원이다. 이를 기준으로 해도 60만 톤의 WRSA탄 저장관리비 924억 원은 2007년 전투예비탄약 예산에 거의 육박한다.

<표 2-5> 전투예비탄약 예산 추이

연도	2000년	2001	2002	2003	2004	2005	2006	2007
예산액(억 원)	1,535	1,757	1,351	1,088	842	1,070	1,082	1,074

주: 2001년부터 2004년까지는 결산이며 그 외는 예산임.

52~53쪽.

WRSA탄의 저장관리로 매년 3,000억 원(직접비와 간접비) 이상을 허비하고 전투예비탄약 예산은 또 따로 지출하는 것은 예산의 중복 지출이자 전투예비탄약 자급을 가로막는 장본인이 WRSA임을 보여준다.

4) WRSA탄 자산가치 평가의 허구성

(1) 고무줄처럼 늘었다 줄었다 하는 WRSA 자산가치

WRSA의 자산가치는 주한미군의 필요성과 한미동맹의 경제적 가치를 주장하는 주요 근거의 하나로 흔히 지적되어 왔는데 이것이 실제로는 터무니없이 부풀려진 것임이 드러났다.

국방부는 불과 2006년까지만 해도 WRSA탄의 가치를 5조 원으로 평가했다.[41] 하지만 국방부는 2007년 초 작성한 'WRSA 관련 자료'에서 자산가격을 2조 8,450억 원으로 평가절하했다(≪국민일보≫, 2007.6. 18.). 국방부가 슬그머니 평가액을 거의 반 수준으로 낮춘 것이다. 그런데 평가절하된 가치도 터무니없는 것이다. 한국은 2000년 WRSA 인수협상 때 미국이 10~15억 달러의 가격을 제시하자 한국이 터무니없다고 거절한 적이 있다(≪통일뉴스≫, 2007.6.2.). 미 국방부 정책회의가 2004년 3월 11일 미 하원 군사위에 보낸 'WRSA -K 이양권한 법 제정 필요성에 관한 서한'도 "이전의 두 차례 입법을 통해 (의회는) 공정가격을 기준으로 한 WRSA-K의 한국 이전을 허용했다. 그러나 한국은 이런 WRSA-K의 평시 이양 제안을 터무니없는 고가(cost prohibitive)로 간주했

---

41) "주한미군이 보유하고 있는 전쟁예비탄(WRSA)은 유사시 소요되는 탄약 필수 소요분의 약 60%로서, 금액으로 환산할 경우 약 5조 원에 달하여 우리 군이 매년 교육훈련을 위해 사용하는 예산을 30년간 투자해야 구입할 수 있는 엄청난 규모다"(≪국방일보≫, 2006.12.16.).

다"라고 썼다. 이런 사실은 국방부가 고물이 다 된 WRSA탄의 실상을 알면서도 국민에게는 WRSA탄의 자산가치가 엄청난 것처럼 부풀려왔음을 말해준다.

고물탄약인 WRSA-K의 저장관리비만 매년 3,000억 원, 20년으로 치면 6조 원에 이른다는 점을 고려하면 WRSA탄의 자산가치를 따지는 것은 무의미하며 이를 근거로 한미동맹의 이익을 논하는 것 자체가 낯 뜨거운 일이다.

(2) WRSA탄은 거의 전부가 정비대상 또는 사용불능 탄약

강창성 의원은 2000년 10월 20일 국회 국방위 국정감사 때 한국의 전시비축탄은 92만 4,209톤이며 이 중 63.4%(58만 5,948톤)가 WRSA 탄이고 36.6%(33만 8,260톤)가 한국 소유 전시비축탄이라고 밝혔다. 아울러 그는 WRSA탄약 거의 대부분이 20년 이상 된 재래식 탄약이며 전시비축탄 중에서 7만 2,304톤이 초과보유탄(거의 대부분이 재래식 도태 혹은 도태대상 무기의 탄약)이라고 밝혔다.

강 의원은 또 2002년 9월 17일 국회 국방위 국정감사에서 WRSA탄 이 58만 톤이라고 밝혔다. 그는 그중 91%인 52만 톤이 20년 이상 장기 저장된 탄약이며 2001년 현재 정비대상 탄약이 11만 7,605톤이라고 국방부 자료를 인용했다.

이준식은 국내 저장탄약(한국군 소유 저장탄약과 WRSA탄약) 중 무려 71%가 제조연도가 20년 이상 된 탄약이며 30년 이상 돼 적정수명을 초과한 폐처리 예상 탄약만도 35%에 달한다고 썼다. 만약 WRSA탄만 을 대상으로 한다면 또 통계 작성 시점(2000년 또는 그 이전)으로부터 10년 가까이 흘렀음을 감안하면 30년 이상 경과한 탄약의 비중은 35% 를 훨씬 넘을 것이다.

<표 2-6> 제조연도별 국내 탄약 현황

제조연도	40년 이상	30년 이상	20년 이상	10년 이상	10년 이내
백분율	9%	26%	36%	15%	14%

자료: 이준식, 「재래식 탄약 비군사화 사업추진 방안연구」(연세대학교 석사학위논문, 2002), 9쪽.

2001년 현재 정비대상 탄약은 국방부의 제출 자료에 의하더라도 11만 7,605톤으로 WRSA 58만 톤의 무려 20%에 달한다. 정비율은 고작 5.5%로 사실상 정비대상 탄약의 거의 전부가 방치 상태에 있다.

국방부 산하의 국방품질관리소는 "국내 보유 탄약 중 생산된 지 20년을 넘은 것이 전체 저장량의 69% 이상을 차지해 장기저장으로 인해 파생되는 탄약의 성능저하와 보관 유지비용의 증대가 심각한 실정이다"고 지적했다.[42]

2002년 시점에서 20년 이상 장기 보관된 WRSA 탄약이 91% 이상에 이른다는 사실은 향후 2~3년 뒤(2010년)에는 WRSA탄의 91% 이상이 적정 수명 연한인 30년 이상 장기 보관된 탄약으로 된다는 것을 뜻한다.

(3) WRSA탄의 85~90%가 사용가능하다는 국방부 주장의 허구성

국방부는 WRSA탄 종결 1차 협상 뒤 기자 설명회(2007년 6월 1일)에서 85~90%가 사용가능 탄약이라고 주장했다.

그러나 이런 주장은 전시비축탄약으로서 WRSA탄이 의미를 가질 수 있느냐(계속 저장할 수 있고 전시에 성능발휘를 기대할 수 있는가) 하는 논점을 WRSA탄을 사용할 수 있느냐 없느냐 하는 논점으로 바꿔버림으로써

---

42) 국방품질관리소, 《국방품질》(2002년 봄호).

문제의 본질을 회피하는 것이다.

사용가능한 탄약에는 계속 저장이 가능한 A급도 있지만 교육용으로 사용이 가능한 탄약(B급)이나 우선 꺼내 써야 하는 탄약(C급)도 포함된다. B급과 C급은 계속 저장할 수 없는 탄약이므로 바로 소모해야 하는데 이는 이미 전투예비탄약으로 계속 비축해서는 안 되는 탄약임을 의미한다.

국방품질관리소의 2004년 저장탄약 신뢰성 평가(ASRP)는 190개 로트(검사 대상이 되는 한무더기의 검사집단)를 대상으로 실시했는데 제한 없이 쓸 수 있는 것은 37.9%, 교육용 등 제한적으로 사용가능한 것은 9.0%, 우선 꺼내 써야 할 탄약이 28.4%인 것으로 판정했다. 계속 저장할 수 없는 탄약이 62.1%다. 이 통계는 한국군 소유 저장탄약과 WRSA탄을 대상으로 한 것인데 만약 WRSA탄만을 대상으로 한다면 A급은 더 적게 나올 것이다.

사용가능 탄약이 85~90%라는 국방부의 주장도 그 내막을 들여다보면 얼마나 억지인가를 알 수 있다. WRSA 1차 협상을 마친 뒤 국방부(탄약팀장)는 장기저장 해 온 탄약에 대해서 성능시험을 실시한 이후에 협상을 진행할 계획이라고 발표하였다(국방부, 2007.6.1 보도자료). 그런데 이 보도자료를 낸 바로 그 날 국방부는 사용가능한 탄약이 85~90%라고 기자들에게 설명하였다. 이는 사용가능한 탄약의 비율이 사전 조사

<표 2-7> 탄약 상태의 평가 기준(1)

처리	계속저장가능(A급)	교육용(B급)	우선불출(C급)	요시험(D급)	개수정비(F급)	폐기(H급)	불출정지(J급)	기타(정상정비 E급, 긴급전투시 사용 N급 등)
등급	사용가능			사용불가(조기폭발, 오작동, 오발)				

자료: 송영선 의원 2005년 9월 22일 국정감사 서면 질의자료.

결과에 의거하지 않은 단순한 추정에 불과함을 스스로 자인한 꼴이다. 더욱이 앞서의 기자 설명회 때의 "미국의 ASRP 결과를 믿을 수밖에 없다"(≪통일뉴스≫, 2007.6.2.)라는 국방부의 발언은 성능검사가 탄약성능을 최대한 좋게 평가하려는 미국의 입장을 세워주기 위한 요식행위에 불과함을 가르쳐준다.

또 국방부의 이선철 군수관리관은 기자설명회 때 "와사탄 자체가 지금까지 방치한 탄약이 아니고 정비해왔고 전쟁에 써먹기 위해 잘 가져왔기에 당장 전투력 발휘에 영향을 미치는 것도 아니다"(≪통일뉴스≫, 2007.6.2.)라고 주장했으나 이는 거짓이다. 국방부 스스로 미국에 대해 WRSA탄이 정비되지 않고 있다며 정비의 활성화를 2002년, 2003년 SCM 군수협력위에서 줄곧 미국에 요구해왔기 때문이다.

또 사용가능한 탄약 중에는 무기의 도태로 한국군에는 더 필요 없는 잉여탄약이 다수 포함되어 있음을 국방부 스스로 밝혔다. 위 군수관리관은 6월 1일 기자 설명회에서 "도태되는 8인치 자주포가 있어서 자동적으로 그 탄약은 남게 되는데, 그 자주포 탄약이 세계 각국에서 필요로 하는 곳이 있을지 모르기 때문에 수출 준비를 하고 있다"고 말했다(≪통일뉴스≫, 2007.6.2.). 사용가능 탄약 85~90%는 한국군이 사용할 수 없는 도태탄약이 포함된 개념임을 알 수 있다.

또 미국 소유 전시비축탄약의 사용가능성에 대한 국방부의 인식이 얼마나 안이하고 미국의 이익을 앞세우는 것인지는 "근본적으로 탄약은 다른 것과 달라서 조립품이기 때문에 신관이 문제면 그것만 갈아주면 쓸 수 있고 녹슨 것은 녹을 벗기고 다시 도색해주는 식으로 정비되고 있다"(≪통일뉴스≫, 2007.6.2.)는 발언에서 드러난다. 이런 국방부의 설명은 WRSA탄이 정비하지 않으면 사용할 수 없는 탄약임을 자인하는 것이지만 이런 불량탄약을 교육용으로 쓸 경우 사고위험이 높고 교육의 질이 전혀 담보되지 않으며 그로 인한 불이익이 병사들에게 고스란히 돌아간다는 점을 외면하는, 미국의 입장만을 앞세우는 발언이다. 우리나라 병사들이 신식 탄약이 아닌 구식 탄약으로 교육을 받아야 할 아무런 이유가 없다. 더욱이 신관이나 장약의 교체는 아주 소량이라면 모르겠으나 60만 톤에 이르는 WRSA탄의 경우 불가능할 뿐만 아니라 비용 면에서 전혀 수지가 맞지 않는다. 포탄 1발 당 무게를 150kg으로 친다면 WRSA탄은 400만 발에 이른다는 계산이 나온다.

그런데 국방부가 지금까지 제기된 의문점들에 대한 인식이 없어서 사용가능 탄약이 85~90%라는, 앞뒤가 모순되는 주장을 편다고 볼 수는 없다. 그것은 미국의 압력 또는 보복에 대한 두려움 때문이다. 이는 국방부가 6월 1일 기자설명회 때 한미FTA까지 거론하며 '한미관계(한미동맹)가 잘 나가고 있다'면서 '갈등요소가 생기지 않도록 신경 쓰고 있다'라고 말한 데서 확인된다. 한미동맹 때문에 아무 쓸모가 없고 돈만 낭비되는 WRSA탄을 인수할 수밖에 없다는 것은 곧 한미동맹의 불평등성을 입증한다.

6. 자립적 탄약비축정책의 확립을 위하여

1) 기본휴대량 결정의 대미 종속성을 벗어나야

(1) 기본휴대량 결정의 대미 종속성

한국 육군은 탄약 '기본휴대량(B/L: Basic Loads)'에 의거해 일정한 탄약량을 항시 보유한다. 탄약 기본휴대량은 "부대 내에서 항상 보유하도록 인가된 탄약의 양으로 정상적인 재보급이 이뤄질 때까지 부여된 전투임무를 수행하는 데 필요한 예상 소요량"을 말한다.

한국군은 1987년 이전까지 기본휴대량에 대한 독자적인 산정기준이나 개념을 갖지 못한 채 미군의 개념과 인가기준을 그대로 준용하여 사용했다. 그러다가 "1986~1987년도에 육군교육사는 우리의 전사자료와 작전여건을 반영, 독자적으로 개념과 산정기준을 정립하고 …… 전체 지상탄약에 대해 화기별, 탄종별로 B/L을 산정하고 현재까지 적용해오고 있다."[43] 이렇게 해서 정립된 B/L 산출식은 (일일 소요보급률) × (재보급 소요일+안전재고 일수) ± (휴대 및 적재 능력) ± (용기 및 포장 단위)이다.

하지만 한국육군이 기본휴대량의 개념을 늦게나마 독자적으로 정립한 노력은 평가할 만하나 그 대미 종속성은 여전하다.

기본휴대량은 위 식에서 보듯이 하루 '소요보급률(RSR)'과 '탄약 재보급 소요시간'에 의해서 규정된다. 1987년 기본휴대량 산정 때 한국적 작전환경에 부합되는 일일 소요보급률을 작성해 새로 적용했다고 하지만 당시 소요보급률은 대부분 'P-90K'와 같은 미군 자료에 기초하여 산정되었다.[44] P-90K란 미 육군 개념분석국이 미국의 범세계 전쟁시나리오에 따라 산출한 한반도 전구의 탄약 소모율과 장비 손실률 개념이다.

"유럽, 서남아시아, 한국 등 지역분쟁이나 국지사태를 상정한 범세계적 전쟁 시나리오에 입각하여 전구별로 소요를 산정한 후 무기 당 일일 발수로 표시되는 '전구전투율(Theater Combat Rate)'을 설정하고 이에 의거하여 일자 또는 작전 단계별 '전구 전쟁예비 보급률(Theater Reserve)'

---

43) 김철갑·서정해, 「탄약기본휴대량(B/L) 개념 및 소요 연구 방향」, 한국국방연구원, 《주간 국방논단》, 1003호(2004.7.12.), 2쪽.
44) 같은 글, 3쪽.

(발/일)을 하달하고 지정된 보급수준(일 수)에 따라 전쟁예비 탄약을 비축, 운영했으며, 이러한 체계로 판단된 장비 및 탄약의 소모·손실률 개념의 하나가 소위 'P-90K'이었다."[45]

1987년에 한국군이 산정한 기본휴대량도 미국의 한반도 전쟁목표(북한 붕괴, 점령)와 군사교리(공지작전)를 전제로 하게 됨으로써 그 독자적 산정은 순전히 기술적 의미에 머무르지 않을 수 없었다.

(2) 기본휴대량의 합리화는 과도한 탄약비축 수준을 낮출 수 있어

탄약의 전시가용량(전시에 사용할 수 있는 탄약량)에는 기본휴대량과 탄약고에 보관 중인 비축량, 전시 생산·구매를 통해서 획득할 수 있는 량이 포함되는 것이 합리적이다. 그러나 현재 기본휴대량은 전시가용량에 포함되지 않고 있으며 그러다보니 일부 탄종은 기본휴대량을 과다하게 산출하여 전시비축목표를 초과하는 경우조차 있다. 기본휴대량을 전시재보급기간(전시가용량)에 포함시키면 탄약의 전시예비비축량이 그만큼 늘어나는 결과가 되므로 탄약 자급력 또한 높게 된다.

또 현 기본휴대량 개념은 1987년에 정립된 것인데 그 사이 수송 수단과 인프라의 급속한 발전에 따른 재보급 소요일수의 단축을 반영하지 못함으로써 과도하게 산출되는 결과를 낳고 있다.

김철갑은 "1986~1987년 연구 당시 재보급 소요시간은 우리 군의 지형 여건상 최악의 조건으로 꼽히는 동부전선의 특정한 사단을 모델로 산출했고, 이를 지금까지 전 부대에 획일적으로 계속 적용하다는 것은 불합리하다고 할 수 있다. 안전재고 수준도 재보급소요 시간의 일정한

---

45) 박거일, 「전쟁예비탄약 문제와 미군 신소요 개념의 고찰」, ≪군사발전≫, 73호 (1994.11.), 67쪽.

비율(%)을 적용함에 있어 논리적 추정의 근거가 모호한 것이 또한 사실이다"라면서 "현 B/L은 적용 부대단위가 세분화되지 못하고 재보급소요시간도 최악의 경우를 획일적으로 적용함으로써 소요가 과도하게 산출되는 경향이 있다"고 지적했다.[46] 이런 지적은 수송차량의 증가와 대형화, 도로 확·포장 및 개설과 지원시설의 확충 등 재보급 능력의 향상을 통한 재보급 소요기간의 단축 그리고 탄약지원시설의 현대화와 근접·추진보급 등 지원체계의 개선을 통한 안전재고 수준의 상승을 반영해야하며 그럴 경우 기본휴대량이 크게 줄어들 수 있음을 뜻한다.

2) 전시탄약 비축 기준의 대미 종속에서 벗어나야

(1) 소요보급률을 미국이 인가하도록 되어 있어

전시 하루 전투소모량을 얼마로 계산하느냐에 따라서 전시에 대비해 비축해야 할 탄약의 양은 다르게 된다.

소요보급률(Required Supply Rate)이란 "한 부대가 특정한 기간 동안 부여된 작전 임무를 수행하기 위해 제한 없이 소요되는 탄약량을 말하며" 화기에서 발사되는 탄약은 일일 화기당 발수로 표시되며 기타 탄약은 다른 측정단위(개, 톤 등)로 표시된다. 전시탄약비축량은 하루 소요보급률 × 비축목표일로 계산될 수 있다.

한국 합참에서 1·2·3군사의 RSR을 종합하여 육군 표준 RSR을 산출한다.[47] 그런데 SALS-K 합의각서 2조는 "미국이 인가한 기준의 45일분(45 days of supply at U.S. approved rates for Korea)"을 확보하는 것을

---

46) 김철갑·서정해, 「탄약기본휴대량(B/L) 개념 및 소요 연구 방향」, 4쪽.

47) 권호영 외, 『탄약보급』(골드, 2004), 167쪽.

기준으로 그 부족분을 WRSA로 채운다고 규정하여 하루의 저장량 기준치, 즉 일일 소요보급률을 미국이 인가하는 것으로 했다. 한국군의 전시비축 탄약량 하루 분을 얼마로 할 것인지 또 WRSA탄을 어느 정도로 한국에 도입할 것인지가 사실상 미국에 의해 결정되게 되어 있다. 국방부는 전시비축탄약의 적정량을 묻는 임종인 의원의 질의에 대해 "전시탄약 비축수준은 연합사 작전계획 지원 및 탄약재보급 기간 등을 고려하여 국방부에서 탄약정책 심의를 통해 설정되었다"라고 답변[48]함으로써 전시탄약비축 수준의 결정 기준이 연합사 작전계획임을 인정했다.

한국군의 소요보급률 산출 사례를 본다. 1975년 9월 한미 양군은 미8군 작전참모부의 주도 밑에 24개 사단을 기준으로 한 RSR을 컴퓨터 작업을 통해 산출했다. 소요보급률은 북한 표적 개념에 근거를 두고 산정되었는데 그 때 고려된 요소가 작전계획, 과거 전투경험, 고수방어 개념, 단기작전 개념, 적의 공격규모와 형태, 적의 무기와 진지, 우리의 무기체계 7가지였다. 이 7가지 개념하에 산출된 24개 사단의 30RSR은 52.7만 톤이다.[49]

30RSR(52.7만 톤)에 대해서 "현(1977년) 보유 348천 톤, 1978년도 도입 예정량 75천 톤을 포함하여"[50] 42.3만 톤이 확보된 것으로 간주하면 1970년대 후반 한국 육군은 인가된 전투예비량 30RSR의 80.3%를 자급한 것으로 볼 수 있다.

그런데 1975년에 미국은 평양점령과 단기 속결전의 작전계획 5027-74를 짜놓고 있었기 때문에 하루 RSR은 전수방어 시의 RSR에 비해 최소 2~3배 높았을 것이다. 만약 순수방어 위주의 작전계획과 군사교리

---

48) 2004년 10월 11일 국회 국방위 국정감사 서면 답변자료.

49) 이의명, 「전시군수지원체제에 관한 연구」, 39쪽.

50) 같은 글, 23쪽.

에 입각한다면 RSR은 1/2 또는 1/3 이하로 줄 것이며 설사 30RSR을 기준으로 한다 하더라도 당시 확보한 전투예비 탄약만으로 충분하고 남았을 것이며 그 경우 WRSA탄 자체가 필요 없었을 것이다.

(2) 전시탄약 비축목표일 60일의 대미 종속성

한국 국방부는 전투예비탄약의 비축목표일을 60일로, 필수 비축목표는 30일로 잡고 있다. 이 비축목표일은 2003년 1월 개정된 국방탄약정책서에 의한 것이며 그 이전에는 국내 45일 분, 해외 30일 분 합쳐 75일을 비축목표일로 잡았다.[51]

WRSA탄은 이런 전투예비탄약 비축목표일의 상당 부분(60% 정도)을 차지하며 이런 사실이 친미보수주의자들에게는 한미동맹 유지의 중요한 근거의 하나로 간주되어왔다. 일부 한나라당 의원은 한국군의 탄약비축량으로는 육군 1~2주, 해군 7~8주, 공군 2~3주밖에 전쟁을 수행할 수 없다(≪동아일보≫, 2004.10.11.)라면서 마치 WRSA탄이 없으면 큰일이나 날 것처럼 선동하기도 했다.

그러나 WRSA탄 자체가 전쟁예비비축탄으로서 전혀 기능을 발휘할 수 없기 때문에 WRSA탄이 마치 한국 안보를 담보해주는 것처럼 이야기하는 것은 사실왜곡이다. 미국조차도 WRSA탄을 더 이상 억지력으로 보지 않는다.

더욱 근본적인 문제는 비축목표일 60일(이전에는 75일)이 사실은 일방적으로 미국의 요구와 이해에 근거하고 있다는 점이다. 이 비축목표일 60일 또는 75일은 미국에서 탄약을 배로 수송하는 기간 45일에 근거한

---

51) 2003년 9월 23일 국회 국방위원회 회의록에 실린 강창성 의원 등의 대정부 질의 자료에서.

다. SALS-K 합의각서 제2조가 한국군 20개 사단의 45일분 어치의 재래식탄약 저장을 의무화하고 그것을 보충하기 위해 WRSA탄약을 도입한다고 규정했는데 여기서 45일이 제시된 것은 곧 미국으로부터의 탄약의 수송기간(재보급기간)을 염두에 둔 것이다.

한국의 탄약 자급능력이 무시되고 오로지 미국으로부터의 탄약 수송기간이 전시탄약비축목표일의 절대 기준으로 고려됨으로써 탄약비축목표일이 60일 또는 75일이라는 장기간으로 설정되게 되었으며 그에 따라 WRSA탄이 대량으로 한국에 도입되었고 그 결과 한국의 대미 탄약의존도가 극단적으로 높아지게 되었다. 이의명은 1977년 현재 "한국 내 탄약의 양은 43만 톤에 달하며 이 중 39만 4,000톤 25억 7,500만 달러(92%)가 한국군 자산이고, 3만 6,000톤 2억 2,000만 달러(8%)가 미군 자산으로 되어 있다"고 썼다.[52] 그런데 1988년에는 WRSA탄의 도입으로 이런 한국군과 미국 소유 탄약의 비율은 역전돼 WRSA탄이 65.1%, 미전용탄이 15.1%인 데 반해 한국군 소유 저장탄약은 19.8%에 불과하게 되었다. 즉, 한국군의 대미 탄약의존도는 WRSA탄의 무분별한 도입과 그것을 합리화하기 위한 탄약비축목표일의 장기 설정에서 비롯되었다.

비축목표일 60일은 미국으로부터 탄약을 수송하는 데 걸리는 45일과 이것을 한국에서 내륙(전장)으로 이동하는 15일을 합친 기간이다. 그러나 이는 한국의 탄약 자급능력을 무시한 것이다. 따라서 굳이 미국에서 탄약을 수입하는 것을 상정해 재보급기간(전쟁지속일수)을 설정할 필요가 없으며 그럴 경우 내륙으로 운반하는 기간(15일)을 재보급기간에 추가할 필요가 없다.

---

52) 이의명, 「전시군수지원체제에 관한 연구」(합참대 논문, 1978), 22~23쪽.

최근 탄약비축은 최소화하는 경향이 있다. 그것은 탄약의 양보다는 질이 중시되기 때문이다. 더욱이 대부분의 탄약을 우리나라에서 자체적으로 생산할 수 있기 때문에 평시 대규모로 비축해두는 것은 막상 필요할 때 성능이 떨어지는 구형탄을 사용하는 결과를 빚게 돼 오히려 전력의 질을 보장하지 못한다.

특히 신형탄약의 경우 가격이 비싸고 유지비용도 많이 들며, 성능개량 가능성도 많아 최소량을 유지하는 것이 유리하다.[53]

또 탄약을 대규모로 장기간 저장할 경우 구식장비가 폐기되거나 신형무기가 도입되면 쓸모없게 되어 예산낭비를 초래하게 된다. "실제 탄약 소요량을 다 충족하고 보관하는 것은 비경제적이다. 나중에 다 갖다버린다"며 "그보다는 30~50% 정도만 충족해 신속하게 교체하고 유사시 언제든지 공급받을 수 있는 시스템을 갖추는 것이 효과적"(≪오마이뉴스≫, 2003.8.8.)이라는 지적에 귀를 기울일 필요가 있다.

(3) 전쟁예비탄약의 보급·통제의 대미 종속성에서 벗어나야

한국군은 한국 소유의 전시비축탄약이라 하더라도 자기 마음대로 분배하고 쓸 수 없다. 그것은 전시작전통제권을 장악한 미국(한미연합사)이 한국 소유든 미국 소유든 전투예비비축 탄약에 대한 보급 통제권을 갖고 있기 때문이다.

한미연합사는 전시에 한국군 소유이든 미국 소유이든 전투예비탄약(비축탄약)으로 저장된 탄약을 군사령부와 군단급 부대까지는 '탄약할당'에 의해, 사단급 이하에서는 '통제보급률'에 의해 보급·통제한다.

탄약할당(AA: Ammunition Allocation)은 "전투예비량으로 확보된 탄약

---

53) 임종인 의원의 대정부 질의, 2004년 10월 18일.

을 METT-TC(임무, 적, 지형 및 기상, 가용부대, 가용시간, 민간인) 요소를 고려하여 각 부대의 상대적 중요도에 따라 부대별, 작전단계 별로 적절하게 조정 또는 분배하는 것"[54]으로 전시 탄약의 재보급 전까지 현 보유 탄약이 고갈되지 않도록 하는 데 목적이 있다.

통제보급률(CSR, Controlled Supply Rate)은 "전쟁지속 능력을 유지하기 위해 재보급 때까지 현재의 탄약 보유 범위 내에서 사용을 통제하기 위해서 설정한 소모량"[55]으로 전투에 투입되는 화기에만 적용한다.

탄약할당의 절차를 보면 한국합참 작전본부에서 소요보급률(RSR)을 작성하고 이를 토대로 한미연합사 작전참모부에서 작성한 작전 요구사항에 의거해 한미연합사 군수참모부에서 '탄약할당'을 최종 결정한다. 그리고 한미연합사에서 탄약할당을 받은 군사령부는 통제보급률을 산출하여 군단에 하달하며 사단급 이하 제대에서는 통제보급률에 의해 전시 탄약의 보급을 통제한다. 이제 전시작전통제권도 환수하는 만큼 탄약할당도 한국군이 독자적으로 결정하고 시행해야 한다.

7. 대안을 찾아서

1) 전수방위 전략을 택하면 탄약은 자립하고도 남아

우리의 국방전략이 북한의 공격을 단순히 방어하는 것을 목적으로 한다면 한꺼번에 수십일 분의 탄약을 비축할 필요도 이유도 없을 것이

---

54) 한미연합사 군수참모부, 『연합군수용어해설』(2005), 131쪽 참조.
55) 같은 책, 133쪽 참조.

다. 미국은 45일분의 전투예비탄약을 한꺼번에 비축하게 되면 그 저장 관리비가 천문학적인 액수에 달하고 그로 인해 인력, 비용 모든 면에서 평시 전력 유지에 한국군이 엄청난 하중을 받게 되리라는 것을 모를 리 없다. 그럼에도 불구하고 미국이 이를 강요했던 것은 자국의 경비절감을 위한 데도 있지만 북한을 공격하여 단기간에 붕괴시키겠다는 무모한 군사전략을 염두에 둔 때문이다.

미국의 강요에 의해 북한을 군사적으로 점령하는 전쟁목적과 선제공격 교리, 공지작전 교리를 채택함으로써 남한은 북한 군사력의 최소한 3~4배에 이르는 군사력을 갖춰야 한다. 이는 남한에 대해 대미 의존을 불가피하게 하고 대미 의존은 다시 대미 의존을 불러옴으로써 남한과 북한 모두에게 견딜 수 없는 출혈을 강요해왔다. 우리 국방부가 노후화된 WRSA를 굳이 인수하려는 것도 그것이 쓰레기 탄약임을 몰라서가 아니라 미국의 요구를 거부할 경우 혹시 미국으로부터 보복을 입을까봐 두려워한 결과이다. 그러나 남한이 전수방위 전략으로 바꾼다면 미국에 기댈 필요가 없고 주한미군의 주둔도 불필요하게 되며 미국으로부터 보복을 두려워해야 할 이유가 없게 된다.

전시예비탄약 비축은 전수방위 전략에 입각해 전면적으로 재검토 돼야 한다. 전수방위(방위적방위)야말로 침략을 부인하고 평화통일을 규정한 우리 헌법에 맞고 불필요한 군비경쟁과 국방예산의 낭비를 막을 수 있으며 군수에 대한 대미 종속에서 탈피할 수 있고 한반도와 동북아시아 평화에도 부합한다.

전수방위에 입각한다면 지금처럼 북한의 전 지역을 대상으로 하는 전략적·전술적 표적을 설정할 필요가 없다. 또 단기간에 화력을 집중하여 북한을 점령, 붕괴시키는 신속결전을 지양하고 방어에 전념하게 되므로 전시 소요탄약량은 공격전략 때와 비교해 훨씬 줄어들게 된다.

2) 한반도 평화군축에 입각해야

지금 한반도는 북핵 문제의 평화적 해결을 위한 로드맵이 가동 중이며 정전협정의 평화협정으로의 대체가 정세와 민족의 당면한 최대 과제로 되어 있다. 냉전 시대, 첨예한 남북 대결 시대에 수립된 전시탄약비축 정책은 정세의 요구에 맞게 전면적으로 축소되어야 한다.

이제는 평화군축과 신뢰구축을 통해서 한반도 평화를 개척하여 신기원을 이룩해나가야 하며 그러자면 단순히 방어용을 넘어서 전쟁 발발을 전제로 하면서 우리 동족의 초토화를 노리는 전시비축탄약이야말로 군축의 가장 우선적인 대상이 되어야 한다. WRSA탄의 전량 철수와 전시비축탄약의 과감한 축소·폐기는 남북 간 군사적 신뢰구축과 군축을 위한 첫걸음이다.

제3장

『국방백서』의 미국 추종적 안보관[*]

강정구

1. 머리말

『국방백서』는 국민들에게 국방정책을 공개해 국민적 안보 공감대 형성과 지원 확보, 국방정책의 투명성으로 국제적 신뢰조성과 군사협력 증진, 우리의 완벽한 군사대비태세를 국내외에 천명할 목적으로 발행된다고 한다.[1]

국방정책은 어디까지나 국가정책에 종속되는 하위범주의 위상을 갖는다. 참여정부의 국가정책은 '평화번영정책'과 '평화체제구축'이다. 이는 지구촌이 맞은 탈냉전시대와 한반도에 도래한 평화·통일시대라는

---

* 이 글은 평화·통일연구소가 주최한 "『2004 국방백서』 바로잡기" 토론회(2005.5. 30.) 때 발표된 「『2004 국방백서』 안보관, 북한 주도 안보위협론, 자주국방, 동북아균형론 바로잡기」를 수정, 보완한 것이다.

1) 국방백서는 1967년에 처음 발행되었고 1968년에 2번째로 발간된 이후, 1·21사태 등으로 발간이 중단됐으나 1988년 재발간된 이후 2000년까지 발간됐다. 2001년 11월 국무회의에서 국방백서를 2년마다 발간하기로 결정했다. 그러나 국방부는 '2001국방백서'를 발간하지 않고 대신 2002년 12월 '국민의 정부' 기간 추진한 정책을 총정리한 책자 『1998~2002 국방정책』을 발간했다. 2003년 7월 에는 『참여정부의 국방정책』을, 2005년 2월에는 『2004 국방백서』를 발간했다.

시대사적, 민족사적 과제를 배경으로 한다. 국방백서 또한 우리의 민족사적 핵심과제인 평화와 통일에 역사 순응적으로 결합되어야 한다.

국방부는 국방목표(1994년 3월 10일 개정)로서 "'외부의 군사적 위협과 침략으로부터 국가를 보위하고 평화통일을 뒷받침하며, 지역의 안정과 세계평화에 기여한다"(48, 별도의 언급이 없으면 이 숫자는 『2004 국방백서』의 쪽수를 의미한다)는 것을 설정하고 있다. 보다 세부적으로는 "'외부의 군사적 위협과 침략으로부터 국가를 보위한다' 함은 북한의 재래식 군사력, 대량살상무기, 군사력의 전방배치 등 직접적 군사위협뿐만 아니라, 우리의 생존권을 위협하는 모든 군사적 위협으로부터 국가를 보위하는 것을 말한다"(48). 또 "'평화통일을 뒷받침한다'라 함은 한반도에서 전쟁을 억제하고 군사적 긴장완화 및 평화정착을 이룩함으로써 평화적 통일에 기여함을 의미한다"(48)라고 표방하고 있다.

그러나 이제까지 '국방백서'는 북한의 군사위협만을 강조할 뿐(그것도 객관사실과 다르게) '평화통일을 뒷받침한다'는 국방목표의 다른 중요한 측면을 이행하기 위한 장기 국방정책이나 국방전략을 제시하지 않았다. 그렇기는커녕 북한을 '주적', '직접적 위협', '현존하는 위협'으로 규정해 적대의식을 앞장서 고취함으로써 통일에 걸림돌로 작용하고, 허구적 안보위협론과 군비경쟁을 부추겨 평화를 저해해왔다. 그런가 하면 '국방백서'는 주한미군의 주둔을 영구적인 것으로 간주하고 군사주권의 핵심인 작전통제권을 미국에 맡겨놓은 채 환수시기를 최대한 뒤로 미루는 자세를 보임으로써 민족자주를 훼손해왔다. 이는 군 수뇌부들[2]이 냉전의식과 맹목적 대미(對美) 추종주의에 매몰되고 또 민족이나 국가보다 조직자체의 이기적 목적하에 근거 없는 허구적 안보위협론[3]을 부추기거나 사

---

2) 한국사회 기성 주류의 문제점이나 군 관련자들이 특출함을 지니고 있다.

실을 왜곡해왔기 때문이다.

개혁세력들조차 허구적 안보위협론에 주눅 들어 무슨 일이든지 간에 안보문제와 연결시키기만 하면 무조건 어깨를 움츠리고 뒤로 물러서왔다. 이 결과 국방과 군 분야의 대내적 개혁과 대외적 자주가 끊임없이 중단되고 짓밟혀왔다.

냉전 분단시대 내내 남북 대결구도를 조장해 화해와 협력 및 평화와 통일의 길에 가장 큰 걸림돌이 되어왔던 군사안보 분야는 이제 탈냉전과 평화와 통일이라는 새 시대를 맞아 구각을 깨고 역사 순응적인 새로운 체제로 변환돼야 한다.

이 글은 이제까지 북한주도 안보위협론의 확산과 미국주도 안보위협론의 은폐에 앞장서면서 여전히 냉전성역[4]에 머물고 있는 국방백서를 『2004 국방백서』에 초점을 맞추어 탈성역화하며, 국방안보 분야의 전환 방향을 시론적이고 제한적인 수준에서 제시한다.

2. 맹목적 대미 추종주의에 갇힌 안보관

무릇 모든 사회현상에 대한 분석과 진단은 맹목적이고 주관적인 희망

---

3) '안보'는 절대적 또는 포괄적 안보개념이라기보다 전통적 개념인 '군사적 위협의 부재'를 의미한다. 또 안보체제 또는 안보레짐이란 군사적 위협의 부재를 위해 국가들의 행위를 규정하고자 둘 혹은 그 이상의 국가들 간에 맺어진 일련의 지속적 협정을 의미한다. 현대사회에서 절대적 안보는 실현불가능이다.

4) 냉전성역(cold war sanctuary)은 극단적인 냉전분단체제 아래 남북이 서로를 원천적으로 적대 및 부정(否定)하여 상대방에 극단적인 덧칠을 가하여 악마화하고 자기 것은 절대적인 선으로 미화하거나 신성시해 누구도 감히 손댈 수 없는 성역, 곧 금기영역을 지칭한다.

사항에서 벗어나 구체적이고 객관적인 경험적 사실에 의해 검증되고 평가되는 과학적 방법론을 요구한다. 콩트(A. Comte)는 일찍이 19세기에 인류사회나 지식세계는 공상적 정신의 지배인 신학적 단계에서 추상적 정신의 지배인 형이상학적 단계로, 다시 실증적 정신의 지배인 과학적 단계로 진화하면서 발전해왔다고 지적했다. 이렇듯이 사회현상의 분석에서 과학적 접근은 가장 기초적이고 본질적인 것이다.

그러나 국방백서의 안보관은 이러한 기초조건마저 충족시키지 못한 채 콩트가 말하는 미숙아적인 신학적 단계에 머물러 있다. 국방백서 1장의 세계안보관과 동북아안보관의 문제점을 밝힌다.

1) '세계안보관'의 문제점

국방백서는 세계안보를 위협하는 요소로 국제테러와 대량살상무기(WMD) 확산, 영토·종교·자원·환경·민족 문제 등으로 인한 지역불안정성과 국지분쟁, 국제범죄·해적행위·불법난민·사이버 테러 등의 초국가적이고 비군사적인 위협, 자연재해·AIDS 등 수많은 안보위협을 제시하고 있다. 이 안보관의 문제점은 다음과 같다.

첫째, 지구촌 수준에서 가장 큰 안보위협은 뭐니 뭐니 해도 미국이 제3세계 국가를 상대로 벌이는 패권전쟁, 간섭전쟁이지만 이에 대해서는 언급을 않거나 아니면 국지분쟁이나 지역불안정 등으로 희석시키고 있다. 즉, 지구촌의 안보(전쟁의 부재라는 의미의 안보)에 대한 위협을 자행하는 미국과 그 야만적 패권주의에 관한 논의가 전무하다.

아프카니스탄이나 이라크를 상대로 한 침략전쟁, 신군사전략에 따른 '선제공격전략'과 '정권교체전략', 해외주둔미군기지재배치계획(GPR), 핵무기 사용 공언, 미사일방어체제(MD)와 소형핵무기 개발 등을 통한 군사적 세계지배 기도, 북한·이란·시리아·쿠바 등에 대한 '악의 축'이나 '폭정의 전초기지' 규정과 '자유의 확산', '민주주의 증진법' 등의 수사로 포장한 침략위협, 2,800억 달러에서 4,000억 달러로 급팽창한 미국의 군사예산, 전 지구촌 전체 군사비의 50% 가까이를 점유하면서도 끊임없이 자국 안보위협론을 제창하며 이를 빌미로 군사적 개입을 자행하는 군사제일주의 외교기조 등등이 세계안보의 제1위협 요소다. 이럼에도 국방백서는 맹목적 대미 추종주의에 빠져 침묵하고 있다.

둘째, 강대국의 대량살상무기는 당연시하면서 제3세계 대량살상무기의 증가와 확산에 대해서는 위험성만 지적하고 정작 그 근본적 원인을 외면하는 미국의 시각을 그대로 수용하는 문제다.

소형핵무기, 무인전투기 등 새롭고 가공할 무기 개발을 주도하는 미국과 이스라엘 등 친미국가, 강대국의 돈벌이용 대량살상무기(WMD) 생산과 확산은 쟁점화하지 않으면서, 미국의 선제공격과 정권교체 위협에 대응해 자기안보용으로 추진할 의향을 가진 국가들의 대량살상무기 개발 가능성을 중요 안보위협요소로 보고 있다. 이는 같은 대량살상무기라도 미국 것은 괜찮고 미국에 적대적인 제3세계 것은 안보위협이 된다는 이중 잣대로 객관성을 상실한 평가다.

셋째, 미국식 안보개념의 전적인 수용으로 지구촌 안보위협의 본질을 희석하고 암묵적으로 미국의 패권을 지지하는 안보관이다.

국방백서는 테러와 대량살상무기, 초국가적 비군사적 위협을 안보위협으로 강조한다. 그런데 이런 위협인식은 세계의 경찰로서 자임하는 미국의 위협인식이다. 테러 등 초국가적 위협에 대한 미국의 강조는 전 세계를 대상으로 일상적으로 전쟁을 벌이겠다는 것으로 미국의 새로운 세계군사패권주의의 형태라 할 수 있다.

넷째, 해일과 환경오염, 지구온난화 등 자연재해나 AIDS 등을 새로운 형태의 안보위협으로 간주하는 포괄안보개념은 안보개념을 불필요하게 확대한다.

포괄안보개념은 인권의 범주인 생존권(사회경제권)까지 안보의 외연을 넓혀 군사논리와 군사문화를 확산시키는 결과를 가져와 안보만능주의로 치닫게 할 위험을 안고 있다. 이는 결국 지구촌을 무력으로 장악하려는 미국의 폭력적 세계지배를 암묵적으로 뒷받침하는 결과를 가져올 것이다.

다섯째, 유엔의 권능을 무시하는 미국의 일방주의, 나토의 확장, 미국의 대중국 포위·봉쇄 전략 등을 외면하면서 막연한 국제공조의 필요성만 언급하고 있다.

2) '동북아 안보관'의 문제점

국방백서는 동북아시아와 한반도에서 미국 및 동맹세력의 공세적 군사전략과 그로 인한 군사적 긴장에 대해서는 언급하지 않았다. 동북아 안보위협의 기본요인은 미국의 대북 적대정책과 대중국 포위봉쇄전략, 이에 따른 미일동맹의 강화, 주한미군과 주일미군의 '전략적 유연성', 극동지역 주둔미군의 재편, 재배치, 통합 등임에도 이에 대한 심층분석은 고사하고 표피적인 분석도 없이 사실 왜곡과 문제 회피로 일관한다.

첫째, 주한미군의 전략적 유연성을 기정사실로 여기고 있어 대통령의 전략적 유연성 제한 기조와 어긋난다.

전통적 의미의 '고정배치 기지' 개념으로부터 필요한 시기와 장소에 신속하게 전개할 수 있는 '유동배치 기지' 개념으로의 전환에 따라 해외 주둔 미군의 전력구조와 기지체계를 재조정〔하고 있으며〕, 주한미군도

이러한 개념하에 재조정이 추진되고 있다. …… 미국의 세계전략 변화를
능동적으로 활용한다는 전략개념하에 …… 한미동맹을 미래지향적으로
발전시켜나가고 있다(90).

둘째, 미국 주도의 한미동맹 및 미일동맹의 재편·강화를 미국의 동북
아 패권추구가 아닌 '동북아균형자'로 규정짓고 있어(31) 미국의 동북아
패권전략을 미화·왜곡하고 있다.

국방백서는 "미국은 아·태지역 경제 질서의 안정을 보장하고 미국과
동맹국에 대한 직접적인 군사위협을 가할 수 있는 지역패권국의 출현을
방지하는"(31) 것으로 기술하고 있다. 그러나 '지역패권국 출연 방지'는
미국이 동북아시아에서 세력균형자 역할을 하겠다는 것이 아니라 현재
미국의 압도적인 힘의 우위 상태에 대한 어떤 변화도 허용하지 않겠다는
선언이다.

미국은 21세기 미국의 패권에 도전할 잠재력을 가진 어떠한 국가나
지역의 출현도 용납하지 않겠다는 세계전략하에 도전 잠재국으로 중국
을 상정하여 대중 군사적 봉쇄 전략을 중심으로 한 동북아시아 패권전략
을 추구한다. 미일은 2005년 2월 외교안보장관(2+2)회의에서 양안문제
의 개입을 공동의 전략목표의 하나로 규정했다. 평택 미군기지와 서해안
MD벨트의 추진 등 주한미군의 재편은 중국 봉쇄와 포위를 위한 동북아
시아 패권전략의 일환이다.

객관적으로도 주한미군과 주일미군은 동북아시아 균형자가 아니라
평화교란자다. 동북아세력균형론은 해양세력군인 한·미·일과 대륙세력
군인 북·중·러 간에 존재하는 엄연한 힘의 불균형을 고려하지 않는 반
(反) 경험적 해석이다. 해양세력군인 한·미·일의 2003년 국방예산은 미
국 4,173억 달러, 일본 469억 달러, 한국 139억 달러로 총 4,781억

달러다. 그러나 대륙세력군인 북·중·러의 2003년 국방예산은 중국 328억 달러, 러시아 130억 달러, 북한 17억 달러 합쳐서 475억 달러로 해양세력의 1/10에 불과해 커다란 불균형을 이루고 있다. 동북아시아의 세력균형은 미국이 배제되어야만 이루어질 수 있음은 이 간단한 숫자에서도 확인된다.5)

셋째, 한반도와 동북아시아의 안보위기는 '미국 발 북핵 위기'와 양안(중국과 대만) 문제에 대한 미국의 개입임에도 불구하고 국방백서는 북핵위기만 강조할 뿐 양안문제에 대해서는 직접 언급이 없고 '지역갈등요인' 정도로(24) 가볍게 다룬다. 양안문제는 중국 민족 내부의 문제로 그것이 동북아시아의 위기로 되는 것은 미국이 자신의 패권 추구를 위해 개입할 경우다.

2005년 2월 19일 미국과 일본은 '외교·국방장관 회담(2+2)'에서 대만사태에 대비해 중국을 '가상의 적'으로 한 포위망 전략을 세웠다. 이런 구도에서 미국은 평택기지 확장과 같은 주한미군의 재편과 전략적 유연성 등을 추구한다. 이에 대해 중국은 '반국가분열법'으로 대처하고 있다. 이 법은 "대만 독립 세력이 이런저런 방식으로 대만을 중국으로부터 분열시키는 경우, 또는 대만을 중국으로부터 분열시킬 수 있는 중대한 사변이 발생한 경우, 또는 평화통일의 조건이 완전히 없어진 경우"에

---

5) 최근의 통계는 동북아불균형이 더욱 심화되고 있음을 보여주고 있다. 미국 2007년 4,800억 달러, 일본 450~500억 달러, 한국 2007년 250억 달러 등으로 한·미·일 해양군사동맹세력의 군사비 총계는 5,500억 달러 수준이다. 반면 중국 2007년 449억 달러(3,472억 3,200만 위안 - 2007년 3월 5일 전인대 제10기 제5차 회의 보고), 2006년 351억, 2005년 299억 달러, 러시아 200~250억 달러, 이북 17억 ~18억 달러 등으로 북·중·러 대륙군사동맹세력의 총군사비는 700억 달러 수준이다. 참고로 『2006 국방백서』는 2006년 군사비를 미국 4,393억 달러, 중국 351억 달러, 러시아 222억 달러, 일본 431억 달러로 기술하고 있다.

중국은 무력으로 통일을 이룰 것임을 분명히 하고 있다.

이는 '강 건너 불' 구경의 문제가 아니라 우리의 죽고 사는 문제와 직결된 문제다. 대만의 독립선언은 중국의 무력침공을 초래하고, 이에 대응해 미국과 일본이 개입함으로써 중국과 미국·일본 간의 전쟁으로 비화될 위험이 있다. 그 때 만약 주한미군이 여기에 개입한다면 이곳 남한 땅은 미국의 대중국 침략 발진기지와 대리 전쟁터가 되는 끔찍한 운명을 맞게 될 것이다.

주한미군의 슈퍼여단화와 미래형사단으로의 변환, 평택기지 이전, 전략적 유연성 제도화 등이 바로 이런 양안 문제 개입을 노린 것이다. 이런 맥락에서 노 대통령이 3·8선언에서 "우리의 의지와 관계없이 우리 국민이 동북아시아의 분쟁에 휘말리는 일은" 있을 수 없으며 이는 "어떤 경우에도 양보할 수 없는 확고한 원칙"이라고 못 박지 않을 수 없었다. 그러나 국방백서는 양안문제에 대한 직접적 언급 자체가 없으며 지역갈등 정도로 보는 데 그치고 있다.

넷째, 객관사실을 왜곡하거나 은폐해 미국과 일본의 안보위협 문제점을 희석시킨다.

일본의 '방위비'(2004년 기준)가 러시아에 이어 세계 3위로 돼있어 마치 러시아 국방비가 세계 2위인 것처럼 기술한다(32). 또 국방백서 '부록 27'의 '세계 주요국가의 국방비 비교'는 *The Military Balance 2003~2004*(국제전략문제연구소 발간)를 근거로 중국 510억 달러, 러시아 508억 달러, 일본 395억 달러, 프랑스 402억 달러로 적고 있다.

그러나 2003년 중국과 러시아의 군사비를 500억 달러 수준으로 잡고 있는 것은 옛날 공산권의 국방비를 공식적인 발표보다 3배 정도로 임의 증액시키는 관례에서 비롯된 것으로 전혀 사실과 다르다. 중국 국방비는 SIPRI 통계를 보면 2002년 303억 달러, 2003년 328억 달러, 2006년

351억 달러(2,838억 위안으로 중국 공식발표 수치임)다.

또 한반도와 동북아 안보에 아주 위협적인 요소 가운데 하나가 미국과 일본의 선제공격 기조다. 미국의 부시 정권이 선제공격을 공식화하자 일본과 러시아가 이에 따랐고 대만까지도 이를 채택하고 있다. 단지 중국만 아직도 선제공격을 채택하지 않고 있다.

2005년 3월 18일 페이스 미 국방차관은 「4개년 국방정책검토(QDR)」 보고서를 설명하는 자리에서 극단주의자들이나 대량파괴무기로 무장한 적대국가들의 파국적 공격의 위협에 부닥칠 때 미국이 선제공격을 한다는 전략을 재확인했다(≪한겨레신문≫, 2005.3.18.). 이미 일본은 2003년부터 이시바 방위청 장관이 북한이 일본에 미사일을 발사하려고 할 경우 미사일 발사 장소에 대한 선제공격에 나서는 것은 위헌이 아니라고 밝혀왔다.

다섯째, 국방백서가 북한과 외국을 서술할 때 '일북관계, 미북관계' 등으로 북보다 미국, 일본을 앞세운 것(32)은 민족 주체의식의 결여의 일단을 보여준다. 이런 식의 서술은 같은 민족을 단결의 대상으로 보기보다는 대립의 대상으로 간주하는 사고의 발로이며 미국과 일본에 대한 사대주의를 엿볼 수 있다.

3. 냉전시각에 사로잡힌 '대북안보관'과 대미 추종주의

국방백서의 세계안보관과 동북아안보관은 맹목적 대미추종주의가 핵심문제라면 북한안보관 분석에는 이에 덧붙여 기존의 냉전적 대결주의가 문제다. 국방백서의 1장 안보부문의 세 절 가운데 1절 제목은 '세계안보정세', 2절은 '동북아안보정세'이지만 오직 3절 북한 부분만 '북한정세와 군사위협'으로 기술해 '군사위협'을 부각시키고 있다. 이것도 정세변화에 아랑곳하지 않는, 체질화된 대북적대 의식의 반영이다.

첫째, 북한이 아직도 무력 적화통일의 야욕을 가지고 있고 또 시도하고 있는 것으로 묘사한다.

우리 군은 한미 연합방위체제를 기반으로 한 대북억제력을 강화함으로써 북한으로 하여금 무력에 의한 적화통일전략의 무용성을 인식토록 해야 한다(54).

아직도 우리에 비해 양적으로 우세한 북한군의 대남위협은 변하지 않고 있다. 이에 따라 우리 군은 북한의 무력도발 가능성에 대비해 확고한 한미 연합방위체제를 유지한 가운데 북한의 침투·국지도발, 전면전 등 군사적 위협은 물론 테러와 같은 비군사적 위협에도 동시에 대처할 수 있도록 ……(62, 전문).

둘째, 북한 주도 안보 위협론은 시대와 상황에 따라 변하는 변수이어야 함에도 고정된 '상수'로 남겨져 있다.

'장기간에 걸친 전쟁준비를 완료했으며 당분간 현재의 군사정책을 유지할 것으로 판단된다. 경제난에도 불구하고 군사부문에 우선 배분해 군사력을 증강' …… '주요 전력을 평양·원산선 이남지역에 집중배치'(35)

북한은 아직도 우리 군에 비해 양적으로 우세한 군사력을 유지한 가운데 장거리포 및 천마호 전차 생산, 헬기 도입, 소형 잠수함 건조 등 재래식 전력 증강과 더불어 대량살상무기 개발을 지속하고 있다(33, 전문).

한반도 긴장완화와 평화정착을 위한 실질적인 군사적 신뢰구축에 여전히 소극적인 자세를 견지하고 있다(35).

북한은 남북정상회담 이후에도 군사적으로는 변화의 모습을 보이지 않고 있다(35).

특히, 전방지역에 추진배치하고 있는 170밀리 자주포와 240밀리 방사포는……수도권에 대한 기습적인 대량집중사격이 가능하다(37).[6]

셋째, 구체적인 객관적 논거를 제시하지 못하고 '판단된다', '추정된다', '양적으로', '상당수', '평가된다'와 같은 책임회피와 면피용의 어휘를 구사하면서 북의 위협을 교묘하게 부각시키거나 과장한다.

약 12만 명에 달하는 특수전 부대는 유사시 남한 전 지역에 동시다발적으로 침투하여 후방지역 교란과 혼란 조성을 기도할 것으로 판단된다(37).

땅굴을 통해 기습공격을 병행할 것으로 판단된다(37).

항공기 전력은 MIG-15/17/19/21 전투기와 IL-28 전폭기 등 구소련제 제1·2세대 전투기가 약 70%를 차지하고 있고, MIG-23/29 및 SU-25 등 제3·4세대 전투기도 상당수 보유하고 있다(38).

넷째, 특히 전략무기에 대한 서술은 대부분이 '추정된다' 등의 면피용 서술로 일관하고 있다.

이와 병행하여 고폭실험도 실시한 것으로 추정된다(39).

현재까지……확실한 증거는 없으나 1992년 5월의 IAEA사찰 이전에

---

6) 이에 대해 윤 국방장관은 6분이면 무력화시킬 수 있다고 국회에서 답변했다.

추출한 약 10~14kg의 무기급 플루토늄으로 1~2개의 핵무기를 제조했을 가능성이 있는 것으로 추정된다(39).

우라늄 농축에 필요한 원심분리기 개발을 위해 관련부품을 도입했다는 의혹이 제기되고 있다(39).

1980년대부터는 독가스 및 세균무기를 생산하고 있는 것으로 판단된다(40).

여러 개의 화학공장에서 생산한······유독작용제 2,500~5,000톤을 여러 개의 시설에 분산 저장하고 있는 것으로 보이며(40).

탄저균, 천연두, 콜레라 등의 생물무기를 자체적으로 배양 및 생산할 수 있는 능력을 보유하고 있는 것으로 추정된다(40).

운반체의 엔진연소와 탄체의 다단계 분리 등 제반기능을 실험한 것으로 보아 중·장거리 미사일 개발능력 보유하고 있는 것으로 판단된다. 현재 장거리 탄도미사일 대포동-2호를 개발하고 있는 것으로 추정된다(41).

다섯째, 민족공조나 주한미군 철수 등 한반도 평화와 통일의 과정과 방편으로 제기되는 요구를 마치 상투적 선전쯤으로밖에 여기지 않고 있다.

'민족공조를 강조하면서 주한미군 철수를 주장······군사적으로는 변화의 모습을 보이지 않고 있다(35).

위처럼 겉으로 드러나지 않지만 이에 못지않은 문제점을 살펴본다.

첫째, 남북 군사력을 비교할 때 양적인 비교를 주로 하고 북한 군사력의 질적 수준이나 전반적인 전쟁수행역량의 열세에 대해서는 전혀 또는 거의 언급하지 않는다. 이는 남한의 절대적 우위를 의도적으로 은폐하고 북의 우위를 주장하기 위한 것이다.

개수비교가 가지는 허점을 항공기를 예로 들어 짚어보겠다. 2005년 3월 8일 미상원군사위 2006년도 예산안 청문회에서 라포트 주한미군사령관은 북한의 "공군 조종사들은 매년 12~15시간 정도 항공기가 작동하도록 유지하는 수준에서 비행훈련을 하기 때문에 군사준비 태세로는 부족하며, 지상군은 여단규모 기동훈련이 매우 드물 정도로 대규모 기동훈련은 줄어든 채 사단급 이상은 주로 지휘소 훈련을 하고 있다"며 "이 같은 경향은 최근 수년간 변함이 없으며, 물자 부족 때문으로 분석 된다"고 하고, 이에 비해 한국 공군과 주한 미 공군은 한 달에 15시간 비행훈련을 한다고 밝혔다. 이 단순한 서술만으로도 질적이고 총체적인 군사력 수준을 감안하지 않는 양적 비교가 얼마나 사실을 왜곡하는지 명확하다.

북한은 아직도 우리 군에 비해 양적으로 우세한 군사력을 유지한 가운데 장거리포 및 천마호 전차 생산, 헬기 도입, 소형 잠수함 건조 등 재래식 전력 증강과 더불어 대량살상무기 개발을 지속하고 있다(33, 전문).

아직도 우리에 비해 양적으로 우세한 북한군의 대남위협은 변하지 않고 있다. 이에 따라, 우리 군은 북한의 무력도발 가능성에 대비해 확고한 한미 연합방위체제를 유지한 가운데 북한의 침투·국지도발, 전면전 등 군사적 위협은 물론 테러와 같은 비군사적 위협에도 동시에 대처할 수 있도록……(62, 전문).

둘째, 북한 군사비를 근거 없이 임의로 부풀리고 있다.

북한은 2004년도 국방비를 국가 총예산의 15.5% 수준으로 공식 발표했다. 그러나 북한체제의 특성과 예산체계를 종합적으로 고려해볼 때 실질 군사비는 국민총생산(GNI)의 30% 이상 될 것으로 추정된다(35).

북한의 국방비는 국가예산 외에도 군수경제 운영 체제(제2경제), 무기 수출, 군부대 외화벌이 사업 등 독자적인 군 예산체계 등을 통해 조달되고 있으며, 군수공장이 국유화되어 있는 등 매우 저렴한 군사비 지출구조를 가지고 있는 것으로 평가된다(35).

구체적인 근거를 제시하지도 않으면서 2000년에서 2003년까지 매년 북한 군사비를 부록 5(250)에서 50억 달러로 기술하고 있다. 북쪽 정부의 국방비 공식발표를 대미 달러 환율로 표시하면 2000년, 2001년, 2002년, 2003년 각각 13.7, 14.1, 14.9, 17.7억 달러가 되는데 국방부는 이를 허구로 보는 것이다. 국방부 주장대로 북한 군사비가 GNI의 30% 수준이라면 부록 4(250)에 의하면 2002~ 2003년 GNI가 각기 171억과 184억 달러이기 때문에 북한의 당해연도 군사비는 각기 51.3억 달러, 55.2억 달러가 되어야 한다. 그러나 4년 모두 동일하게 50억 달러로 보는 것은 정확한 근거 없이 자의적으로 추정한 것으로 볼 수밖에 없다. 북한의 총예산 규모가 100억 달러 안팎인 점을 고려하면 북한 군사비가 총예산의 51~55%가 된다는 주장은, 국가사회주의 계획경제의 특성인 국가예산과 경제총량이 1 : 2 정도인 점을 고려하면, 국가 살림의 파탄을 의미하는 것으로 설득력이 없다.

셋째, 당면한 북핵 위기가 미국의 제네바협정 위배 때문에 초래됐는데도 국방백서는 이를 은폐하고 오히려 미국 행정부의 인식을 복사하여 북한 때문에 일어난 것처럼 사실을 왜곡하고 있다.

한반도 핵위기를 근본적으로 해결할 수 있는 북미 제네바협정을 75% 가까이 위배한 미국이 90% 이상을 이행한 북한에 대해 적반하장 격으로 그 책임을 뒤집어씌움으로써 당면 핵위기는 발생했고,[7] 또 협상타결 가로막기의 주범은 미국의 '선 폐기 후 대북 안전보장' 협상원칙인 데도 이에 대한 문제제기는 전무하고 도리어 북한에 그 책임을 전가하고 있다.

　　2002년 10월 초 북한이 농축우라늄(HEU) 프로그램을 시인함으로써 북핵문제가 또 다시 불거지게 되었다. 한반도에너지개발기구(KEDO)는 북한의 농축우라늄 프로그램 추진을 명백한 AF(제네바합의)위반으로 간주하고 2002년 12월부터 대북중유공급을 중단했다. 이에 북한은 미국의 대북적대시정책 철회와 미·북불가침조약 체결을 요구하며, 일련의 핵동결 해제조치를 강행함으로써 핵위기를 고조시켰다(129~130).

---

7) 미국은 협정 의무사항 5개 가운데(2기의 경수로발전소 2003년까지 완결 제공, 대북 핵공격을 하지 않는다는 소극적 안전보장, 중유 연 50만 톤을 경수로발전소 공급 때까지 제공, 경제봉쇄 해제, 외교적 수교) 협정을 제대로 이행한 것은 중유 50만 톤 지원밖에 없다. 제네바협정의 소극적 안전보장 합의에도 불구하고 미국은 협정 직후부터 북에 대한 핵선제공격전략을 그대로 유지했다. 이는 협상직후부터 일본이 요구했기에 수용했다고 확인되었다. 미국은 있지도 않은 북한의 금창리핵위기를 조작해 BDU-38 모의핵폭탄투하 연습까지 했고, 작전계획 5027-98로 북한군은 씨까지 말려버리겠다고 위협해 한반도 전쟁위기가 고조됐고, 사찰 후 사실무근이 확인됐는데도 사과 한마디 하지 않는 황야의 무법자였다. 이러한 상황에서도 북한은 원자력 시설을 모두 동결하고 핵사찰을 받았다. 단지 미국이 심대하게 위배해 협정을 제대로 이행할 여지가 전혀 없는 것으로 판명된 시점인 1997년부터 북은 고폭실험을 70회 정도 재개해온 것으로 알려지고 있다. 제네바협정은 쌍무협정이기 때문에 미국 위배가 확인된 이상 북한이 이를 고수해야 할 의무는 없다. 그럼에도 북은 핵시설 동결을 지속해 협정을 지켰다. 고폭실험 자체가 그렇게 중대한 협정위배라면 왜 당시 미국은 이를 전혀 문제제기하지 않았나? 제네바협정이 쌍무협정이기에 최소한의 이성이 있다면 고폭실험을 문제시할 수 없었기 때문이다. 낯짝이 있는 클린턴 정부였기에 이를 문제 삼지 않았던 것이다.

미국과는 미국의 대북 적대시 정책의 철회를 지속 주장하면서 2002년 10월 미국의 북핵 문제 제기에 대해 동년 12월 이후 핵동결 해제와 NPT 탈퇴 선언 등 강경대응함으로써 미·북 갈등이 증폭되었으나(34).

2004년 6월에 개최된 3차 6자회담에서는 남·북·미 3국이 문제해결을 위한 구체적인 대안을 제시함으로써 북핵문제가 본격적인 협상단계로 진입할 수 있는 기반을 마련했다. 그러나 제3차 6자회담 이후 북한은 기존의 원론적 입장을 고수하며, 제4차 6자회담 개최를 지연시키고 있다(130).

넷째, 서해 5도 북방한계선(NLL)을 영해선 또는 군사분계선으로 기정사실화하고 있는 문제다.

1997년 이양호 국방장관이 국회에서 답변한 것처럼 NLL은 군사분계선도 영해선도 아닌, 클라크 유엔군사령관이 일방적으로 그은 임의의 선에 불과해 영해나 군사분계선으로서의 국제법적 근거나 효력이 전혀 없다. 그럼에도 불구하고 1999년 6월의 1차 서해교전 이후 국방부는 이를 월선하는 북한 배에 대해 영해침범이니 군사분계선 침범이니 하며 위협을 가하고 있다.

더 나아가 2004년 6월 남북장성급회담에서 합의한 우발적 충돌 방지를 위한 협약에도 불구하고 2004년 7월 해군작전사령관이 고의적으로 보고를 누락하고 '자의적인 사격명령'으로 군기와 국기를 위배함으로써 남북 간 군사신뢰구축의 획기적 진전을 가로막았다. 북한배가 중국어선의 불법조업을 내쫓기 위해 월선을 하게 되자 이를 남측에 호출을 통해 알리려고 했지만 해군작전사령부는 이를 고의적으로 무시했을 뿐 아니라 호출 사실을 합참에 보고하는 것을 은폐하고 사격을 가함으로써 적대행위를 자행하였다. 북측이 맞대응했더라면 3차 서해교전으로 이어질

수 있었다.[8]

정치와 군이 해야 할 가장 중요한 1차 과제는 전쟁을 방지하는 것이지 전쟁을 부추기는 것이 아니다. 서해는 NLL 때문에 우발적 충돌이 전면전으로 비화될 위험을 안고 있다. 그러므로 '불법'에 가까운 무단 점령으로 인해 일어날 수 있는 군사충돌이나 전면전을 막기 위한 제도적 장치가 마련되어야 한다. 이것이야말로 탈냉전과 평화통일시대의 민족사적 요구이자 책무로 국방백서가 마땅히 담아야 할 내용이다.

2002년 6월 29일 연평도 서방에서 북한 경비정 1척이 NLL을 침범한 후 이를 저지하는 아군 고속정에 선제 기습사격을 가함으로써 '서해교전'이 발생했다. …… 2003년 2월에 MIG-19기 1대가 연평도 상공을 침범했다(41).

특히 남북장성급회담 이후에도 북한 경비정이 9차례나 북방한계선(NLL)을 침범하는 등 서해 접적지역에서 지속적으로 긴장을 조성하고 있다(41).

다섯째, 북한군의 전진배치 비율이 대표적인 사례인데 남쪽의 정보는 공개하지 않고 북쪽의 정보만 일방적으로 제시함으로써 국민들로 하여금 객관 사실에 대한 균형적 시각을 갖지 못하도록 막는 문제이다.

북한 주도 안보위협론을 설득력 있게 제시하려면 북의 군사력 배치 현황과 함께 남한의 군사력 배치 정보도 제시해 상호 비교할 수 있도록 해야 한다. 그러나 남한군의 전방배치비율은 제시하지 않고 북한군의

---

8) 이에 대한 세부사항은 강정구, "우리 군대 이렇게 놔둘 수 없다", ≪오마이뉴스≫, 2004.7.26. 참조.

전방배치율(원산 - 평양 이남 - 휴전선에서 180km)을 지상군, 해군, 공군 각기 70%, 60%, 40%로 제시하고는 "유사시 재배치 없이 기습공격이 가능한 능력과 태세를 유지하고 있다"(37)고 위협감을 북돋우고 있다. 남한군의 대전 이북 배치율은 약 90%로[9] 북한의 전진배치율을 훨씬 능가한다.

이뿐 아니라 남한이나 주한미군의 기동력이 뛰어나고, 공군력이 압도하므로 북한으로서는 전방배치비율을 높여야 할 필요가 있다. 여기에다 북한 입장에서는 남한의 군사력만이 고려 사항이 될 수 없다. 주한미군의 군사력이 남한군사력보다 더 위협적이란 것은 삼척동자도 아는 사실이다. 이렇다면 북한군사력의 위협정도는 한국과 주한미군의 군사력 전부를 비교한 위에 평가되어야 한다. 그러나 국방백서는 이를 전혀 고려하지 않음으로써 의도야 어쨌든 결과적으로 조작과 은폐를 일삼아 왔다는 의혹에서 벗어나기 힘들다.

북한은 전방에 4개 군단, 그 후방에 1개 전차군단, 2개 기계화군단 및 1개의 포병군단 등 평양-원산선 이남지역에 지상군 전력의 약 70%를 배치하고 있어 유사시 재배치 없이 기습공격이 가능한 능력과 태세를 유지하고 있다(36~37).

현재 전투함정은 약 60%가 전방기지에 전진 배치되어 있다(37).

전투기의 약 40%를 전방기지에 배치하고 있다(38).

국방백서의 북한위협론은 오히려 남한군의 대북 위협론으로 대체되

---

9) 이영호, 「북한군사력의 해부: 위협의 정도와 수준」, ≪전략연구≫, 제4권 3호 (1997), 141쪽, 이철기, 「『2004 국방백서』의 문제점」에서 재인용.

어야 할 판이다. 북한은 금강산 관광, 개성공단을 위해 군사요충인 서부전선과 금강산전선에서 대대적인 후방배치를 단행했는데도 이에 상응한 남한군의 조치는 전혀 없었다. 결과적으로 북한입장에서는 남한군의 반상호주의 때문에 남한 위협론을 제기할 수 있을 것이다. 금강산 관광을 위해 북한은 장전항 해군기지를 원산으로 후방배치 했다. 개성공단을 위해 핵심요충인 개성 주위의 서부전선에 배치된 군사력을 송악산 뒤로 10km 이상 후방 배치했다. 방문 중 북한 군인이나 군사시설을 제대로 관찰할 수 없다는 것이 개성공단을 방문한 많은 사람들의 공통된 의견이다. 서부전선에서 북한이 단행한 10km 후방배치는 자주포 등의 1일 이동속도를 18km 정도로 계산했을 때 반나절 정도의 뒤 물림을 의미한다. 그러나 남한의 대응전선인 파주나 동해전선은 한 치도 뒤로 물리지 않은 채 3중 4중의 방벽으로 견고하기만 하다.

국방부는 흔히 수도권 방어논리를 내세우면서 남의 전진배치를 정당화하지만 이 또한 설득력이 부족하다. 북한군의 전진배치는 남한군과 주한미군이 1970년대 중반 전진방어전략을 구사하면서 대부분의 병력과 장비를 휴전선 부근으로 전방배치한 것에 대응하는 성격을 띤다. 또 북한군의 주요 무기체계가 미군과 남한군의 공습에 대비해 지하에 집중 배치돼 있다. 이는 공격용으로는 전혀 효과적이지 못하다. 하지만 남한의 무기체계는 북한의 후방을 깊숙이 공격할 수 있으며 지하 배치는 거의 없어 북의 공격을 염려하고 있지 않다는 것을 말해준다. 북의 장사정포도 수도권에 위협이 되는 장사정포 수자는 170미리 100문, 240미리 200문 정도에 불과하고 그나마 170미리 포의 경우 서울은 그 유효사거리 밖에 위치한다. 240미리 포의 경우 콘크리트 관통력이 없어 군사적으로 크게 위협적이지 않으며 역시 유효사거리가 서울에 미치지 못한다.

4. 표방된 협력적 자주국방과 재강화될 예속국방

지난 2005년 3월 8일 군통수권자인 노무현 대통령이 공군사관학교 졸업식에서 "이제 우리를 지킬만한 넉넉한 힘을 가지고 있습니다. 누구도 감히 넘볼 수 없는 막강 국군을 가지고 있습니다…… 이제 우리 군은 한반도뿐만 아니라 동북아시아의 평화와 번영을 지키는 것을 목표로 하고 있습니다. 동북아시아의 세력균형자로서 이 지역의 평화를 군건히 지켜낼 것입니다"라는 선언을 해 사람들을 깜짝 놀라게 했다. 동시에 대통령은 10년 내 작전통제권 환수를 천명했다.

노 대통령은 엄연한 진실을 말한 것이다. 2006년 남한 군사비는 219억 달러다. 북한의 10배가 넘고 미국, 일본, 프랑스, 영국, 중국, 독일, 러시아 다음으로 세계에서 8번째다. 경제규모도 북한의 33배를 넘고 세계 10~11위 수준이다.

그렇지만 남한사회는 군사에서 자주성을 갖지 못한 미국의 예속국가다. 이 점은 한국이 대한민국 역사상 독자적인 전시작전통제권을 행사한 적이 없으며 한국군 베트남파병 당시가 유일하였다는 사실에서도 드러난다. 전시작전통제권조차 행사하지 못하는 주권박탈 상태에 있는데도 외교·안보 관료를 포함한 한국의 기성 주류는 전시작전통제권 환수 시 기상조론이나 불감당론을 내세워 이를 통탄하기보다 당연한 것처럼 여기고 있는 형국이다.[10]

군사주권 회복을 고대하는 국민의 여론을 외면만 하기가 어려웠던지

---

10) 박정희 정권 당시 자주국방 전략이 존재했다. 이는 율곡사업을 핵심으로 하는 군비증강, 남북적대, 군사독재유지 및 강화를 목적으로 하는 전략이었고 대미 군사적 자주권이라는 진정한 자주국방은 전혀 추진되지 않았다.

국방부는 "자주국방은 모든 국가가 지향하는 보편적 국방정책이며, 우리의 자주국방 또한 국가 주권을 우리 스스로의 힘으로 수호할 수 있는 주체적 당사자가 되고자 하는 국가의지 구현의 일환"(82)이라고 군사주권의 중요성을 인정하는 자주국방의 개념을 정식화 했다. 그러나 곧이어 그 자체가 형용모순이어서 성립 불가능한 개념인 '협력적'이란 접두어를 부가해 자주를 원천적으로 부정해버렸다. 미국과의 협력이란 본질적으로 예속적인 것을 의미하고 이런 예속을 미래한미동맹이란 이름으로 미국과의 군사협력을 강화하면서 대미 군사자주를 증진시킨다는 것은 어불성설이다.

국방백서는 "협력적 자주국방은 '자위적 방위역량'의 기반 위에 한미동맹관계를 공고히 하고, 이를 바탕으로 주변국과의 안보협력관계를 강화함으로써 우리 안보의 절대역량을 키우고 안정성을 증진시켜나가는 과정인 것이다"(83)고 하여 앞서 밝힌 군사자주권 중심의 자주국방을 스스로 부정한다. 국방백서는 협력적 자주국방에 대해 "한미동맹을 발전시키고 주변국과의 군사협력과 집단안보체제 등 대외 안보협력을 능동적으로 활용하면서 북한의 전쟁 도발을 억제하고 도발하는 경우 이를 격퇴하는 데에 우리가 주도적인 역할을 수행할 수 있는 능력과 체제를 구비한다는 것"(81)으로 개념 정의했다.11)

---

11) 필자는 노무현 대통령의 2003년 8·15경축사를 분석해 참여정부의 자주국방 개념을 대미 군사자주권 확보에 초점을 맞추는 대미 '자주형', 미국의 신군사전략 에의 편입을 통한 예속국방의 고착화를 의미하는 대미 '예속형', 대북한 전쟁 억제력 초과잉화에 초점을 맞추는 대북한 흡수통일 지향적인 대북 '흡수형', 북한보다는 동북아를 겨냥한 '미래형' 등 네 가지 기본 유형으로 개념화했다. 동시에 대미-대북 기본유형을 서로 교차시킨 복합유형을 도출했다. 어떤 정책이든 이를 실현하기 위해서는 행위주체의 적극적인 의지가 있어야 하고, 또 정책구현에 대한 구조적 제약을 극복하고 구조적 추동력을 동원할 수 있는 지도력과

이렇게 변질된 협력적 자주국방은 그 '추진계획 주요내용'으로 '한미동맹의 미래지향적 발전', '전쟁억제능력 조기 확충', '군구조 개편과 국방개혁', '국방예산 확보'를 책정했다.

첫째, 한미동맹의 미래지향적 발전은 "지금까지 우리 안보의 기본축으로서 한반도의 평화와 안보에 결정적으로 기여해온 한미동맹관계를 최근의 전략환경 변화에 부합되도록 발전시켜나간다는 것"(84)으로 이를 통해 "주한미군의 안정적·장기적 주둔여건을 조성할 수 있게 될 것으로 기대하고 있다"(85).

이 기조는 앞서 지적했지만 자주국방의 핵심인 대미 군사주권 회복을 원천적으로 부정하는 것으로 자주국방이란 이름으로 반(反)자주국방을 추구하는 행위다. 또한 주한미군의 '전략적 유연성'을 인정하자는 것으로 이에 대한 대통령의 지침과 '동북아균형자전략' 기조에 배치될 뿐 아니라 '제2의 청일전쟁'을 자초하는 정책이다.12)

역량이 있어야 한다. 그래서 이 글은 정책의지와 구조적 제약과 구조적 추동력 세 요소를 함께 고려하는 분석을 통해 참여정부가 표방하는 자주국방이 귀결될 전망을 도출했다. 8·15경축사는 자주국방에 대한 명확한 개념정의를 내리지 않고 자주형, 군비증강형, 한미동맹강화형, 미래형이 혼용되고 있다. 이는 대통령의 속뜻은 자주형이지만 예속적인 현 상황에서 이를 노골화하지 못해 아주 애매한 언어구사를 할 수밖에 없는 정황을 반영한다(강정구, 2004a).

12) 대만은 2008년 독립선언을 표방하고 있다. 이 경우 반국가분열법에 따른 중국의 무력침공을 초래하고, 이에 대응해 미국과 일본이 개입함으로써 중국과 미국·일본 간의 전쟁으로 비화될 위험이 있다. 이때 만약 주한미군이 철군되지 않고 또 전략적 유연성이 허용된 상황이라면 이곳 남한 땅은 미국의 최전방기지로서 대중국 침략 발진기지와 대리 전쟁터가 되는 끔찍한 운명을 맞게 될 것이다. 이는 한반도가 1895년의 청일전쟁 때처럼 고래 싸움에 새우 등 터지는 꼴이 되어 한반도와 우리 민족은 종말을 고할지도 모르는 운명을 맞게 될 수도 있다는 의미에서 '제2의 청일전쟁'으로 필자는 보았다.

둘째, '전쟁억제능력 조기 확충'에 대해서는 "북한 위협이 상존하는 우리의 안보현실을 감안하여 우선적으로 이를 억제할 수 있는 군사적 능력을 조기에 구비하며, 동시에 미래 불특정 위협에 대비한 핵심전력을 점진적으로 확보해나감으로써 실질적인 자주국방의 토대를 마련한다는 것"(86)으로 규정해 '종심표적에 대한 전략타격능력 확충'(86)과 세계 10위권인 첨단무기 개발 기술 수준을 2010년도에는 선진국권에 진입(86)시킨다고 한다. 이를 위해 '향후 4년 간(2005~2008) 99조 원'이 소요될 것으로 추정하고 2008년까지 GDP대비 3.2%로 국방비를 인상하겠다고 한다(88).

이 기조는 현재 상태만으로도 대북 과잉억제력을 가진 군사력을 초과 잉상태로 몰아가 남북 군비경쟁을 더욱 유발할 우려가 있고, 미래 불특정위협을 상정, 대비하고 있어 남한 군사력을 미국의 동북아지배전략의 하위종사자로 전락시켜 한반도평화를 저해할 뿐 아니라 동북아군비경쟁과 긴장 조성에 기여하는 위험성을 안고 있다.

또 국방중기계획은 자주국방이란 명목으로 2005~2009년 5년 동안 무려 99조 원을 들여 조기경보통제기(AWACS), 공중급유기, 이지스함, 차세대 미사일 등 온갖 첨단무기를 도입한다. 이렇게 되면 군사력은 세계에서 6~7위권 안에 들 정도가 된다. 이 정도의 군사력을 가져야만 자주국방을 할 수 있다는 논리가 스며든 결과다.

그런데도 『2004 국방백서』는 자주국방의 첫걸음이라고 할 수 있는 전시작전통제권 환수에 대해서는 언급하지 않고 있다. 그 뒤 국방부는 전시작전통제권의 2012년 환수 로드맵에 관해 미국과 합의하였으나 그 내용을 들여다보면 환수 전과 별로 다를 바 없다. 전시작전통제권의 환수가 속빈 강정이 된다면 아무리 첨단무기를 도입하고 군사력 증강을 꾀한다 해도 자주국방은 연목구어가 되고 말 것이다.

이러한 구도에서 '전쟁억제능력 조기 확충'은 오히려 자주국방을 더욱 반(反)자주로 귀결시킬 우려가 있다. 아직도 독자적인 작전통제권을 한 번도 제대로 행사해보지 못한 한국군의 소프트웨어 전쟁수행능력은 미루어 짐작할 만하다. 여기에다 상호운용성이라는 것을 내세워 첨단무기가 미국제 일색으로 도입되고, 이들 첨단무기 운영 및 활용과 작전수행에 필요한 소프트웨어가 미국에 예속되고, 이를 주관하는 고위 군부나 국방부가 자폐증에 걸린 상황에서, 첨단무기 도입이 많아질수록 한국군은 더욱 더 구조적으로 대미 예속이 심화되어 독자적 작전수행능력은 물 건너 가 버리는 딜레마에 빠지게 된다.

겉으로는 자주국방을 표방하지만 실질적으로는 예속국방의 재강화로 귀결될 위험을 한껏 안고 있는 셈이다.

결론적으로 국방백서상의 자주국방은, 첫째, 작전통제권 환수에 대한 침묵으로 군사주권 중심의 자주형과 거리가 멀고, 둘째, '한미동맹의 미래지향적 발전'을 핵심정책으로 삼아 '협력적 자주국방'으로 변질시키면서 자주가 아니라 대미 예속을 더욱 심화시키고, 셋째, '전쟁억제능력 조기 확충' 정책으로 대북 과잉군사력 증강으로 남북대결구도를 조장하고 흡수통일의 토대를 구축하는 '흡수형'의 위험을 가지고, 넷째, 군비증강과 그 운용체계의 전적인 대미의존으로 군사기술적 예속성을 심화·구조화하고, 다섯째 '전쟁억제능력 조기 확충'을 북한뿐 아니라 "동시에 미래 불특정위협에 대비한 핵심전력을 점진적으로 확보해나감으로써 실질적인 자주국방의 토대를 마련한다는 것"(86)으로 규정하고 있고, 기존의 '방어역내동맹'에서 '침략역외동맹'을 전제로 하는 '한미동맹의 미래지향적 발전' 정책 때문에 대중국침략기지화의 하위체계 편입을 촉진시킬 위험을 안고 있다.

이렇게 자주국방을 표방하면서도 실질적으로는 예속국방의 강화로 귀결될 가능성이 높다. 그러나 국방백서의 '반자주국방 기조'가 불가피한 것은 아니다. 비록 저항이 따르겠지만 자주국방을 구현하기 위한 행위주체의 적극적인 의지, 이 정책구현에 대한 내외의 구조적 제약을 극복하고 군사주권에 대한 국민적 지지를 모으는 지도력과 역량이 발휘되면 진정한 자주국방은 얼마든지 가능하다(강정구, 2004a).

5. 우리 민족의 동북아균형자 역할론

노무현 대통령이 2005년 3월 8일 제기한 동북아균형자론에 대해 국민의 전폭적 지지, 지식인계의 싸늘한 냉소, 미국의 불편한 심기, 중국의 은근한 환영 등 다양한 반응이 나타났다. 『2004 국방백서』는 이 선언이 있기 전에 발간되었으므로 그에 대한 입장을 직접 제시하지 않았지만 인식의 단면은 엿보인다.

한미동맹과 미일동맹을 축으로 동북아 균형자로서의 역할을 추구하고 있는 미국은 아·태지역 경제 질서의 안정을 보장하고 미국과 동맹국에 대해 직접적인 군사위협을 가할 수 있는 지역패권국의 출현을 방지하는 한편, 테러·WMD 위협 등 새로운 안보환경 변화에 대응하기 위해 세계차원의 군사전력 중점을 유럽에서 아시아지역으로 전환하고 있다. 따라서 주한미군의 규모 및 역할 조정 역시 세계전략 차원에서 추진되는 '해외주둔 미군 재배치(GPR)'의 틀 안에서 이루어질 것이다(31~32).

한미동맹과 미일동맹 등을 미국의 동북아 패권추구로 해석하지 않고 '동북아균형자'로 규정짓고 있어 미국의 동북아 패권전략을 왜곡·미화하고 있다. 그러나 이런 인식은 동북아균형자전략에 배치되며 '제2의 청일전쟁'을 자초하는 기조다.

국방백서가 미국의 동북아 패권전략을 마치 동북아균형자 역할인 것처럼 왜곡하는 것은 전형적인 맹목적 대미 추종주의의 발로이고, 미국의 패권전략으로 머지않아 야기될 한반도와 동북아 안보위협을 방기하는 것이다. 그런데 국방백서는 오히려 "미국은 아·태지역 경제 질서의 안정을 보장하고 미국과 동맹국에 대해 직접적인 군사위협을 가할 수 있는 지역패권국의 출현을 방지"(31)하는 것으로 기술해 미국의 패권추구의 명분을 정당화 시켜주고 있다.

그러나 앞서 언급했듯이 해양세력군인 한·미·일의 군사비가 대륙세력군인 북·중·러의 군사비를 압도하여 불균형을 이루고 있어 동북아세력균형은 미국이 배제되어야 가능하다.

미국의 '동북아 신냉전 패권전략'과 일본의 '아류 패권주의전략'이 한반도뿐 아니라 동북아시아의 군사적 긴장과 평화위협 요소이므로 응당 주한미군은 동북아 평화와 세력균형을 위해서도 철군해야 하고 한미군사동맹은 해체되어야 한다. 대신 남과 북 또는 통일조국이 동북아 평화 조정과 균형자 역할을 감당하여 동북아의 나라들이 협력체, 평화공동체로 나아가도록 해야 한다. 또 충분히 해나갈 수 있다. 이런 점에서 우리는 '동북아균형자전략'을 추진하여 미국의 대북 침략이나 '제2의 청일전쟁' 등을 미연에 방지하고 한반도의 안위를 지키며 동북아가 평화공동체로 나아가게 하는 장기적 전략을 요구받고 있다.

우리는 더 이상 19세기 말의 허약한 대한제국이 아니다. 세계적으로 경제력이나 군사력이 5% 안에 드는 강력한 힘을 가졌지만 동북아에서는 오히려 크지도 작지도 않은 적정규모의 위상을 가진 것이 남과 북 또는 통일조국이다. 바로 이 적정규모만이 동북아의 탈미(脫美)비동맹중립13)의 위치에서 평화조정자나 균형자 역할을 해야 하고 또 할 수 있다. 왜냐하면 강대국이 이런 역할을 하려면 절대적 안보를 추구하는 딜레마에 빠지게 되어 근원적으로 긴장과 위기가 지속될 가능성이 높기 때문이다. 오히려 패권추구와 거리가 먼 '크지도 작지도 않은' 우리 남북이 이런 역할을 자임할 경우 강대국의 우려를 불식할 수 있다.

동북아균형자전략은 군사부문에 국한되지 않고 총체적인 경성권력과 연성권력을 요구한다. 그렇지만 핵심은 경제력, 군사력, 지도력이다. 남한 경제력은 세계 10~11위 정도다. 군사력 역시 10위권 내에 들어간다.

노 대통령이 3·8선언에서 언급한 것처럼 남한 군의 경성권력은 막강하다. 그러나 이런 군 경성권력에 비해 우리 군부나 기성 주류의 지도력과 연성권력은 거의 전무한 상태다.

여기에 그치지 않고 주류 정치세력, 주류신문, 국제정치학자를 중심으로 한 주체성 없는 주류지식인, 근본주의 기독교인, 외교부 국방부의 고위관료와 고위 군장성 등으로 구성된 한국사회 기성 주류는 세계 10위권의 현존 경제력이나 경성군사력을 마치 조선조 말엽의 국력 정도로 착각하고 있다. 이들은 무조건 미국의 보호막에 자기를 위탁해야만 살아갈 수 있다고 생각하는 철저한 골수 숭미(崇美) 자발적 예속주의와 미국 앞에 서면 자긍심이란 반 푼어치도 없는 공미(恐美) 자폐주의 부류이기 때문이다.

---

13) 현재의 남한은 군사적으로는 그야말로 주권을 거의 상실한 상태이다. 이런 상황에서 중립화 추구는 필연적으로 그 과정에서 남과 북이 공조를 하는 민족공조가 최우선적으로 추진돼야 하고, 다음 미국과 적대 편에 서 있는 중국이나 러시아 등과 우호 협력관계를 강화할 필요가 있어 때로는 한중공조, 한러공조가 이뤄질 수밖에 없다. 물론 궁극적으로는 다른 어떤 나라와도 동맹을 체결하지 않고 모든 나라와 동등하게 우호친선협력관계를 유지하는 구도가 돼야 한다.

이러한 한국사회 기성주류의 자기비하주의에 비해 국민일반은 판이
하다. 청와대가 2005년 4월 7일 실시한 전국 여론조사 결과, 동북아균형
자 역할론에 대해 응답자의 14.7%가 '매우 바람직하다'고, 60.0%가
'대체로 바람직하다'고 각각 답해 지지율이 74.7%였다. 현실성에 대해
서도 '한계는 있지만 나름의 여지가 있다', '가능한 일이다'는 답변은
각각 68.0%, 10.7%로 조사된 반면 '거의 현실성이 없다'는 응답은
20.2%에 머물렀다(≪연합뉴스≫, 2005.4.10.). 최근의 다른 여론조사에
서도 민족공조를 선호 62.9%, 북한의 핵무기보유를 미국침공에 대비한
방어용으로 보는 43.8%, 북한보다는 미국과 일본을 위협국가로 보는
60% 등으로 나타났다.

이는 젊은 세대일수록 앞의 자발적 예속주의와 자폐주의 중병에 걸린
기성주류와 판이한 인식과 주체성을 가졌다는 것을 의미한다.[14) 자발적
노예주의와 공미 자폐주의에 빠진 남한 기성주류가 탈미(脫美)비동맹중
립의 위치에서 균형자전략을 수행할 것으로 기대할 수 없다는 것은 자명
하다. 오히려 우리 민중이야말로 연성권력의 뿌리이고 주체일 것이다.

이를 바탕으로 1차적으로는 한반도의 평화와 통일 기반을 정착시키
고, 2차적으로는 동북아 평화공영협력체를 형성해 세계평화에 기여하는
동북아균형자전략의 추구로 한반도의 새로운 위상을 정립해야 한다.[15)

---

14) 2005년 4월 29일 아시아사회과학연구원이 주최한 "동북아 평화와 한국의 균형
   자론" 학술시민포럼에서 발표된 대부분의 글들이나 논평은 한국 기성주류의 실
   상을 그대로 보여주는 자폐적이고 공허한 논의에 불과했다. 이들은 동북아균형
   자전략을 노 대통령의 전략적 유연성, 자주국방, 친미주의 발언 등과의 총체적인
   연관성 속에서 고찰하지 못하고, 주한미군의 군사변환을 거의 고려하지 않고,
   여전히 한미동맹의 틀 속에 갇혀 논의를 하는 자발적 노예주의에 빠져 있었다(아
   시아사회과학연구원 주최 제42회 '동북아균형자론' 학술시민포럼 자료집, 2005
   년 4월 29일).

6. 맺음말: 미국의 국방백서가 아닌 민족의 국방백서를 모색하며

국방백서를 냉전성역 허물기 차원에서 파헤쳐 봤다. 우리 민족의 국방백서라기보다 미국의 작은 국방백서가 아닌지 의구심이 들 정도다.

국방백서가 미국의 국방백서가 아닌 민족의 국방백서로 거듭나기 위해서는 정보를 투명하게 공개하는 것이 우선 중요하며 민간전문가, 시민사회세력까지 참여하여 개방적인 토론과 의견 수렴과정을 거쳐 작성되는 것이 중요하다고 생각된다.

그와 함께 민족사적 책무를 인식하는 것이 중요하다. 우리 모두는 탈냉전 평화·통일시대를 맞아 외세, 특히 미국에 의해 강제된 조국의 분단, 남북적대, 전쟁위기 등을 극복하고 자주적으로 평화와 통일의 역사를 일구어야 하는 민족사적 책무를 안고 있다.

국방외교 분야 역시 부분집합으로서 응당 이러한 민족사 건설에 함께해야 마땅하다. 우리 사회의 전반이 새판짜기로 나아가야 하지만 다른 어디보다도 국방외교 분야 또한 더욱 더 철저한 새판짜기로 나아갈 수밖에 없는 구조를 창출해야 한다.

---

15) 균형자전략의 이행요건으로는 기성주류의 숭미주의와 공미 자폐주의 극복, 민족허무주의와 비하주의를 넘어선 민족자긍심 확보, 경성권력에 버금가는 연성권력을 가진 지도력 확보, 전쟁유발자와 평화교란자로서 미국과 주한미군의 본질 인식과 이의 대중화, 작전통제권 환수와 대미 군사자주권의 자주국방화, 한미군사동맹 철폐와 주한미군 전면 철군, 남북공조와 민족통일, 일체의 군사동맹을 배제한 비동맹중립화 등이다.

▌참고문헌

강정구. 1994. 「북핵문제를 둘러싼 국제적 대응의 실체: 한국·미국·IAEA를 중심으로」. ≪역사비평≫, 계간 27호(1994년 겨울호),『분단과 전쟁의 한국현대사』(역사비평사, 1996)에서 재수록.

______. 2000. 「한국전쟁과 민족통일: 전쟁의 통일을 넘어 평화와 화해의 통일로」. 한국산업사회학회, ≪경제와 사회≫, 48호, 2000년 겨울호.

______. 2002. 「서해교전과 맹목적 냉전성역의 허구성」. ≪진보평론≫, 2002년 가을호.

______. 2003. 「미국의 신패권주의와 한반도 전쟁위기 및 새로운 안보패러다임」. ≪민주사회와 정책연구≫, 3권 1호.

______. 2004a. 「참여정부 자주국방의 전망과 과제: '예속적-흡수형' 자주국방의 반평화성과 반통일성」. 한국산업사회학회, ≪경제와 사회≫, 통권 62호, 2004년 여름호.

______. 2004b. 「주한미군불가피론과 미래 한·미동맹에 대한 근본적 재평가」. ≪역사비평≫, 통권 68호, 2004년 가을호.

강정구 외. 2005. 『전환기 한미관계의 새판짜기』. 한울.

국가인권위원회주최 2004. '북한인권 국제심포지엄' 자료집, 일시: 2004년 12월 1일, 장소: 경남대극동문제연구소.

국방부. 2004. 『2004 국방백서』, 『국방백서 2000』.

김수암. 2005. 「미국의 북한인권법 발효 이후 변화」. 통일연대, 실천연대, 민변, 민주노동당, 민언련, 천주교인권위원회 공동주최, "미국의 북한인권법 발효와 탈북자문제에 대한 올바른 인식과 대응" 일시: 2005년 2월 3일, 장소: 국가인권위원회 배움터.

김승교. 2005. 「탈북자문제에 대한 올바른 대응방향」. 통일연대, 실천연대, 민변, 민주노동당, 민언련, 천주교인권위원회 공동주최, "미국의 북한인권법 발효와 탈북자문제에 대한 올바른 인식과 대응" 일시: 2005년 2월 3일, 장소: 국가인권위원회 배움터.

김양현. 2004. 「생태적 인간중심주의 인권과 자연권의 조화를 위한 이론틀의 모색」. 5·18연구소, ≪민주주의와 인권≫, 4권 1호.

김용태. 2003. 「폭력과 인권」. 5·18연구소, ≪민주주의와 인권≫, 4권 1호.

김재관. 2003. 「21세기 중국의 대국화 신안보전략: 미중 간의 안보외교를 중심으로」. 경남대극동문제연구소 ≪한국과 국제정치≫, 19권 1호(통권40호), 2003년 봄.

문화방송TV, "이제는 말할 수 있다―주한미군" 2003년 4월 20일 방송.

박성관. 2002. 「조지 부시행정부의 대북정책」., 경남대극동문제연구소 ≪동북아연구≫, 7권, 2002.

신은희. 2004. 「북한의 인권문제와 통일 다원주의」. 2004년 5월 29일 '민족통일학회' 월례 발표문.

아시아사회과학연구원 주최 제42회 '동북아균형자론' 학술시민포럼 자료집, 일시: 2005년 4월 29일, 장소: 한국언론재단 기자회견장

양석원. 2003. 「탈식민주의의 정신분석학: 마노니와 파농을 중심으로」. 고부응 엮음. 『탈식민주의 이론과 쟁점』. 문학과지성사.

원승룡. 2003. 「다문화 사회에서 인권담론 분석」. 5·18연구소 ≪민주주의와 인권≫, 3권 1호.

연효숙. 2003. 「식민·탈식민시대의 주체와 타자」. 학술단체협의회. 『우리 학문 속의 미국』. 한울.

유정애. 2004. 「한미보수세력의 '반북공생' 생명줄은 미국의 자금지원」. ≪민족21≫, 2004년 1월호.

이금순. 2004. 「북한인권상황에 대한 한국사회의 인식과 반응」. 국가인권위원회주최 2004. '북한인권 국제심포지엄' 자료집, 일시: 2004년 12월 1일, 장소: 경남대극동문제연구소 통일관.

이철기. 2003. 「주한미군문제에 대한 새로운 인식과 한국의 새로운 안보패러다임을 위하여」. 민언련 주최 토론회 "주한미군과 반미담론 그리고 언론" 발표문, 2003.3.28. 장소: 참여연대 느티나무.

이흥환 편저. 2002. 『부시 행정부와 북한』. 삼인.

임동원. 2002. 「한반도 안보정세와 남북관계 전망」. 미래전략 13회 포럼, 2002.

4.20.

장성민 편역. 2001. 『부시행정부의 한반도 리포트』. 김영사.

정성장. 2004. 「미국의 북한인권법」. 세종연구소. ≪정세와 정책≫, 2004년 11월호.

정세진. 2003. 「한반도 평화문제와 한국 시민사회: 최근의 주한미군 문제를 중심으로」. ≪평화만들기≫, 53호(2003.2.21.).

정인섭 편역. 2000. 『국제인권 조약집』. 사람생각.

중국외교부. 2004. 「2003년 미국의 인권에 관한 보고서(The Human Rights Record of the United States in 2003)」.

최협. 2003. 「재미한인사회의 인권문제」. 5·18연구소. ≪민주주의와 인권≫, 3권 1호.

Elich, Gregory. 2002. "Targeting North Korea." Centre for Research on Globalisation(www.globalresearch.ca/globaloutlook/orderformI3.html), 31 December 2002.

Halloran, Richard. 1998. "Soft Smile... But Carry a Big Stick." *Far Eastern Economic Review*. 1998.12.3.

Donnelly, Jack. 2002. *International Human Rights*. 박정원 옮김. 『인권과 국제정치』. 오름.

Fanon, Frantz. 1998. 『검은 피부 하얀 가면』. 이석호 옮김. 인간사랑.

Harrison, Selig. 2003. 『코리안 엔드게임』. 이홍동 외 옮김. 삼인.

Hays, Peter. 1991. *Pacific Powderkeg: American Nuclear Dilemmas in Korea*, Lexington Books. 고대승·고경은 옮김. 1993. 『미국의 한반도 핵정책의 뿌리와 전개과정, 핵 딜레마』. 한울.

Johnson, Chalmers. 2003. "Korea, South and North, at Risk" (www.tomdispatch.com) 2003.4.18.

Oberdorfer, Don. 1998. *The Two Koreas: A Contemporary History*. 『두 개의 코리아: 북한국과 남조선』. 중앙일보사.

O'Hanlon, Michael and Mike Mochizuki, 2003. *Crisis on the Korean Peninsula*. McGraw-Hill.

Sigal, Leon. 1999. 『미국은 협력하지 않았다: 북한과 미국의 핵외교』. 구갑우 외 옮김. 사회평론.

Stephen Schute & Susan Hurley(ed.). 1993. *On Human Rights: The Oxford Amnesty Lectures*. Basic Books. 민주주의법학연구회 옮김. 2000. 『현대사상과 인권』. 사람생각.

U. S. Chairman of the Joint Chiefs of Staff. *Joint Vision 2010*.

U. S. Department of Defense. 2001. *Quadrennial Defense Review Report*. Washington, D.C..

제4장

'국방개혁2020'의 문제점과 자주적 국방개혁의 모색

이철기

1. 머리말

참여정부는 2005년 9월 13일, 병력위주의 양적인 군대를 기술집약형의 군대로 전환한다는 목표 아래 2020년까지 상비 병력을 50만 명으로 줄이는 국방개혁안을 발표한 바 있다. 이 국방개혁안에 따르면, 2020년을 목표연도로 현재 68만 1,000명인 군 병력을 18만 1,000명 감축해 50만 명 수준을 유지한다는 것이다. 특히 육군의 경우 현재 54만 8,000명에서 37만 1,000명으로 17만 7,000명을 감축한다는 계획이다.[1] 군 병력 규모를 적정수준으로 감축하고, 육·해·공군 3군의 균형발전을 도모하고, 작전지휘체계의 통폐합을 통해 효율화를 기하며, 국방부의 문민화 확대 등을 통해 군의 문민통제를 강화하는 것이 국방개혁의 골자이다.

국방개혁은 군의 미래지향적 개편과 장기적인 국방정책 수립을 위한 시대적 요청이다. 전 세계적으로 각 국가마다 새로운 시대에 맞게 미래지향적으로 군을 개혁하고 개편하는 작업이 한창이다. 심지어 세계 최강인 미국조차 군의 조직을 혁신하고 군사전략을 개편하는 대대적인 군변

---

1) 합동참모본부, 『군구조개혁(안)』(서울: 국방부, 2005.9.).

혁(military transformation)을 진행 중이다. 반면 우리군은 아직도 6·25전쟁 직후의 군사전략과 군 구조에서 벗어나지 못하고 있는 실정임을 감안할 때, 국방개혁은 불가피한 과제임에 틀림없다.

그 동안 우리정부는 1988년 '818계획'이라고 불리는 「국방태세발전방안」을 비롯해 7차례에 걸쳐 국방개혁을 추진한 바 있으나, 군 내부의 반발 등 여러 가지 요인으로 인해 번번이 좌절되고 말았다. 이번에는 정부가 적극적인 국방개혁안을 마련하고, 「국방개혁기본법」을 통해 법제화를 이루었으며, 군통수권자인 대통령의 의지가 확고하다는 점 등을 고려할 때, 실현 가능성이 큰 것이 사실이다.

그러나 정부의 국방개혁안에 대한 비판 또한 만만치 않다. 감군을 통한 국방개혁이 대북 억지력을 손상시킬 것이라는 보수진영의 반대 목소리가 있는 반면, 다른 한편에서는 병력 감축 규모가 작고 오히려 국방예산의 증액만을 가져올 것이라는 비판의 목소리도 크다.

이번 참여정부의 국방개혁안은 김대중 정부시절에 추진했던 「국방개혁 5개년 계획」(1998~2003년)의 복사판이라 할 수 있는데, 1998년 당시의 국방개혁안보다도 오히려 후퇴한 것이라는 비판도 제기되고 있다. 1998년 개혁안에는 목표년도의 유지 병력수를 40만~50만으로 잡고 있어 최대 30만 명을 감축해 40만 명 선까지 감축한다는 목표를 제시한 바 있으나, 이번 국방개혁안은 18만여 명을 감축해 50만 명을 유지하겠다고 못 박고 있다. 게다가 1998년 안이 목표년도를 2015년으로 잡았던 것에 비해, 참여정부 국방개혁안은 목표년도를 5년 늦춘 2020년으로 설정하고 있다.

또한 참여정부의 국방개혁안에 대한 비판 가운데는 남북관계와 통일을 염두에 두지 않고 수립된 안이라는 지적이 제기되고 있다. 국방개혁이 한국의 일방적인 군사력 증강이나 군 구조 개편으로 끝나는 것이 아니라,

남북관계와 조화를 이루면서 남북 간의 군축과 항구적인 평화체제 구축에 기여해야 하고, 또 통일을 대비해 추진돼야 한다는 지적이 그것이다.

2. 협력적 자주국방론과 국방개혁2020의 한계성

1) 협력적 자주국방론의 특징과 문제점

(1) '협력적 자주국방'의 특징

참여정부의 외교안보정책 분야의 '독트린' 구실을 하는 것이 '협력적 자주국방론'이다. 국방개혁이 확고한 한미연합방위태세를 유지하는 가운데 자주국방을 추진하겠다는 목표를 제시하고 있는 점에서도, '협력적 자주국방론'이 국방개혁의 이념 및 이론적 바탕임을 볼 수 있다.

'협력적 자주국방'의 내용은 국가안전보장회의(NSC)가 2004년에 발간한 『평화번영과 국가안보』[2]라는 책자에 잘 정리돼 있다. 참여정부 안보정책의 기본 구상을 담은 이 책자는 '참여정부'의 안보정책, 더 나아가 통일·외교·안보정책의 구상을 반영하고 있다는 점에서 노무현 정부의 정책방향을 가늠해보는 데 중요한 잣대가 되고 있다.

『평화번영과 국가안보』는 '국가이익'이 국가안전보장, 자유민주주의와 인권신장, 경제발전과 복리증진, 한반도의 평화적 통일이라는 인식 아래, '국가안보목표'를 한반도의 평화와 안정, 남북한과 동북아의 공동번영, 국민생활의 안전확보로 규정한다. 이어 '국가안보전략기조'로 평

---

2) 국가안전보장회의, 『평화번영과 국가안보』(서울: 국가안전보장회의 사무처, 2004).

화번영정책 추진, 균형적인 실용외교 추구, 협력적 자주국방 추진, 포괄
안보 지향 등 네 가지를 제시한다.

전략기조에 바탕해 노무현 정부 임기 중에 중점적으로 추진할 단기과
제인 '전략과제'와 시기에 구애되지 않고 추진할 중장기과제인 '기반과
제'를 설정한다. 북한 핵문제의 평화적 해결과 한반도 평화체제의 구축,
한미동맹과 자주국방의 병행발전, 남북한 공동번영과 동북아 협력 주도
를 '전략과제'로, 전방위 국제협력의 추구와 대내적 안보기반의 확충을
'기반과제'로 제시한다.

『평화번영과 국가안보』 보고서가 말하고자 하는 노무현 정부 국방정
책의 핵심적인 키워드는 '협력적 자주국방'과 '포괄안보'이다. '협력적
자주국방'의 개념을 "한미동맹과 자주국방의 병행 발전을 추구하는"
것으로 정의한다. 그러면서 '협력적 자주국방'의 추진 이유를 설명한다.
"전통적으로 자주국방은 스스로의 힘으로 국방을 담당하려는 노력으로
이해되고 있다. 그러나 오늘날 독자적 국방만으로 국가의 생존과 국민의
안전을 완전히 보장하기는 불가능하며 동맹국과 우방의 협력이 매우
중요하다"는 것이다.[3]

한편 '포괄안보(comprehensive security)'를 "냉전종식 이후 안보위협이
다양해지고 국가 간 상호 의존성이 심화됨에 따라 군사 부문은 물론
정치·경제·환경 등 비군사 부문까지 포함하는 확장된 안보개념을 의
미"[4]한다고 정의한다. 이러한 '포괄안보' 개념은 다양한 안보위협원에
대처한다는 명분 아래 미국이 채택하고 있는 안보개념을 모방한 것으로
보인다. 원래 '포괄안보' 개념은 '협력안보(cooperative security)' 개념의

---

3) 같은 책, 26~27쪽.
4) 같은 책, 27쪽.

한 부분을 이루는 안보개념이다. 국가안보에 대한 위협은 군비경쟁에서 자원고갈, 환경오염 등과 같이 국가들이 공동으로 지니고 있는 요인에서 비롯되기 때문에, 상대방의 안보가 자국의 안보에 직결된다는 인식 아래 모든 국가가 협력적 방법을 통해 공동으로 대처해야 한다는 것이 '협력안보' 개념이다. 그러나 미국은 거두절미하고 자신들이 필요한 부분만 따서, 다양한 안보위협원에 대처한다는 명분 아래 패권주의를 정당화하는 데 이용하고 있는 실정이다.

(2) '협력적 자주국방'의 문제점

'협력적 자주국방'은 매우 모순적인 발상과 내용을 담고 있다. 자주국방이라는 미명 아래 군비를 계속 강화해나가면서, 남북 간에 화해협력을 달성하겠다는 것이다. 한미동맹을 강화하면서, 자주국방을 달성하겠다고 한다. 한미동맹을 안보의 근간으로 삼화·발전시키면서, 동북아에 다자안보체제를 구축하겠다는 것이다. 이러한 서로 상반되는 것들을 "동시에 추진"하고 "병행 발전"시키겠다고 밝히고 있다. 말 그대로 앞뒤가 안 맞는 '모순'이 아닐 수 없다.

그런데 자주국방이란 다름 아니라 지금과 같은 미국에 종속적인 안보에서의 탈피를 의미한다. 한미동맹 관계를 더욱 강화 발전시키면서 자주국방을 하겠다는 것 자체가 모순이다. 이러한 자주국방은 존재할 수 없다. 자주국방은 미국의 군사전략과 정책의 틀에서 벗어나, 우리가 얼마나 독자적인 안보전략과 정책의 공간을 확보할 수 있느냐에 달려 있기 때문이다.

자주국방을 강조하면서도 오히려 주한미군의 전력이 증강되고 한미동맹이 강화되는 모순된 현상이 일어나고 있는 것이다. 결국 '참여정부'가 내세워온 '협력적 자주국방'과 주한미군 재배치계획은 동전의 양면임이 드러난 셈이다. 주한미군 재배치와 '협력적 자주국방'을 통해 한미동맹이 한층 강화되고 미국의 전략틀에 더욱 견고히 편입되는 결과를 가져오고 있는 것이다.

이미 미국은 상당히 오래 전부터 전략적 검토를 통해 이런 방향에서 주한미군의 재배치와 한미동맹의 개편을 추진해왔다. 미국의 이러한 전략적 구상은 2003년 5월 14일 한미정상회담에서 발표된 공동성명에서 극명하게 드러나고 있다. '한미정상 공동성명'은 한미동맹관계의 장래와 관련해, 한미 양국은 "포괄적이고 역동적인 동맹관계"를 구축해나가기 위해 공동 노력을 하겠다고 밝히고 있다. 또 "양 정상은 기술력을 활용하여 양국 군을 변혁시키고 새로이 대두하고 있는 위험에 대한 대처 능력을 제고함으로써 한미동맹을 현대화하기 위해 긴밀히 협력해 나가기로 했다"고 합의하고 있다.

이러한 합의는 미국이 추진하고 있는 주한미군의 재배치와 재편계획을 그대로 수용하고, 한국군의 현대화와 전력증강이라는 명분 아래 미국 무기의 구매를 확대하고, 미국의 MD체제에 편입을 기정사실화하는 내용을 담고 있는 것이다. 이것은 곧 이어 한국을 방문한 월포위츠 미 국방부 부장관이 한국군의 전력 증강이라는 구실 아래 미국 무기의 구매를 강요함으로써 현실로 나타나기 시작했다.

이처럼 '협력적 자주국방' 개념의 또 다른 위험성은 자주국방이라는 미명 아래 대규모 군비증강의 추진을 시도하고 있는 점이다. "아직도 대북억제를 주도적으로 달성할 만한 군사력을 보유하고 있지 못하다"고 하면서, "자주적 정예군사력의 건설을 위해", "적정 수준의 국방예산을 보장"해야 한다고 밝히고 있다.5)

---

5) 같은 책, 42쪽.

모순되고 미래에 대한 비전이 결여된 이 같은 전략과 정책의 결말은 너무나 뻔해 보인다. 자주국방이라는 미명 아래 국방비를 대폭 늘려 미국이 요구하는 MD관련 무기들을 구매해 미국의 MD체제에 참여하게 되고 미국의 동북아 패권전략틀에 공고히 편입됨으로써 오히려 미국에 대한 군사적·안보적 종속성이 심화되어갈 것이다.

"한미동맹이 지역동맹으로 변화하고 있고, 한미연합군의 작전범위가 한반도를 넘어 동북아지역으로 확대될 수 있다"고 밝힌 찰스 캠벨 미8군 사령관의 발언은 미국이 구상하고 있는 '신한미동맹'의 모습이다. 결국 한미동맹은 대중국 포위와 같은 미국의 전략적 필요성에 맞춰 지역동맹화되고, 미일동맹의 하위체제로 견고히 편입하고 있다.

미국이 추진하고 있는 이러한 '신한미동맹'은 우리의 안보환경을 악화시키고, 한반도와 동북아에서 군비경쟁과 군사적 대결을 조장할 것이다. 한미동맹이란 미명 아래 한반도 밖에서 행해지는 미국의 군사작전과 군사적 필요에 우리 군이 동원될 수 있다. 미국이 치르는 침략전쟁마다 따라다녀야 할 판이다. 2006년 1월, 한국 정부가 수용한 '주한미군의 전략적 유연성'은 이러한 우려를 더욱 크게 하고 있다.

2) '국방개혁2020'의 특징과 문제점

(1) '국방개혁2020'의 특징

국방부는 국방개혁을 통해 국민과 함께하는 선진 정예 강국을 지향하겠다고 밝히면서 국방개혁의 목표를 다음 네 가지로 요약하고 있다. 첫째, '정보·지식 중심의 첨단 정보과학군'이다. 급변하는 현대전 양상에 적극 대처하기 위해, 보다 멀리 보고, 보다 빠르게 기동하며, 보다 정밀하게 타격하는 군대를 육성하겠다고 밝히고 있다. 둘째, '저비용·고

효율의 경제군'이다. 효율적인 국방력 건설 및 운영으로 국가경제발전에 기여할 수 있도록 저비용·고효율의 자원절약형 국방관리체제로 혁신해나가겠다는 것이다. 셋째, '선진 한국의 위상에 부합되는 선진 국방'이다. 문민 중심의 국방정책 결정 및 집행을 보장하고 국방운영의 전문성과 일관성을 제고함으로써 보다 합리적인 국방운영체제를 구축하겠다는 입장이다. 넷째, '국민과 함께하는 국민의 군'이다. 성숙한 민주시민사회의 요구를 수용하여 국민의 편익을 증진하고 새로운 병영문화를 정착시켜 국민의 신뢰 속에 임무에 전념하는 군을 만들어 나가겠다고 밝히고 있다.[6]

참여정부가 2020년을 목표년도로 추진하고 있는 국방개혁의 특징은 다음 몇 가지로 정리할 수 있다. 첫째, 상비 병력의 단계적 감축과 기술 집약형 군 구조로 전환을 모색하겠다는 것이다. 2005년 현재 68만 1,000명인 상비 병력을 2020년까지 단계적으로 50만 명 수준으로 정예화하겠다는 목표를 제시하고 있다. 이에 따라 육군은 54만 8,000명에서 37만 1,000명, 해군은 6만 8,000명에서 6만 4,000명으로 각각 감축하고, 공군은 6만 5,000명의 병력을 그대로 유지한다는 것이다. 이처럼 병력 감축을 통해, 현대전 양상에 능동적으로 대처할 수 있도록 전력은 첨단화하면서 이를 효과적으로 운용할 수 있는 정예화된 군 구조로 개편한다는 것이다.

둘째, 육군 중심의 현재의 군 구조를 개편해, 육·해·공 3군의 균형발전을 도모한다는 것이다. 현재 80.47 : 9.99 : 9.54인 육·해·공군의 병력 비율을 2020년까지 74.2 : 12.8 : 13로 개선한다는 것이다.[7] 또한 합동

---

6) 국방부, 『국방개혁2020, 이렇게 추진합니다』(서울: 국방부 국방개혁위원회, 2005), 6쪽.

참모본부와 국방부 직할부대·기관 및 합동부대의 균형발전과 통합전투력 발휘의 극대화를 위해 육·해·공군의 작전요소를 적정수준으로 편성하고 순환보직제를 실시한다는 계획이다. 구체적으로, 합동참모의장과 합동참모차장은 군을 달리하며, 합동참모본부의 과장급 이상 공통직위는 육·해·공군의 비율을 각각 2 : 1 : 1로 하며, 장관급 이상 공통직위는 각 군 간에 순환보직을 원칙으로 하고 특정직위에 대해서는 특정군 출신이 3회 이상 연속하여 보직할 수 없도록 한다는 것이다.[8] 뿐만 아니라 장관급장교가 지휘하는 국방부 직할부대·기관 및 합동부대의 장의 편성 비율은 육·해·공군별로 3 : 1 : 1의 비율로 하고, 각 군 간 순환보직을 실시하되 동일 부대·기관의 장에 특정 군이 3회 연속하여 보직할 수 없도록 한다는 것이다. 또 국방부 직할부대 및 기관, 합동부대의 지휘관(장관급장교)과 부지휘관(또는 참모장)은 군을 달리하되, 그 중 1인은 육군으로 편성한다는 것이다.[9]

셋째, 작전지휘체제와 부대구조의 개편을 통해 미래전에 신속히 대응할 수 있는 군대로 개편한다는 것이다. 이를 위해 합동참모본부 중심의 작전수행체제를 구축하고, 각 군 본부는 고유 기능에 충실한 조직으로 발전시키고, 부대 수 축소 및 중간지휘계선을 단축하겠다는 계획이다. 육군의 경우, 1·3군사령부를 해체하여 지상작전사령부를 창설하고, 2군사령부는 후방작전사령부로 개편하며 예하의 군단사령부를 해체하여 지휘단계를 단축한다는 것이다. 해군의 경우, 현 3개 함대사와 잠수함 및 항공전단 체제에서 3개 함대사, 잠수함사, 항공사 및 기동전단 체제로 보강 개편한다는 것이다. 또한 공군의 경우, 북부사령부를 창설하여

---

7) 같은 책, 12쪽.
8) 「국방개혁기본법」 제29조.
9) 「국방개혁기본법」 제30조.

2개 전투사, 방공포병사령부, 관제단 체제로 개편하고 비행단과 비행대대의 중간제대인 비행전대를 해체하여 지휘계선을 단축한다는 것이다.[10]

넷째, 국방부의 문민화 확대와 국방운영의 문민 기반을 확대해 선진 민주국가의 문민통제체제를 더욱 공고히 할 수 있는 전기를 마련한다는 것이다. 이를 위해 2009년까지 국방부 공무원 정원을 현재 52%에서 71%로 상향조정해 나가고, 군무원을 현재 현역 대비 3.9%에서 6%까지 확대해나간다는 것이다.[11] 또한 문민통제를 강화하기 위해서 국방부 장관과 차관으로 임명되기 위해서는 전역 후 3년의 기간이 경과해야 가능하도록 하고,[12] 합동참모의장과 육·해·공군 참모총장, 방위사업청장의 임명 전에 국회에서 인사청문회를 거치도록 한다는 것이다.[13]

다섯째, 국방개혁이 구속력과 일관성을 가지고 추진될 수 있도록 법적·제도적 장치를 마련한다는 것이다. 그동안 국방개혁이 흐지부지된 것을 교훈삼아 정권이 바뀌더라도 구속력을 지니고 일관성 있게 추진되도록 법제화한다는 것이다. 이에 따라 법제화를 통해 국방개혁을 추진하고 있는 프랑스[14]를 본받아 「국방개혁기본법」을 제정했다.

(2) '국방개혁2020'의 문제점

국방부가 2005년 9월 13일 발표한 국방개혁안은 17만여 명의 병력

---

10) 국방부, 『국방개혁 2020, 이렇게 추진합니다』, 13~18쪽.

11) 같은 책, 22~23쪽.

12) 「국방개혁기본법」 제8조.

13) 「국방개혁기본법」 제9조.

14) 프랑스의 국방개혁과 「국방계획법」에 대해서는 국방대학교 안보문제연구소, 『프랑스의 국방개혁』, 안보정책자료시리즈 05-1(서울: 국방대학교, 2005) 참조.

감축계획을 담고 있음에도 불구하고 당초 기대에 미치지 못할 뿐만 아니라 실효성에 있어서도 의문을 던져주고 있다. 그 기본 방향과 골자는 김대중 정부 시절인 1998년에 수립한 「국방개혁 5개년 계획」의 복사판이라고 할 수 있으나, 전체적으로는 당시 개혁안에도 미치지 못한다는 평가를 받고 있다. 국방부의 국방개혁안에 대해서 다음과 같은 문제점들이 지적된다.

첫째, 여전히 과도한 병력을 유지하는 병력집약형의 '대병력주의'에서 벗어나지 못하고 있을 뿐만 아니라, 육군의 비대화를 해결하지 못하고 있다. 2020년도 목표연도의 상비병력 규모를 50만 명으로 잡고 있는데, 이는 출산율 저하에 따른 병력 수급인력의 감소를 감안하면 자연감소분에 불과하다는 지적이다.[15]

50만 명에 달하는 방만하고 비효율적인 군대를 유지하면서 정예화된 과학군으로 거듭나는 것은 불가능하기 때문이다. 50만 명 유지 목표가 과도하다는 주장은 진보와 보수를 떠나 제기되고 있다. 한나라당 소속의 송영선 의원은 보도자료를 통해 50만 대군 병력으로는 경량·신속·첨단화 군대로 거듭날 수 없다고 하면서, 정규군을 30만 명으로 축소하고 육군 병력도 16만 명으로 대폭 감축해야 한다고 주장한 바 있다.[16]

또 열린우리당의 정동영 상임고문은 양극화 해소 재원 마련 방안과 관련해 언급하는 자리에서, 2015년 이전까지 군병력을 현재의 절반인 30만~40만 명으로 감축하는 것이 필요하다는 발언을 하기도 했다(≪연합뉴스≫, 2006.1.22.). 전 세계적으로 패권을 추구하는 극소수의 국가를 제외하고는 30만 명 이상의 병력을 유지하는 국가가 없다는 점에서,

---

15) 송영선, "군구조 개혁 아직 멀었다", 「국회 보도자료」, 2005년 9월 6일.
16) 같은 글.

2020년의 유지 병력 목표를 50만 명으로 잡은 것은 너무 과다하다는 주장이 설득력이 있다.

현실적으로도 국방예산의 70% 가량이 병력과 부대를 유지하는 운영유지비에 들어간다는 점에서, 병력을 대폭적으로 줄이지 않고는 첨단무기로 무장한 정보과학군으로 탈바꿈할 수 없다. 게다가 문민화라는 명분 아래 군무원수를 대폭 늘이고, 해안경비업무를 전·해경에 이관하고, 상당부분에서 아웃소싱 및 민영화를 추진하고 있어, 병력 감축이 단지 눈속임이라는 지적이 나오고 있다.

또한 3군 균형발전을 내세워 현재 80.47 : 9.99 : 9.54인 육·해·공군의 병력 비율을 2020년까지 74.2 : 12.8 : 13로 개선한다는 방침이나, 육군의 비중이 여전히 클 뿐만 아니라 육군 병력 자체가 너무 많다는 지적이다. <표 4-1>은 주요 선진국가들의 육·해·공군 병력 비율이다. 이들 국가들의 경우 육군 병력의 비율이 대개 50~60% 정도임을 감안하면, 국방개혁이 완수되는 2020년에 육군 병력의 비율을 74.2% 잡고 있는 것은 과도하다는 비판을 면키 어렵다.

둘째, 국방개혁이라는 명분 아래 일부 병력을 감축하는 대가로 국방비의 대폭적인 증액을 추진하고 있다. 국방부는 국방개혁을 위해서는 2006년부터 2020년까지 총 621조 원이 필요하며, 전력투자비에만 272조가 소요된다고 밝히고 있다. 이에 따라 국방비의 연평균 8~9% 증액이 불가피하며, 특히 2006년~2010년 기간에는 연평균 10%에 이르는 국방예산 증가율이 예상되고 있다.[17) 그 동안 사업의 타당성에 대한 논란으로 연기되거나 사실상 폐기되었던 장비 및 무기 구매사업들을 국방개혁이라는 이름 아래 각 군이 경쟁적으로 포함시켜 이번 기회에

---

17) 국방부, 『국방개혁2020, 이렇게 추진합니다』, 40쪽.

<표 4-1> 주요 선진국가들의 육·해·공군 병력 비율

	육군 병력수	해군 병력수	공군 병력수	육·해·공군 비율(%)
미국	502,000명	552,100명[1]	379,500명	35.0 : 38.5 : 26.5
러시아	395,000명	142,000명	170,000명	28.1 : 13.7 : 16.4[2]
이태리	112,000명	34,000명	45,875명	58.4 : 17.7 : 23.9
영국	116,760명	40,630명	48,500명	56.7 : 19.7 : 23.6
독일	191,350명	25,650명	67,500명	67.3 : 9.0 : 23.7
프랑스	133,500명	43,995명	63,600명	55.4 : 18.2 : 26.4
스페인	95,600명	19,455명	22,750명	69.4 : 14.1 : 16.5
일본	148,200명	34,600명	45,600명	65.2 : 15.2 : 19.6

주: 1) 해병대 병력 17만 5,350명 포함; 2) 전략군 8만 명과 지휘·지원부대 25만 명 제외한 비율임.

자료: International Institute for Strategic studies, *Military Balance 2005~2006* (London: Routledge, 2005)의 자료를 기초로 작성함.

모두 해치우겠다는 태세다. 병력의 대폭적인 감축을 통해 절약되는 비용으로 군의 현대화와 첨단화를 꾀해야 함에도 불구하고, 대규모 병력은 그대로 유지한 채, 무기 및 장비의 구매만 늘어남에 따라 국방비만 대폭 증가하는 꼴이 되고 있다.

국방부의 안대로 추진된다면, 우리경제가 감당하기 힘든 엄청난 국방예산의 증액만 가져와 국민경제에 주름살을 끼게 하고 다른 분야의 희생만 초래할 것이다. 국방부가 제시하고 있는 국방비 증가율은 많아야 6~7%를 넘지 않을 정부의 재정 증가율을 크게 능가하는 것이어서 다른 분야의 희생이 불가피하기 때문이다.

뿐만 아니라 이런 과도한 국방예산을 위한 재원조달이 현실적으로 가능할지에 대해서도 의구심이 제기되고 있다. 국방부는 국방개혁 기간 동안 우리경제가 평균 7.1% 수준의 경제성장을 할 것이라고 예측하고 있으나 이것은 과도한 예측임을 단번에 알 수 있다.

셋째, 국방부의 국방개혁안은 통일이나 남북관계 및 한반도 주변정세의 변화를 전혀 고려하지 않고 있다는 점이다. 국방부의 국방개혁안은 남북정상회담 이전에 작성된 김대중 정부 시절인 1998년에 수립한 '국방개혁 5개년 계획'에도 미치지 못하고 있다. 그동안 남북관계는 비교할 수 없을 정도로 크게 진전되었음에도 불구하고 이 같은 변화를 전혀 반영하고 있지 못하다. 이 뿐 아니라 목표연도인 2020년에는 남북관계와 한반도 주변정세가 지금과는 전혀 다른 상황으로 발전할 기능성이 큼에도 이 같은 변화를 전혀 감안하지 않고 있다. 게다가 국방부의 국방개혁안은 남북관계의 진전에 따라 불가피하게 추진할 수밖에 없는 한반도의 군축을 전혀 고려하지 않고 있다. 남북관계의 진전에 따라 군축은 불가피하며, 또 통일로 가는 길에 있어 군축의 추진은 반드시 수반되어야 할 과정이다.

(3) '국방개혁2020'이 남북관계에 미치는 부정적 영향

한국의 국방개혁이 남북관계에 미칠 부정적인 영향들은 만만치 않다. 첫째, 한국이 국방개혁을 구실로 사실상 추진하고 있는 군사력의 대폭적인 증강이 남북한 간의 군사력 격차와 불균형을 더욱 심화시켜 남북한 간에 군사적 긴장을 고조시키고 한반도의 안보불안을 가중시키는 요인으로 작용할 수 있다. 현재 국방부의 국방개혁안은 일부의 병력감축에 대한 보완을 구실로 대폭적인 국방비 증액과 대규모 무기와 장비의 구매를 통해 전체적으로는 군사력의 비대한 증강을 추진하고 있다. 국방부는 국방개혁을 핑계 삼아 그동안 미루어온 각 군의 숙원사업을 한꺼번에 해치울 태세다. 국방부의 계획에 따르면, 국방개혁이 끝나는 2020년에는 주요장비의 타격능력(PGM)이 전차는 지금보다 1.8배, 헬기는 2배, 수상함은 1.8배, 잠수함은 2.6배, 전투기는 1.7배, 차기 다연장로켓은

1.1배 증가할 것이라고 밝히고 있다.[18]

이미 남한은 북한에 대해 군사적 우위를 점하고 있고, 남북한 간의 군사력 격차는 점차 크게 벌어지고 있는 상황이다. 대부분의 군사력 평가관련 전문기관과 전문가들은 남한의 북한에 대한 군사적 우위를 의심치 않고 있다. 함택영 교수는 "1994년 북한의 군사력은 남한의 40~60% 정도라는 것이 최소한 우리가 고찰한 바의 결론이다"[19]고 주장하고 있다. 남한의 군사력이 우위에 있다는 입장에는 미국 내 보수 성향의 인사들도 동조하고 있다. 럼스펠드 미국 국방장관은 지난 2003년 3월 6일, 주한미군의 재배치와 재편의 필요성을 강조하는 가운데, "한국의 GDP가 북한의 25~35배나 되고, 전방의 억지력을 스스로 제공할 수 있는 능력이 있다"고 밝힌 바 있다(≪연합뉴스≫, 2003.3.7.).

미국 의회조사국(CRS)의 한반도 전문가인 보수 성향의 래리 닉시(Larry Liksch)는 2000년 1월 자유아시아방송(RFA)과 가진 대담에서, "지난 5년간 북한의 재래식 전력이 상당히 약화됐으며, 북한이 남침할 수 있는 공격능력을 상실했다"고 주장했다. 또 그는 "북한이 비무장지대 북측지역에 중화기와 로켓포 등을 집중 배치해 놓고 있는 것은 사실이지만, 이런 중화기들은 유사시 적에게 상당한 피해를 줄 수는 있지만 기동력은 떨어진다"고 지적했다. 닉시는 "중화기와 기동력을 갖춘 보병, 탱크나 장갑차 등 모든 부문에서 북한은 현저한 전력약화를 겪어왔다"고 밝혔다(≪연합뉴스≫, 2000.1.25.).

그런가 하면 세계적으로 저명한 워 게임 전문가인 제임스 더니건(James F. Dunnigan)이 계산한 1995년 기준 각국의 전투력 비교에 의하면,

---

18) 국방부, 『국방개혁2020, 이렇게 추진합니다』, 13~18쪽.
19) 함택영, 『국가안보의 정치경제학』(서울: 법문사, 1998), 243~244쪽.

남한은 해군력 35점을 포함해서 총 1,020점을 얻은 반면, 북한은 해군력 14점을 포함해서 총 389점으로 기록되었다.[20] 즉, 북한의 전투력이 남한의 약 38% 정도에 불과하다고 평가한 것이다. 또한 더니건은 MBC와의 인터뷰에서, "이미 20년 전부터 한국군은 DMZ를 스스로 방어할 충분한 능력을 보유하고 있다"고 밝혔다.[21] 이처럼 남북한의 군사력 격차가 이미 커진 상황에서, 남한의 과도한 군비 증강은 남북한 간의 군사력 불균형을 더욱 확대시켜, 남북한 간의 군사적 긴장을 고조시킬 것이다.

둘째, 한국의 군사력 증강과 대북 타격능력의 강화는 남북한 간의 군비경쟁을 촉발시키고, 북한을 더욱 비대칭전력에 매달리도록 만들 것이다. 한국이 첨단무기의 대량 구매와 군사력 증강을 꾀함에 따라 북한도 이에 대한 대응수단을 마련하려 할 것이 분명하다. 이에 따라 경제적 어려움에도 불구하고, 북한은 군사비 지출을 늘리게 되어, 남북한 간에 새로운 군비경쟁으로 발전할 수도 있다. 특히 북한은 재래식 군사력의 열세를 도저히 만회할 수 없고 남한으로부터의 군사적 위협이 심각함을 느낄 경우, 핵무기와 생화학무기와 같은 대량파괴무기의 개발·보유에 대한 유혹을 더욱 느끼게 될 것이다. 이렇게 되면 북한의 대량파괴무기 폐기 가능성은 적어지고 한반도 비핵화도 큰 지장을 받게 된다.

셋째, 국방개혁을 구실로 한 군사력 증강은 북한을 자극해 남북관계 경색으로 이어질 수 있다. 국방개혁 추진과정에서 사실상 북한을 대상으로 하는 첨단무기의 대량 도입과 무기획득사업의 추진, 그리고 북한에

---

20) James F. Dunnigan, *How to Make War, 3rd ed.* (New York: William Morrow, 1993), p.591.

21) MBC "USFK, 주한미군", <이제는 말할 수 있다> 제69회, 2003년 4월 20일 방영.

대한 종심타격능력의 획기적 강화는 북한, 특히 북한 군부를 자극해 남북관계를 경색시키는 요인으로 작용할 가능성이 크다. 특히 북한이 남한으로부터 느끼는 군사적 위협이 증가할수록 이를 이용해 북한군부의 영향력이 커질 것이고, 이는 다시 남북관계의 경색으로 이어질 수 있다. 이렇게 될 경우 1차 남북정상회담 이후 크게 발전되어온 남북관계의 진전과 화해협력이 크게 후퇴하고 남북한 간에 다시 긴장과 대립이 조성될 수도 있다.

3. 자주적 국방개혁의 모색

1) 한미동맹 개편과 조화된 국방개혁

한국의 안보정책이 한미동맹을 근간으로 하고 있으나 장기적으로는 한미동맹관계의 해소를, 그리고 단기적으로는 현 한미동맹관계의 개선 내지는 개편을 모색하는 것이 필요하다. 장기적으로는 동북아에서 한미동맹을 비롯해 동맹체제를 해소하고 대신 '협력안보(cooperative security)' 개념에 입각한 다자안보협력체제가 주도하는 안보질서를 만들어야 할 것이다. 중기적으로는 다자안보협력체제와 동맹체제가 공존하는 형태를 모색할 수 있다. 이 단계에서는 유럽에서 NATO와 「유럽안보협력기구(OSCE)」가 병존하는 것처럼, 다자안보협력체제와 한미동맹이 병존하는 형태가 될 것이다.[22]

---

22) 동북아 다자안보협력체제의 형태는 동맹체제와 대체성을 지니는가, 아니면 양립성 또는 보완성을 지니는가에 따라 각각 '대체형', '양립형', '보완형'으로 유형

반면 단기적으로는 한미동맹의 변화 요인들을 감안하여 한미동맹을 미래지향적으로 개편하는 것이 요구된다. 한미동맹의 개편에는 특히 다음의 네 가지 요소가 고려되어야 한다. 첫째, 동북아의 정세 변화를 포함한 동북아의 장기적 안보환경의 변화이다. 둘째, 남북관계의 진전과 한반도의 통일 등 한반도 안보상황의 변화를 고려해야 한다. 셋째, 한국 정부가 추진 중인 국방개혁과 조율되어야 한다. 지상전력의 감축과 상대적으로 해·공군력 및 정보능력 향상을 통해 소수정예과학군을 지향하는 한국군의 미래지향적 개편과의 조율성이다. 넷째, 한미동맹관계의 불평등을 가져오게 하고 있는 법률적·구조적·제도적 요인 제거와 개선을 통해, 한미동맹을 보다 평등하고 수평적인 관계로 발전시켜야 한다. 이에 따라 한미동맹은 단기적으로는 다음과 같은 방향에서 개선과 보완을 통해 개편을 모색해야 한다.

첫째, 한미동맹을 본래의 목적에 맞게 '순수한 방어동맹'에 한정시켜야 한다. 한미동맹은 북한에 대한 선제공격을 가상하고 있는 '작전계획5027-04'와 '작전계획5029' 등에서 보는 바와 같이, '순수한 방어동맹'을 벗어나 매우 공세적 성격을 지니고 있는 것이 사실이다. 미국은 여기서 더 나아가 한미동맹을 '지역동맹', '패권동맹', '공격동맹'으로 확대하려 하고 있다.

따라서 한국은 미국의 이러한 시도에 대해 단호히 반대의 입장을 표해야 하며, 한미동맹이 '한미상호방위조약'이 규정하고 있는 대로 '순수한 방어동맹'을 벗어나지 않도록 해야 한다.

화할 수 있다. 이에 대한 자세한 논의는, 이철기, 「집단안보·집단방위·협력안보의 동북아 적용가능성에 관한 비교 고찰」, ≪통일문제연구≫, 제7권 2호(1995), 235~262쪽 참조.

둘째, 한미연합사령관인 주한미군사령관이 가지고 있는 한국군에 대한 전시작전통제권을 조기에 환수해야 한다. 1994년 12월 1일부터 평시작전통제권은 한국군에게 넘어 오긴 했지만, 이 또한 형식적인 이양에 불과하다. '연합권한위임사항(CODA)'에 의해, 한미연합사령관으로서 주한미군사령관은 전쟁수행에 대한 궁극적인 책임을 맡고 있다. 이 때문에 평시에도 전시작전계획 수립, 한미연합군사훈련 주관, 조기경보와 전략 및 전투정보 제공을 위한 연합군사정보의 관리를 책임지고 있다. 또한 한미연합군의 경계태세 수준을 최종적으로 결정하는 권한을 여전히 지니고 있다. 자국 군대에 대한 전시작전통제권을 가지고 있지 못한 것은 세계적으로 유례가 없는 것으로써 주권국가로서 매우 부끄러운 일이다.

한미연합사령부(CFC)를 중심으로 한 한미연합지휘체제 역시 구조적·제도적으로 한국군의 대미종속을 가져오게 하고, 한국군의 자주국방을 가로막는 역기능을 하고 있다. 전시작전통제권의 미군 위임과 한미연합사체제는 부정적인 결과를 가져오게 한다.

이에 따라 수직적이고 불평등한 한미동맹관계를 가져오게 하는 구조적·제도적 역할을 하고 있는 전시작전통제권은 조속히 환수되어야 하고, 한미연합사령부는 해체되어야 한다.

셋째, 유엔사령부(UNC)를 해체하고, 비무장지대(DMZ) 관할권을 한국에 이양해야 한다. 주한미군이 아직도 유엔사의 간판을 달고 있는 것은 현실에 맞지 않는다. 간판뿐인 유엔사를 해체해야 하며, 이는 주한미군의 성격 변화를 위해서도 불가피하다. 정전협정의 평화협정으로의 전환 이전이라도 유엔사를 해체해야 한다. 정전협정의 타방 당사자인 북한이 이미 유엔 회원국이고, 또 다른 타방 당사자인 중국이 유엔 안보리의 상임이사국인 현실에서 유엔사를 유지하고 있는 것은 형식상 우스울 뿐만 아니라 비현실적이다. 이미 1975년 11월 18일, 제30차 유엔총회에서 유엔사의 해체가 결의된 바 있다.

또한 비무장지대 남쪽지역의 관할권을 유엔사라는 이름 아래 주한미군이 행사하고 있는 것 역시 비현실적일 뿐만 아니라, 주권국가로서 자기 영토에 대한 관할권을 갖고 있지 못한 것은 부끄러운 일이다. 더구나 앞으로 남북관계가 개선되어 남북 간에 교류가 활성화되고 남북한 간에 도로와 철도가 연결될 경우를 대비해서도 비무장지대에 대한 관할권을 조속히 환수해야 한다.

2) 남북관계와 조화된 국방개혁

국방부가 추진하고 있는 국방개혁은 일방적인 군사력 증강으로 끝나서는 안 되며, 남북관계의 변화와 남북한 간 군비통제 및 군축, 그리고 남북통일 등 세 가지 변수를 종합적으로 고려하여 추진되어야 한다. 이에 따라 국방개혁을 추진함에 있어 다음의 몇 가지 점이 우선적으로 고려되어야 한다.

첫째, 남북한은 평화체제단계에서의 군사적 상황을 가정하고 고려하여, 각기 일방적인 군사력 감축을 감행하며, 한국의 국방개혁 역시 이러한 기준에서 추진되어야 한다. 한국의 국방개혁은 평화체제단계의 적정 군사력 수준에 맞춰 추진되는 것이 바람직하다. 병력규모를 30만 명 이하로 축소 조정해야 한다. 무기의 경우, 일부 장비의 현대화와 교체가 불가피하다 하더라도, 공격용 무기의 증강을 자제하고 무기 수를 대폭적으로 감축해야 한다. 북한의 경우도 110만 명이 넘는 병력에 대한 일방적 감축을 통해, 남북한 군축의 계기를 제공해야 한다.

둘째, 남북한은 각기 일방적 군축을 실시하는 동시에, 상호 군축을 위한 협상을 진행해야 한다. 남북은 이미 6자회담 '9·19 공동성명'에서 한반도의 항구적 평화체제에 관한 협상을 가지기로 약속했고, 남북장관급회담에서도 군사적 긴장완화를 위한 실천적인 방도들을 적극 모색해 나가기로 합의하였다. 따라서 남북한은 군사적 긴장완화 및 군축과 관련된 기존의 합의사항들을 바탕으로, 군축협상을 본격화해야 한다.

<표 4-2>는 남북관계의 각 진행단계별로 군축과 군통합의 진행과정과 이와 조화된 국방개혁의 진행과정을 도식화한 것이다.

평화체제단계까지는 남북한이 각기 일방적인 군축을 추진하는 동시에 군축협상을 통해 상호군축을 진행한다. 이를 통해 남북한은 각기 24만에서 28만 명23)에 이르는 군대를 유지한다. 또 남북한은 별도로 군통수권을 가지며, 별도 독자군으로 유지한다. 평화체제단계에서 한국의 국방개혁은 평화체제단계를 1단계 목표로 남북한 간의 군축협상과는 별도로 병력 감축과 공격용 무기의 증강을 자제하며, 방어용 무기 위주의 획득을 진행한다.

남북연합단계에서는 남북한이 상호군축을 통해 병력을 추가적으로 감축하며, 공격용 무기에 대한 감축을 실시한다. 남북한은 추가 감축을 통해 각기 16만~18만 명 정도의 병력을 보유한다. 이 단계에서 남북한은 별도의 군통수권을 유지하면서 공동 안보목표와 공동방위를 꾀하며, 남북한의 군대는 연합군의 형태를 취한다. 한국의 국방개혁도 상호군축에 따라 추가적인 병력 감축과 공격용 무기의 감축을 추진하는 한편, 방어용 무기의 질적 향상을 도모해야 한다.

통일국가단계에서는 남북한의 기존 병력과 무기의 추가적인 수적 감

---

23) 한국의 적정 군사력과 통일국가의 적정 군사력에 대한 구체적인 연구는 이철기, 「남북한의 적정 군사력 평가와 통일국가의 군사력 수준」, ≪통일문제연구≫, 32호(1999.10.) 참조.

<표 4-2> 각 단계별 군축과 군통합, 국방개혁 진행과정

남북관계 진행단계	평화체제단계	남북연합단계	통일국가단계
군의 형태	남북 별도 독자군	남북 연합군	단일 통합군
군통수권의 형태	별도 군통수권 유지	별도 군통수권 유지	단일 군통수권
적정 군사력	남북 각기 24~28만	남북 각기 16~18만	남북 통합 24~28만
군축 추진과정	남북 각기 일방적 군축과 상호군축 동시 진행 - 병력 감축 - 공격용 무기 증강 자제 및 상호군축을 통한 감축 - 군사적 신뢰구축 조치 이행	남북 상호 군축 진행 - 병력의 추가 감축 - 공격용 무기의 증강 금지와 수적 감축 추진 - 군사적 신뢰구축 조치이행	병력과 무기의 추가적 감축과 동시에 무기의 질적 향상을 꾀하면서 남북통합군 구성 동북아 지역군축 이행 동북아 비핵지대 추진
국방개혁 추진과정	평화체제 적정 군사력에 맞춰 병력 일방적 감축과 군축협상 통한 상호감축 동시 진행 대북 공격용 무기 증강자제 방어용 무기 위주 획득	상호군축에 따라 병력의 추가 감축 상호군축에 따라 공격용 무기 감축 방어용 무기의 질적 향상	병력의 추가 감축 무기의 질적 향상 추진 불특정 위협 대처형 군사력 구축

축을 추진하는 동시에 무기의 질적 향상을 꾀하면서, 남북통합군 구성을 완수한다. 이와 더불어 동북아에서 지역군축을 추진하며 동북아 비핵지대 창설을 도모한다. 통일국가단계에서 국방개혁은 무기의 질적 향상과 첨단화를 기하면서, 군을 불특정 다수의 안보위협에 대처하는 군사력 구축을 완성해나간다.

4. 맺음말

참여정부가 의지를 가지고 법제화를 기하면서 국방개혁을 추진한 것은 반가운 일이다. 그러나 소수정예과학군을 지향한다고 밝히고 있음에도 불구하고, 여전히 과도한 병력을 유지하는 병력집약형의 '대병력주의'에서 벗어나지 못하고 있을 뿐만 아니라, 육군의 비대화도 해결하지 못하고 있다.

더구나 우려되는 것은 국방부의 국방개혁은 통일이나 남북관계 및 한반도 주변정세의 변화를 전혀 고려하지 않고 있다는 점이다. 이에 따라 국방개혁을 구실로 사실상 추진하고 있는 군사력의 대폭적인 증강이 남북한 간의 군사력 격차와 불균형을 더욱 심화시켜 남북한 간에 군사적 긴장을 고조시키고 한반도의 안보불안을 가중시키는 요인으로 작용할 가능성이 있다.

그러므로 국방부가 추진하는 국방개혁은 일방적인 군사력 증강으로 끝나서는 안 되며, 남북관계의 변화와 남북한 간 군비통제 및 군축, 그리고 남북통일 등 세 가지 변수를 종합적으로 고려하여 추진되어야 한다. 국방개혁은 남북정상회담 이후 진전되어온 남북관계의 발전과 향후 변화될 남북관계의 변화를 충분히 고려해야 하며, 북한을 군사적으로 자극하거나 군비경쟁을 촉발시켜서는 안 되며, 남북한의 군사적 안정에 기여할 수 있어야 한다.

우선 국방개혁과 관련해 정부가 현재 해야 할 일은 목표년도인 2020년도 병력 유지 목표인 50만 명을 대폭 축소하는 새로운 국방개혁안을 마련하는 것이다. 50만 명에 달하는 방만하고 비효율적인 군대를 유지하면서 정예화된 과학군으로 거듭나는 것은 불가능하다. 더구나 국방예산의 70% 가량이 인력과 부대를 유지하는 운영유지비에 들어가고 있다는 사실은 병력을 대폭 축소하여 경상유지비를 획기적으로 줄이지 않고는 국방개혁에 소요되는 예산을 확보하기가 어렵다는 것을 의미한다. 이렇게 된다면 국민들의 예산만 축내고 국방개혁은 실패하고 말 것이다.

우리 군은 아직도 한국전쟁 직후의 군사전략과 군 구조에서 벗어나지 못하고 있다. 방만하고 비효율적인 군조직을 그대로 유지하고 있고, 일부 군 지휘관들의 사고는 군사정권시대와 다를 바 없다. 국방개혁을 한시라도 늦출 수 없는 상황이다. 군 병력 규모를 적정수준으로 감축하고 육·해·공군 3군의 균형발전을 도모해야 하고, 국방부의 문민화 등을 통해 군의 문민통제를 강화하는 것은 시대적 요청이다. 또한 국방개혁은 남북관계와 조화를 이루는 가운데 미래지향적으로 추진되어야 한다.

지금이야말로 방만한 군 구조와 조직에 대한 과감한 개편을 추진하고, 군의 인적 쇄신을 단행할 때다. 새로운 시대정신을 지닌 유능하고 참신한 젊은 장군과 장교들이 군의 중추세력이 돼야 한다. 군 자신을 위해서라도 자기 살을 도려내는 아픔과 고통을 감수할 각오를 해야 한다.

제5장

한미FTA는 자본의 신자유주의 세계화와 제국주의 침략의 결정판

허영구

1. 머리말

1년 5개월 간 진행된 한미FTA 협상이 2007년 6월 30일 양국 간 조인식을 통해 일단락되었다. 이제 제2라운드인 양국 국회(의회) 비준절차에 돌입하게 된다. 양국 협상 대표가 협상시작을 알리거나 서명한 장소는 미 의회 건물이었다. 한국 국회는 그 과정에서 철저하게 배제되었다. 부시 행정부는 한미FTA 협상 시작부터 미 의회가 무역촉진권한(TPA)에 따라 부여한 협상권한을 위임받아 협상에 임한 반면 노무현 정부는 국민여론 수렴이나 국회의 동의 절차 없이 일방적이고 졸속적으로 협상을 추진했다. 민주노동당이 국회에 제출한 통상절차법은 논의조차 되지 않았다.

협상 기간 동안 한미FTA에 반대하는 노동자, 농민 등 민중들의 저항은 계속되었다. 한국의 운동진영이 가장 광범위하게 한미FTA 저지 범국민운동본부(이하 범국본)로 결집한 것만 보더라도 한미FTA협상에 대한 전 민중적 저항을 확인할 수 있다. 8차 협상이 열리는 동안 네 차례의 미국 원정투쟁과 국내의 총궐기 투쟁으로 한미FTA 문제는 한국사회

최고의 쟁점으로 부상했다. 노동자, 농민 등 많은 지도부와 활동가들이 구속, 수배되었고 허세욱 노동자는 분신으로 항거했다. 2006년 하반기부터 범국본은 불법시되어 모든 집회가 불허되었다.

노무현 정부는 군사독재를 능가하는 '통상독재'를 통해 집회와 결사의 자유를 봉쇄하고 경찰력을 동원해 한미FTA 반대투쟁을 봉쇄함으로써 6·10민주화항쟁 20주년의 의미를 완전히 짓밟는 폭력을 자행했다. 모든 국가기관과 국가예산을 동원해 한미FTA를 미화하면서 국민들의 여론을 철저하게 차단했다. 2007년 4월 2일 졸속으로 협정문을 타결한 뒤에 다시 미국의 재협상요구를 받아들였고 미국 민주당의 신통상법이 정한대로 서명하기에 이르렀다. 정부는 한미FTA 협상을 시작도 하기 전에 스크린쿼터, 쇠고기 수입, 자동차 배기가스, 약값인상 등 4대 선결 과제를 내주었다. 이는 한미FTA 협상이 광범위한 내용의 협정문뿐만 아니라 협상방식에도 심각한 문제가 있음을 보여준 것이었다.

본 협상 전후에도 협상은 계속 진행되었다. 여기에는 협정문에 없는 내용들도 협정문 내용과 연계하여 협상이 진행되는 포괄적 협상이라는 문제가 있다. 선타결 후협상(built-in) 방식은, 미국과 콜롬비아 협상에서 이미 검증된 불평등협상의 전형을 그대로 보여주었다. 다국적 기업과 초국적 금융투기자본의 본산이자 제국주의 본부인 미국과의 일대일 협상은 이미 예견된 시나리오 속에서 진행되었다. 대미종속 사대주의 관료들과 신자유(본)주의 세계화의 이데올로기에 빠져 자본의 이해를 대변하는 관변 학자들, 그리고 철저하게 노동시장 유연화와 노동착취를 통해 자본의 이윤극대화의 전위대 역할을 하는 수구보수언론들의 3각 동맹은 한미FTA를 추진하는 엔진이었다.

그리고 그 선장은 노무현 대통령이었다. 그는 임기 말년에 치적이라도 남길 것처럼 오만하게도 통치권을 불합리하게 행사했다. 노동자, 농민과 다수 민중을 실은 한국경제라는 배는 망망대해에서 방향을 잃게 되었다. 그는 이를 두고 거역할 수 없는 세계화라고 말한다. 모두가 잘못된 길을 가는 것이 '진리'라는 궤변을 늘어놓고 있다.

한편 자신의 역할이 무엇인지조차 알지 못한 채 무능한 국회는 그저 직무유기 상태에 빠져 있을 뿐이다. 따라서 생존에 급급한 민중들은 국가권력과 자본의 폭력적 한미FTA 추진에 저항하다 밀려나고 있다.

2. 신자유(본)주의 세계화

부르주아 경제학자들은 자산가와 자본가의 이익만이 투자를 유발하고 시장을 활성화시킨다는 논리를 펴 왔다. 그러나 1930년대, 통제받지 않는 자본은 경제위기를 유발하는 주범이었다. J. M. 케인즈는 통화권을 넘는 자본을 투기자본이라 규정했다. 화폐는 일반적으로 교환과 가치저장의 수단이었다. 그러나 화폐가 상품으로 바뀌기 시작하면서 투기는 일반화되기 시작했다. 제2차 세계대전이 끝나갈 무렵인 1944년 6월 미국 뉴햄프셔스 주 브레튼 우즈에서는 자본주의 국가들이 모여 3주간의 작업을 거쳐 국제통화기구(IMF)를 설립했다. 이 기구는 회원국 통화를 미국 달러에 대한 고정 환율체제로 유지하는 것과 대규모 무역적자나 국제수지 적자국에 단기신용대출을 하는 역할을 부여받았다.

그러나 2차 대전 후 자본주의 기축통화인 미국달러를 발행할 수 있는 발권(발행권력)을 가진 미 제국의 폭력성이 미국달러를 남발했고 전 지구적 인플레를 초래했다. 미 달러는 IMF의 전통적 가치기준에서 볼 때 위폐가 된 셈이다. 이는 가히 고양이에게 생선을 맡긴 꼴이었다. 1969년 닉슨은 베트남전쟁의 군비마련을 위해 달러를 남발했고 달러가치는 하락했다. 그리고 1971년, 닉슨은 해외에 나가 있는 달러가 미국 내로 들어와 미국이 보유한 금과 교환되는 금태환을 금지시켰다. 이는 고정환율제의 파탄을 의미하는 것이었다. 이로써 1973년부터 변동환율제로 전환했다. 이것이 바로 통화주의체제의 시작이었고, 오늘날 신자유주의 세계화의 출발점이다. 물론 이를 뒷받침하는 것은 군사력을 동원한 폭력적 금융자본주의체제의 전환이었다.

오늘날 신자유주의 세계화는 다국적 대기업과 초국적 금융투기자본의 이해를 대변하기 위한 국가기구의 변화를 수반한다. 국가는 이제 자본의 하위파트너로 존재하며 총자본의 대리인으로서 노동에 대한 통제와 억압의 기능을 수행한다. 국가기구를 자본의 이윤극대화를 위해 재편하며 노동계급 해체를 시도한다. 이를 위해 자본에 대한 규제를 철폐하고 공권력과 경찰력을 동원해 노동계급에 대한 통제를 강화한다. 1980년대 신보수주의로 대표되었던 영국의 대처리즘과 미국의 레이거노믹스는 신자유주의의 발전단계에서 나타난 유형이었다.

오늘날 세계 금융시장은 폭발적 성장을 계속하고 있다. 노무현 정부는 이에 편승하여 런던-서울-뉴욕을 잇는 금융허브 국가구상까지 밝힌 바 있다. 금융은 세계적으로 사이버 공간을 통해 사이버머니로 움직인다. 눈에 보이지도 않으며 통제되지도 않는다. 수십억 달러가 24시간 내내 초 단위로 이동한다. 지난 2000년의 채권거래는 1970년의 230배인 23조 달러에 달했다. 지금은 그 통계조차 명확하지 않을 정도다. 2000년 당시 하루 평균 금융거래는 1조 2,000억 달러였는데 이를 두고 "교활한 외환거래업자들의 교양 있는 도박"이라는 지적도 있었다.

오늘날 지구상에는 OECD 국가들의 1년 GNP의 세 배가 훨씬 넘는 금융투기자본이 먹이를 찾아 어슬렁거리고 있다. 그 어떤 나라도 이 금융투기자본으로부터 자유로울 수 없다. 본래의 목적을 벗어난 화폐는 끊임없이 자신을 변형시키는 파생상품으로 존재한다. 이는 강력한 항생제에 살아남기 위해 끊임없이 자신의 유전형질을 변형시키는 돌연변이 생물체와 같다. 투기자본의 이윤은 기본적으로 노동력 착취로부터 발생하는 잉여가치다. 투기자본이라는 세균은 노동자들의 피와 땀과 눈물로 범벅된 노동을 자양분으로 수탈하면서 살아간다. 이것이 오늘날 금융자본이 추진하는 신자유주의 세계화의 본질이다.

3. 한미FTA 추진 과정

부르주아 현실 경제에서 FTA는 지역경제 통합의 한 형태로 맺은 당사국간 관세 및 무역규제를 완화 내지 철폐하여 무역자유화를 추구하는 것으로 규정하고 있다. 지역무역협정의 종류와 포괄 범위는 특혜협정(특정부문 또는 상품; 1951년 「석탄과 철강에 관한 파리 조약」), 자유무역협정 (1994년 NAFTA 등 200여 개), 경제파트너십(EPA: 유럽과 식민지 국가였던 아프리카와의 자유무역 형태), 관세동맹(베네룩스 관세동맹 등), 공동시장(노동과 자본의 자유로운 이동: ECC), 경제동맹(화폐금융, 물가 및 세입세출 등 거시정책, 사회정책: EC), 완전경제통합(초국가적 기구 설치와 운영: EU, 그러나 헌법 만들지 못하고 있음) 등이 있다.

FTA는 자원의 효율적 배분과 시장 확대에 따른 공동의 경제적 이익을 향유하기 위해 국가 간에 체결하는 협정이라고 한다. 물론 사실이 아니다. 여하튼 FTA는 협정을 맺은 당사국 간에 배타적 무역 특혜를 부여한다. 그런데 FTA가 WTO의 연장이거나 양면전술이라는 것은 다음과 같은 사항에서 알 수 있다.

WTO는 세 가지 조건을 충족하는 경우 FTA로서 인정하며 WTO

지역위원회가 FTA를 관할한다. 첫째, 실제 모든 상품의 무역을 자유화 대상으로 하며 품목 수 기준으로는 90~95% 이상으로 한다. 둘째, 관세 및 기타 상업적 제한의 합리적 기간은 원칙적으로 10년 이내에 철폐한다. 셋째, 관세 및 상업적 제한이 협정 전보다 후퇴하지 않아야 한다[1994년 GATT 제24조 및 양해조항, 1995년 GATS(서비스교역에 관한 일반협정) 제5조]. 이는 더 자유화되는 방향으로 바뀌어야 한다는 것을 의미한다.

FTA는 WTO와 함께 세계무역질서를 형성하는 중요한 위치에 있다. 2005년 말 현재 WTO 지역위원회에 통보된 숫자에 따르면 전 세계적으로 255개 FTA가 체결되었고 그중 208개가 발효 중이다. 2005년 현재 전 세계 교역량의 50% 이상이 FTA를 통해 이뤄졌다. 무역의존도가 70% 이상인 한국 정부는 '선진형 통상국가'를 내세우며 FTA를 추진하고 있다. 그러나 GDP 대비 수출입의 부가가치 비중은 10%에 미치지 못하고 자동차, IT 등의 부가가치도 농업(또는 농업관련산업)에 미치지 못한다는 연구결과도 있다. 정부는 무역의존도가 높기 때문에 그 무역이 무조건 자유무역 형태로 되어야 한다는 주장을 유포하지만 전통적 이론인 비교우위론에 의해서만 무역이 이루어지는 것도 아니다.

한국은 FTA를 추진할 5대 거대 경제(국가)권으로 미국, 중국, 아세안, 일본, 유럽(EU)을 목표로 하고 있다. 칠레(2004.4), 싱가포르(2006.3), EFTA(스위스 등 EU 소속 아닌 유럽국가, 2006) 등과 FTA를 체결했으나 이들 규모는 매우 작다. 5대 권역 중에서 일본과는 여섯 차례 협상 이후 지난 2004년 11월부터 중단된 상태다. 유럽(EU)과는 2007년 5월 초 서울에서 1차 협상을 진행한 후 7월 중순 브뤼셀에서 2차 협상을 예정하고 있다. 아세안국가와는 상품의 경우는 2006년 8월에 서명하고 2007년 4월 2일에 비준, 6월 1일 발효되었다. 서비스는 2007년 8월에 협정문이 타결될 예정이다. 미국과는 금년 4월 2일 협상을 타결하고 6월 말에 양국 간 조인식을 마치고 비준절차에 들어갈 예정이다. 중국과는 2005년 3월부터 민간 공동연구를 진행시키고 있다. 그 외에도 캐나다, 인도, 멕시코 등과 협상을 진행 중이며 향후 40여 개국과 FTA를 체결한다는 방침을 세워놓고 있다.

2003년 2월에 노무현 정부가 출범하면서 밝힌 한미FTA 로드맵에 따르면 미국보다는 일본과 먼저 FTA를 추진하고 미국은 중국과 함께 연구사업 등을 통한 여건 조성부터 하는 것으로 되어 있다. 그런데 여건 조성 단계에서 갑자기 미국과 한미FTA를 추진했다. 2006년 2월이었다. 범국민운동본부 등이 FTA협상을 '밀실, 졸속협상'으로 낙인찍은 이유가 이 때문이다. 정부는 헌법 60조가 규정한 국회의 조약에 대한 체결·비준 동의안 절차를 무시하고 일방적으로 협상을 진행했다. 미국은 의회의 권한인 무역법의 무역촉진권한(TPA)에 따라 6월 30일을 시한으로 협상을 진행한 반면 한국은 민주노동당이 제출한 통상절차법조차 통과시키지 않고 행정부가 일방적으로 협상을 진행한 것이다. 정부는 이렇게 중요한 협상에서도 국회를 거수기로 전락시키려 한다.

2006년 6월 21일, 청와대에서 열린 민주노총, 전농, 재계, 학계 등 여러 사회단체 대표가 참가한 대외경제위원회에서 노무현 정부는 2004년 8월부터 한미FTA를 검토해왔다고 밝혔다. 이 같은 사실은 2006년 5월, 민주노총 대표단이 미국노총에서 미 무역대표부 한국 및 노동담당관을 만나 토론을 하는 과정에서도 확인되었다. 이미 2004~2005년 양국 간 FTA 초안이 마련되었다는 것이다. 2005년 말, 협상을 실질적으로 시작하는 계기가 된 것은 그해 11월 부산에서 열린 APEC 정상회의에 앞서 경주에서 열린 노무현·부시 정상회담에서다. 이들은 한미FTA 시작을 합의했다. 2006년 2월 2일 한미FTA 시작을 알리는 1차 공청회가 무산되는 시점과 같은 시각, 워싱턴 D.C에 있는 미 의회에서 김현종

통상교섭본부장은 한미FTA협상 개시를 선언했다. 물론 대외경제장관회의를 거치는 순서조차 무시했고 청와대 FTA 담당 보좌진도 사전에 인지하지 못했다.

그리고 2006년 6월 초, 미국 워싱턴 D.C에서 열린 1차 협상에서 200쪽짜리 통합협정문이 작성될 정도로 협상은 빠른 속도로 진행되었다. 6월 27일 외교통상부가 형식적이고도 졸속으로 진행하려던 2차 공청회 역시 노동자, 농민들의 반발로 무산되었다. 그 이후 협상은 서울, 시애틀, 제주, 몬태나, 서울, 워싱턴 D.C, 서울 등 태평양을 오가는 여덟 차례의 협상을 거쳐 2007년 4월 2일 타결되었다. 그러나 미국은 민주당이 제출한 신통상법에 따라 재협상을 요구했고 한국은 이를 수용했다. 그리고 2007년 6월 29일, 미 무역대표부 수전 슈워브 대표와 한국의 김현종 통상교섭본부장은 시작할 때와 마찬가지로 미 의회 빌딩에서 협정문에 조인했다. 반민중적 밀실, 비밀, 졸속협상을 진행하는 과정에서 숱한 노동자, 농민들이 구속·수배되었고 국가권력의 탄압과 경찰의 폭력을 당했다. 정부는 급기야 2007년 7월 3일 범국본의 오종렬, 정광훈 두 대표를 구속하면서 향후 비준저지 투쟁조차 봉쇄하겠다는 분명한 의도를 드러냈다.

노무현 정권과 부시정권이 한미FTA를 추진한 배경은 다음과 같다.

먼저 한국과 미국 자본가의 이해를 국가권력의 이름으로 수행했다는 점이다. 한미FTA는 양국 간 협상이라는 형식을 빌린 노동과 자본 간 계급대립이다. 그 대립에서 노동자들은 철저하게 배제되었다.

다음으로 양국 정부 입장에서 살펴보자. 미국은 정부, 기업, 가계 등 전체 부채액이 천문학적 수준에 육박한다는 추정에서 보듯이 재정적자가 심각한 상황이다. 특히 한국과의 무역적자를 핑계로 한국에서 더 많은 경제적 이득을 추구할 예정이다. 미국은 정치·군사, 경제적으로 대중국 견제 교두보를 한반도에 구축해야 할 필요성이 있다. 한미FTA

는 한미동맹에 근거한 주한미군의 전략적 유연성과 미군 재배치를 뒷받침하는 한미경제동맹이다.

미국은 남북미자유협정이 남미지역의 좌파정권 수립으로 어려워지자 미국과 미국을 근거지로 하는 다국적 기업에 큰 이익을 가져다 줄 한미FTA를 조속히 체결할 필요성이 있었다. 또 주한미군의 전략적 유연성을 뒷받침할 물적 토대로서 한미FTA가 필요했다. 그렇다면 노무현 정권은 한국경제가 미 제국주의 경제에 완전히 편입되고 자본의 신자유주의 세계화에 따른 무역 및 경제정책을 왜 선택한 것일까? 한마디로 신자유(본)주의 이데올로기에 빠져 버렸기 때문이다. 미국식 자본주의와 자본의 세계화는 피할 수 없는 대세이므로 호랑이 등에 올라타지 않으면 세계사적인 흐름에 낙오될 수밖에 없다는 착각과 환상에 빠진 것이다. 이것은 부르주아경제이론으로 무장한 친미 경제학자, 관료들 그리고 자본의 이데올로기를 끊임없이 퍼뜨리는 자본언론이 철학이 빈곤한 노무현 정권을 재구성하여 자본의 하부기구로 전락시킨 결과였다. 본질적으로 한미FTA는 자본이 더 많은 이익을 얻기 위한 수단이며 이를 추진하는 세력들은 돈이든 권력이든 그들에게 떨어질 떡고물을 기대하며 자본에 기생하여 고군분투(?)하고 있는 것이다.

4. WTO 세계체제와 한미FTA[1]

2차 세계대전 이후 자본의 세계화는 네 번의 전환점을 이루어 오늘에

---

1) 이 절은 2007년 6월 7일, 미국 오클랜드 시에서 열린, '캘리포니아 공정무역연합'이 주최한 토론회에서 발표한 발제문에 기초하여 작성하였다.

이르고 있다. 그 첫 번째는 2차 대전 직후의 UN, IMF, IBRD(WB), 그리고 GATT체제이다. 두 번째는 1974년 오일쇼크 이후의 통화주의 체제다. 세 번째는 1994년에 나타난 NAFTA/WTO체제다. 네 번째가 오늘날 추진되는 세계화다. 현재의 세계화는 WTO의 연장선상에서 추진되는 FTA다. 이 둘은 자본주의 세계화의 양면 전략이다. 한미FTA는 바로 이런 전략의 일환이다. 그 동안 한미양국은 10여 년간 양국 간 투자협정(BIT) 체결을 위해 지루한 협상을 진행해왔다. 그러나 한미FTA라는 포괄적 협상을 타결함으로써 투자협정은 단지 그 일부일 뿐이다. WTO DDA 협상이 결렬된 시점에 체결된 한미FTA는 자본의 입장에서는 WTO체제의 우회적 완성 가능성을 보여주는 쾌거다. 마치 2차 대전 직후의 첫 번째 단계에서만 유효했고 최근에는 다 죽어가던 IMF가 1997년 한국이 외환위기를 당했을 때 IMF프로그램을 전적으로 수용함으로써 되살아난 것과 비교되는 일이라 할 수 있다.

한미FTA의 모델이 되고 있는 NAFTA는 처음에는 일시적으로 무역 규모 증가, GDP 증가, 일자리 증가 등으로 좋았으나(the good) 곧 나빠졌고(the bad) 추악해졌다(the ugly). 미국의 경우 NAFTA가 나쁜 얼굴을 드러낸 것은 200만 명의 일자리가 줄어든 탓이다. 캘리포니아 주에서만 21만 2,000개의 일자리가 줄어들었다. 멕시코는 헌법을 개악해야 했고 옥수수가 사라지고 숲이 파괴됐다. 노동자 임금이 저하하고 환경이 악화되었다. 불법이민이 증가했으며 공장은 중국으로 이전했다. 그리고 추악해진 것은 다름 아닌 민주주의였다. 민주주의가 후퇴(weakened democracy)한 것이다. 그런데 한미FTA는 'NAFTA＋알파'다.

한국 정부가 FTA를 일방적으로 추진하면서 얻은 말은 '통상독재(trade dictatorship)'와 같은 민주주의의 억압과 후퇴다. FTA는 기본적으로 투자자의 권리(investor's rights)를 강화한다. 특히 NAFTA 11조(투자자 권리조항)가 문제(problems with chapter 11's)다. 이성적인 역사는 사라지고 말았다(Rational history gone terribly wrong). 현재 진행되는 국제경제 정책문화는 매우 비민주적이다.

캘리포니아 공정무역연합(CA Fair Trade and Human Rights)이 네 번째 변화와 관련해 제시한 해결방안(solutions for tomorrow)은 다음과 같다. 세계화의 전략적 중단, 균형, 전략적 파트너 선택, 투자개혁, 환경과 노동 번영, 비차별적 규제(non-discriminatory regulations), 대통령 사인 전 의회투표(congress vote prior to Prez Sig), 복습과정(review process) 등이다.

자유무역(free trade)은 닫힌 과정(close process)으로 하나의 규정을 강제하고(one-size-fits all) 무역에서 차별적 장벽을 광범위하게 정의(broadly defines discriminatory barriers to trade)한다. 그것은 명백하게 좁은 문(narrow set of explicit goals: i.e pure trade)이고 국가와 지역의 갈등(state/local conflict)이다. 반면 공정무역(fair trade)은 위와 정반대의 열린 과정(open process)이다. 자유무역은 불공정무역이다. 미국식 자본주의가 판치는 미국 내에서도 자본의 신자유주의에 반대하며 공정무역을 추구하는 단체들이 고군분투하고 있다. 하물며 미 제국주의의 정치·군사·경제침략과 다국적 기업 및 재벌의 수탈과 착취가 강화되고 있는 한국에서 한미FTA를 반대하는 투쟁이 격렬하게 벌어지는 것은 당연한 일이다. 사실 노동자들이 추구하는 것은 현재 수준의 공정무역을 넘어선 민중무역이다. 그러나 공정무역조차도 무자비하게 파괴되고 있다.

5. 한미군사동맹을 뒷받침하는 경제동맹인 한미FTA

한미FTA는 한미군사동맹을 뒷받침하는 한미경제동맹의 성격을 갖는다. 2006년 2월 한미FTA를 추진하기 전인 2005년 말 한미양국은 주한미군의 전략적 유연성에 합의했다. 미국의 군사력은 미국 본토, 태평양, 한반도, 유럽의 4대축을 통해 세계적 군사패권을 유지한다. 이라크 전쟁의 수렁에 빠져 있는 미국이 부상하는 중국을 견제하고 북한을 굴복시키며 한반도에서의 패권을 유지하기 위해서는 주한미군의 성격을 변경하는 것이 절대적으로 필요하게 되었다.

주한미군주둔군지위협정(SOFA)은 외형적으로 북한의 남침위협으로부터 남한을 보호하면서 북한을 수복하는 것을 목적으로 했다. 그러나 주한미군의 전략적 유연성은 이제까지의 개념을 넘어 북한 붕괴, 대중국 포위전략, 그리고 이라크를 비롯한 전 지구적 전쟁이라는, 말 그대로 유연성을 발휘할 수 있게 되었다.

미국은 이제까지 달러와 군사제국주의를 바탕으로 패권을 유지해왔다. 그러나 엄청난 국가부채와 무역적자 그리고 다극화의 국제정세 속에서 독자적으로는 패권을 유지할 수 없게 되었다. 특히 동북아지역에서 한미동맹, 미일동맹뿐만 아니라 미국의 군사력과 결합한 한국·일본·대만·필리핀을 잇는 대중국 포위망은 기존의 군사력을 훨씬 강화해야 할 필요성을 제기한다. 이를 위해 미군기지의 재배치, 미군의 전략적 유연성 제고 그리고 이를 뒷받침할 경제동맹의 강화가 요청되는 것이다.

지금 한반도와 동북아시아에는 신냉전질서가 자리잡아가고 있다. 겉으로는 평화를 말하면서 다른 한편에서는 전쟁준비가 착착 진행되고 있다. 남한에서는 주한미군의 전략적 유연성에 기초하여 한강 이북에 있는 주한 미군 기지를 평택으로 강제이전하면서 새로운 전쟁에 대비하고 있다. 이는 유사시 북한에 대한 선제공격과 대 중국 포위 전략의 일환으로 진행되는 미군기지 재편이다. 미군기지 재편은 정치군사적으로는 주한미군의 전략적 유연성에 기초하고 경제적으로는 한미FTA 추진을 통해 그 물적 토대를 뒷받침하고 있다. 이는 군사적·경제적 한미동맹의 강화다. 미국의 관리들은 한미FTA를 한미 경제동맹이라고 규정해왔다.

한미동맹 강화는 미일동맹 강화와 무관하지 않다. 일본 전역에서 벌어지고 있는 주일미군의 재편은 바로 한반도를 비롯한 동북아 전쟁에 대비하기 위한 조치이다. 일례로 이와쿠니 미군기지 확장은 한반도를 직접 겨냥하고 있다. 눈에 보이지는 않지만 이제 한미, 미일동맹을 넘어 한·미·일 삼각동맹이 건설되고 있는 셈이다. 여기에 대만과 필리핀 등 동남아시아까지 대중국 방어선을 넓혀가고 있다. 중국도 이에 질세라 군사대국화를 추진하고 있다. 군사동맹이 강화되고 군사기지가 확장 재편되는 것은 바로 전쟁이 가까워지고 있음을 말해준다. 미 제국주의는 끊임없이 전쟁을 통해 자신의 존재를 확인하고 패권을 추구해간다.

이러한 구도 속에서 일본 정부는 2005년 11월 여당인 자민당이 채택한 신헌법초안에 기초하여 헌법개악을 몰아붙이고 있다. 평화헌법 9조를 개악하기 위해 필요한 개헌수속법안(국민투표법안)이 통과되었다. 지금 국민적 인기가 떨어지고 있는 아베 정권은 일본국민들의 반대가 압도적으로 높은 평화헌법 9조 개악을 자신의 임기 중에 성사시키기 위해 발악하고 있다. 일본 정부는 그 동안 자위군을 캄보디아, 이라크 등에 파병하여 자위의 목적 외에는 그 어떤 군사적 행위나 침략전쟁을 할 수 없다는 인식을 은근히 바꿔가고 있다. 미일 군사동맹 강화를 통해 자위대를 자위군으로 재편하기 위해 모든 수단을 강구하는 것이다. 미 제국주의는 동북아에서 북한과 중국의 위협을 과장하여 전쟁위기를 고조시키고 일본의 군사 무장화를 정당화시키려 한다.

지난 6월 13일 미 무역대표부(USTR) 바티야 부대표와 북한 핵을 중심으로 한 6자회담의 미국 측 수석대표인 크리스토퍼 힐 미국무부 동아시아 담당차관보가 출석한 미 의회 하원 외교위원회 청문회가 있었다.

이 자리는 한미군사동맹과 경제동맹으로서의 한미FTA가 별개가 아님을 보여주었다. 노동, 환경 등 7개 항목으로 재협상이 이루어질 시점이었는데 의원들은 쌀, 쇠고기, 자동차, 개성공단 등에 주목했다. 만약 미국이 경제규모만을 놓고 한미FTA를 추진했다면 당연히 일본이나 유럽과 FTA를 추진했어야 할 것이다.

6. 한미FTA 타결과 비준 전망

한미FTA 협상은 노동자가 분신으로 운명을 달리하는 저항 속에서도 진행되었다. 2007년 4월 2일 타결되고 5월 25일 공개된 협정문 내용을 보면 정부의 융단폭격식 선전이 매우 과장되어 있음을 알 수 있다. 타결 직후 한글 협정문 초안을 가지고 있었음에도 불구하고 협상 타결 52일 만에 겨우 '상세 설명자료'라는 명목으로 공개했다. 미국의 TPA 일정에 따라 최종 서명일 35일을 남겨놓은 시점이었다. 정부는 한미FTA를 추진하면서 제조업의 수출이 늘어나고 따라서 무역규모가 커지며 일자리가 늘어난다고 과대 선전했다. 그런데 제조업의 대표적인 품목이 자동차와 섬유제품인데 둘 다 정부가 말하는 것처럼 기대하기 어려울 전망이다. 자동차는 미국시장에서 2.5%의 관세를 철폐하기로 했지만 3,000cc 이하에만 해당되며 그 이상은 3년 후로 연기했다. 지금처럼 현대, 기아차의 미국 내 현지투자가 증가하고 있는 마당에 한국에서 생산되는 자동차의 미국 내 수출이 크게 늘어나기 어렵다. 그리고 소형차에서 관세 2.5%가 폐지되는 가격 인하가 판매를 늘린다는 보장도 없다. 자동차 세제를 비롯해 자동차와 관련한 80여 가지의 비관세장벽을 철폐함으로써 오히려 한국에서 미국의 대형차 판매가 늘어날 것이다. 거기다 미국에서 생산되는 일본차의 국내 수입이 증가할 수도 있다. 그 경우 일본은 한일FTA를 체결하지 않고도 FTA 효과를 누릴 수 있다.

그런데 문제는 미국 민주당이 한미FTA협정문을 비준하는 조건으로 미국에 유리하도록 자동차에 대한 재협상을 지속적으로 요구하고 있다는 점이다. 그 동안 자본언론들은 금속노조나 현대자동차 파업에 대해 한미FTA로 수혜를 입는 부문이 자동차산업이라고 주장하며 파업을 비난해왔다. 설령 자동차산업에 이익이 있다 해도 그것은 자동차 회사 경영주나 대주주의 몫일뿐이다. 사실은 한국이나 미국의 자동차산업은 엄청난 구조조정에 직면하게 될 것이다. 세계적으로 연간 8천만 대의 자동차 생산에 6천만 대의 소비에 불과하여 2천만 대의 과잉이 발생하고 있다. 따라서 자동차산업의 구조조정은 불가피하다. 한미FTA는 그런 구조조정을 가속화시킬 것이며 그 희생자는 바로 노동자다.

섬유산업을 보더라도 원사 기준의 원산지 문제 때문에 예상되는 이익을 볼 수 없다. 설령 원사문제가 해결된다고 하더라도 중국, 동남아, 중남미 제품과의 가격경쟁력에서 우위에 설 수 없다. 제조업뿐만 아니라 농업에서의 타격은 치명적이다. 특히 협상 대상이 아니었던 쌀의 수입 개방압력과 광우병 우려가 있는 미국산 쇠고기에 대한 수입재개 압력은 계속될 것이다. 1만여 개가 넘는 상품에다 서비스, 투자, 무역구제, 금융, 투자자 정부제소권, 언론, 문화 등 모든 부문을 망라한 포괄적 협상은 일방적 불균형 협상으로 막을 내렸다. 미국에게는 보호무역(PTA: protective trade agreement)이었고 한국에만 자유무역(FTA)이었다. 특히 FTA가 갖는 자본에 대한 규제철폐와 노동시장유연화의 성격은 노동과 자본 간 불균등협상의 전형을 보여주었다.

이처럼 한미FTA는 민중무역(People's Trade Agreement)은커녕 공정무역(Fair Trade Agreement)의 최소한의 기반조차도 무너뜨리는 협상이 되었다.

거기에 더해 미국의 재협상을 받아들였다. 협정문의 구성을 보더라도 전문, 협정전문, 부속서, 부록, 서한으로 구성되었다. 위 문서들 모두가 협정문으로서 효력상 차이가 없다고 규정한다. 그런데 서한조차 같은 효력을 갖는다는 것은 재협상이 언제든지 재개될 수 있다는 얘기다. 이 선타결 후협상 방식은 미국이 콜롬비아 등과 한 방식이었고 같은 방식이 적용된 한미FTA에도 미국의 요구는 계속될 것이다. 한미FTA는 단순히 무역규범을 정한 협상이 아니다. 국가의 조세주권과 사법주권조차도 다국적 기업이나 초국적 금융투기자본에게 내주는 결과를 가져올 것이다. 투기자본 론스타가 오히려 한국 정부를 제소하는 상황에 처하게 될 것이다.

지난번 마지막 재협상(정부는 이것 역시 단순히 추가협상이라 우겼지만)에서 노동, 환경 등 7개 항목을 다루었다고 했지만 이것이 주된 내용이 아니었음을 이미 알려진 사실이다. OECD 30개국 중 한국과 미국은 ILO 조약 비준 순위가 29위, 30위인 나라다. 프랑스가 120여 항을 비준한 반면 한국과 미국은 단 20여 개 비준에 불과한 노동후진국이다. 경찰력을 동원해 공무원노조 사무실에 대못을 박고 노동자들 파업에 대량구속을 감행하는 나라가 바로 한국이다. 그런 두 나라가 노동권을 강화하기 위해 재협상을 했다는 것은 난센스다. 또 미국은 지구온난화의 주범인 이산화탄소를 세계 최고(최근 중국이 1위)로 배출하면서 이를 규제하는 교토협약을 비준하지 않은 나라다. 한국 역시 경제개발과 성장을 위해서는 환경파괴가 불가피하다는 관점에서 정책을 펴고 있는 나라다. 이것은 한미FTA의 본질이 아니다. 그런데도 환경 관련 재협상을 요구하는 것은 한미FTA를 반대하는 사람들에게 한미FTA가 마치 따뜻한 인간의 얼굴을 하고 있는 것처럼 오인하게 만드는 전략일 뿐이다.

이제 양국 모두 공은 국회(의회)로 넘어갔다. 한국은 2007년 말 대선과 2008년 총선 때문에 비준이 2008년 4월 이후 국회로 넘어갈 것이고 미국 역시 2008년 총선과 대선 때문에 2009년 초로 넘어갈 것이 예상된다. 그러나 분명한 것은 한국 국회는 현 협정문의 변경이 없어도 비준할 가능성이 있지만 미국 의회는 협정문 변경 없이는 결코 비준하지 않을 것이다. 최근 한국의 언론들이 2007년 하반기 정기국회에서 조기 비준하여 미국 의회 비준을 압박해야 한다는 논리를 펴는 이유가 여기에 있다. 이제 한미FTA 협정문 비준을 둘러싼 새로운 공방이 시작되었다. 노무현 정권은 임기 말까지 비준을 성사시키기 위해 범국민 운동본부와 민주노총에 대한 탄압을 강화할 것이다.

한미FTA는 자본에겐 축복을, 노동자, 농민 등 민중에겐 커다란 재앙을 가져다 줄 것이다. 자본의 신자유주의 세계화와 제국주의 침략의 결정판인 한미FTA를 막아내는 일은 이 시대 노동, 농민, 민중운동의 최우선 과제다.

▌참고자료

통계, 인용문, 전문 용어 등은 한미FTA저지 범국민운동본부가 발간한 보고서, 대외경제정책연구원 등 연구기관의 보고서, 미국노총과 미국 공정무역단체의 자료, 민주노총 자료, 금융자본주의 세계화 관련 보고서 등을 참고했음.

제2부
북미관계 새판짜기

제6장 미국의 제네바 회담 파탄내기와
중립국 감시소조 추방 및 정전협정 13항 ㄹ목 폐기

제7장 북한 핵문제에 대한 미국의 대응과 평화적 해결 전망

제8장 미국 북한인권법의 반인권성과 북한 붕괴전략

제9장 한반도 평화체제 수립방안

미국의 제네바 회담 파탄내기와 중립국 감시소조 추방 및 정전협정 13항 ㄹ목 폐기

고영대

1. 글을 시작하며

한반도 평화협정 체결 전망이 가시권 안으로 들어오면서 이에 대한 입장이 봇물을 이루고 있다. 국가적·민족적 진로에 대한 사회적 지혜를 모으고 구성원 각자가 책임을 다하려고 한다는 점에서 긍정적이나, 한편으로 상대적으로 준비된 세력이나 집단들에 의해서 논의가 주도되고 방향이 일방적으로 이끌리고 있다는 점에서 크게 우려된다.

그 우려는 다름 아닌 한미동맹의 유지·강화와 주한미군 주둔을 전제로 한 평화협정 체결 입장이다. 이는 한미 당국을 비롯하여 한국과 미국 내의 기득권 세력이 주류를 이루고 있는 한미동맹 세력에 의해 주도되고 있고, 한국 내 연구자들은 물론 시민진영의 다수를 포섭하고 있을 뿐 아니라 심지어 일부 진보진영에까지 침투해오고 있는 실정이다.

그러나 한미동맹 폐기와 주한미군 철수 없는 한반도 평화협정 체결이란 정전협정 체결 이래로 남북을 질식시켜온 준전시 상태와 분단 상태의 근본적 해결이 아니며, 오히려 새로운 모순을 잉태하는 출발점으로 될 뿐이다. 노골적으로 한반도 및 동북아 패권을 추구하는 '잠재적 전쟁공동체'로서의 한미동맹과 침략적 성격을 본성으로 하는 주한미군을 용인하는 평화협정이 담보해줄 평화란 기껏해야 반(半)평화이며, 민족의 자주를 침해하고, 통일 과정과 통일 이후의 남북 체제에 대한 외세의 개입을 허용하게 될 수밖에 없기 때문이다.

이에 이 글은 정전협정 체결 이후 미국이 제네바 정치회담을 무산시킨 다음 한미 합의의사록의 강압 체결로 남한 사회의 정치·군사·경제적 지배권을 장악하고, 중립국 감독위원회의 감시소조를 강제 추방한 데 이어 정전협정 13항 ㄹ목을 일방적으로 폐기하는 과정을 통해 어떻게 한반도 평화협정 체결을 좌절시키고 분단 고착과 군사적 대결을 조장했는가를 밝힘으로써 한미동맹 폐기와 주한미군 철수를 전제로 하는 평화협정 체결의 당위성을 새삼 강조하려는 것이다.

2. 제네바 정치회담의 결렬과 분단 고착

휴전협정은 전문에 규정되어 있는 대로 "순전히 군사적 성질에 속하는" 것으로 일시적·잠정적 협정에 불과하다. 따라서 정치적·법적 해결 방안을 포함하는 한국전쟁의 완전하고도 항구적인 종식을 위해서는 동 협정 제60항[1]의 규정처럼 정치회담을 개최하여 평화협정 체결 및 외국군 철수 등 관련 사안들을 논의하지 않으면 안 되었다.

---

1) 휴전협정 제60항: 한국 문제의 평화적 해결을 보장하기 위해 쌍방 사령관은 쌍방의 관계 제국 정부에 휴전협정이 조인되고 효력을 발생한 후 3개월 내에 각기 대표를 파견하여 쌍방의 한 급 높은 정치회담을 소집하고 한국으로부터의 모든 외국 군대의 철수 및 한국 문제의 평화적 해결 등의 문제들을 협의할 것을 이에 건의한다.

이에 1954년 2월, 미·영·프·소 4개국 외상의 베를린 합의에 따라 같은 해 4월 26일부터 6월 15일까지 제네바에서 정치회담이 열렸으나 후속 일정조차 잡지 못한 채 결렬되고 말아 기형적인 한반도 분단과 비정상적인 정전상태가 장기적으로 고착되는 직접적인 계기가 되었다.

한편 북진무력통일을 주장하며 휴전협정 체결에 반대했던 이승만 정권은 휴전협정을 "자유세계가 공산세계에 써 바친 항참서(降參書)"[2]로, 정치회담의 개최를 규정한 동 협정 60항을 "색책(塞責)"[3]쯤으로 간주했다. 따라서 제네바 정치회담 참가에 부정적일 수밖에 없었던 이승만 정권은 회담 참가를 종용하는 미국과 대립하는 한편, 참가 대가로 군사력 증강을 요구[4]했으며 이를 약속[5]한 아이젠하워 대통령의 서한을 받고서야 회담 개최 직전에 참가를 결정했다.

1) 회담 참가국들의 통일 및 외국군 철수 방안

개막과 함께 남한은 유엔 감시하 북한 지역만의 자유선거와 선중공군

---

2) 변영태, 『外交餘錄』(서울: 한국일보사, 1959), 59쪽. 항참서는 항복문서를 뜻함.

3) 같은 책, 58쪽. 색책은 책임을 면하기 위해 겉으로만 둘러대어 꾸미는 것을 의미.

4) 이승만 대통령은 1954년 3월 16일자로 아이젠하워 대통령에게 서한을 보내 한국군 해·공군 지원, 육군의 35~40개 사단으로의 증강 등을 요구했다. 이종원, 『동아시아냉전과 한미일관계(東アジア冷戰と 韓米日關係)』(동경: 동경대학출판회, 1996), 84쪽.

5) 아이젠하워 대통령은 1954년 4월 18일자 서한에서 한국 육군의 야전군화, 해군의 현대화와 대잠함, 호위함 제공, 1개 여단의 해병대를 1개 사단으로 승격, 제트 추진형 전투기 도입 등을 약속했다. 남찬순, "비화 제네바 정치회담", ≪신동아≫, 1983년 7월호.

철수를 주장6)했으며, 북한은 중립국 위원단의 감독하에 전조선위원회가 주관하는 남북한 지역에서의 자유총선거 실시와 6개월 이내 모든 외국군의 철수를 주장7)했다.

그런데 남한의 이러한 주장은 제네바 정치회담이 열리기에 앞서 4월 9일, 워싱턴에서 열린 한국전 참전국들 간의 예비회담에서 영연방 국가들에 의해 이미 부정된 것으로, 회담 시작과 함께 모든 참가국들로부터 외면당했다. 워싱턴 예비회담에서 영국·캐나다 등 영연방 국가들은 "북한 지역에 일방적으로 한국 주권과 통치를 인정해서는 안 되며, 유엔 역시 이를 주장해서는 안 된다. 구체성이 결여된 유엔 결의들은 남북한의 새로운 총선이 실시되어야만 한국의 단합을 유지, 확보하는 데 기여할 수 있을 것이다"8)고 주장하며 미국이 일방적으로 남한의 입장으로 기울지 않도록 견제했다. 당시 영연방은 소련이 서구를 침범할 태세를 갖추고 있지 못하다는 판단하에 미국의 패권주의를 견제하고 세계적 차원에서 긴장완화를 도모하고자 했으며, 이를 위해 소련과 협력하며 중국과의 관계 개선을 도모하고 인도 등 제3세계와의 협력을 강화하고자 했다.9)

이러한 분위기를 반영하여 미국은 회담 전에 A(유엔 감시 및 남한 헌법하 북한 지역에서만 자유선거, 새 국회 출범을 전후한 외국군 철수), B(유엔 감시 및 남한 헌법하 남북한 자유선거, 선거를 전후한 단계적 외국군 철수), C(입법회의와 신정부 수립을 위한 남북한 선거, 주한 외국군의 상호 단계적

---

6) 국방부, 『제네바 정치회담 각국 대표 연설집』(1955), 4쪽.

7) 같은 책, 7~8쪽.

8) 남찬순, "비화 제네바 정치회담", 334쪽.

9) 나종일, 「제네바 정치회담: 회담의 정치 1954. 4. 26/6. 15」, ≪고황정치학회보 1≫(1997년 12월), 65~74쪽 참조.

철수) 세 안을 마련하여 제네바 정치회담에 임했다. 이 중 C안은 북한 안과 접목될 수 있는, 따라서 제네바 정치회담에서 한반도 통일 방안에 합의할 수 있는 안이었다. 그러나 한편으로 세 안 모두 한미상호방위조 약이 계속 유효하다는, 또는 이와 유사한 조건들을 달고[10) 있어 한반도 가 어떤 형태로 통일되든 자신의 영향력 아래 묶어두려는 미국의 의도를 드러내고 있다.

2) 북한의 통일 방안 쪽으로 기운 영연방을 비롯한 참전국가들

당시 미국은 남한으로 하여금 A안과 유사한 남한 안을 먼저 제기하게 한 다음 고립을 면치 못하게 되면 B안을 남한과 한국전 참전 국가들의 지지를 얻어 관철시킨다는 전략을 세워 놓고 있었다. 미국의 예상대로 한국의 입장은 공산진영은 말할 것도 없고, 참전국들로부터도 비난을 면치 못했다. 전체회의, 16개국 회의,[11) 9개국 회의,[12) 7개국 축소회 의[13) 등 각종 회의에서 영연방 국가들뿐 아니라 프랑스·필리핀 등 미국 과 한국을 제외한 대다수 국가들은 전조선위원회(헌법제정회의, 필리핀) 구성, 남북한 총선거, 유엔군과 중공군 동시 철수 입장을 주장[14)하여 북한의 입장 및 미국의 C안에 거의 접근했다. 이에 미국은 B안에 토대한

---

10) *FRUS, 1952~1954*, Vol, XVI, 135~140쪽, 김보영, 「제네바 정치회담과 남북 한 통일정책 비교 연구」, ≪국사관논총≫, 제75집(1997), 207쪽에서 재인용.

11) 한국전 참전 15개국과 남한을 포함한 16개국 회의.

12) 16개국 중 한국, 미국, 영국, 프랑스, 호주, 필리핀, 콜롬비아, 네덜란드, 터키 등 9개국 회의.

13) 남한, 북한, 미국, 영국, 프랑스, 소련, 중국 등 7개국 회의.

14) 변영태, 『外交餘錄』, 67, 71, 74, 81, 83, 84, 89쪽; 한표욱, 『한미외교요람기』(서 울: 중앙일보사, 1984), 218, 221, 222, 227, 233쪽.

6개 항의 수정안을 남한에 강제[15]하여 결국 5월 22일 변영태 남한 대표
가 14개항의 '유엔 감시하 남북한 자유총선거' 안을 제출하게 된다.

그러나 남한의 수정안은 제네바 정치회담의 모든 참가국들의 일치된
주장인 남북한 지역에서의 총선거만을 받아들였을 뿐 여전히 유엔 감시
와 선중공군 철수를 주장하고 있어 영연방 등 참전국들의 전조선위원회
의 구성 주장을 외면한 것이자 외국군 동시 철수를 주장한 미국의 안에도
미치지 못한 것이어서 북한 안과의 접목을 의도한 것은 아니었다.

이에 북한은 "유엔은 …… 교전자의 일방으로서 …… 조선 문제에 대
해서는 편중성이 없는 지위를 차지할 수 없는 것"[16]이라며 유엔 감시
방안을 거부했으며, 또한 "조선 영토 내에 외군이 존재한다는 것과 자유로
운 전조선 선거 및 민주적인 국가통일 과업의 성취와는 서로 용납할
수 없는 터"[17]라며 남한의 '유엔 감시하 남북한 총선거' 방안을 부정했다.

3) 미국의 제네바 회담 파탄내기

제네바 회담 개최 이전부터 회담 참가를 그저 명분[18] 축적 정도로
치부하고 있던 미국은 남북한 총선거와 외국군 동시 철수를 양보하더라
도 '유엔 감시하' 원칙만 고수한다면 공산 측은 필경 자유진영 안을

---

15) 변영태, 『外交餘錄』, 79쪽; 한표욱, 『한미외교요람기』, 224쪽.

16) 남일 연설, 1954년 5월 22일, 국방부, 『제네바 정치회담 각국 대표 연설집』,
    182쪽.

17) 같은 글, 183쪽.

18) 아이젠하워 대통령은 남한의 회담 참가를 촉구하기 위해 이승만 대통령에게
    보낸 3월 20일자 서한에서 "이 회담의 성공 가능성은 적지만 한미 양국이 평화적
    인 통일을 위해 모든 노력을 하고 있다는 인상을 보여주어야 하며……"라고 주장.
    남찬순, "비화 제네바 정치회담", 332쪽.

거부하게 될 것이라고 판단[19]하고 남한의 '유엔 감시하 남북한 총선거' 방안을 회담을 파탄내기 위한 지렛대로 삼았다. 5월 16일 스미스 미국 대표는 변영태 대표와 14개항의 남한 측 수정안을 검토하는 자리에서 "이 회담에서 한국 문제를 정치적으로 해결할 것을 기대하지는 않으나 어떠한 우리 측 공동 제안을 가지고 회의가 결렬되어야 가장 세계의 동정을 얻게 될 듯한가 하고 부심하고 있을 뿐"[20]이라며 "자기 소견으로는 검토 중에 있는 6개항 초안[21]이 가장 근사하게 보인다고 덧붙여 말하며 만일 공산 측이 그것을 의외로 받아들인다면 딴칭절[22]을 붙여서라도 방맹이를 놀 테니 염려할 것 없다"[23]며 회담을 파탄시키려는 의도를 노골적으로 드러냈다.

5월 22일 전체회의에서 남한이 수정안을 발표했다. 미국의 의도대로 북한이 곧바로 남한의 수정안을 거부하자, 미국 대표단은 그날로 제네바 회담을 종결짓기 위한 방안을 고려중이라는 전문을 국무성에 보냈다. 이에 미국은 마침내 한국 문제의 조속한 종결을 지시[24]했다. 미국 정부는 제네바 대표단에 보낸 전문에서 "회담이 길어질수록 공산주의자들은 한국에서의 유엔 역할을 격하시키는 어떤 새로운 제안을 만들어 우리 동맹국들은 현혹시킴으로써 우리의 입장을 더욱 어렵게 만들 것으로 보임. 가능하다면 우리는 한국에서의 유엔의 역할이 더 이상 비하되기

---

19) 제네바 정치회담 미국 측 수석대표 대리 스미스 국무차관의 발언. 변영태, 『外交餘錄』, 73쪽.

20) 같은 책, 87쪽.

21) 미국이 남한의 입장을 수정하도록 촉구하기 위해 기존의 B안에 기초하여 낸 안. 변영태 남측 대표는 이 안을 토대로 남한 측 14개 수정안을 제시했다.

22) 딴전을 의미하는 것으로 보임.

23) 변영태, 『外交餘錄』, 87쪽.

24) 남찬순, "비화 제네바 정치회담", 342쪽.

전에 토의를 끝내야 할 것임. 최대의 선전적 효과를 얻는 방법으로 토의를 종결시켜야 할 것임"25)이라고 하여 한반도에서 유엔의 역할을 부정하는 공산진영의 주장에 회담 참가국들이 동조하고 있는 상황을 우려하면서 서둘러 회담을 종식시킬 것을 권하고 있다.

수세에 몰려 있는 회담 진행 상황에 대한 미국 정부의 우려와 회담을 한반도의 통일이 아닌 그저 명분 축적과 선전용으로만 여기는 미국 정부의 시각은 6월 1일자 전문에서 더욱 극명하게 드러난다. "한국전을 통해 유엔의 집단안보 원칙이 확립됐다. 이 시점에서는 한국 통일을 성취하려고 하는 것이 아니기 때문에 유엔의 공로를 우선적으로 앞세워야 하는데도 그렇지 못한 실정에 있다. 이것은 서방 국가들이 최소한 한국에서의 유엔 역할을 인정하지 않도록 유도하려는 공산주의자들에게 말로 표현할 수 없는 이익을 가져다줄 것이다. …… 만일 유엔 그 자체가 침략의 도구이기 때문에 무시되어야 한다고 주장하는 공산주의자들과 끝내 타협을 하게 된다면 그것보다 더 큰 오류는 없다"26)고 하여 유엔의 권위와 역할이 부정되는 타협(합의)보다 회담 결렬을 선택해야 한다는 강한 의지를 보이고 있다.

4) 영연방 국가들과 소련의 계속되는 합의 모색

이에 6월 4일 열린 16개국 회의에서 미국과 한국을 한편으로 하고 캐나다 등 영연방 국가들을 다른 한편으로 하여 유엔의 권능 인정과 자유선거 문제를 둘러싸고 첨예한 대립이 야기되었다. 즉, 유엔의 권능

---

25) 남찬순, "비화 제네바 정치회담", 342쪽.
26) 같은 글, 342~343쪽.

을 절대적으로 지키려는 미국과 한국은 유엔의 권능 인정과 자유선거 문제는 분리할 수 없다는 주장을, 유엔의 권위도 중요하지만 궁극적인 목표는 자유선거이므로 유엔에 대한 공격을 감수하고서라도 양자를 분리시켜야 한다는 캐나다를 비롯한 영연방 국가들 사이에 대립이 격화되었다.

이로써 미국과 한국을 제외한 대다수 회담 참가국들이 남북한 자유선거에 의한 통일, 유엔군과 중공군의 동시 철수, 중립국 감시와 전조선위원회 결성에 대체적인 의견 접근을 봄으로써 한반도 통일과 외국군 철수 방안 마련이라는 한반도 현안의 타결 가능성이 보였던 제네바 회담은 유엔 권위 인정이라는 마지노선을 친 미국과 한국의 벼랑 끝 전술로 결정적 난관을 맞게 되었다.

미국의 회담 결렬 의도에 위기를 느낀 소련은 6월 5일 전체회의에서 이른바 몰로토프 5개 원칙을 제시했다. 이 5개 원칙은 ① 남북 지역에서의 자유선거 실시, ② 선거를 준비하고 시행할 남북 대표들로 구성된 정부[27] 수립, 그 구성 및 임무는 앞으로 검토, ③ 모든 외국 군대는 지정된 기한 내에 조선으로부터 철수, 자유선거 실시에 앞서 …… 모든 외국 군대 철수에 대한 기간 및 그 단계는 앞으로 검토, ④ 자유선거 실시를 관리하기 위해 적절한 국제위원단을 설정, 이 구성은 앞으로 검토, ⑤ 극동의 평화유지에 가장 직접적으로 관계되는 모든 국가가 조선 통일의 문제의 해결을 촉진시키기 위해 조선의 평화적 해결을 보장하는 책임을 지는 것이 긴요, 어떤 국가가 조선의 평화적 해결에 대한 책임을 지며 이러한 책임의 성격이 무엇인가의 문제는 앞으로 검토.[28]

---

27) 전조선위원회를 가리킴.

28) 국방부, 『제네바 정치회담 각국 대표 연설집』, 231~232쪽.

등이다. 소련의 이 제안은 북한의 기존 입장을 전제로 하면서도 쟁점이 될 만한 사안들은 추후 검토 사항으로 남김으로써 이미 이 입장에 접근해 있던 영연방을 비롯한 회담 참가국들과의 합의를 앞당겨 회담 결렬을 막고, 미국과 한국을 포함한 전체 합의를 끌어내려는 의도였다.

이에 대해 미국의 스미스 대표는 본국에 보낸 전문에서 "공산주의자들은 이번 회의에서도 유엔의 역할을 격하시키는 데 전력을 다했음. 몰로토프의 제안은 영연방 국가들의 견해와 비교해볼 때 분명히 그들에게 협상의 근거를 제공해주는 것임. 우리의 관심은 유엔의 권위와 활동을 높이 평가하는 우리의 입장을 견지하는 것과 몰로토프의 제안을 이용, 영연방 국가들이 어떤 태도를 취할 것이냐에 있음"[29]이라고 밝힌 데서 보듯, 회담 참가국들 사이의 협상과 합의 가능성을 인정하면서도 유엔의 권위와 역할 유지를 명분 삼아 영연방 국가들을 분리해내겠다는 의도를 드러내고 있다.

미국의 회담 결렬 의도와 소련의 합의 도출 시도가 맞서는 가운데 6월 11일의 전체회의에서 북한과 중국이 몰로토프 제안에 지지 의사를 표명하면서, 휴전협정의 계속적인 발효를 강조했다. 이 회의에서도 영연방 국가들과 프랑스는 중립국 감시기구의 구성을 주장함으로써 몰로토프 제안과의 접목을 시도했다.

5) 유엔의 권능 인정이라는 미국의 마지노선을 넘지 못한 참전 국가들

그러나 영연방 국가들과 프랑스 등의 중립국 감시기구 설립 주장은 어디까지나 유엔의 권능 인정이라는 전제가 달린 것이었기 때문에 유엔의

---

29) 남찬순, "비화 제네바 정치회담", 344쪽.

권능을 부정[30]하는 북한 등 공산진영의 주장 사이에 넘기 어려운 벽이 가로놓여 있었다. 따라서 유엔의 권능을 인정하지 않는 자유선거는 불가능하다는 미국과 한국의 주장을 물리치기가 어려웠다. 이에 이들 한국전 참전국들이 유엔의 한반도에서의 권리 확인과 유엔 감시하 자유선거라는 2개 원칙을 천명하고 회담 결렬의 책임을 공산진영에 떠넘긴 미국 주도의 '참전 16개국 공동선언'을 받아들이게 된 것은 어찌 보면 당연했다.

'참전 16개국 공동선언'이 발표된 6월 15일의 마지막 전체회의에서 북한은 비례 원칙에 의거하여 가능한 한 속히 모든 외국군을 조선 영토로부터 철수할 방안 강구, 1년을 넘지 않는 기한 내에 각방 지역에 10만 명을 넘지 않는 제한된 군대 설치, 전쟁 상태의 점차적인 해소 및 쌍방 군대를 평화 시 태세로 전환시키는 조건 조성, 군사 책임이 내포되는 조약에 한해서는 조선의 평화적 통일을 위해 모순되는 것으로 인정, 경제 및 문화 관계를 발전시키고 수립하기 위해 합의된 방안을 수행하는 전조선위원회 설립, 제네바 회의에 참가한 국가들은 조선의 평화적 발전을 보장할 필요를 인정하며 통일 독립 민주주의 국가로 조선을 평화적으로 통일하는 데 대한 문제를 가장 신속히 해결하는 조건 조성 등 6개 항을 제시했다. 이는 통일 방안이라기보다는 회담의 결렬에 대비해 한반도에서 전쟁 재발을 막고 평화를 보장하기 위한 데 중점을 둔 안이었다.

소련도 "제네바 회담에 참가한 각국은 통일된 독립 민주국가를 수립하는 토대 위에 조선 문제가 최종적으로 해결될 때까지 조선에서의 평화 유지를 위협할지도 모를 어떠한 행동도 취하지 않을 것을 약속한다.

---

30) 북한·중국·소련 등 공산진영은 유엔 또는 유엔의 권능 자체를 전면 부정하기 보다는 한반도에서의, 곧 한국 문제 해결에 있어서 유엔의 권능을 인정할 수 없다는 것이었다.

제네바 회담 참가 각국은 조선민주주의인민공화국과 대한민국이 이 선언문에 준거하여 평화적으로 행동해야 한다는 신념을 표명한다"는 '조선에 대한 선언문'을 채택하자는 안을 내놓았다. 그러나 미국은 소련의 제안이 이미 휴전협정 62항에 규정되어 있다며 이를 거부했다. 필리핀, 벨기에 등 그동안 양측 입장을 접목시키기 위해 노력해왔던 국가 대표들이 나서서 북한과 소련의 입장을 비판하며 미국의 입장을 거들었다. 마침내 태국 대표에 의해서 '참전 16개국 공동선언'이 발표되었다.

6) 정치회담 재개를 위한 중국의 마지막 노력과 이마저 봉쇄한 미국과 남한

'참전 16개국 공동선언'이 발표되자 저우언라이 중국 대표는 16개국의 회담 결렬 기도에 깊은 유감을 나타내고 미국 대표가 소련의 '조선에 대한 선언문' 채택 제안을 거부하는 근거로 든 휴전협정 62항은 서명 당사자에게만 구속력을 갖는 것으로, 더 광범한 기반 위에서 개최되고 있는 제네바 회담은 자체의 선언을 채택할 수 있다고 주장하며 미국 대표가 조선의 평화통일을 방해하고 있다고 비판했다. 나아가 저우언라이 대표는 "제네바 회담에 참가한 각국은 통일되고 자주적인 민주 조선을 설립하는 것을 기반으로 하는 조선 문제의 평화로운 해결에 대한 동의에 도달하는 방향으로 계속적으로 노력할 것을 동의한다. 적절한 협상을 재개하는 시기와 장소 문제에 대해서는 개별적으로 각 관계국에 의한 협상을 통하여 결정할 것이다"[31]는 내용의 선언을 채택하자고 제안했다.

---

31) 국방부, 『제네바 정치회담 각국 대표 연설집』, 314~315쪽.

이에 대해 벨기에 스파크 대표는 저우언라이 대표의 제안이 "16개국 선언서를 초안한 정신과 부합되는 것이며, 또 만약 제네바 회담이 동의에 도달치 못할 때에는 환경이 허락하게 되는 대로 조속히 새로운 접촉이 행해져야 하며, 또 그때에는 좀 더 순조로운 환경에서 동의에 도달하도록 해야 한다는 취지로 한 본인의 성명과도 부합되는 것"[32]이라고 밝혔다. 이에 저우언라이 대표는 "만약 16개국 측의 질문과 중화인민공화국의 대표가 제시한 최종 제안이 공통적인 희망을 보유하는 것이라면 이 회담에는 19개국이 참가하고 있음에도 불구하고 우리는 어째서 우리들의 공동합의 형식으로 이 공통적인 희망을 설명할 수가 없는 것입니까?"[33]라고 반문하며 공동성명 채택을 주장했다.

마침내 영국의 이든 의장은 "중화인민공화국 대표의 제안을 우리가 토의하고 있는 중인데 벨기에 대표가 그것이 이 회담의 정신을 표현하는 것이라고 한 것은 지당한 말이라고 생각합니다. 만일 일반이 거기 동의한다면 그 공동성명 초안을 이 회의가 대체적으로 수락할 줄로 알아도 아마 좋겠지요"[34]라며 공동성명 채택을 기정사실화했다. 이리하여 제네바 회담이 결렬되더라도 한반도 통일과 평화 수립 방안을 마련하기 위한 후속 정치회담의 개최가 성명으로 보장되는 전기를 마련하는 듯했다.

그러나 공동성명 채택을 결정적으로 가로막은 것은 역시 미국 대표였다. 그는 "정부에 대해 상의하기까지는 아무런 의견도 진술할 준비가 되어 있지 못하며 이제 제안된 결의안에 대해 가까이 할 준비도 되어 있지 않다"고 주장하면서 "공산 측이 단순히 우리가 과거부터 고수하여 왔다고 선언한 2개의 기본 원칙을 수락하는 것만으로 어느 때든지 유리

---

32) 같은 책, 319쪽.
33) 같은 책, 319쪽.
34) 같은 책, 320쪽.

한 조건 밑에서 협상을 재개할 수 있다는 것을 명확히 천명하고 있는 줄로 생각하며 이것을 떠나서 협상은 아무 성과도 내지 못할 것이다"[35]며 공동성명 채택을 원천봉쇄하는 벼랑 끝 전술을 구사했다. 남한의 변영태 대표도 "만약 공산 측이 같은 것을 작성하기를 원하거나 또는 동일한 내용의 것을 작성하기를 원한다면 그들은 소원대로 할 것이지 같이 하자 말자 하는 것은 덜된 소리입니다. 공동성명을 작성하는 것은 옳지 못하다"[36]고 정치회담의 취지를 원색적으로 부정하는 발언을 하며 공동성명이 채택되지 못하도록 쐐기를 박았다.

몇 차례 더 공방이 오간 후 벨기에 대표가 거듭 공동성명을 채택하자는 입장을 밝혔음에도 불구하고 이든 의장은 "이 회의에 공동 합의의 형식으로 제출된 각종 초안 중 어느 하나도 채택할 수 없음을 시사합니다. …… 본인은 오직 한 번 더 우리들의 공동 사업이 성공적인 결말을 통하여 성취될 수 있는 그날이 속히 오기를 개인적인 희망을 되풀이 하고자 하는 바입니다"[37]며 폐회를 선언했다. 이로써 제네바 회담은 한반도 통일과 평화에 관한 아무런 성과도 없이, 후속 일정조차 마련하지 못하고 결렬되고 말았다.

이와 같이 제네바 정치회담은 한반도 통일과 평화체제 수립 방안에서 북한·중국·소련 등이 적극적인 공세를 취하고 영연방 등의 참전국들이 이에 호응하는 가운데 미국과 남한이 수세적으로 대응하는 양상으로 전개되었으나 유엔의 집단안전보장 원칙을 명분삼아 한국전 개입의 정당성을 확보하고 세계 패권국의 지위를 지키려는 미국의 노골적인 회담 파탄내기로 끝내 좌초되고 말았다. 이는 이후 남한 정부로 하여금 북한

---

35) 같은 책, 321쪽.
36) 같은 책, 323쪽.
37) 같은 책, 326쪽.

의 계속적인 평화협정 체결 등의 평화 공세에 소극적으로 임하게 하는 원죄로 작용했으며, 1974년 박정희 정권이 남한 정부 사상 최초로 남북 간 불가침협정 체결을 제안할 때까지 20년간이나 지속되었다.

3. 한미 합의의사록 체결과 의미

1) 한미 합의의사록 체결 배경과 과정

한미상호방위조약 체결은 한미 간의 정치·군사·경제적 현안을 해결한 것이라기보다는 일시적 봉합과 새로운 갈등, 대립의 출발을 의미했다. 당시 한미 간 현안은 작전지휘권과 이승만 정권의 무력북진통일 기도, 휴전회담 준수 등의 군사적 문제를 비롯하여 이승만 평화라인과 원조물자의 대일 구매 등 한일관계, 환율 현실화와 남한 당국 보유 외화에 대한 미국 정부의 통제 등 정치·경제 문제 전반에 걸쳐 있었으나 한미상호방위조약은 그 어떤 사안에 대해서도 해답을 주지 못했다. 따라서 이러한 현안들을 매듭지을 법적 장치가 필요했다. 이에 1954년 7월 27일부터 30일까지 한미 정상회담이 열렸다.

당시는 제네바 회담이 결렬된 직후로 "이 대통령이 1954년 대북 공격 계획을 갖고 워싱턴에 왔으나 당시 상황이 그렇게 할 수 없었기 때문에 제시하지 못했다"는 백두진의 증언[38]대로 이승만은 아이젠하워와의 회담에서 무력북진통일을 위한 지지·지원을 받아낼 심산이었다. 그러나

---

38) 백두진, 「델레스 국무장관의 육성으로 듣는 역사 프로젝트」, 셀리그 해리슨, 『코리안 엔드 게임』(삼인, 2003), 260쪽.

중국 공산화에 맞서 일본을 동아시아 전략적 군사·경제 요충지로 삼으려는 아이젠하워 정권은 이승만에게 한일관계를 정상화하도록 고강도 압박을 가했으며, 이를 둘러싼 대립으로 아이젠하워와 이승만이 잇달아 회의장을 퇴장하고, 이승만이 귀국해버리는 극한 대립 속에 회담은 정작 한일관계와 경제문제를 중심으로 진행되었다. 각료 중심으로 진행된 이후 회담은 경제·군사 소위원회로 나뉘어 9월 14일까지 계속되었으나 끝내 결렬되었다.

서울에서 속개된 협상도 교착 상태를 벗어나지 못했다. 이에 미국은 원조를 무기로 자신들의 입장을 관철시키려고 하는 한편, 한미상호방위조약 체결 때와 마찬가지로 쿠데타 공작도 병행하고 있었다. 당시 변영태 국무총리는 미국의 안은, 일본만 공업국가로서 재건시키고 그 밖의 나라는 원료 공급지로 전락시키려는 정책이라며 반발했다. 결국 한국 정부가 10월 1일 유엔군에 대한 환화 대여를 중단하는 초강수를 두자, 미국은 즉각 석유 공급을 중단하는 것으로 대응하여 한국 정부를 압박했다. 할 수 없이 이승만 정권은 11월 6일에 환화 대여를 재개했으나 유엔군 사령관 헐은 11월 8일에도 이승만 정권이 합의의사록을 끝까지 거부할 경우 시행할 4단계 긴급행동계획을 작성하여 리지웨이 육군 참모총장에게 승인을 요청하며 이승만 정권을 몰아붙였다. 원조의 불안정과 석유 공급 중단은 남한에 감내하기 어려운 부담을 가중시켰다. 미국은 10월 22일 수정안을 제시한 남한과의 교섭 자체를 거부했다. 이승만 정권의 무조건 항복을 요구한 것이다. 마침내 이승만 정권은 11월 14일 미국안의 무조건 수락을 발표함으로써 11월 17일 남한에 대한 미국의 경제적·군사적 지배의 고리를 법적으로 보장하는 한미 합의의사록이 체결되게 되었다.

2) 한미 합의의사록의 내용과 그 후과

(1) 한미 합의의사록 본문 : 미국, 작전통제권(군령권)을 비롯해 통일과 국가체제 등 남한 사회 전반을 통제할 수 있는 권한 장악

미국의 강압에 굴복하여 미국이 제시한 내용대로 체결된 '한미상호방위조약에 따른 한미 합의의사록'은 미국이 남한의 정치·경제·군사·통일 등 주요 분야의 핵심 고리를 틀어쥐기 위한 세부적인 가이드라인이라고도 할 수 있다. 본문과 부록 A(경제 분야), B(군사 분야)와 부속문서 C로 이루어진 합의의사록의 주된 내용은 본문 1항에서 "한국은 국제연합을 통한 가능한 노력을 포함하는 국토통일을 위한 노력에 있어서 미국과 협조한다", 2항에서 "국제연합사령부가 대한민국의 책임을 부담하는 동안 대한민국 국군을 국제연합사령부의 작전지휘하에 둔다", 3항에서 "부록 B에 규정된 바의 국군 병력 기준과 원칙을 수락한다", 4항에서 "투자기업의 사유제도를 계속 장려한다", 6항에서 "부록 A에 제시된 것을 포함하여 경제계획을 유효히 실시함에 필요한 조치를 취한다"고 규정하고 있다.

1항에서 한반도 통일문제에 대해서 미국과 협조하도록 규정한 것은 그것이 부분적으로 이승만 정권의 북진을 막기 위한 미국의 의도가 반영된 것이라고 해도 본질은 우리 민족의 자주적인 통일 노력과 의사 결정을 부정하는 것이다. 미국은 북한·중국 등 공산권이 유엔의 권능을 인정하지 않는다는 것을 명분삼아 한반도 통일 방안을 마련하기 위해 개최된 제네바 정치회담을 일방적으로 파탄냈다. 그러나 이 1항이 보여주는 바는 명백히 유엔의 권능보다는 미국의 권능을 위에 놓고 있으며, 이를 통해 분단된 한반도 남쪽에 대한 지배 의사를 드러내고 있다. 2항에서 작전지휘권을 유엔사령부에 두기로 한 것은 한미상호방위조약의 발효를 미루면서까지 미국이 관철시키고자 했던 사안으로, 군 통수권의 한 축을 이루는 군령권, 곧 작전지휘권을 장기적으로 미국에 넘겨주는 법적 근거가 되었다. 3항에서 남한군의 병력 기준과 원칙을 규정한 것은 군사력 건설 권한(군정권)마저 미국에 넘겨준 것으로, 이는 2항의 규정과 함께 군령군과 군정권, 곧 군 통수권을 송두리째 미국에 넘겨주었다는 것을 의미한다. 4항에서 투자 기업의 사유제도를 장려한다는 규정은 남한에 자유시장경제 원리를 강제한 것으로, 남한의 (경제) 체제까지 미국이 간섭하는 주권 침해적 내용이며, 국민경제의 세부적인 경영 지침을 규정한 6항과 함께 미국이 남한의 경제 전반을 지배할 수 있는 근거가 되었다.

이와 같이 한미 합의의사록은 단순히 상호방위조약의 부록으로서의 성격과 내용을 훨씬 뛰어넘어 남한의 (경제) 체제와 통일정책 및 군사주권을 철저히 미국의 이해에 맞춰 재단했으며, 남한의 주권을 부정하고 민족의 자주성을 유린하는 내용으로 일관하고 있다.

(2) 부록 A : 미국, 남한의 경제운영과 재정권 장악

합의의사록 부록 A는 4개항으로 구성되어 있는데, 1항에서 남한 정부의 공정 환율과 대충자금 환율을 180대 1로, 2항에서는 미국이 현물로 공여하지 않은 원조 계획을 위한 물자는 어떠한 비공산주의 국가에서든지 소요의 품질의 물자를 최저가격으로 구입할 수 있는 곳에서 구매하도록, 3항에서는 남한 정부가 보유한 외화의 사용 계획에 관한 적절한 정보를 관계 미국 대표자들에게 제공하도록, 4항에서는 남한 정부 예산을 균형화하고 인플레 억제를 위한 노력을 한다고 규정하고 있다. 이는 남한 정부의 재정과 경제운영에 대한 미국의 간섭을 합법적으로 보장한 것이다.

이에 미국은 부록 A를 통해 남한의 환율을 규정하여 자국의 경제적 이해를 보장하고, 합의의사록 채택 과정에서 최대 갈등 요인이었던 대일 구매 문제를 역시 자신들의 요구에 맞게 관철시켰으며, 심지어 남한 정부가 보유한 외화 사용마저 통제할 수 있는 권한을 갖게 되었다.

(3) 부록 B : 미국, 남한의 군정권마저 장악

합의의사록 부록 B는 총 11개항으로 구성되어 있는데, 1항에서 남한 군의 총 병력 수를 육군 66만 1,000명, 해군 1만 5,000명, 해병 2만 7,500명, 공군 1만 6,500명 등 72만 명으로, 2항에서 군 급여와 급식비 의 증액을, 3항에서 예비사단의 편성 착수와 이를 위한 육군 월별 훈련 인원과 기간 등의 훈련 과정을, 4항에서 예비사단에 대한 미국의 장비와 병참 지원을, 7항에서 해군 전력의 증강을, 8항에서 공군 전력의 증강을, 10항에서 남한군의 예산을 유엔사와 합동으로 검토, 분석할 것을 규정 하고 있다. 남한군의 병력 수를 규정한 것은 미국이 남한군 건설의 권한, 곧 군정권마저 장악한 것으로, 합의의사록 2항의 작전지휘권, 곧 군령권 의 양도와 함께 사실상 군 통수권을 통째로 미국에 넘겨주었다는 것을 의미한다. 2항의 군 급여와 급식, 3항의 예비사단의 편성과 훈련, 7, 8항의 해·공군력 증강, 10항의 군 예산에 대한 분석 등은 한결같이 군정 권의 고유한 핵심 사안들로서 군사원조를 지렛대로 한 미국의 남한군에 대한 군정권 장악의 실상을 적나라하게 드러내고 있다고 하겠다.

부록 B의 제4항에 따른 부속문서(Attachment C, '미국 국방장관이 남한 국방장관에 보내는 권고안')는 밴프리트 장군의 권고안 이행이 가져올 남 한군의 편성 및 장비 개편에 관한 세부 사항과 미 8군 권고안 이행에 따른 남한군 소요 차량의 감축 등을 다루고 있다.

이와 같이 한미 합의의사록은 한미상호방위조약과 달리 군사 분야를 넘어서서 경제 분야, 그리고 통일정책, 사회체제까지를 규정한 포괄적인 내용의, 미국의 대남한 지배를 위한 세부적 틀이라고 할 수 있다. 미국으로서는 한국전쟁 이후 남한에 대한 지배권을 한미 합의의사록이라는 법적·제도적 장치를 통해 확보한 셈이다.

이상의 내용으로 보아 한미 합의의사록은 한미상호방위조약과 전혀 다른 독자적 성격의 조약이므로 마땅히 국회의 동의를 받아야 했다. 그러나 한미 양국은 이를 한미상호방위조약과 연동시켜 국회 동의 절차를 밟지 않음으로써 한미 합의의사록은 사실상 불법적 성격의 조약에 불과하다. 이후 한미 합의의사록은 1955년 8월에 부록 A, 1958년 12월에 부록 B, 1962년 1월에는 한국군 일부 부대를 유엔군사령관의 작전통제권에서 해제시키고 국가비상사태 발생 시 한국군 부대가 유엔군사령관의 작전통제권으로부터 잠정 이탈하는 절차를 규정하는 등의 수정이 이루어졌다.

이로써 한미 합의의사록은 일부 내용이 변경, 사문화되었으나 지금까지 작전통제권 등의 군사 분야와 체제, 통일 등에서 불평등한 한미관계를 규정하는 국제법적 근거로 되고 있다.

4. 중립국 감독위원회 감시소조의 강제 추방에 나선 미국

남한이 동북아시아 미 지상 전력의 거점으로 된다는 것은 필연적으로 주한미군 지상 전력도 강화된다는 것을 의미했다. 그것은 지금까지 일본을 중심으로 한 동아시아의 도서 라인을 지키는 완충지대로서가 아니라 대소·대중 전진기지로서 한반도의 군사전략적 위상이 격상했기 때문이다. 이미 한미상호방위조약을 통해서 군사력 증강을 천명한 한미 양국은 휴전협정 체결과 함께 이승만 정권은 북진무력통일을 겨냥해, 미국은 대소·대중 전진기지로서의 남한의 위상을 좇아 전력 증강에 나섰다. 그 첫 작업이 바로 중립국 감독위원회(NNSC: Neutral Nations Supervisory Commission) 무력화와 휴전협정 13항 ㄹ목 폐기의 일방적 선언이었다.

1) 중립국 감독위원회의 구성과 활동 개시

당초 유엔군 측이 자신들의 공군 전력의 우세를 유지하기 위해서 비행장 등의 군사시설 개선과 군사력 증강을 감시할 목적으로 제안한 중립국 감독위원회를 조중연합군은 정치적 간섭 음모라며 반대했다. 그러나 유엔군 측이 비행장 감시 주장을 철회하고 조중연합군 측도 중립국 감독위원회에 소련 참가 주장을 철회함으로써 구성에 합의할 수 있었다. 중립국 감독위원회의 임무는 휴전협정 제41항의 규정에 따라 휴전협정 제13항 ㄷ목과 ㄹ목, 제28항[39)]에 규정한 감독, 감시, 조사 및 시찰의 기능을 집행하고, 그 결과를 군사정전위원회에 보고하는 것으로, 1953년 8월 3일부터 활동을 시작했다.

2) 미국의 중립국 감독위원회 폐기 기도

그러나 휴전협정 조인 직후부터 미국은 중립국 감독위원회의 무력화에 나섰다. 1953년 9월 8일 대구에서 스웨덴 감시소조 라얼슨 대위에

---

39) 휴전협정 13항 ㄷ목 : "한국 국경 국외로부터 증원하는 군사인원을 들여오는 것을 중지한다 ……." ; 13항 ㄹ목 : "한국 국경 국외로부터 증강하는 작전비행기, 장갑차량, 무기 및 탄약의 반입을 정지한다 ……." ; 43항 : "중립국 감시소조는 하기한 각 출입항에 주재한다 ……."

대한 미군 사병의 구타 사건을 시작으로 9월 17일에는 부산에서 화염방사기 등을 싣고 부산으로 들어온 미군 선박을 검사할 수 없도록 방해하는 등 1954년 4월 15일 군사정전위에서 미국 측 수석위원이 중립국 감독위원회는 이미 존재할 의미가 없어졌다고 공식적으로 주장하기까지 미국은 수차례에 걸쳐 중립국 감시 활동을 방해하고 관련 조항의 무력화를 기도했다.[40]

제네바 회담이 한창 진행 중인 1954년 5월 12일, 유엔군 사령관 헐은 육군성에 ① 스위스와 스웨덴 정부에 자국 중립국 감독위원회의 철수를 권유하거나, ② 유엔사령부가 휴전협정 36항~50항(2조 다)을 일방적으로 폐기하거나, ③ 제네바 회담에서 '2조 다'를 재협상하여 중립국 감독위원회를 재구성하는 등의 우선순위를 갖는 세 방안을 제시하고 이 중 한 방안에 의해 중립국 감독위원회가 해체되기를 바란다는 견해를 제시했다. 헐 사령관은 중립국 감독위원회의 감시를 피한 북한의 군사력 증강과 중립국 감독위원회 공산 측 감시소조의 대유엔사 정보 수집 활동 등을 중립국 감독위원회 폐기 이유로 들었다.

이에 미 합참은 6월 11일, 헐의 제안을 검토하여 제네바 회담에서 관련 사안을 논의하는 것은 비생산적이며, 공산진영에게 반유엔 선전장을 마련해주고, 미국과 동맹국의 분열을 가져오는 기회를 제공할 뿐이라며 먼저 ①의 방안을 추진하되, 이것이 실패할 경우 ②의 방안을, 마지막 수단으로 ③의 방안을 추진하기로 하고 국무성에 스웨덴과 스위스 정부를 설득하도록 권고했다.[41]

---

40) 柴成文·趙勇田, 『중국인이 본 한국전쟁』(한백사, 1991), 338~342쪽.
41) *FRUS, 1952~1954*, Vol, XV, pt 2, 1806~1808쪽.

3) 중립국 감독위원회 일방적 폐기 입장에 대한 미 행정부 내 신중론

미 국무부 관리들도 1955년 2월 4일, 합참과의 대화에서 유엔사가 중립국 감독위원회에 대해 일방적인 조치를 취할 권한을 갖고 있지 않다는 법적 견해를 제시하면서 유엔사와 합참의 중립국 감독위원회 및 13항 ㄷ, ㄹ목의 일방적 폐기 주장에 반대했다. 이 자리에서 국무부는 ① 중립국 감독위원회가 폐기되고 군사정전위원회가 그 기능을 맡도록 해야 한다는 스웨덴·스위스 안을 군사정전위원회에 제출하고, ② 스위스와 스웨덴에게 그들 국가의 중립국 감독위원회 인원 감축 제안에 대한 설명을 요구하며, ③ 만약 공산 측이 중립국 감독위원회 폐기에 동의하지 않고, 또한 중립국 감독위원회 인원 감축에 관한 스위스·스웨덴 안이 2개 이하의 감시소조(DMZ에 주재하고, 감시 요구 지역을 집중 감시함)를 상정하고 있으면, 이를 군사정전위원회에 제출하는 한편 만약 공산 측이 동의하지 않을 경우 중립국 감독위원회에서 일방적으로 철수하거나, 2개 규모 이하로 감시소조를 줄이고 DMZ에 주재시키도록 시간을 두고 스위스와 스웨덴을 설득하자는 안을 제시했다.[42] 국무부와 국방부 사이에 견해 차이가 있지만 미국 정부는 어쨌든 스웨덴과 스위스를 통한 문제 해결 방안을 선택한 것이다.

한편 1955년 5월 12일에 개최된 NNSC 회의에서 아이젠하워 대통령은, 중립국 감시소조는 덜레스 국무장관이 영국과 프랑스의 반응을 확인한 후 테일러 유엔군 사령관이 그 기능을 정지시킬 수 있지만, 휴전협정 13항 ㄷ목과 ㄹ목은 16개 한국전 참전국과들과 충분히 협의해야 한다고 입장을 정리[43]함으로써 거듭되는 군부의 중립국 감독위원회와 13항 ㄷ목

---

42) *FRUS, 1955~1957*, Vol. XV, pt 2, 19~27쪽.

과 ㄹ목의 동시 폐기 주장에 대한 미국 정부의 입장을 정리했다. 이후 미국 정부의 움직임은 일단 중립국 감독위원회의 기능 정지로 모아진다.

4) 이승만 정권의 중립국 감독위원회의 축출 기도

남한 정부도 1954년 4월 27일 제네바 정치회담 개막회의에서 변영태 외무부 장관이 "유엔 감시단의 이목을 피해가며 또는 공공연하게 그들의 행동을 구속해가며 …… 공산 측은 정전협정을 일방적으로 파기한 셈입니다. 그러므로 우리 측은 중공 측이 무시한 정전협정을 고지식하게 지킬 것이 없다고 생각하드래도 그 책임의 소재는 공산 측에 있어야 할 것입니다"[44]라고 중립국 감독위원회 문제를 제기했다. 7월 27일에도 변영태 외무부 장관은 휴전협정 체결 1주년 담화에서 "공산 측이 군수물자의 반입, 군용 비행장의 건설, 중립국 감시위원단의 활동 방해 등을 자행했다고 비난"하는 등 제네바 회담이 끝나면서 본격적으로 중립국 감독위원회 폐기를 위한 행동에 들어갔다. 특히 남한 정부는 1955년 8월 6일 남한 주재 적성 중립국(체코·폴란드) 감독위원단에게 8월 13일 24시까지 남한 영토에서 철수하라고 통고하고 이들을 축출하기 위해 전국적으로 국민들을 동원하여 대대적인 대중 시위를 전개했다.[45] 1955년 8월 초에 시작된 중립국 감시위원단 반대 시위는 연인원 900여만 명이 참가하여 12월까지 4개월 동안 계속되었으며, 시위 도중 미군과 충돌하기도 했다.[46]

---

43) 같은 책, 92~94쪽.

44) 국방부, 『제네바 정치회담 각국 대표 연설집』, 6쪽.

45) 구영록·배영수, 『한미관계 1882~1982』(서울대 미국학연구소, 1982), 125쪽.

46) ≪조선일보≫, 1955.8.13, 1955.11.15, 박태균, 「1950년대 미국의 정전협정

5) 중립국과 영연방 국가의 반대

그러나 남한과 미국 정부는 중립국 감독위원회의 폐기나 일시적인 기능 정지에 대해서 스웨덴·스위스 등 관련 중립국들은 물론 영국을 비롯한 15개 한국전 참전국들조차 설득하지 못했다.

스웨덴과 스위스는 1954년 4월 14일, 미국 정부에 보내는 비망록을 통해 만약 제네바 회담에서 한반도 문제의 평화적 해결에 실패하여 NNSC의 활동이 무한정 연장될 가능성이 조성되면 NNSC에의 계속적 참여를 재고할 것이라고 주장했다.[47] 스위스도 같은 내용의 주장을 하면서, 덧붙여 휴전협정 양 당사자에게 NNSC 활동 종료를 요구할 것을 주장했다.[48] 또한 양국은 1955년 1월 27일에 미국과 북경에 보낸 비망록에서 중립국 감시소조 활동에 적격자를 확보하는 데 따른 어려움과 비용 문제를 제기하고 휴전협정 당사자끼리 중립국 감독위원회 활동을 종식시키는 방안을 선호한다면서 4개국 대표단 인원을 대폭 축소시키는 방안을 대안으로 제시하기도 했다.[49] 나아가 스웨덴은 1955년 4월 7일, 남북 5개(1955년 8월 이후에는 3개) 항에 주재하는 감시소조의 폐지와 각 중립국 감독위원회 파견 인원을 10~20명으로 축소 할 것과 모든 감시소조가 비무장지대에 주둔할 것을 주장하기도 했다.[50] 그러나 스위스는 중립국 감독위원회에서 철수[51]하거나 감시소조가 비무장지대로

일부 조항 무효 선언과 그 의미」, ≪역사비평≫, 통권 63호(2003년 여름호), 44쪽에서 재인용.

47) *FRUS, 1955~1957*, Vol, XXIII, pt 2, 10쪽. ft 4.

48) *FRUS, 1952~1954*, Vol, XV, pt 2, 1790~1791쪽.

49) *FRUS, 1955~1957*, 10쪽.

50) 같은 책, 64쪽.

철수[52]하는 것에 대해서는 스웨덴과 달리 신중한 태도를 보였다. 이렇듯 스위스와 스웨덴은 미국과 같이 중립국 감독위원회의 폐기를 바랐으나 휴전협정 테두리 내에서 합법적으로[53] 휴전협정 당사자 간의 합의에 의해 해결되기를 희망했다.

한편 스위스와 스웨덴은 중립국 감독위원회 폐기를 주장하는 이유에 대해서도 미국과 남한 정부가 주장하는 체코와 폴란드 감시소조의 간첩행위나 북한·중국의 스웨덴·스위스 감시소조 활동 방해 등 휴전협정 위반과 군사력 증강보다는 감시소조 운영에 따른 인적·경제적 부담과 한편으로 남한 정부의 체코·폴란드 감시소조에 대한 적대행위가 초래할 결과에 대한 우려[54]를 들고 있다.

미국의 중립국 감독위원회 기능의 일시 정지 주장에 대해서 의문을 갖기는 영국·프랑스 등 한국전 주요 참전국도 마찬가지였다. 1955년 5월 13일, 영국 공사 스콧은 미 국무부 관료들과의 대화에서 공산 측이 휴전협정을 위반하고 있다는, 설득력 있는 증거가 공개되어야 한다고 주장했다. 그러나 머피 부차관은 "우리 모두 공산 측이 휴전협정을 위반하고 있다는 사실에 동의하고 있는데 상세한 근거를 밝힐 필요성이 있는

---

51) 스위스 쉬나이더 공사는 1955년 3월 2일 미 국무부와의 만남에서 협상이 실패할 경우 중립국 감독위원회에서 철수해 달라는 미국의 요구에 아무런 언질을 주지 않았다. 같은 책, 50쪽.

52) 당시 스위스 공사는 미국무부에 사견임을 전제로 비무장지대에 NNSC 본부를 두고 남쪽에서는 스위스와 스웨덴의 대유엔사 연락장교를, 북쪽에서는 체코와 폴란드가 대조중연합군 연락장교를 맡되, 현행대로 각 항구에 주재하는 방안을 제시했는데, 스위스 정부는 더 합법적인 이 방안을 선호하리라고 덧붙였다. 같은 책, 65쪽.

53) 같은 책, 11쪽.

54) 같은 책, 65쪽.

지” 의문을 제기하며 이를 회피했다. 같은 날 프랑스 밀비 대사도 “만약 우리가 공산 측의 위반에 대한 유력한 증거를 확보하고 있다면 왜 공개하지 않는가” 하는 의문을 나타냈다. 이에 대해서 미 국무부는 이미 상당한 공개가 이루어졌다는, 앞뒤가 맞지 않는 답변을 했다.55)

미국이 공산 측의 휴전협정 위반 사실에 대해 확실한 증거를 확보하지 못했다는 것은 미 정부 내부 문건에 의해서도 확인된다. 미 국방부가 헐 유엔군 사령관에게 보낸 1955년 2월 5일자 전문에서 미 국방부는 2월 8일로 예정된 16개국 회의에서 이들 나라가 휴전협정 13항 ㄹ목에 의해 제기된 문제를 풀기 위한 미국의 조치에 공감할 수 있도록 공산 측의 휴전협정 위반 사례를 문서로 만들어 보내줄 것을 요구하고 있다.56) 또한 NNSC와 13항 ㄹ목의 폐기를 주장한 테일러 유엔군 사령관의 1955년 5월 10일자 권고안을 검토한 머피 부차관은 후버 차관에게 보낸 메모에서도 미국은 당시까지 동맹국을 설득할 증거를 제시하지 못했다는 사실을 인정하고 있다.57) 그런데도 미국은 공산 측의 휴전협정 위반을 기정사실화하면서 NNSC 폐기에 나섰던 것이다.

6) 중립국 감시소조 규모 축소

이와 같이 관련 당사국들의 이해와 입장이 엇갈리는 가운데 1955년 5월 4일에 열린 중립국 감독위원회 회의에서 최초로 중립국 감독위원회 문제에 대한 스위스·스웨덴·체코·폴란드 중립 4개국 간 합의가 도출되었다. 합의 내용은 남북 각각 5개항에 주재하는 5개 감시소조를 3개로

---

55) 같은 책, 95쪽.
56) 같은 책, 27~29쪽.
57) 같은 책, 86쪽.

줄이고, 잔류 감시소조원 수를 종전 4명에서 2명으로 줄이는 것이었다. 이러한 합의 내용은 미국의 입장을 반영한 스웨덴 안 — 각국이 파견하는 중립국 감독위원회 인원을 10~20명으로 줄이고, 이들을 DMZ에 주재하게 하자는 — 과는 거리가 먼 것이었으나, 스위스가 폴란드·체코와 입장을 같이 함으로써 스웨덴이 자국의 입장에서 후퇴하여 합의를 이룬 것이다. 불과 3개월 전에 국무성과 합참의 회의에서 2개 이하로 감시소조를 감축하고 이들을 DMZ에 주재시키는 안을 받아들일 수 있다는 입장을 확인한 미국은 당연히 이 합의 내용을 받아들여야 했다. 그러나 미국은 오히려 불만을 나타냈다. 남한에 폴란드와 체코의 감시소조가 계속 남아 있게 됨으로써 미국과 남한이 여전히 종전처럼 어려운 입장에 처하게 되었다는 것이다.[58] 위 합의 내용의 수용 여부를 놓고 고심하던 미국은 1955년 8월 29일 군사정전위에서 결국 이 합의를 받아들임으로써 중립국 감시소조는 남북 각각 3개로 줄어들게 되었다.

7) 미국의 거듭된 감시소조 철수 주장

그러나 미국은 이후에도 스위스와 스웨덴에 잔류 NNSC를 DMZ로 철수시켜 NNSC의 기능을 축소시키는 최소한의 조치라도 취하라고 요구하는 한편, 양국이 NNSC에서 철수하여 종국적으로 NNSC를 해산시키도록 종용했다.[59] 당시 스위스는 공산 측과의 비공식 접촉을 통해 적어도 1개 감시소조를 1개 출입항에 주재시키는 것이 공산 측 요구임을 파악하고 1개 감시소조를 제외한 나머지 2개 감시소조를 DMZ로

---

58) 같은 책, 81쪽.
59) 같은 책, 158~159쪽.

철수시키는 안을 준비하고 있었다.[60] 미국과 스웨덴의 거듭된 종용에 스위스는 결국 1955년 10월 말에 3개 감시소조를 DMZ로 철수시키는 안을 제출했으나 공산 측은 이를 거절했다.[61]

8) 미국, 스위스·스웨덴에 감시소조를 DMZ로 철수 합의 압박

1956년 1월 27일, 공산 측은 중립국 감독위원회에서 감시소조를 남북 각각 3개에서 1개로 줄이고, 비무장지대에 주재하고 있는 이동 감시소조와 인원을 축소하는 안을 제시했다. 그러나 스웨덴과 스위스는 이 안을 거절하고 스웨덴은 거듭 모든 감시소조를 DMZ로 철수시키고 필요시 일시적으로 남북으로 파견하는 안을, 스위스는 출입항에 주재하는 6개 감시소조를 폐지하고 DMZ에 주재하는 이동 감시소조만 유지하자는 안을 각각 제시했다. 특히 이 시기는 이승만 정권이 반체코·폴란드 감시소조 시위를 중단하기로 약속한 때였다.

이에 국방부는 유엔사로 하여금 3월 1일에 감시소조를 DMZ로 철수시키는 훈령을 내리겠다며 국무부를 압박했다.[62] 미 국무부 역시 시위 재개 시한(1956년 3월 8일) 전까지 남한에 확실한 언질을 주어야 한다는 명분을 내세워 감시소조의 DMZ로의 철수를 합의해내도록 스웨덴과 스위스에 압력을 행사했다.[63]

---

60) 같은 책, 166쪽.
61) 같은 책, 166쪽.
62) 같은 책, 226~227쪽.
63) 같은 책, 224~226, 229~231쪽.

9) 미국, 공산 측의 정치회담 제안 거부하고 감시소조 일방적 축출입장으로 변경

이에 공산 측은 1956년 4월 9일에 중립국 감독위원회 문제의 근본적 해결은 한반도의 평화적 통일과 모든 외국군의 철수 문제가 해결되어야 가능하다며 영국을 통해 유엔사 구성국들에게 이 문제를 토의하기 위한 정치회담을 개최하자고 제안했다.[64]

그러나 미국은 공산 측 제안을 NNSC에 대한 스웨덴과 스위스의 협상의 발목을 잡고 미국이 감시소조를 폐지시킬 경우 미국을 곤경에 빠뜨리기 위한 것으로 보고 스웨덴·스위스를 통한 NNSC 폐기라는 지금까지의 방침을 근본적으로 변경했다. 즉, 1956년 4월 20일에, 그러니까 유엔사가 군사정전위원회에서 감시소조의 기능 정지를 일방적으로 선언한 1956년 5월 31일을 40여 일 앞두고 로버트슨 차관보는 국무장관에게 보내는 메모에서 이제 유엔사는 예상되는 심각한 반향에도 불구하고 체코와 폴란드 감시소조를 DMZ로 이동시키도록 일방적인 조치를 취해야 한다고 주장했다. 나아가 그는 스위스와 스웨덴을 압박하는 것은 더 이상 의미가 없으며, 이제 미국의 주목적은 동맹국들의 지지를 확보하는 것이라고 주장했다.[65] 덜레스 장관은 이를 승인했다.

10) 스위스와 스웨덴, 공산 측 감시소조 축소안 수용, 미국안 거부

그러자 스웨덴은 1956년 4월 25일, 스위스는 5월 1일에 공산 측의

---

64) 같은 책, 242쪽.
65) 같은 책, 244~245쪽.

제안(남북에서 각각 3개의 감시소조를 1개로 줄이자는 안)을 수용했다.[66)] 이와 함께 스위스와 스웨덴은 공산 측과 합의가 이루어지지 않을 경우 중립국 감독위원회에서 철수하라는 미국의 요구를 거듭 거부했다. 스위스와 스웨덴은 감시소조의 DMZ로의 철수에는 동의하면서도 공산 측과 합의 없이는 중립국 감독위원회로부터 철수하지 않겠다는 입장을 견지한 것이다. 이로 인해 미국은 사면초가에 놓이게 되었다. 이에 미국은 16개 참전국들의 동의를 받아내어 이를 명분삼아 감시소조의 DMZ로의 철수를 일방적으로 몰아붙이는, 그동안 국무부 스스로도 경계해왔던 위법적인 초강수를 두게 된다.

11) 16개 참전국들조차 감시소조 추방하자는 미국 주장 반대

그러나 1956년 4월 30일에 열린 한국전 주요 참전국들과의 대화나 5월 4일과 10일에 개최된 남한을 포함한 한국전 참전 16개국 회의 등은 미국의 의도대로만 진행되지 않았다.

4월 30일 회의에서 캐나다는 가장 적극적으로 미국의 NNSC 정책에 문제를 제기했다. 캐나다는 아직 미국의 입장에 동의할 수 없다, 한반도와 인도차이나에서 NNSC 활동은 가치가 있다, 한국에서의 조치를 미루자, NNSC 문제를 단계적으로 풀자, 스웨덴과 스위스에 중국의 제안을 받아들이도록 촉구할 수 있다는 등 NNSC 활동에 의미를 부여하고, 심지어 미국이 가장 경계하던 스웨덴과 스위스가 중국의 입장을 받도록 하자는 파격적인 제안을 했다. 호주도 NNSC에 대한 유엔사의 일방적인 조치를 피할 수 있기 바란다는 의사를 밝혔고, 뉴질랜드는 모든 수단을

---

66) 같은 책, 247, 254쪽.

다 써 보기 전에 우리 자신이 협정 위반의 혐의를 쓰지 않도록 하는 것이 중요하다며 유엔사의 일방적 조치를 유보하자고 주장했다. 영국은 유엔사의 일방적 조치에는 찬성하나 공산 측 반응을 지켜보기 위해서 감시소조를 DMZ로 철수시키기 전에 상의를 해야 한다며 이런 과정을 고려하지 않던 미국과 절차에서 입장 차이를 드러냈다. 미국은 이들 우방국의 예상 밖의 견제에 실망감을 드러냈다.[67]

5월 4일의 16개국 회의에서도 4월 30일의 주요 국가 회의와 비슷한 상황이 재연되었다. 캐나다와 프랑스는 유엔사의 대NNSC 조치가 인도차이나 상황에 끼칠 영향을 우려했다. 프랑스는 또한 유엔사가 휴전협정을 위반한다는 인상을 주지 않아야 한다는 점과 어디까지나 일시적 정지라는 사실을 강조했다. 벨기에는 유엔사의 일방적 조치에 반대한다는 입장을 밝혔으며, 네덜란드도 유엔사의 조치에 의문을 나타냈다. 호주도 방법과 전술에 대한 우려를 나타냈다. 오로지 남한만 감시소조의 DMZ로의 철수조차 받아들일 수 없다는 강경한 입장을 취했다.[68]

12) 16개 참전국, 미국의 일방적인 조치 수용, 절차상 문제만 쟁점 삼아

그러나 5월 10일의 16개국 회의부터 다른 흐름이 형성되었다. 뉴질랜드는 유엔사가 휴전협정을 위반하는 성급한 조치로 비난받을 가능성을 우려하고 공산 측 제안을 수용한 스위스와 스웨덴의 입장을 선호한다며 세계 여론의 비우호적 반응을 피해야 한다고 주장했고, 한국 역시 NNSC의 완전 철폐를 주장하는 종전의 강경 입장을 되풀이했다.

---

67) 같은 책, 249~253쪽.
68) 같은 책, 257~262쪽.

그동안 미국의 일방적인 조치 자체에 의문을 제기하던 대다수 국가들이 조치에 대해서는 일단 수용하면서 다만 절차상의 문제를 쟁점으로 삼은 것이다. 먼저 오스트레일리아는 NNSC에 대한 유엔사의 일방적 조치를 인정하는 한편 미국의 제안이 최선인지 의문을 나타냈으며, 유엔사의 조치를 취하고 난 뒤 공산 측과 여론의 반응을 평가하고서 감시소조를 DMZ로 이동시키자고 제안했다. 캐나다는 NNSC에 대한 조치가 인도차이나 상황과 아시아 데탕트에 미칠 영향에 대해 재차 우려를 표명하면서 군사정전위에서의 유엔사의 NNSC 관련 성명 발표와 감시소조를 DMZ로 이동시키는 조치 사이에 시간을 두자고 제의했다. 영국은 보다 구체적인 절차를 제시했다. 중국의 4월 9일자 서한에 대한 답변서를 중국에 전달한 후 공산 측이 자신의 입장을 표명할 기회를 주어야 하며, 또한 감시소조를 실제로 DMZ로 이동시키기 전에 16개국이 평가 시간을 갖자는 것이었다. 네덜란드나 룩셈부르크도 영국의 제안에 동의했다.

그러나 미국은 공산 측에 시간을 주는 것은 공산 측이 유엔사에 반대하고 중립국의 입장을 고무할 시간을 주게 되어 유엔사에 불리하다며, 24~48시간이 주어지게 될 것이라고 주장했다.[69]

13) 유엔사, 중립국 감시소조 활동 중단 일방 선언

1956년 5월 25일의 회의에서 16개국은 다음과 같이 최종 입장을 정리했다. 4월 9일자 중국 서한에 대한 답장을 5월 28일경에 전달하며, 답변의 내용은 정치회담을 거부하고 NNSC에 대한 유엔사의 입장

---

69) 같은 책, 263~265쪽.

을 군사정전위원회에서 밝힌다, 중국 당국의 답변 수령이 확인된 후 유엔사는 군사정전위원회를 소집하여 중립국 감독위원회와 감시소조 관련 휴전협정의 일시 정지를 선언하며, 일주일 후에 효력을 발생시킨다, 유엔사가 공산 측 반응을 포함한 군사정전위원회의 회의 결과를 보고한 후 4~5일 후에 16개국 대표들이 공산 측 반응을 평가한다, 16개국에 유엔사의 보고서가 배포된 7일 후에 NNSC를 DMZ로 철수시킨다.

이에 따라 1956년 5월 31일 개최된 제70차 군사정전위원회에서 유엔사 수석대표 로버트 가드 장군은 마침내 유엔사 통제 아래 있는 지역에서 중립국 감독위원회와 감시소조의 활동을 중지시키는 일방적 조치를 선언했다.[70]

14) 중국, 스웨덴 안 수용. 영국, 스웨덴 안 수용 거부한 미국 성토

이것으로 상황이 매듭지어진 것은 아니었다. 6월 4일에 개최된 제71차 군사정전위에서 중국은 전격적으로 3월 16일자 스웨덴의 제안(모든 감시소조의 DMZ로의 철수와 필요시 이동 감시소조를 파견하는 권한을 갖는다)을 수용한 것이다. 그러나 유엔사는 이를 받아들이지 않았다.

이에 영국은 6월 4일 미 국무부와의 만남에서 미국에 강력히 항의했다. 영국은 중국의 스웨덴 입장 수용을 가장 만족스러운 결과로 보고 유엔사가 중국의 입장을 받아들이도록, 감시소조를 남한에서 축출하지 않도록, 군사정전위원회에서 감시소조를 DMZ로 철수하고 이동 감시소조의 활동 규정에 대해 협상하도록 훈령을 내리라고 미국에 요

---

70) 같은 책, 274쪽, ft 4.

구했다. 나아가 영국은 4월 9일자 중국 서한에 대한 16개국 답변에서 스웨덴 안에 대한 지지 입장을 밝혔기 때문에 가드 장군이 중국의 입장을 받아들이지 않은 것은 16개국을 궁지에 빠뜨린 것이라며 성토했다.71)

15) 미국, 감시소조의 DMZ로 일시적 철수 권고 거부

이러한 가운데 6월 5일, 중립국 감독위원회 회의가 열려 4개국 만장일치로 군사정전위원회가 감시소조의 DMZ로의 일시적 철수에 동의하도록 권고하는 결정을 내렸다. 중립국 감독위원회는 그 지위를 변경시키지 않았다는 의미에서 철수를 잠정적인 것으로 간주했다.72) 이러한 중립국 감독위원회 결정은 중립국 감독위원회의 합의에 의해 감시소조가 DMZ로 철수한다는 점에서 유엔사의 일방적 조치에 의한 감시소조의 강제적 철수와 대립되며, 또한 중립국 감독위원회의 지위를 계속 유지시킨다는 점에서 필요시 이동 감시소조를 남북으로 파견할 수 있는 중립국 감독위원회 권한을 부정하는 유엔사의 입장과 대립되는 것이다. 그렇지만 감시소조를 DMZ로 철수시키되, 필요시 남북으로 파견될 수 있다는 입장은 1955년 2월 4일의 국무부와 합참의 대화에서 미국 정부가 채택한 입장 중 하나였다. 그런데도 미국은 끝내 군사정전위에서 중립국 감독위원회의 권고를 거부했다.

---

71) 같은 책, 274~275쪽.

72) *FRUS, 1955~1957*, Vol. XXIII, pt 2, 278쪽.

16) 영국 · 프랑스 등, 당사국들의 합의에 의한 감시소조의 자진 철수 입장 제기

이에 영국은 6월 5일 열린 16개국 회의에서 중립국 감시소조를 DMZ로 철수시키는 유엔사의 조치는 스웨덴과 스위스의 입장이 명확해질 때까지 연기되어야 하며, 감시소조의 DMZ로 철수는 자발적으로 이루어져야 한다는 것을 밝힌 데 이어 6월 8일에도 외무성의 공식 요구로 같은 주장을 했다. 특히 영국은 5월 28일자 대중 답변에서 미국을 포함한 16개국은 중립국 감독위원회를 DMZ로 철수시키되 필요시 지정 항구로 감시소조를 파견하는 권한을 갖게 하자는 스웨덴 안을 지지한 사실을 상기시키고, 6월 4~7일 개최된 군사정전위원회에서 중국이 이 안을 수용했음에도 불구하고 유엔사가 이를 거부함으로써 당사국들의 합의에 의한 감시소조의 자진 철수를 가로막았다고 비판했다. 프랑스나 네덜란드 등도 영국과 유사한 입장을 제기했다.

17) 미국, 끝내 중립국 감시소조 일방적으로 추방

그러나 미국은 5월 28일자 답변이 스웨덴 입장을 지지하는 것으로 해석할 수 있도록 허용한 것은 부주의에서 비롯된 것이라고 발뺌했다. 결국 미국은 중립국 감독위원회가 감시소조를 남한으로 파견하는 권한을 갖는 것에 동의할 수 없다며, 감시소조의 DMZ로 강제철수를 연기하자는 영국의 요구를 거부했다.

그리하여 6월 9일, 유엔사는 마침내 인천·군산·부산에 주재하던 중립국 감시소조 16명을 판문점으로 축출했다.[73] 이로써 중립국 감독위원회와 감시소조의 활동은 사실상 종결되었으며, 남북의 군사력 증강을 견제할 수 있는 장치가 제거되고 말았다.

이상 살펴본 바와 같이 남한에서의 주한미군과 남한군의 군사력 증강을 위한 현대식 무기 도입의 걸림돌인 휴전협정의 중립국 감독위원회 관련 조항과 13항 ㄹ목을 폐기시키기 위한 미국의 기도는 상대적으로 위법 시비와 정치적·외교적 파장이 적고 13항 ㄷ, ㄹ목의 폐기보다 명분도 확보할 수 있는 중립국 감독위원회의 폐기 — DMZ로의 잠정적 철수 모양을 띤 — 를 13항 ㄹ목의 폐기와 분리하여 먼저 추진했으나 이마저도 명분과 추진 방식에서 중립국의 동의는커녕 한국전 참전 16개국의 동의마저 얻지 못한 채 일방적으로 추진되었다.

이는 마치 미국이 제네바 정치회담을 파탄시킨 과정을 연상시킨다. 남한은 미국은 물론 그 어느 국가도 동의하지 못할 강경한 입장을 전개하고, 미국은 이를 이용하여 다소 완화된 입장을 제기하며, 영국 등 영연방 국가들을 비롯한 주요 16개국은 중국, 북한과 합의할 수 있는 타협안을 제안하나 미국이 이를 거부하여 합의에 실패하게 된 과정이다. 중립국 감독위원회의 폐기 과정은 이렇듯 명분을 상실하고 밀어붙이기로 일관한 미국 일방주의의 결과이며, 그 후과는 한반도의 무한대 군비경쟁이다.

---

73) 같은 책, 277~288쪽.

5. 미국의 휴전협정 일방적인 13항 ㄹ목 폐기와 핵무기 도입

1) 중립국 감시소조의 비무장지대로의 추방과 함께 시작된 13항 ㄹ목 폐기 시도

미 합참을 중심으로 중립국 감시위원회와 휴전협정 13항 ㄹ목74)을 동시에 폐기하자는 입장이었던 군부는 물론이고 국무부도 이미 중립국 감독위원회의 기능이 정지된 후 13항 ㄹ목의 폐기에 나설 것임을 시사하고 있다. 중립국 감독위원회에 대한 유엔사의 일방적 조치를 권고한 1956년 4월 20일자 국무부 내부 문건은 4월 26일에 개최될 16개국 회의에서 낡은 장비의 교체 문제는, 비록 가까운 장래에 조치가 요구된다고 하더라도, 중립국 감독위원회 문제의 토론에 혼란을 줄 수 있기 때문에 제기되어서는 안 된다75)며 이른 시일 안에 13항 ㄹ목의 폐기 문제를 제기할 것임을 시사하고 있다.

2) 미 행정부 내에서 제기된 13항 ㄹ목 폐기에 대한 신중론

유엔사가 중립국 감시소조들을 판문점으로 강제 이동시킨 직후인

---

74) "한국 국경 외로부터 증강하는 작전비행기, 장갑차량, 무기 및 탄약의 반입을 정지한다. 단 정전 기간에 파괴, 파손, 손모 또는 소모된 작전비행기, 장갑차량, 무기 및 탄약은 같은 성능과 유형의 물건을 1대1로 교환하는 기초 위에서 교체할 수 있다. 이러한 작전비행기, 장갑차량, 무기 및 탄약은 오직 본 휴전협정 제43항에 열거한 출입항을 경유해서만 한국으로 반입할 수 있다. …… 중립국 감독위원회는 그의 중립국 감시소조를 통하여 본 휴전협정 제43항에 열거한 출입항에서 상기의 허가된 작전비행기, 장갑차량, 무기 및 탄약의 교체를 감시하며 시찰한다."

75) *FRUS, 1955~1957*, 244~245쪽.

1956년 6월 14일에 대유엔 법률 고문 보좌국의 찰스 런연은 유엔 정치·안보국의 본드 국장에게 보낸 메모에서 미국 정부가 취한 중립국 감독위원회 문제에 대한 경직된 태도를 비판하며, 이로 인해 미국이 동맹국의 비난을 받고 있다면서 국방부가 중립국 감시소조의 DMZ로 철수를 더 이상 낡은 장비의 교체 문제와 연결시키지 않도록 요구하고 있다. 이는 국방부 관리가 6월 14일자 ≪뉴욕타임스≫에 휴전협정에 구속되어 한반도에서 유엔사의 지위가 약화되고 있는 데 우려를 표명했다는 기사가 실린 데 대한 문제의식에서 나온 것이다.

그는 국무부와 국방부가 앞서 공동으로 제출한 바 있는 13항 ㄹ목에 대한 합리적이고 양심적인 해석76)을 지키지 않는다면 미국은 공산 측의 위반 때문에 정당화된 중립국 감독위원회의 단순한 일시 정지를 훨씬 뛰어넘는 조치들로써 휴전협정을 위반하는 범죄를 저지르게 될 것이라는 우려를 표명하고 있다. 곧 그는 휴전협정 13항 ㄹ목의 "같은 성능과 유형"이라는 규정이 의미하는 바를 동일한 명칭, 형(연도), 절대적 질을 의미하는 것으로 경직되게 해석하지 않고 보다 유연하게 해석한다면 남한에서의 낡은 장비의 교체는 휴전협정의 법적 틀 내에서 합법적으로 추진될 수 있다고 주장한 것이다. 나아가 만약 국방부가 이러한 자신의 주장을 법률에 대한 잘못된 해석으로 생각한다면 국제사법재판소에 자문을 구해볼 수도 있다고까지 강경 입장을 표명하면서 국제사법재판소에서 미국이 취할 조치들이 호되게 비난받을 가능성이 크다고 덧붙이고 있다.77)

---

76) 국방성은 국무성과 공동 명의로 유엔사에 보낸 전문에서 한반도에서 낡은 장비의 교체 문제는 휴전협정의 합리적이고 양심적인 해석에 의해 대처한다는, 곧 휴전협정의 틀 안에서 대처한다는 입장을 훈령한 바 있다(같은 책, 262~263, 284~285쪽).

국무부도 6월 17일에 머피 부차관 명의로 국방부에 편지를 보내 국방부가 휴전협정 13항 ㄹ목을 준수하지 않을 것이라는 ≪뉴욕타임스≫ 기사 내용에 우려를 표명하고 한반도에서의 낡은 장비 교체 문제에 대해 국방성이 일관된 입장을 가질 것을 촉구하고 있다.[78]

이와 같은 런연과 국무부의 주장은 국방부가 중립국 감독위원회에 대한 일방적인 조치의 연장선상에서 다시 휴전협정 13항 ㄹ목을 일방적으로 폐기시키려는 기도에 우려를 나타내면서 13항 ㄹ목에 대한 폭넓은 혹은 유연한 해석을 근거로 하여 최소한 합법적인 모양새를 갖춰 장비를 도입하려는 것으로서, 어떡해서든지 휴전협정을 파기했다는 비난을 피해보려는 의도에서 나온 것이라고 할 수 있다.

그렇지만 NNSC와 13항 ㄹ목을 동시에 폐기해 군비증강의 걸림돌을 제거하려고 했던 군부나 정치적·외교적 마찰을 최소화하기 위해서 NNSC 폐기와 13항 ㄹ목의 폐기 사이에 단계를 두려고 했던 국무부나 13항 ㄹ목을 유연하게 해석하여 법적 틀 내에서 군비증강을 꾀하려 한 런연이나 남한에서 군비를 증강하려는 입장에는 차이가 없었다.

3) 미국, 공산 측 위반 사례를 제시하지 못한 채 13항 ㄹ목 일방 폐기 선언

13항 ㄹ목 폐기에 대한 이와 같은 미 행정부 내의 신중론이 제기되는 것과 함께 NNSC 내에서 아이젠하워 대통령과 국무부 등은 13항 ㄹ목을 폐기하기 위한 명분으로 공산 측이 이를 위반했다는 증거를 제시하라

---

77) 같은 책, 282~283쪽.
78) 같은 책, 284~285쪽.

고 국방부에 요구했다. 캐나다 등 한국전 참전 국가들도 같은 요구를 했다. 그러나 국방부는 확실한 증거를 제시하지 못했을 뿐 아니라 증거를 제시할 필요성 자체를 부정했다.

중립국 감시소조를 판문점으로 추방하기 1년쯤 전인 1955년 5월 13일, 미 국무부 관리들은 영국·프랑스 대사들과의 대화에서 공산 측이 휴전협정을 위반하고 있다는 증거를 제시하는 것이 필요하다는 제기에 대해서 그럴 필요성을 부정했다. 그날 대화에서 영국 스코트 대사는 "공산주의자들이 휴전협정을 위반한 사례에 대한 설득력 있고, 공개적으로 유용한 증거를 제시할 필요성을 강조"했다. 그러나 이에 대해 미 머피 국무부 차관은 "우리 모두 공산주의자들이 휴전협정을 위반했다고 동의한다면 정확한 출처를 예증할 필요가 있는지 의문을 나타냈다." 하지만 드 뮈르비 프랑스 대사도 "만약 우리가 공산주의자들의 휴전협정 위반을 입증할 확실한 사례를 제시할 수 있다면 왜 공개하지 않는가?"라며 영국 대사와 같은 입장을 표명했다.[79]

미국이 군사정전위원회에서 휴전협정 13항 ㄹ목의 폐기를 일방적으로 선언한 1957년 6월 21일을 2개월여 남짓 앞둔 시점인 1957년 4월 4일에 개최된 미 국가안전보장회의(NSC, 제318차)에서 덜레스 국무장관은 "공산주의자들이 대규모로 휴전협정을 위반했다는 사실을 의심하지 않는다"면서도, 한편으로 그는 "공산주의자들이 북한으로 핵능력을 보유한 무기를 도입했다는 증거가 없다"[80]고 모순된 주장을 했다.

1957년 5월 16일에 개최된 16개 한국전 참전 주요 국가들과의 대화 석상에서도 영국의 해럴드 캐시카 대사는 "공산 측이 13항 ㄹ목을 위반

---

79) *FRUS, 1955~1957*, Vol. XXIII. pt 2, 95~96쪽.
80) 같은 책, 421쪽.

했다는 혐의를 입증할 수 있는 세부 자료가 제시되어야 한다"고 주장했다. 이는 미국이 군사정전위원회에서 휴전협정 13항 ㄹ목의 폐기를 일방적으로 선언한 1957년 6월 21일을 불과 1개월 남짓 앞둔 시점까지도 공산 측이 13항 ㄹ목을 위반했다는 증거를 16개 참전국가에게조차 제시하지 못했음을 보여주고 있다. 스펜더 호주 대사는 "1953년 휴전협정은 현상 동결을 목적으로 하고 있다"는 사실을 지적하면서 "휴전협정은 군사력 균형을 유지한다는 견해에 전적으로 의지하기보다는 현상 동결로 해석되어야 한다"고 주장했다. 래 캐나다 공사도 "공산 측의 위반 사례에 대한 구체적인 증거 자료가 공개되는 것이 필수적"이라며, "유엔군사령부가 1953년 수준 이전으로 군사력을 증강할 의도가 없다는 것을 표명하는 것이 바람직하지 않을까?"라고 주장했다. 그러나 로버트슨 차관보는 "공산주의자들이 같은 보장을 하지 않는 한 유엔군사령부가 군사력을 증강시키지 않으리라고 보장할 수 없다"며 공산 측의 휴전협정 위반 사례를 공개적으로 제시하지 못하면서도 한반도에서의 군사력 증강 의사를 노골적으로 드러냈다.[81]

렘니처 유엔군 사령관은 6월 5일자 전문에서 공산주의자들이 13항 ㄹ목에 대한 문제에서 주도권을 장악할 위험을 지적하면서 13항 ㄹ목을 정지시키기 위한 유엔군 사령부의 결정은 6월 15일 이전에 군사정전위원회에서 발표되어야 한다고 촉구했다. 이에 같은 날 로버트슨 미 국무부 차관보는 국무부장관에게 보내는 메모에서 주한미군에 양용무기를 제공하는 결정이 내려진다면, 이는 1957년 7월 1일 훨씬 전에 군사정전위원회에서 발표되어야 한다고 주장했다. 그는, 이렇게 함으로써 유엔총회 이전에 정전위원회 발표에 대한 국제적 반응을 누그러뜨릴

---

81) 같은 책, 433~437쪽.

최대 기회를 갖게 될 것이며, 가능한 유엔총회 훨씬 이전에 유엔에 보고서를 제출할 수 있을 것으로 주장했다.[82] 즉, 미 국무부는 휴전협정 13항 ㄹ목의 일방적인 폐기가 국제사회의 비난을 받게 되리라는 것을 충분히 예측하면서, 유엔총회장이 미국을 성토하는 장으로 되는 것을 피하고자 한 것이다.

이렇게 해서 미국은 행정부 내 또는 16개 참전국 내에서 공산 측의 13항 ㄹ목 위반 사례를 입증하지 못한 채 중립국 감독위원회의 기능이 정지된 때로부터 불과 1년 남짓 지난 1957년 6월 21일, 군사정전위원회에서 13항 ㄹ목 폐기를 일방적으로 선언했다.

4) 주한미군사령부 창설과 핵무기 도입

1957년 7월 1일, 미국은 유엔군 사령부를 동경에서 서울로 전진 배치함과 아울러 주한미군사령부를 창설하고, 곧이어 주한미군을 핵으로 무장시켰다. 이는 6월 21일, 미국이 휴전협정 13항 ㄹ목을 폐기시킨 지 불과 10일 만의 일이다.

주한미군의 핵무장은 핵폭탄을 적재할 수 있는 신예 제트기 F100 슈퍼 세이버 초음속기의 한국 이동과 280mm 원자포와 어네스트 존 지대지 미사일을 도입하여 지상군을 팬토믹 사단으로 개편하는 것이 중심이었다.

반면 1958년 중국인민지원군은 북한에서 완전히 철수했다. 주한미군의 핵무장 전력을 배경으로 하는, 주한미군이 통제하기조차 어려울 정도로 비대한 전력을 갖춘 남한의 전력은 1956년에 8만 병력을 일방적으로

---

82) 같은 책, 439~441쪽.

감축한 북의 전력에 대해 압도적 우위를 점하게 되었다. 북한군의 전면 남침은 불가능한 상황이었다. 1956년 10월 1일, 한국 담당 관리가 파슨스 동북아 국장에게 보낸 메모는 1956년 7월 25일자 「NSC 5514에 대한 경과보고서」를 인용하여 "남한군은 북한군에 비해 거의 두 배의 규모이며, 북한군에 비해 중화기와 야포에서 우위에 있다"고 주장하면서, "남한군은 공군력의 취약에도 불구하고, 적절한 병참 지원을 고려하면 북한군만의 단독 침략을 격퇴할 수 있다"고 결론을 내리고 있다. 그러면서도 이 메모는 "남한군은 미국의 즉각적인 군사적 지원이 없다면 공산주의자와 북한 연합군의 침략에 대해서는 지속적인 방어를 수행할 능력이 없다"고 밝히고 있다. 그러나 이 메모는 한편으로 "공산주의자들은, 최소한 미국이 남한의 방어를 공약하는 한, 한반도 전체를 통제하기 위한 그들의 목적을 달성하기 위해 무력에 의존하지 않을 것"이라며 북한, 또는 북한 및 중공, 소련 연합군에 의한 재침 가능성을 부정하고 있다.[83]

그런데도 미국은 자신들의 한반도 주변 정세 평가와 전력 평가를 거스르면서까지 남한에 고성능 재래식 무기뿐 아니라 핵무기까지 도입했다. 이는 미국이 대북 방어도, 대중·소 방어도 아닌, 오로지 동북아 군사적 패권 야욕에서 남한을 전진기지로 삼았음을 말해주는 것이자 미국이 이른바 한반도 핵 위기의 원조임을 말해주는 것이다.

---

83) 같은 책, 315~320쪽.

6. 글을 마치며

제네바 회담은 1945년 미국이 우리 민족을 분단시킨 이래 9년 만에 다시 통일을 이룰 수 있는 절호의 기회였으나 후속 회담 개최조차 가로막고 나선 미국의 전횡으로 아무런 성과 없이 무산되고 말았다. 이후 1997년, 실로 43년 만에 4자회담 예비회담이 개최되기까지 정전 상태를 평화 상태로 전환시키기 위한 정치회담은 개최되지 못한 채 분단은 고착되었다.

제네바 회담을 무산시킨 미국은 곧바로 정전 상태에 놓인 남한 사회에 대한 장악에 들어가 한미 합의의사록을 체결하여 남한의 체제, 군통수권(군정권과 군령권), 통일, 경제를 틀어쥔 다음 이를 바탕으로 중립국 감독위원회 기능 정지, 휴전협정 13항 ㄹ목의 폐기에 착수했다.

스위스·스웨덴 중립국들과 한국전 참전 16개국의 반대에도 불구하고 미국은 일방적으로 중립국 감시소조를 강제 축출하고, 휴전협정 13항 ㄹ목을 폐기하고는 남한에 최신 재래식 무기와 핵무기를 들여와 이곳을 자신들의 대소 전진기지로 전변시켰다. 미국은 이 과정에서 북한이 휴전협정을 위반하여 재래식 무기와 핵무기를 도입했다는, 신뢰할 만한 최소한의 사례조차 제시하지 않았다. 이후 한반도는 세계에서 군사적 대결이 가장 첨예한 지역으로 전변되었다.

이러한 조건에서 한반도의 평화협정 체결과 민족의 통일은 설 자리를 잃었다. 남북 분단이 고착되어 장기화되고, 군사적 대결과 국지적 분쟁이 일상화되었으며, 끊임없는 전면전의 위협 속에서 민족의 단결과 공존·공영은 죄악시되고 민족의 대결과 한미동맹은 미덕이 되었다. 이제 다시 평화협정 체결과 통일이 일정에 오른 상황에서도 한미동맹은 마치 모든 민족 이익과 국가 이익에 우선하는, 불가침의 진리인 양 똬리를 틀고 있다.

그러나 한미동맹은 북을 전쟁 상대로 적대시하여 성립되었으며, 주한미군은 그 물리력으로, 따라서 한미동맹 및 주한미군과 한반도 평화·통일은 공존·양립할 수 없다는 것이 본문을 통해 살펴본 대로다. 민족을 분단, 고착시키고, 첨예한 적대적 대결을 조장했으며, 평화협정 체결의 길을 봉쇄해온 그 본성과 행적에서 하등의 변화가 없다.

더 나아가 한미동맹은 이제 새로운 적을 상정하고 한반도 역외 패권까지 겨냥하며, 국가와 민족에 대한 외부로부터의 적대성을 확대재생산해 나가고 있다. 그러나 만약 한미동맹이 새로운 적과 패권을 상정한다면 이는 우리 생존 자체와 민족 이익과 국가 이익에 반하는 것으로 마땅히 폐기되어야 하며, 대북 적대적 성격을 탈각한 주한미군이라면 더 이상 이 땅에 계속 주둔할 이유가 없다. 남한, 나아가 한반도가 더 이상 역외 국가들을 적대하는 전진기지로 되어야 할 이유가 없기 때문이다.

북한 핵문제에 대한 미국의 대응과 평화적 해결 전망

이재봉

1. 북한 핵무기 개발의 배경과 과정

1) 북한은 언제부터 왜 핵무기를 개발해왔는가

(1) 군사적 배경

북한이 처음으로 핵무기를 개발하게 된 배경과 원인은 미국이 1951년부터 북한에 대해 핵무기로 공격할 수 있다고 위협하고 늦어도 1958년 1월부터 남한 땅에 핵무기를 배치하기 시작한 데서 찾을 수 있다. 이른바 1990년대의 '제1차 북핵 위기'와 2000년대의 '제2차 북핵 위기'의 과정이나 결과에 대해서는 대체로 잘 알려져 있기 때문에 여기서는 1990년대 이전의 사건 전개 과정만을 소개한다.

첫째, 미국은 한국전쟁 동안 북한에 대해 핵무기를 사용하겠다고 직접적으로든 간접적으로든 몇 차례 위협했다. 1951년 말 B-29 폭격기가 평양에 모의 원자탄을 떨어뜨리는 훈련을 했으며, 1953년 초 아이젠하워 대통령은 휴전 협상이 잘 진전되지 않으면 미국은 원자탄을 사용할 수 있다는 암시를 드러내기 시작했다. 둘째, 휴전협정이 조인된 직후 덜레스(John F. Dulles) 국무부장관은 세계 어디서든 재래식 공격에도 핵무기로 대응하겠다는 '강력한 보복 전략'을 천명했다. 셋째, 래드포드(Arthur W. Radford) 합참의장은 1955년 1월 서울을 방문하여, '강력한 보복 전략'이 한반도에도 적용된다는 것을 분명히 하면서 필요하면 한반도에서 원자탄을 사용할 준비를 할 것이라고 선언했다. 넷째, 미국은 늦어도 1958년 1월부터 남한에 어니스트 존(Honest John), 랜스(Lance), 나이키 허큘레스(Nike-Hercules) 미사일 등과 함께 다양한 전술 핵무기를 들여놓기 시작하여 1972년에는 약 760기나 되는 핵탄두를 배치하게 되었다. 다섯째, 1969년 북한이 영공을 침범한 미국의 EC-121 정찰기를 격추시키자, 미국은 핵무기를 투하할 수 있는 B-52 폭격기들을 북한 쪽으로 위협 비행했다. 여섯째, 1975년 남한이 사이공 함락에 안보 불안을 느끼자, 미국은 북한에 대해 핵무기를 사용할 수 있다는 공개적 위협으로 남한을 달랬다. 일곱째, 1976년 2월부터 시작된 연례 한미합동 군사훈련인 '팀 스피리트(Team Spirit)'는 대대적인 핵무기 사용 훈련을 포함했다. 여덟째, 1976년 8월 미군과 남한군이 북한군의 사전 양해를 구하지 않고 비무장지대 중립 지역의 미루나무를 베어내려고 할 때 미군 2명이 북한군에게 살해당하는 '판문점 도끼 살인 사건'이 일어나자, 미국은 B-52 폭격기를 포함해 핵무기 공격 능력을 갖춘 폭격기와 전함들을 한반도에 파견했다. 아홉째, 1983년에 드러난 미국의 '공중 지상 전투(Airland Battle)' 전략은 북한이 남침할 경우 핵무기를 사용하여 북한 정권을 붕괴시킨다는 것을 목표로 삼고 있었다.[1]

----

1) Selig S. Harrison, *Korean Endgame: A Strategy for Reunification and U.S. Disengagement* (Princeton University Press, 2002), pp.197~199; Don Oberdorfer, *The Two Koreas: A Contemporary History* (Basic Books, 1997), pp.76~77, 252~257; The United States Department of State, *Foreign Relations of the United*

이에 대해 북한은 다음과 같은 대응책을 마련했다. 첫째, 핵무기를 사용하는 것이 상대방에게뿐 아니라 미국 자신에게도 타격을 줄 수 있도록 '적을 껴안는' 전략으로 재래식 병력을 휴전선 근처로 전진 배치시켰다. 둘째, 1963년 방위 시설을 외부의 폭격으로부터 보호하기 위해 대대적인 지하 건설 프로그램을 시작했다. 김일성은 원자탄을 갖지 않고도 원자탄을 가진 적들을 물리칠 수 있는 길이 있다며 공장을 포함한 모든 주요 시설을 지하에 건설하라고 지시한 것이다. 셋째, 1963년 자체 핵무기를 개발할 수 있도록 소련에게 협조를 요청했다. 이에 소련은 핵무기 개발은 도와줄 수 없다고 거절하는 한편, 북한을 달래기 위해 평화적 목적의 원자력 개발은 지원할 수 있다며 1965년부터 영변에 원자력 발전소를 세우는 데 도움을 주기 시작했다. 이때부터 북한의 핵 과학자 300여 명이 소련에서 20여 년 동안 훈련을 받게 되었다. 넷째, 1964년 중국이 원자탄 실험에 성공하자 김일성은 베이징에 대표단을 보내 북한도 핵무기를 개발할 수 있도록 도와달라고 요구했다. 마오쩌둥에게 편지를 보내 전쟁터에서 생사고락을 함께 한 형제 국가끼리 원자탄의 비밀을 공유하자고 한 것이다. 마오쩌둥은 김일성의 부탁을 거절했다. 다섯째, 1974년 남한이 자체 핵무기 개발 프로그램을 진행하고 있다는 사실이 알려지자, 김일성은 다시 중국에 핵무기 개발에 대한 협조를 요청했지만 이번에도 거절당했다.[2] 이에 따라 북한도 1970년대 말부터 본격적으로 핵무기 개발에 나선 것으로 추정되는데, 미국은 1980년대 초 이를 낌새

States, 1958~1960, Volume XVIII(United States Government Printing Office, 1994), p.435, 460~161; 이재봉, 「4월 혁명과 미국의 개입」, ≪사회과학연구≫, 제18집(1995), 74~75쪽.

2) Selig S. Harrison, *Korean Endgame*, p.198; Don Oberdorfer, *The Two Koreas: A Contemporary History*, pp.252~253.

채기 시작했던 것이다.[3]

(2) 지리적 배경

한반도는 세계 4대 강국에 둘러싸여 있다. 특히 북한은 북쪽으로는 중국과 러시아에 그리고 남쪽으로는 남한에 가로막혀 있는 가운데, 바다 건너 서쪽으로는 중국에 그리고 동쪽으로는 일본과 미국에 둘러싸여 있는 형국이다. 이렇듯 북한을 둘러싸고 있는 4대 강국과 남한은 모두 늦어도 1960년대까지 자체적으로 핵무기를 개발했거나 미국의 핵무기를 배치해놓고 있었다. 미국은 1945년, 소련은 1949년, 중국은 1964년에 핵무기 개발에 성공하여 다양한 전략 및 전술 핵무기를 배치해놓았으며, 일본과 남한은 자체 핵무기는 없지만 1950년대부터 주일미군 및 주한미군 기지에 미제 핵무기를 들여놓기 시작했던 것이다.

1991년 소련이 해체된 이후 미국은 남한을 포함한 해외 미군기지로부터 핵무기를 철수했다고 발표했지만, 2006년 현재까지 남한에 대해 지속적으로 핵우산을 제공할 것을 다짐해왔다. '핵우산'이란 남한의 안보가 위협을 당하면 미국이 핵무기로 보호해주는 것을 일컫는다. 이를 위해 핵무기로 무장한 미군 잠수함이 동해 근처 해역을 운항하고 있는 것으로 알려져 있다. 한반도 지상에서는 핵무기가 철수되었을지라도 한반도 주변 해역에는 여전히 핵무기가 배치되어 있는 셈이다.[4]

그러나 북한은 소련에게든 중국에게든 핵우산을 제공받은 적이 없다. 북한을 사방에서 둘러싸고 있는 모든 나라들이 다양한 핵무기를 다량으

---

3) Don Oberdorfer, *The Two Koreas: A Contemporary History*, pp.250~251.

4) Selig S. Harrison, *Korean Endgame*, p.200; Don Oberdorfer, *The Two Koreas: A Contemporary History*, p.260.

로 배치해놓고 있거나 적어도 미국의 핵우산을 받고 있는 마당에, 북한
만 자체 핵무기도 없고 다른 나라의 핵우산도 받지 않고 있었던 것이다.

(3) 경제적 배경

경제적 측면에서 핵무기 개발은 최소의 비용으로 최대의 안보 효과를
얻을 수 있다. 1970년대부터 남한의 경제력이 북한의 경제력을 앞서게
되고 시간이 흐를수록 그 격차가 커지자 북한은 남한과 재래식 군비
경쟁을 하기 어렵게 되었다. 예를 들어 1976년 남한은 국방비를 2배로
늘리고 그 이후 3년 동안 해마다 군비를 대폭 증강했다. 국제전략연구소
(International Institute of Strategic Studies)의 보고에 따르면, 국민총생산
(GNP)에서 군사비가 차지하는 비율은 예나 지금이나 북한이 남한보다
훨씬 크지만, 군사비 액수로는 1970년대 중반부터 남한이 북한을 앞서
기 시작했다. 나아가 1970년대 말에는 남한의 국방비가 북한의 국방비
보다 2배 이상으로 증가되었다.[5]

특히 1990년대 들어 북한은 심각한 경제난에 처하게 되면서 속된
말로 빌어먹고 굶어죽을 지경이다. 북한의 GNP는 대략 미국의 1/600
수준이요 남한의 1/30 수준이다. 그래서 군비 증강을 하기 어렵다. 북한
의 군사비는 GNP의 30% 안팎을 차지할지라도, 대략 미국의 1/100
안팎이요 남한의 1/5 안팎인데, 미국과 남한이 지속적으로 군비를 늘리
고 있어서, GNP를 몽땅 쏟아 부어야 남한의 군사비와 겨우 비슷하게
된다. 빈약한 경제력 때문에 전투기나 함정 같은 재래식 무기 경쟁은
도저히 할 수 없게 된 것이다. 남한에서는 북한이 심각한 경제난을 겪으
면서도 핵무기와 미사일 같은 대량파괴무기를 개발한다고 비판하는 목

---

5) 같은 책, p.67, 203.

소리가 큰데, 역설적으로 경제난 때문에 대량파괴무기를 개발해온 것이다. 대량파괴무기를 조금이라도 갖게 되면 안보에 대한 걱정 없이 재래식 무기 유지 및 증강에 들어갈 비용을 경제개발에 쓸 수 있기 때문이다. 재래식 무기에서 아무리 뒤지더라도 대량파괴무기 몇 개만 있으면 상대방에게 결딴나는 것을 막을 수 있지 않겠는가.

이와 관련하여, 북한은 2003년 6월 9일 조선중앙통신 논평을 통해 "우리가 핵 억제력을 갖추고자 하는 것은 그 누구를 위협하고 공갈하기 위해서가 아니라 앞으로 재래식 무기를 축소하며 인적 자원과 자금을 경제 건설과 인민 생활에 돌리려는 데 있다"며 "미국이 조선에 대해 적대 정책을 포기하지 않는 한 자금이 적게 들면서도 그 어떤 첨단 무기나 핵무기도 무력화시킬 수 있는 강력한 물리적 억제력을 강화해나갈 것"이라고 발표했다. 핵무기 개발의 경제성을 분명히 밝힌 것이다. 미국이 핵무기 선제공격을 할 수 있다고 위협해온 터에 북한은 심각한 경제난으로 재래식 군비 증강을 꾀하기 어려우니 값싸게 핵무기로 무장해놓고 군비를 줄여 경제 성장에 힘쓰겠다는 뜻이다.[6]

(4) 전략적 배경

1980년대 말과 1990년대 초에 걸쳐 소련이 해체되고 동유럽 공산주의 정권들이 무너지자 북한은 체제를 유지하는 데 어려움을 겪게 되었다. 전통적 우방국인 소련과 중국으로부터의 지원이 끊기거나 줄어드는 터여서, 북한은 미국을 협상 테이블로 끌어들이기 위한 수단으로 핵무기와 미사일 개발 카드를 사용한 것으로 보인다. 냉전이 끝나면서 세계

---

6) 조선중앙통신(www.kcna.co.kp); 통일부, ≪북한동향≫, 제647호(2003.6.6~ 6.12.), 28쪽.

유일의 초강대국으로 남게 된 미국이 핵무기와 미사일을 비롯한 대량살상무기의 확산 저지를 탈냉전 시대 — 특히 9·11 이후에 대외 정책의 핵심 목표 가운데 하나로 설정했기 때문이다. 미국은 소련이 해체된 뒤 미국에 맞서 세계적인 초강대국으로 등장할 가능성이 있는 나라들이 지역 패권국으로 성장하는 것부터 봉쇄한다는 전략을 세우는 한편, 공산주의에 의한 위협 대신 테러에 의한 위협이 커지리라 생각하고 대량살상무기가 테러리스트들이나 테러 지원 국가들의 손에 들어가지 않도록 하는 정책을 세운 것이다.[7]

북한이 지속적으로 미국과 적대적 관계를 유지해도 살아남을 수는 있겠지만 잘 살기는 어려울 것이다. 가진 것이 별로 없는 터에 경제를 개발하기 위해서는 외부로부터 돈을 얻어오든 빌려오든 해야 할 텐데 미국이 세계의 돈줄을 쥐고 있기 때문이다. 그래서 미국과 적대적 관계를 청산하고 싶어 하지만, 미국은 북한의 불가침조약이나 평화협정 또는 국교정상화 요구에 응하기는커녕 오히려 북한의 체제 붕괴를 목표로 삼고 각종 제재를 하고 있다. 이에 북한은 미국을 협상 테이블로 끌어들이기 위해 핵무기와 미사일 카드를 써온 것이다.

결과적으로 북한은 이 협상 카드를 잘 활용했다. 이에 따라 세계에서 가장 가난한 나라들 가운데 하나로 가장 큰 어려움에 처해 있는 북한이 세계 유일의 초강대국인 미국을 직접 협상 테이블로 끌어들여 적어도 2000년까지는 성공적으로 협상을 이끌 수 있었다.[8] 그 산물이 1993년

---

7) 이재봉, 「미국의 대북한 정책의 변화와 남한 통일 외교의 과제」, ≪한국정치학회보≫, 제30집 4호(1996년 12월), 203~224쪽; 이재봉, 「미국의 대동북아시아 정책과 북미 관계의 전망」, ≪국제정치논총≫, 제37집 3호(1998년 8월), 117~135쪽.

8) Don Oberdorfer, *The Two Koreas: A Contemporary History*, p.336.

6월 뉴욕에서 발표된 북미 공동성명, 1994년 10월 제네바에서 맺어진 북미 기본합의, 1999년 9월 베를린에서 이루어진 북미 기본합의, 그리고 2000년 10월 워싱턴에서 채택된 북미 공동코뮤니케 등이다.

(5) 정치적 배경

북한은 1990년대부터 사회주의권의 붕괴와 김일성 주석 사망, 그리고 심각한 경제난에 따른 위기에 처해왔다. 이러한 위기 상황을 극복하기 위한 이른바 '고난의 행군'을 시작하면서 내세운 것이 '선군정치'와 '강성대국'이다. 선군정치란 군대를 중시하고 강화하여 나라 안팎의 위협을 물리치며 어려움을 극복해나가는 정치를 뜻하고, 강성대국이란 땅덩어리는 작아도 군사나 경제 분야를 발전시켜 강대국의 위상을 갖춘 나라를 의미한다. 핵무기 개발이나 보유는 선군정치와 강성대국의 상징이 될 수 있고 북한 당국이나 인민들에게 자신감을 불어넣을 수 있다는 것이다.

2) 북한은 핵무기를 얼마나 가지고 있을까

북한 당국은 핵무기를 가지고 있으며 더 만들 수 있다고 발표한 데다 2006년 10월엔 핵시험을 성공적으로 실시했다고 발표했지만, 실제 가지고 있는지는 확실히 알기 어렵다. 그러나 다음과 같은 정황을 비추어 보면 가지고 있는 것으로 추정된다. 첫째, 북한은 2000년대 초까지 핵무기 개발이나 보유에 관해 시인도 부인도 하지 않으며 애매모호하게 말하거나 침묵을 지켰다. 둘째, 2002년 10월 강석주 외무성 부상은 방북한 미국 대통령 특사에게, "북한은 핵무기를 가질 수 있게 되어 있다"고 말했다. 셋째, 2003년 4월, 리근 외무성 부국장은 3자 회담 미국 대표에게 "우리는 핵무기를 보유하고 있으나 폐기할 수는 없다"고 말했다.

넷째, 2003년 8월, 김영일 외무성 부상은 1차 6자 회담 미국 대표에게, "우리는 핵무기를 갖고 있는 것을 보여줄 수 있다"고 말했다. 다섯째, 2003년 10월, 외무성 대변인은 "8,000여 개 폐연료봉 재처리를 완료했고 이를 통해 얻어진 플루토늄은 핵 억제력을 강화하는 방향으로 용도를 변경시켰다"고 말했다. 여섯째, 2004년 6월, 김계관 외무성 부상은 3차 6자 회담에서, "핵무기를 더 이상 만들지 않고 수출하지 않으며 실험하지 않겠다"고 말했다. 일곱째, 2004년 9월, 최수헌 외무성 부상은 유엔 총회에 참석하여, "폐연료봉 8,000개를 재처리해 얻은 플루토늄을 무기화했다"고 말했다. 여덟째, 2005년 1월, 김계관 외무성 부상은 방북한 미국 의회 대표단에게, "북한은 핵무기 보유국이며 핵무기는 방어용이다"고 말했다. 아홉째, 2005년 2월, 외무성은 성명을 통해 "핵무기고를 늘이기 위한 대책을 취할 것이다…… 자위를 위해 핵무기를 만들었다…… 우리의 핵무기는 어디까지나 자위적 핵 억제력으로 남아 있을 것이다"고 발표했다.

북한이 실제로 핵무기를 가지고 있는지 여부조차 확실히 모르는 터에 수량을 파악하기는 더욱 어렵다. 그러나 다음과 같은 정황을 비추어보면 적어도 5개 안팎을 가지고 있는 것 같다. 첫째, 북한 당국은 핵무기 수량에 관해서는 전혀 밝히지 않고 있다. 둘째, 미국 정보부는 1990년대 초까지, 즉 1994년의 북미 제네바 합의 이전까지, 최소 1~2개 또는 최대 8~9개를 만들었을 것이라고 추정한다. 셋째, 중국 및 러시아 정보부는 북한이 핵무기 개발에 대한 의지와 기술은 있지만 1990년대 초까지 만들지는 못했을 것이라고 추정한다. 넷째, 남한 정보부는 북한이 1990년대 초까지 미사일에 탑재하기 어려운 대형의 재래식 핵무기를 1~2개 만들 수 있었을 것이라고 추정한다. 다섯째, '비공식 북한 대변인'으로 통하는 김명철 재일 조미평화센터 소장이나 한호석 재미 통일학연구소 소장 등의 민간 전문가들은 북한이 1990년대 이전에 핵무기 개발에 성공하여 2000년 전후에는 50~100개 정도 보유하고 있다고 추정하기도 한다.

3) 북한은 왜 핵시험을 했을까

북한은 1990년대까지는 핵무기 개발이나 보유에 관해 시인하지도 않고 부인하지도 않는다는 이른바 NCND(Neither Confirm Nor Deny) 정책을 펴왔다. 이는 지난날 미국이 남한을 비롯한 외국에 핵무기를 갖다 놓고 대외적으로 사용했던 수법이다. 핵무기가 있다고 하면 국제 사회로부터 불법이라는 비난을 받게 되고, 핵무기가 없다고 하면 상대방으로부터 무시를 당하기 쉽기 때문에, 있어도 없는 체했고 없어도 있는 체했던 것이다.

그러다 북한은 2005년 2월 핵무기를 가지고 있다고 선언했다. 정말 가지고 있는 것인지 없으면서도 미국의 침략을 막기 위해 있는 체하는 것인지 외부에서는 확실히 알기 어렵다. 남한이나 미국의 정보 부처에서는 몇 개 있을 것 같다고 추정할 뿐이다. 아무튼 북한의 핵무기 보유 선언에 따라 남한과 미국은 겁을 먹거나 당황해서 남북대화 및 6자회담이 재개되었다. 그 결과물이 2005년 9월의 이른바 9·19 공동성명이었다.

그러나 6자회담은 중단되었다. 북한이 100달러짜리 지폐를 위조했다는 이유로 미국이 북한의 돈줄을 바짝 조이기 시작했기 때문이다. 북한은 그런 일 없다며 대화를 제안했지만 미국이 거부하자, 미국이 협상에는 관심이 없고 북한의 체제 붕괴만을 꾀한다고 판단했다. 그래서 형식적인 6자회담을 거부하고 미국과 실질적으로 협상하기 위해 2006년 7월에 미사일을 시험 발사한 것 같은데, 미국이 협상에 응해오기는커녕 일본과 유엔을 통해 오히려 제재를 강화하자, 2006년 10월엔 핵시험이라는 강도 높은 벼랑 끝 전술을 써보았을 것이다.

2. 북한 핵무기 개발에 대한 미국의 대응

1) 레이건 행정부의 대응

미국이 처음으로 북한의 핵무기 개발에 대해 낌새를 채기 시작한 때는 레이건 행정부 시절인 1982년 4월이었다. 미국의 감시 위성이 영변의 한 강변에 원자로로 보이는 물체가 세워지는 것을 촬영한 것이다. 1984년 3월과 6월에도 감시위성이 원자로와 냉각탑 등의 모습을 찍었지만 전력 생산을 위한 것인지 핵무기 개발을 위한 것인지 구별할 수는 없었다. 그러나 1986년 3월부터 강변 모래밭에서 원통형의 분화구 모습과 축구장 길이의 두 배에 가까운 직사각형 건물이 감시 위성에 잡히기 시작하고, 1987년 2월에는 플루토늄 추출 시설로 보이는 건물이 촬영되었다. 그리고 1988년 6월 훨씬 더 큰 원자로가 건설되는 모습이 감시 위성에 잡히면서, 미국은 북한이 핵무기 개발을 하고 있다고 확신하게 되었다.9)

2) 부시 1세 행정부의 대응

북한의 핵무기 개발 의혹과 관련하여 1989년 1월에 들어선 부시 1세

---

9) 같은 책, pp.250~251.

행정부가 처음으로 취한 조치는 감시 위성에 잡힌 영변의 모습을 잠재적 영향력을 가진 나라들에게 알리는 일이었다. 1989년 2월 국무부 관리가 소련과 중국을 방문하여 북한의 핵 프로그램에 대해 설명한 것이다. 그리고 1989년 5월엔 미국의 핵 전문가들이 남한과 일본을 방문하여 자세하게 설명해주었다.[10]

한편, 미국은 부시 1세 행정부가 들어서기 직전인 1988년 12월부터 베이징에서 북한과 접촉을 시작했다. 특히 북한의 핵 문제와 관련해서는 1992년 1월 뉴욕에서 캔터(Arnold Kanter) 국무부 정무차관이 김용순 노동당 국제부장과 "최초의 고위급 정치적 접촉"을 가졌다.[11]

3) 클린턴 행정부의 대응

1993년 1월 클린턴 행정부가 출범한 두 달 뒤인 3월 북한은 핵확산금지조약(NPT)에서 탈퇴하겠다고 선언하여 두 나라 사이에는 긴장과 대결이 고조되었다. '제1차 북핵위기'가 시작된 것이다. 그럼에도 불구하고 물밑접촉은 계속되어 1993년 6월 북미 공동성명이 발표되었다. 북한이 핵확산금지조약으로부터 탈퇴 효력을 임시 정지시키는 대신 미국은 핵무기를 포함한 무력을 사용하지 않으며 무력으로 위협도 하지 않는다는 내용이었다.[12]

---

10) 같은 책, pp.255~256.

11) Arnold Kanter, "U.S. Hopeful But Cautious on North Korean Nuclear Cooperation," *Testimony Before the Senate Foreign Relations Subcommittee on East Asian and Pacific Affairs*(1992.2.6); 이재봉, 「미국의 대북한 정책의 변화와 남한 통일 외교의 과제」, 《한국정치학회보》, 제30집 4호(1996년 12월), 203~224쪽.

12) 「조선민주주의인민공화국-미합중국 공동성명」(1993.6.11.)의 조선 글 원문은

그러나 1994년 3월 국제 원자력 기구(IAEA)의 북한 핵사찰 실패 선언에 따라 미국의 페리(William J. Perry) 국방부장관과 강경파 의원들은 북한에 대한 전쟁불사 발언까지 서슴지 않으며 한반도를 한국 전쟁 이후 최대의 위기로 몰아갔다.[13] 미국의 북한에 대한 경제제재 및 전쟁위협은 1994년 6월 러시아의 격렬한 미국 비난과 중국의 단호한 북한 지원 표명, 그리고 카터 전 대통령의 평양 방문을 통한 중재를 바탕으로 해소되었으며, 이는 1994년 10월 제네바 북미협정으로 이어졌다.

이 협정의 핵심 내용은 북한이 핵 활동을 동결시키는 대신, 미국이 대체 에너지를 공급하고 경수로를 제공하며 북한에 대해 핵무기를 먼저 사용하지 않고 북한과 정치 및 경제 관계를 정상화하겠다는 것이었다.[14] 두 나라 사이의 합의문 채택에 따라, 미국은 1995년 3월 만료되는 핵확산금지조약의 갱신에 걸림돌이 될 수 있는 북한을 견제하고 핵확산의 가능성을 줄임으로써 미국의 핵무기 기득권을 강화할 수 있었고, 북한은 미국의 핵무기 선제공격 위협으로부터 벗어남과 동시에 미국과 정치

조선중앙통신 홈페이지(www.kcna.co.jp)에서 찾을 수 있다.

13) *Congressional Quarterly Weekly Report* (1994.3.26.), p.753; William J. Perry, "U.S. Security Policy in Korea," *U.S. Department of State Dispatch* (1994.5.9.), pp.275~279; Bill Clinton and Robert L. Gallucci, "North Korea Nuclear Situation," *U.S. Department of State Dispatch* (1994.6.27.), pp.421~423; Warren Christopher, "A Comprehensive Strategy for Halting North Korea's Nuclear Program," *U.S. Department of State Dispatch* (1995.1.30.), pp.54~57.

14) *The Associated Press* (1994.6.16.); 이재봉, 「미국의 대북한 정책의 변화와 남한 통일 외교의 과제」. 흔히 '제네바합의'로 불리는 「조선민주주의인민공화국-미합중국 사이의 기본 합의문(Agreed Framework Between the United States of America and the Democratic People's Republic of Korea)」(1994.10.21.)의 영어 원문은 미국 국무부 홈페이지(www.state.gov)에서 구할 수 있으며, 조선 글 원문은 조선중앙통신 홈페이지(www.kcna.co.jp)에서 찾을 수 있다.

및 경제적 관계를 개선할 수 있게 되었다.

그러나 제네바협정은 일종의 속임수와 다름없었다. 클린턴 행정부의 많은 관리들과 당시 의원들은 경수로 건설 등 제네바 협정의 중요 합의 사항이 실행되기 전에 김정일 정권이 무너지리라 기대하고 있었기 때문이다. 경수로 건설이 적어도 5~6년이나 지연된 배경이기도 하다. 1994년 김일성 주석의 죽음과 1995년부터 알려지기 시작한 극심한 경제난을 바탕으로 '북한 붕괴론'이 주로 미국 군부와 정보부 인사들에 의해 널리 퍼졌던 것이다.[15]

1999년 초에는 금창리 지하시설이 핵무기 개발과 관련이 있다는 의혹이 제기되어 또 다시 북한을 폭격해야 한다는 주장이 제기되기도 했다. 그러나 1999년 5월 미국 대표단이 문제의 시설을 사찰하여 의혹을 해소함으로써 북미 관계개선에 오히려 긍정적인 영향을 미치게 되어, 이는 1999년 9월의 북미 베를린합의로 이어졌다. 북한이 미사일 발사 실험을 당분간 중지하는 대신 미국은 북한에 대한 경제제재를 완화하고 관계 정상화를 이룬다는 내용이었다.

1999년 10월에는 '페리 보고서'로 불리는 대북 정책 제안이 발표되었는데, 그 주요 내용은 한반도의 냉전체제 종식을 위한 3단계 목표를 포함하고 있다. 여기서 제1단계 또는 단기 목표는 한반도 안에서 핵무기와 미사일의 위협을 없애는 것이다. 북한은 미사일 재발사를 자제하고, 미국은 북한에 대한 경제제재를 완화하며 북미 간에 연락 사무소를 개설하는 등 관계 개선을 위해 노력한다는 내용이다. 제2단계 또는 중기 목표는 북한과 미국 사이, 그리고 북한과 일본 사이에 관계 정상화를

---

15) Selig S. Harrison, *Korean Endgame*, p..xvii; 이재봉, 「북한 붕괴론과 전쟁 도발설에 관하여」, ≪한국동북아논총≫, 제6집(1998년 2월), 235~251쪽.

이루는 것이다. 북한은 핵무기와 미사일 개발을 중단하겠다는 보장을 하고, 북한과 미국 사이에는 1994년의 제네바 기본합의를 이행하며, 북한과 일본 사이에는 수교 협상을 본격화한다는 계획이다. 제3단계 또는 장기 목표는 한반도 냉전 체제를 종식하고 남북한 사이에 평화 안정 체제를 구축하는 것이다. 북한과 미국 그리고 북한과 일본은 정상적인 관계로 발전하고 남한과 북한은 실질적인 통합으로 볼 수 있는 남북연합을 이룬다는 계획이다.[16]

2000년 10월에는 김정일 국방위원장의 특사로 국방위원회 제1부의장인 조명록 차수가 워싱턴을 방문하여 클린턴 대통령을 포함한 미국 행정부 고위 관리들을 만나 두 나라 사이의 공동 코뮤니케를 발표했다. 먼저 두 나라는 한반도에서 긴장을 완화하고 1953년의 정전협정을 공고한 평화체제로 바꾸어 한국전쟁을 공식적으로 종식시키기 위해 4자회담 등 여러 가지 방안을 검토하기로 했다. 또한 두 나라는 1993년 6월의 북미 공동성명에 지적되고 1994년 10월의 제네바합의에서 재확인된 원칙들에 기초하여 적대관계를 청산하고 관계 정상화를 이루기 위해 경제협조와 교류를 발전시키기로 합의했다. 그리고 클린턴 대통령의 북한 방문을 준비하기 위해 올브라이트(Madeline Albright) 국무부 장관이 곧 평양을 방문하기로 했다.[17] 이에 따라 2000년 11월 올브라이트 장관

---

16) 흔히 '페리 보고서'로 불리는 "Review of United States Policy Toward North Korea: Findings and Recommendations, Unclassified Report"(1999.10.12.)는 미국 국무부 홈페이지(www.state.gov)에서 찾을 수 있다.

17) 「조선민주주의인민공화국-미합중국 사이의 공동 코뮤니케(US-DPRK Joint Communique)」(2000.10.12)의 영어 원문은 미국의 노틸러스 연구소 홈페이지(www.nautilus.org)에서 구할 수 있으며, 조선 글 원문은 조선중앙통신 홈페이지(www.kcna.co.jp)에서 찾을 수 있다.

이 평양을 방문하여 북미 정상회담을 합의했지만, 다음 달 대통령 선거
에서 공화당 부시 2세 후보가 당선되어 클린턴 대통령의 방북을 반대하
는 바람에 두 나라 사이의 관계는 더 진전될 수 없었다.

4) 부시 2세 행정부의 대응

2001년 1월 들어선 부시 2세 행정부는 클린턴 행정부의 대북 정책을
이어받는 대신 2001년 2월 전격적으로 이라크를 폭격함으로써 북한에
대해 간접적으로 경고를 보냈다. 이른바 '깡패국가들'이 대량 살상 무기
를 개발하는 것은 절대 용납하지 않겠다는 것이었다. 그리고 2001년
3월 부시 대통령은 김대중 대통령과 한미 정상회담을 가지면서 노골적
으로 북한과 김정일 국방위원장에 대한 불신감을 드러냈다. 북한같이
비밀스러운 나라와 어떤 합의를 할 때 그들이 합의사항을 잘 지킬지
어떻게 알 수 있느냐며, "나는 북한의 지도자에 대해 상당한 회의를
가지고 있다"고 밝힌 것이다. 이에 덧붙여, 북한이 2001년 9·11과 직접
관련된 것은 없지만 부시 대통령은 9·11 직후 가진 한 언론인과의 인터
뷰에서 김정일 위원장을 본능적으로 혐오한다고 밝혔다.[18]

2001년의 9·11 테러는 미국에 엄청난 충격을 주었고 미국의 대외
정책을 더욱 호전적으로 이끌었다. 미국이 제2차 세계대전이 끝난 1945
년 이후 2003년 현재까지 70번 가까이 다른 나라를 폭격하거나 군사적
으로 침략하면서도 외국으로부터 폭격이나 침략을 받아본 적은 없는데,

---

18) *Reuters* (2001.3.7.), Selig S. Harrison, *Korean Endgame*, p.90에서 재인용; Bob
Woodward, *Bush at War* (Simon & Schuster, 2002), p.340.

워싱턴과 뉴욕이라는 심장부를 강타당했기 때문이다.[19]

이에 따라 부시 행정부 국방정책의 근간이랄 수 있는 「4개년 국방 검토 보고(Quadrennial Defense Review Report)」는 이전의 것보다 매우 공세적으로 바뀌었다. 2001년 9월 30일자로 만들어진 이 보고서의 새로운 핵심 내용은 크게 두 가지로 요약할 수 있다. 첫째, 과거엔 '상대의 위협'에 초점을 맞춰 국방 계획을 세웠지만, 앞으로는 '자신의 능력'에 초점을 맞춰 국방 계획을 세운다는 점이다. '누가' 적인가 또는 전쟁이 '어디서' 일어날 것인가보다는 적이 '어떻게' 싸울 것인가에 대해 더 신경을 쓰겠다는 것이다. 둘째, 과거엔 미국이 두 군데서 동시에 전쟁을 벌여도 둘 다 이길 수 있는 '동시 승리(win-win)' 전략을 세웠지만, 앞으로는 둘 다 이기되 적어도 한 군데서는 영토를 점령하거나 정권을 갈아치울 수 있는 '결정적 승리(decisive victory)' 전략을 세운다는 점이다.[20]

2002년 1월 부시 대통령은 국정연설(the State of the Union Address)을 통해 북한을 더욱 몰아붙였다. 여기서 그는 북한과 이란 그리고 이라크가 '악의 축(Axis of Evil)'을 이루고 있다며 미국의 안전을 위해 필요하다면 무슨 짓이든 하겠노라 공언하며 두 가지를 강조했다. 첫째는 지구상의 모든 테러 조직을 없애 버리겠다는 것이요, 둘째는 화학무기나 생물무기 또는 핵무기를 지니려는 정권들은 가만두지 않겠다는 것이다.[21]

---

19) Glenn D. Paige, *Nonkilling Global Political Science* (Xlibris Corporation, 2002), pp.7~8; William Blum, *Rogue State* (Common Courage Press, 2000), pp.68~70, 93~94.

20) 2001년 9월 30일자의 「4개년 국방검토보고(Quadrennial Defense Review Report)」는 미국 국방부 홈페이지(www.defenselink.mil)에서 찾을 수 있다.

21) 부시 대통령의 2002년 1월 국정연설(the State of the Union Address) 원문은 백악관 홈페이지(www.whitehouse.gov)에서 찾을 수 있다.

또한 미국은 2002년 3월 9일 ≪로스앤젤레스타임스≫에 처음으로 보도되어 알려지기 시작한 「핵 태세 검토(Nuclear Posture Review)」에서 북한을 핵무기 선제공격 대상 7개국 가운데 하나로 꼽음으로써 북한을 더욱 압박했다. 핵무기를 전쟁억지 수단만이 아니라 선제공격 수단으로도 쓸 준비를 해야 한다는 내용은 북한만이 아니라 온 세계에 커다란 충격을 던지며 격렬한 반발을 불러 일으켰다.[22]

이 비밀 보고서는 전문이 공개되지 않아 자세한 내용은 알 수 없지만, 공개된 부분 가운데 북한과 관련된 사항은 다음과 같다. 첫째, 국방부는 중국, 러시아, 이라크, 북한, 이란, 리비아, 시리아에 대해 핵무기 사용을 준비할 필요가 있다. 특히 아랍과 이스라엘이 충돌하거나, 중국과 대만 사이에 전쟁이 일어날 때, 또는 북한이 남한을 공격하면 핵무기 사용을 꼭 준비해야 한다. 둘째, 미국은 지하 벙커를 폭파할 수 있는 새로운 핵무기를 개발할 수 있도록 해야 한다. 미국이 가장 우려하는 잠재적 적국들이 무기를 지하로 옮기고 있지만, 미국은 이러한 시설들에 대처할 적절한 수단이 부족하기 때문이다. 특히 북한은 지하 시설 구축에 가장 열성적인 나라들 가운데 하나로, 전투기와 탱크 그리고 병력과 대포 등을 감추기 위해 비무장지대 근처의 화강암 산들을 파헤쳐왔다.[23]

이러한 「핵 태세 검토」의 내용은 2002년 9월 발표된 미국의 새로운 국가안보전략에 반영되었다. 미국이 지금까지는 국가안보에 '충분한 위협'이 있을 때 이를 막기 위해 선제공격을 한다는 전략을 유지해왔지만,

---

22) *The Los Angeles Times*, 2002.3.9.

23) 이에 관해 미국 국방부가 2002년 1월 9일 의회에서 행한 특별 브리핑(Special Briefing on the Nuclear Posture Review)과 2002년 3월 9일 발표한 성명 (Statement on Nuclear Posture Review) 등의 관련 자료들은 미국 국방부 홈페이지(www.defenselink.mil)에서 구할 수 있다.

앞으로는 그러한 적대행위를 '예방하기 위해서' 필요하다면 선제공격을 하겠다는 것이 이 안보전략의 핵심 내용이다. 여기서 미국은 북한이 1990년대에 자체적으로 대량살상무기를 개발하는 한편 탄도 미사일을 세계적으로 확산시키며 점점 성능이 뛰어난 미사일을 실험하고 있다고 판단하고 있다.[24]

이와 관련하여, 2002년 당시 미국 중앙정보국장이 의회의 상원 정보위원회에서 증언한 북한의 대량살상무기에 관한 평가는 다음과 같다. 첫째, 북한은 핵무기를 1~2개 이미 만들었거나, 앞으로 1~2개 만들 수 있는 플루토늄을 갖고 있는 것으로 보인다. 둘째, 생물무기와 화학무기 프로그램은 갖고 있다. 셋째, 미국은 2015년 이전에 북한의 대륙간탄도미사일(ICBM) 위협을 받게 될 것이다. 1998년에 북한이 쏘아올린 대포동 1호는 2단계 탄도미사일로 대량살상무기를 싣고 1만km를 갈 수 있는데, 지금 개발 중인 대포동 2호는 3단계 탄도미사일로 1만 5,000km까지 날아갈 수 있을 것이다. 그러면 알래스카와 하와이뿐만 아니라 미국 본토 전체가 사정권에 들게 된다.[25]

2002년 10월 켈리(James Kelly) 미국 대통령 특사가 평양을 방문하여 강석주 외무성 제1부상과 회담을 가졌는데, 그가 미국에 돌아가 북한이 농축 우라늄을 통한 핵 개발 프로그램을 시인했다고 발표했다. 이로부터 '제2차 북핵 위기'가 시작된 것이다. 이에 대해 북한은 핵무기를 "가질

---

24) The White House, "The National Security Strategy of the United States of America"(September 2002), pp.14~15.

25) 2002년 2월 6일 실시된 테닛 중앙정보국장의 의회 증언(Testimony of Director of Central Intelligence George J. Tenet before the Senate Select Committee on Intelligence on the Worldwide Threat - Converging Dangers in a Post 9/11 World) 원문은 미국 중앙정보국 홈페이지(www.cia.gov)에서 구할 수 있다.

수 있게 되어 있다(entitled to have nuclear weapons)"고 말한 것을 켈리 특사가 악의적으로 왜곡하고 날조한 것이라고 주장했지만,[26] 미국은 북한이 핵확산금지조약 및 두 나라 사이의 제네바합의를 위반했다며 북한이 무조건 핵무기 개발을 먼저 포기해야 한다고 압박했다. 그리고 2002년 12월 제네바 합의에 따라 북한에 해마다 50만 톤씩 제공하던 중유를 2002년 12월부터 보내지 않겠다고 선언했다.

그 이후 두 나라는 이 문제를 풀기 위한 대화의 자리조차 제대로 만들지 못했다. 미국은 북한이 핵무기를 먼저 포기해야 대화에 나설 수 있다고 주장했고, 북한은 미국이 북한을 침략하지 않겠다는 약속을 먼저 해야 핵무기를 포기할 수 있다고 맞서온 것이다. 또한 미국은 북한이 국제적 합의를 위반했기 때문에 두 나라뿐만 아니라 한반도 주면 국가들도 참여하여 협상을 벌여야 한다고 주장한 반면, 북한은 미국이 먼저 제네바합의를 위반하며 자신을 선제공격할 수 있다고 위협해왔기 때문에 핵무기를 개발하려는 것이라며 미국이 북한을 공격하지 않겠다는 보장만 해주면 풀릴 수 있으니 두 나라만 협상을 벌이면 된다고 대꾸해왔다.

3. 북한 핵문제 해결을 위한 6자회담의 전개와 전망

이런 가운데 중국의 적극적인 중재로 2003년 4월 베이징에서 북한과 미국 그리고 중국 사이에 3자회담이 열렸고, 2003년 8월부터는 남한과

---

26) Don Oberdorfer, "My Private Seat At Pyongyang's Table," *The Washington Post*, 2002.11.10.

일본 그리고 러시아가 추가된 6자회담이 시작되어, 2005년 9월의 제4차 6자회담에서 드디어 북한 핵 문제를 풀기 위한 원칙이 정해졌다. 1993년 이른바 '1차 북핵위기'는 한반도에서 전쟁까지 일어날 뻔하다가 1994년 북한과 미국 사이의 제네바합의로 해결되는 듯 했는데, 2002년 불거진 '2차 북핵위기'는 남북한과 주변 4강대국 사이의 9·19 베이징 성명으로 3년 만에 해결의 실마리를 찾을 수 있게 되었던 것이다.

1) 2005년 9·19 베이징 공동성명의 내용과 의의

2005년 9월 베이징에서 열린 제4차 6자회담에서 북핵 문제를 풀기 위한 원칙이 정해졌는데, 중요한 합의사항을 쉽게 풀어쓰면 다음과 같다. 첫째, 북한은 모든 핵무기와 그와 관련된 계획까지 포기한다. 둘째, 미국은 북한을 공격하거나 침략하지 않는다. 셋째, 미국과 일본은 북한과 국교를 정상화한다. 넷째, 북한을 제외한 5개국은 북한에 에너지를 제공하며 경수로를 지어줄 수 있다. 다섯째, 6개국은 한반도 평화 및 동북아 안정을 위해 노력한다.[27]

1994년의 제네바합의는 북한과 미국 두 나라 사이에 맺어진 협정이었기에 쉽게 깨질 수 있었다. 북한은 핵무기를 포기하지 않았고, 미국은 북한에 대한 경제 지원 및 안전 보장 그리고 국교 정상화 약속을 지키지 않았다. 이에 반해 2005년의 9·19 베이징 공동성명은 북한과 미국뿐만 아니라 남한과 중국 그리고 일본과 러시아까지 공동으로 맺은 합의이기

---

27) 미국 국무부, "Joint Statement of the Fourth Round of the Six-Party Talks Beijing, September 19, 2005"(www.state.gov); 조선중앙통신, 「제4차 6자회담 공동성명」(www.kcna.co.jp).

에 누구든 먼저 약속을 깨뜨리기 어렵게 되었다.

그러나 이 합의 사항을 이행하는 순서가 문제다. 갈등의 핵심 당사자인 북한과 미국이 지켜야 할 약속이 동시에 이루어지기 어렵고 단기간에 끝나는 것도 아니기 때문이다. 당시까지 북한은 미국이 먼저 에너지를 제공하고 선제공격을 하지 않는다고 보장하면 핵무기를 포기한다고 했고, 미국은 북한이 먼저 핵무기를 포기해야 협상에 응할 수 있다고 했다.

먼저 북한이 핵 개발을 통해 미국으로부터 얻으려 한 것은 크게 두 가지로 경제보상과 체제보장이다. 첫째, 경제보상은 핵무기를 만드는 재료인 플루토늄을 쉽게 얻을 수 있는 원자력 발전시설인 흑연 감속로 건설을 북한이 포기하는 대신, 핵무기 개발에 이용되기 어려운 원자력 발전시설인 경수로를 미국이 지어주고 그게 완공될 때까지 에너지를 제공해주는 것이다. 이와 관련된 내용은 베이징 공동성명 3항의 "중국, 일본, 남한, 러시아, 그리고 미국은 북한에 에너지를 제공하겠다는 의지를 밝혔다"는 문구와 1항의 "적당한 시점에 북한에 경수로를 제공하는 문제를 논의하기로 합의했다"는 문구에 드러나 있다.

둘째, 체제보장은 불가침조약이나 평화협정 또는 국교 정상화를 의미한다. 공동성명 1항의 "미국은 한반도에 핵무기가 없으며 핵무기나 재래식 무기로 북한을 공격하거나 침략할 의사가 없다는 사실을 확인했다"는 문구는 불가침 조약으로 이어질 수 있고, 공동성명 4항의 "직접 당사자들은 한반도에서의 영구 평화 체제를 위한 협상을 적절한 별도의 포럼을 통해서 하기로 했다"는 문구는 한반도의 휴전협정을 평화협정으로 바꾸자는 의지를 표현한 것이다. 여기서 '직접 당사자들'이란 한국전쟁에서 맞붙었던 남한과 미국 그리고 북한과 중국을 가리키는 것으로 보인다. 그리고 공동성명 2항의 "북한과 미국은 상호 주권을 존중하기로 승낙하고 상호 평화적으로 공존하며 그들의 양자 간 정책에 따라서 그들의 관계를 정상화하는 조처를 취하기로 했다"는 문구는 국교 정상화를 이루자는 것이다.

이 합의가 이루어진다면 북한이 핵개발을 통해 얻고자 하는 것은 모두 얻게 되는 셈이다.

그러나 이 합의는 시간이 많이 걸리고 지켜지기 어려운 약속이다. 첫째, 에너지 제공은 돈만 좀 들이면 된다. 미국이 단독으로 하는 것도 아니고 다른 나라들과 함께 할 수 있다. 더구나 남한은 200만kw의 전력을 북한에 보내겠다고 공언해놓은 상태다. 북한과 일본 사이에 국교 정상화가 이루어지면 일본이 에너지 비용을 다 떠맡을 수도 있을 것이다. 그러나 다른 나라들이 중유나 전력을 아무리 많이 제공한다고 해도 북한으로서는 불안을 떨쳐버리기 어렵다. 상황에 따라 에너지 제공이 금세 중단될 수 있기 때문이다. 이에 반해 경수로가 세워지면 상황의 변화에 관계없이 지속적으로 안전하게 전력을 확보할 수 있다. 이 때문에 북한은 경수로 건설에 초점을 맞추는 것이다.

문제는 경수로 건설 기간이다. 일반적으로 길면 10년 짧아도 5년 정도가 필요하다고 한다. 이에 반해 북한이 모든 핵무기와 관련 프로그램을 폐기하는 데는 2~3년이면 충분할 것이다. 경수로 건설과 핵무기 및 핵시설 폐기 기간이 이렇게 차이가 나기 때문에 이 두 가지 합의 사항을 이행하는 순서나 시기를 맞추기 어려울 것이다. 예를 들어, 북한이 먼저 핵무기와 핵시설을 폐기해버리면 미국은 경수로를 지어주는 체하며 늑장을 부릴 수도 있고 아예 중단해버릴 수도 있다. 1994년 제네바합의를 통해 미국이 경수로를 지어주기로 약속하고 별도로 클린턴 대통령이 그를 담보하는 문서까지 만들었지만 8~9년이 지나도록 이루어진 것은 경수로가 들어설 터를 고르는 일밖에 없었던 것처럼 말이다. 그렇다고 폐기된 핵시설을 복원하여 핵무기를 다시 만든다는 것은 미국의 감시와 위협 아래서 거의 불가능할 것이다. 북한이 경수로가 완공된 뒤에 핵무기와 핵시설을 폐기하겠다고 주장하는 배경이다. 경수로 건설을 핵 포기의 '물적 담보'로 삼겠다는 것이다.

둘째, 불가침조약이나 평화협정은 종이 몇 장만 있으면 되고 국교 정상화는 평양과 워싱턴에 각각 대사관을 마련하고 대사를 교환하면 되겠지만, 이게 이루어지려면 주한미군의 역할 변경이나 철수가 뒤따르지 않을 수 없는 게 문제다. 북한과 미국이 서로 침략하지 않기로 다짐하고, 어정쩡하게 멈춘 한국전쟁을 법적으로 완전히 종결지으며 평화적으로 공존하기를 약속한다면 주한미군이 계속 남아 있을 명분이 없어져버린다. 그러나 미국은 초강대국으로 떠오르는 중국을 견제하기 위해 주한미군을 지속적으로 유지하기를 바란다. 이것이 북한이 불가침조약이나 평화협정을 오래 전부터 줄기차게 주장해도 미국이 여태까지 한사코 거부해온 배경이다. 아울러 북미 국교 정상화가 이루어지기 어려운 이유도 여기에 있다.

따라서 북한은 경제보상을 위한 물적 담보인 경수로 건설 완공과 체제보장을 위한 물적 담보인 주한미군 철수 완료시기에 맞추어 자신의 핵무기 및 핵시설 폐기를 끝내려고 할 것이다. 이에 반해 미국은 북한의 핵무기 및 핵시설이 폐기될 때까지는 경수로에 관한 논의조차 할 수 없다고 주장하는 한편 한반도가 통일된 뒤에도 주한미군을 유지할 계획을 세워놓고 있다. 한반도의 평화와 동북아의 안정을 위한 방향은 정해졌지만, 넘어야 할 산은 몹시 높고 가야 할 길은 매우 먼 것 같다.

2) 2005년 9·19 베이징 공동성명 이후 미국의 대북 압박

미국은 9·19 베이징 공동성명이 발표된 직후부터 북한에 대한 압박을 거세게 몰아붙였다. 북한 체제의 붕괴를 목표로 삼은 듯했다. 첫째, 북한의 돈줄을 죄기 시작했다. 먼저 2005년 9월 중순 마카오의 한 은행(Banco Delta Asia)을 "북한 관련 돈세탁 우선 우려(primary money laundering concern)" 대상으로 지정했는데, 효과가 꽤 크게 나타났다. 미국의 한 시사주간지에 따르면 일주일 이내에 전체 예금의 거의 40%가 빠져나갔다고 한다. 이에 따라 그 은행은 평양과의 모든 거래를 끊고 북한과 연결된 50개에 달하는 구좌를 동결시켰으며, 세계 곳곳의 다른 은행들도 미국의 보복이 두려워 북한과의 거래를 끊기 시작했다고 한다.[28]

2005년 11월부터는 미국 정부의 고위관리들이 여기저기서 북한의 달러위조 의혹을 공개적으로 제기하며 북한을 '범죄정권'이라고 몰아붙였다. 2006년 2월엔 중국은행의 한 홍콩지점에 북한산으로 추정되는 수백만 달러 규모의 위조 화폐 유통을 중지하도록 함으로써 중국까지 긴장하도록 만들었다. 그리고 3월 말에는 스위스의 한 사업가를 "북한 군부를 위한 기술 중개인(technology broker)"으로 지목하고, 그의 회사(Kohas AG)엔 대량살상무기와 관련된 부품을 확산시키는 데 개입했다는 혐의를 씌워 미국 내 자산을 동결시켰다.

이러한 '표적 제재(targeted sanctions)'가 북한 정권에 '막대한 압력(huge pressure)'으로 작용해 매우 효과적이라고 믿게 된 미국은 평양과 거래하는 모든 금융기관들에 대한 제재 가능성까지 흘렸다. 실제로 미국의 한 정부 문서에 따르면, 김정일 위원장이 2006년 1월 중국을 방문했을 때 후진타오 주석에게 "금융거래에 대한 미국 단속의 압박 아래서 체제가 무너질지도 모른다(his regime might collapse under the weight of the U.S. crackdown on his financial dealings)"고 말했다는 것이다.

---

28) *The Newsweek*, 2006.2.10.

둘째, 북한의 인권 상황을 비난하며 다양한 경로를 통해 압력을 가했다. 부시 대통령은 2004년 '북한인권법(North Korean Human Rights Act)'에 서명한 데 이어, 2005년 8월엔 이 법에 따라 '북한인권특사'를 임명했다. 또한 이 법에 따라 미국 정부는 북한 인권에 관한 세 차례의 국제대회 및 관련 프로그램을 재정적으로 지원했다. 제1차 대회는 2005년 7월 워싱턴에서 열렸고, 2차 대회는 2005년 12월 서울에서 열렸으며, 3차 대회는 지난 3월 브뤼셀에서 열렸다.

이와 아울러 미국 정부는 3년 연속으로 유엔 인권위원회에서 북한의 인권기록을 비난하는 결의안이 통과되도록 했으며, 2005년 11월에는 유엔총회가 처음으로 북한의 인권기록을 비난하는 결의안을 통과하도록 했다. 나아가 주한 미 대사관의 보고서(2006.4.5.)에 따르면, 2005년 12월에는 'UN 세계식량계획'을 포함한 인도적 차원의 대북 지원을 모두 끊는 한편, 북한의 인권 문제를 제기하는 남한의 시민단체들에 대해서는 지속적으로 지원했다.

2006년 2월 1일 부시 대통령이 국정연설을 통해 북한을 자유가 없는 국가로 지목한 데 이어, 3월 8일 국무부가 발표한 2005년 세계 각국의 인권 상황을 다룬 보고서(Country Reports on Human Rights Practices)에서는 북한에 대해 인권 기록이 "극도로 열악(extremely poor)"하며 정부가 "무수한 심각한 탄압을(numerous serious abuses)" 저지르고 있다고 비판했다.[29] 또한 3월 말엔 미국의 '북한인권특사'가 개성공단에서 일하는 북한 노동자들의 인권에 관해 시비를 걸기도 했다.

---

29) 참고로 미국은 해마다 자국의 인권 침해에 대해서는 전혀 다루지 않고 다른 나라들의 인권 침해를 비난하는 보고서를 발표해왔는데, 이에 맞서 중국은 2005년에 이어 바로 다음날인 2006년 3월 9일 '2005년 미국의 인권 기록'을 발표하여 미국의 인권 상황이 '엉망'이라고 혹평했다.

셋째, 군사·외교적 위협까지 가했다. 백악관은 2006년 3월 16일 '국가안보전략(National Security Strategy)'을 발표했다. 2002년에 발표했던 안보전략의 핵심인 '선제공격정책(doctrine of pre-emption)'을 유지한 채 '폭정의 종식(ending tyranny)'과 '효율적 민주주의(effective democracy)' 증진에 초점을 맞추어 수정 보완한 것이다. 먼저, 북한과 이란을 포함한 7개국을 지목하며 이들 나라에서의 폭정을 종식시키는 것을 미국의 안보전략목표로 삼았다. 그리고 대량살상무기의 확산과 관련해서는 이란과 북한을 꼽으며, 상대의 공격 여부가 불확실하더라도, 자위(self defense)의 원칙에 따라 필요하면 선제공격을 할 수 있음을 강조했다. 이에 덧붙여 동맹국들이나 우방국들의 협조가 없으면 단독으로 행동할 수 있는 준비를 해야 한다고 밝혔다.

그리고 미국은 2006년 3월 25일부터 31일까지 남한에서 한미 합동군사훈련(RSOI)을 벌였다. 3월 28일부터 31일까지 평양에서 남북 장관급 회담이 열릴 예정이어서 통일부와 국가안전보장회의가 시기를 조정해 줄 것을 미리 요청했지만, 이를 거부한 채 남북 관계에 지장을 초래할 것을 뻔히 알면서도 군사훈련을 강행한 것이다. 한미연합 군사훈련은 북한에 대한 작전계획(OPLAN 5027)에 따라 실시된다. 대부분의 작전계획이 처음엔 북한의 선제공격과 우발적인 도발에 대응하기 위해 세워졌다지만, 시간이 흐르면서 북한점령 계획도 포함되고 기습공격 방침도 추가되었다.

3) 2007년 2·13 베이징 합의의 내용과 배경

2005년 9·19 베이징 공동성명 이후 약 1년 반이 지난 2007년 2월 베이징에서 열린 6자회담에서 9·19 공동성명을 이행하기 위한 합의가 이루어졌는데, 주요 내용은 다음과 같다. 첫째, 북한은 두 달 안에 현존하는 핵시설을 폐쇄하고 봉인하며 IAEA 사찰관을 복귀시킨다. 둘째, 북미관계 정상화를 위한 양자 대화를 개시하며, 미국은 테러 지원국 및 적성국 교역법 대상에서 북한을 제외할 것을 고려한다. 셋째, 북일관계 정상화를 위한 대화를 개시한다. 넷째, 이에 맞춰 북한에 중유 5만 톤 상당의 에너지를 지원한다. 여섯째, 북미관계 정상화, 북일관계 정상화, 동북아 평화안보체제 등을 논의하기 위한 5개 실무그룹을 구성한다.30)

부시 행정부는 초기부터 북한을 고립시키고 경제제재를 강화하면 북한 체제나 적어도 김정일 정권을 붕괴시킬 수 있으리라 생각하고 줄기차게 강경정책을 썼다. 그러나 6자회담에서 고립을 당하는 쪽은 북한이 아니라 오히려 미국이었고, 중국과 남한의 대북 지원 때문에 미국의 경제제재는 성공하기 어려웠다. 이런 터에 아프가니스탄에서는 탈레반 세력이 다시 살아나고, 이라크는 이미 제2의 베트남이 되었다. 이란도 미국의 위협에 맞서 핵무기 개발을 진전시켜왔다. 또한 중동에서는 미국의 분신과 다름없는 이스라엘을 둘러싸고 갈등과 긴장이 그치지 않고, 미국의 뒷마당이랄 수 있는 중남미에서는 베네수엘라를 중심으로 반미주의가 고조되었다. 그리고 결정적으로 2006년 11월 중간 선거에서 민주당이 상하 양원을 장악하게 되었다. 이것이 ≪워싱턴포스트≫가 묘사한대로 "완고하고 단호하며 절대 양보하지 않는 지도자"인 부시 대통령도 대북 정책을 바꾸지 않을 수 없던 배경이다.

---

30) 미국 국무부, "Initial Actions for the Implementation of the Joint Statement," February 13, 2007. www.state.gov.

4. 6자회담 이외에 미국이 선택할 수 있는 방안

앞으로 부시 행정부가 북한 핵문제에 관해 취할 수 있는 방안은 6자회담 외에 크게 네 가지로 정리해볼 수 있다.

첫째, 북한 핵무기를 무시해버릴 수 있을 것이다. 북한이 핵무기를 가지고 있든 말든 개발하든 말든 간섭하지 않는다는 말이다. 미국은 무려 1만 개 안팎의 다양한 핵무기를 갖고 있는 터에 북한이 적으면 1~2개 또는 많아야 5~6개 갖고 있다한들 미국의 안보에 커다란 위협이 될 수 없으리라는 생각 때문이다. 그러나 화학무기도 없다는 이라크에 대해서는 대량살상무기 개발을 핑계로 전쟁을 일으킨 미국이 핵무기까지 있다는 북한에 대해서 가만히 있기는 어려울 것이다. 또한 북한의 핵무기를 핑계로 당장 일본이 핵무기 개발에 나서기 쉽고 다른 여러 나라들도 이를 뒤따를지 모른다. 이는 핵확산 금지조약의 붕괴를 불러올 텐데, 대량살상무기의 확산 방지를 탈냉전 시대 대외정책의 가장 중요한 목표 가운데 하나로 삼고 있는 미국이 북한의 핵무기 개발이나 보유에 침묵을 지키기는 어렵지 않겠는가.

둘째, 남한 및 일본과 함께 또는 유엔을 통해 북한에 제재를 시도할 수 있을 것이다. 부시 대통령이 개인적으로 김정일 위원장을 몹시 싫어하는 데다 체니 부통령과 럼스펠드 전 국방부장관을 비롯한 강경파들은 북한체제의 붕괴를 바라고 있다.31) 그러나 이에 남한이 소극적으로 응하고 북한 뒤에는 유엔 안전보장이사회의 거부권을 쥐고 있는 중국이 버티고 있어서 효과를 거두기 어려운 게 문제다. 미국은 1993~1994년

---

31) Bob Woodward, *Bush at War* (Simon & Schuster, 2003); Karen DeYoung, *Soldier: The Life of Colin Powell* (Alfred A. Knopf, 2006), p.325, 335, 473~475.

'제1차 북핵위기' 때 유엔을 통해 북한에 대한 경제제재를 추진했지만 중국의 반대로 뜻을 이루지 못한 적이 있다. 미국이 일본이나 남한에 압력을 넣어 대북 경제제재를 할 수는 있겠지만, 북한이 쓰는 에너지의 90% 안팎을 대주고 해마다 대량의 식량을 지원해주는 중국이 참여하지 않는 한 경제봉쇄는 효과를 거두기 어려울 것이라는 의미다.

한편, 미국과 중국 사이에 '제2의 태프트 카쓰라 밀약'이 만들어질 가능성도 점쳐볼 수 있다. 1905년 미국이 일본의 조선 침략을 묵인해주고 일본으로부터 필리핀 점령을 용인받았듯이, 미국이 중국의 대만 흡수 통일을 묵인해주고 중국으로부터 북한붕괴를 지원받을 수 있으리라는 말이다. 이와 관련하여 미국의 한 신문은 2003년 8월 중국정부가 북한에 대해 부정적으로 인식하고 있으며 일부 전문가들은 북한의 정권교체나 붕괴가 중국에 오히려 이익이 될 수 있다고 주장한다는 기사를 내보냈다.[32]

셋째, 북한의 핵시설을 폭격하거나 침공할 수 있을 것이다. 앞에서도 소개했듯이, 미국은 제2차 세계대전이 끝난 1945년 이후 지금까지 70번 가까이 다른 나라들을 폭격하거나 군사적으로 침략했다. 2000년대만 하더라도 부시 2세 행정부는 21세기의 첫 전쟁 대상으로 아프가니스탄을 꼽았고, 유엔의 반대와 세계 곳곳의 대규모 반전시위에도 불구하고 이라크를 침략했다. 폭격이나 침략이 국가 활동의 한 부분이 되어버린 미국에게 북한과의 전쟁이 어렵지 않은 선택일 수 있다는 뜻이다. 더구나 널리 알려져 있는 북한에 대한 미국의 전쟁 계획(Operation Plan 5027)에 따르면, 미국은 북한을 3~4개월 안에 붕괴시킬 수 있으리라고 생각한다.[33]

---

32) *The Washington Post*, 2003.8.27.

33) 'Operation Plan 5027'의 원문은 미국의 노틸러스 연구소 홈페이지(www.

그러나 북한과의 전쟁이 쉽지는 않을 것이다. 무엇보다 이라크에서의 전쟁이 수습되지 않는 터라 전선을 확대하기 어렵다. 미군들이 이라크에서 빠져나와 다음 전쟁을 준비할 수 있을지라도 북한보다는 이란을 다음 상대로 꼽고 있는 것 같다.[34] 게다가 북한은 이라크와 크게 다르다. 이라크엔 미국이 눈독을 들여온 석유가 풍부하지만 북한엔 미국이 탐낼 만한 자원이 거의 없다. 이라크는 미국의 침략에 맞설만한 군사력이 빈약했지만 북한은 남한이나 일본의 미군기지뿐만 아니라 미국 본토까지 공격할 수 있는 보복 능력을 어느 정도 가지고 있는 것으로 추정된다. 이라크 주변 국가들은 미국의 전쟁을 돕거나 소극적으로 반대했지만 북한 주변 국가들은 모두 적극적으로 반대한다.

넷째, 북한의 요구나 제안을 받아들일 수 있을 것이다. 북한이 요구해온 대로 불가침조약이나 평화협정을 맺거나 국교 정상화를 이루며 북한이 핵무기를 포기하도록 하는 것인데, 가장 바람직하지만 쉽지 않은 방안이다. 먼저 1960년대부터 휴전선 일대에서 적지 않은 미군들이 북한군들에게 살해당하는 가운데, 북한 영공에서는 미국 정찰기가 격추되고, 영해에서는 미국 첩보함이 나포되는 등 북한에 온갖 모욕과 피해를 당해온 미국이 또 다시 북한에 굴복한다는 인상을 주게 되면 미국의 체면이나 자존심이 크게 손상될 수 있다. 그리고 북한을 비롯한 이른바 "깡패 국가"들의 대량살상무기를 무력화시키기 위한 것이라는 핑계로 1999년부터 미사일 방어망을 개발하며 2005년 2월까지 10여 차례 요격 미사일 발사 실험을 했지만 실패를 거듭하고 있는데, 미국이 북한과의

---

nautilus.org)에서 구할 수 있다.

34) Scott Ritter, *Target Iran: The Truth About the White House's Plans for Regime Change* (Nation Books, 2006).

적대적 관계를 풀게 되면 미사일 방어망 구축의 명분이 약해져 강경파들이나 군산복합체들의 반발을 불러올 수 있다.

나아가 궁극적으로는 주한미군 철수도 고려해야 할 텐데, 이렇게 되면 사방에서 중국을 포위하고자 하는 미국의 안보 정책에 구멍이 생길 수 있다. 이것이 역설적이게도 "호전적이고 침략적인" 북한이 1970년대부터 군비 감축과 평화 협정을 줄기차게 주장해도, "자유와 평화를 사랑하는" 미국이 한사코 받아들이지 못했던 배경이다. 미국은 실질적으로 북한의 남침을 막기 위해서보다는 중국을 견제하기 위해 남북통일이 되더라도 2015~2020년 무렵까지는 미군을 남한 땅에 주둔시키려 하고 있는데, 남북 사이, 또는 북미 사이에 전쟁을 완전히 끝내고 서로 침략하지 말자는 협정을 맺게 되면 명분상으로 주한미군의 존재 이유가 없어지는 것이다.[35]

그러나 북한을 폭격하거나 무너뜨리기 어렵고 핵무기 확산이 바람직하지 않다고 생각하면 이 방법을 고려하지 않을 수 없다. 더구나 남한에서 주한미군에 대한 부정적 인식이 날로 커지고 있는 데다, 북한이 1950년대부터 제안해온 대로 남북의 군대를 각각 10만 명 안팎으로 줄이자거나 휴전선 근처에 집중된 병력의 이동을 포함해 인민군 50만 명 정도를 일방적으로 줄이겠다면, 미국이 이를 마냥 거부하기는 어렵지 않겠는가. 게다가 테러와의 세계적 전쟁에서 이기기 위해 미군을 급격한 변화에 유연하고 민첩하게 대응할 수 있도록 해야 한다는 이른바 '럼스펠드 구상'[36]에 따라 주한미군의 이전과 감축이 이루어진다면 불가침조약이나 평화협정을 맺는 데 큰 부담은 덜 수 있을 것이다.

---

35) 이재봉, 「미국의 대동북아시아 정책과 북미 관계의 전망」, ≪국제정치논총≫, 제37집 3호(1998년 8월), 117~135쪽.

36) Donald H. Rumsfeld, "Annual Report to the President and the Congress," (2003.11.20.).

제8장

미국 북한인권법의 반인권성과 북한 붕괴전략[*]

강정구

1. 머리말

이른바 북한의 농축우라늄 핵무기개발 의혹 이후 한반도 전쟁위기가 지속되는 가운데 미국의 북한인권법이 부시 정권 1기 말에 등장했다. 북한인권법은 인권문제 그 자체 때문이라기보다는 북핵문제의 하위차원에서, 더 나아가 미국의 대북적대정책과 정권교체전략이라는 저강도전쟁의 부분집합 차원에서 제기·시행되고 있다. 곧 인권이라는 인류 보편의 가치를 빌미로 북한 정권을 붕괴시키기 위한 저강도전쟁의 일환[1]으로 북한인권법이 제정·시행되고 있는 것이다.

이 인권법이 통과·발효된 2004년 하반기에는 북한에서 넘어온 유민

---

[*] 이 논문은 민주노동당 주최 정책토론회, "북한인권법의 위험성과 대응방안"(2004년 11월 10일, 민주노동당 중앙당사)에서 「미국의 북한인권법과 한반도 위기」라는 제목으로 발표되고, 한국산업사회학회 주최 "2005년 춘계학술발표회"(2005년 4월 22일, 경상대학교 사회과학관)에서 「북한인권법의 반인권성과 인권제국주의」라는 제목으로 수정·발표한 것을 대폭 손질한 글이다.

[1] 이러한 흐름은 꾸준히 미국조야에 지속되고 있었다. 한 보기로 Bruce B. Lee and Michael E. O'Hanlon, "Wrong on North Korea", The Baltimore Sun, July 18, 2005.

들의 기획입국 시도가 봇물처럼 이뤄졌다. 약 20여 개의 극우 기독교단체와 북한체제 전복을 노리는 국내외 비정부기구(NGO), 수많은 탈북브로커, 수천을 헤아리는 중국 조선족 브로커 등이 이와 관련된 것으로 알려졌다. 이들은 기획입국자의 정착지원금 3,750만 원 중 400~800만 원, 많게는 1,000~1,500만 원을 가로채는 것으로 알려져 있다. 국군포로를 기획탈북시킨 후 입국시킬 경우 억대까지 돈벌이도 하고, 미국의 재정지원도 받는다. 북한 인권을 위해서라는 '명분'도 쌓고, 북한을 '악마화'시킬 수도 있으니 이들에게는 수지맞는 사업임에 틀림없다.[2]

이들이 많게는 2만~3만 명, 적게는 1만 명 이하인 북한 유민을 30만 명으로 부풀리며 기획입국을 시도하는 가운데 미국의 인권 제국주의는 옹호·정당화되고, 북한은 '악마화'되고, 중국 역시 반인권국으로 낙인찍힌다.

전쟁을 유발하는 북한붕괴 책략이 본질인 북한인권법에 대해 한국사회의 극단적 기독교단체들과 이른바 북한인권 관련단체들 대부분은 첫째, 미국의 대북 적대정책과 핵정책이라는 총체적 구도 속에서 진행되는 북한인권법의 반인권성과 북한붕괴 책략인 저강도전쟁을 옹호·후원한다. 둘째, 인권의 본질은 외면한 채 미국식 인권이 마치 인류사회의 보편성을 가진 것으로 착각하고, 셋째, 탈냉전, 통일시대를 맞아 인권이란 이름 아래 평화와 통일을 지향하는 민족사적 흐름에 배치되는 행위를 주도한다. 넷째, 박정희·전두환 등 독재권력의 반인권에 무관심했거나 반인권을 일삼던 '북한인권 관련자'들이 유독 북한 인권에 대해서만 지대한 관심을 갖는 자가당착에 빠져 있다. 다섯째, 쿠바, 이라크, 이란, 시리아 등에서 자행되고 있는 미국의 인권 제국주의의 맥락에서 북한인

---

2) ≪시민의신문≫ 특집, 2004년 10월.

권법을 보지 못하고, 여섯째, 인권이라는 보편성의 이름 아래 자신들의 반인권적 행위를 오히려 정당화해왔다.

많은 시민단체들도 미국의 제국주의성을 규탄하면서도 비판의 칼날을 제대로 세우지 못하고 인권이라는 보편성에 주눅 들어 어정쩡한 대응과 양비론을 펼쳐왔다. 한국 정부는, 반기문 유엔 사무총장이 배출되자 유엔 대북 인권결의안에 찬성하는 등 줏대 없는 정책을 구사하고 있다.

이에 '식민화된 무의식'의 대미 자발적 노예주의[3])에서 벗어나 미국식 인권의 반(反)인권성, 미국 인권정치의 저강도 전쟁성, 서양 인권개념의 근본적 한계, 세계적 수준에서 인권침해를 주도하는 미국에 대한 근본적 문제점 등을 본질적으로 파헤치는 정공법으로 북한인권법의 반(反)인권성과 저강도 전쟁성을 드러내고 진정한 북한 인권의 개선 방안에 대한

---

3) 헤겔(Hegel)에게서 노예는 인정투쟁이라는 과정에서 주인과 노예의 변증법을 거쳐 대자적인(for itself) 자기의식으로 발전·승화하면서 주체형성을 꾀하지만, 이는 서구 근대사회에 국한된 것이었다. 프란츠 파농(Franz Fanon)에게는 식민지 노예적 지배를 받는 아프리카 흑인은 여기에 해당되지 않았다. 오히려 이들에게는 자신의 열등감 때문에 식민 모국의 '식민지적 무의식' 구조 속에 스스로 빠져 마치 식민 모국의 모든 것을 자신의 정체성 또는 화신으로 오인하는 나르시시즘, 곧 '식민화된 무의식'이 지배한다고 파농은 보았던 것이다. 왜냐면 주체적 자아는 백인의 시혜에서 얻어지는 것이 아니라 갈등, 투쟁, 폭동 등을 거쳐서 쟁취되는 것이기 때문이다(Fanon, 1998: 263~278; 연효숙, 2003). 주류학계를 비롯한 한국사회의 기성 주류 역시 외세가 제공하는 단물에 마비되거나 막가파식으로 휘두르는 외세의 폭력 앞에 주눅 들어 인정투쟁이라는 치열한 변증법적 산통과정은 엄두도 못 내고 일본제국주의 식민지 지배 40여 년, 미국의 지배 60년을 받아오는 사이 스스로 굴종과 사대 짓을 무려 100년 가까이 해왔다. 이 탓에 이제 자신들이 노예적 굴종의 삶을 살고 있으며 스스로 '노예'라는 사실조차 제대로 의식하지 못하는 식민화된 무의식 상태에 놓여왔었다. 이 결과 이들은 일제 식민지배시대에서는 친일 민족개량주의자로, 오늘날에는 대미 자발적 노예주의자가 되고 공미(恐美) 자폐주의자가 된 것이다.

논의가 요구된다.

이러한 요구에 부응하여 이 글 2절은 지구촌 전체를 아우를 수 있는 포괄적이고 보편적인 인권범주를 생명권, 생존권(사회-경제권으로 유엔의 A규약), 자유·시민권(유엔의 B규약)을 3대 핵심으로 재구성한다. 동시에 미국식 인권은 생명권과 생존권을 배제하고 자유·시민권에만 한정하면서 제국주의 행위를 통해 나머지 생명권과 생존권을 짓밟는 반인권의 전형임을 보여준다. 3절은 미국의 현실주의 외교기조는 자국의 힘과 안보를 최고의 가치로 만들고, 상대방의 이익을 훼손하면서까지 자국의 이익을 관철시키는 지배적 패권주의를 취하고 있어 도덕적 규범의 보편성을 기조로 하는 인권 보편주의와 원천적으로 양립할 수 없다는 점을 논한다. 이 결과 미국의 인권정치는 반인권적인 인권 제국주의로 귀결되기에 미국은 남의 나라 인권에 왈가불가할 자격이 없음을 지적하겠다. 4절은 북한 정권 붕괴전략을 통해 미국의 대북 저강도전쟁의 실체를 살펴보고, 5절은 북한인권법의 저강도전쟁 성격에 관해 분석적으로 파헤치겠다. 6절은 자유·시민권 중심의 단편적인 미국식 인권범주에서 벗어나 생명권-생존권-자유·시민권을 포괄하는 진정한 북한 인권 개선 방안을 총체적으로 모색한다.

이 글은 북한에 인권문제가 없다는 것을 논증 또는 주장하자는 것이 아니다. 비록 인권에 문제가 있지만 이를 빌미 삼는 미국의 북한인권법은 겉으로는 인권을 표방하면서 실제로는 반인권적인 전쟁을 유발하며, 북한 정권 붕괴책략인 저강도전쟁의 일환이자, 부당한 미국의 인권 제국주의의 산물이라는 점을 강조하고자 한다.

2. 인권범주의 재구성과 보편성이 결여된 미국식 인권

인권은 사람이 사람이기 때문에 갖는 권리 또는 국가와 시장에서 오는 위협으로부터 인간존엄성을 지키기 위해 필요한 사회적·정치적 보장책이다(Donnelly, 2002). 기본적으로 인간존엄성에 대한 권리인 인권은 다양한 역사와 문화권을 넘어 '자연법'적인 보편적 가치라고 볼 수 있다(원승룡, 2003).

1) 인권의 범주, 평가, 정책 기준 설정

그렇지만 사람은 사람마다 처한 역사적·문화적·사회적·경제적·정치적·국제적 위치가 다르기 때문에 인권은 기계적으로 동일한 기준이 적용되기 힘들고 그 개념, 범주, 평가, 개선을 위한 처방 등에서 전적으로 동일할 수는 없다. 또 국가와 시장의 성격이 다르기에 그로부터 오는 위협의 성격이나 이에 대비한 보장책도 나라마다, 집단마다, 시대마다 다를 수밖에 없다. 또한 인간존엄성의 기준도 역사·문화적 맥락 속에서 규제받기 때문에 다양성을 가질 수밖에 없다.

따라서 인권개념이나 범주 자체를 고정불변으로 둘 것이 아니라 사회역사적 조건의 요구에 맞춰 형성되는 역동적이고 사회적인 개념으로 만들어야 한다. 이러한 조건을 전제하면서 인권의 보편성을 인정할 필요가 있다. 또 인권의 보편성을 전제하더라도 그 평가에서는 역사·문화·사회·경제의 맥락에서 상대적 다양성이 충분히 고려되어야 하고, 인권개선을 위한 구체적이고 세부적인 정책이나 이를 적용함에 있어서는 더욱더 다양성과 다차원성이 존중되어야 한다.

이를 인권 상대주의와 보편주의의 연속체(continuum)를 기준으로 배

<표 8-1> 인권보편주의 이념형

정도성	인권 상대주의			인권 보편주의		
	급진	강	약	약	강	급진
국제정치 (주권)	국가주의	국가주의적 국제주의	국제주의	국제주의	세계주의적 국제주의	세계주의
인권정치	주권 절대주의	주권 중심주의	인권 상대적 보편주의	인권 보편주의	인권 중심주의	인권 절대주의
인권 보편주의 이념형			인권 정책과 처방	인권 평가	인권 범주	

열해 인권 보편주의 이념형이 지향해야 할 위상을 자리매김해 보았다. 필자가 제시한 '인권 보편주의 이념형'은 <표 8-1>이 설명하고 있듯이 인권 범주에서는 인권 보편주의의 '강'한 버전(version)인 '인권 중심주의'를, 인권 평가에서는 인권 보편주의의 '약'한 버전인 '인권 보편주의'를, 인권개선을 위한 정책이나 적용에서는 '인권 상대적 보편주의'를 취하는 것이다.

이 이념형을 기준해서 보면 미국의 북한인권법은 범주, 평가, 정책의 세 가지 측면에서 다양성과 다차원성을 배제하고 그들만의 기준을 절대화시키는 급진적 인권 중심주의를 취하고 있어 인권 제국주의로 귀결되고 있다. 물론 북한에 한정된 것이 아니라 쿠바, 이란, 이라크, 시리아 등 부시에 의해 악의 축으로 지목된 나라들은 모두 미국의 인권 제국주의 대상이 되어 있다(조성렬, 2004).

2) 인권 범주의 재구성과 '나 홀로' 식 미국 인권

이제 인권 범주를 생명권, 생존권(사회·경제권으로 유엔의 A규약), 자유·시민권(유엔의 B규약)을 3대 핵심으로 재구성하고 미국식 인권 개념이나 범주가 인권 보편주의의 보편성을 포괄하지 않아 '나 홀로의 인권'이고 편향된 인권임을 들추어내겠다. 이 점에서는 비록 정도의 차이가 있긴 하지만 국제인권장전[4]인 세계인권선언(이후 D로 표기함), 경제·사회·문화적 권리에 관한 국제규약(A규약 또는 생존권), 시민적·정치적 권리에 관한 국제규약(B규약 또는 시민·자유권) 등도 보편성을 갖추지 못한 한계가 있음을 동시에 지적하겠다.

첫째, 인권 가운데 가장 기본이 되는 인권 범주는 생명권이다(right to life). 이 세상에서 생명보다 더 소중한 것은 없다. 불교나 회교 등은 인간의 생명은 말할 것도 없고 미물의 생명까지도 자의적인 살상을 금지하고 있다. 일부에서는 생명에 대한 도덕적 의무를 행해야 할 주체는 인간뿐이지만 도덕적 객체는 인간을 넘어 자연에까지 확대해야 한다고 주장한다.[5]

---

4) 1946년의 인권장전 초안과 1948년의 세계인권선언, 그리고 1966년의 국제인권규약을 합쳐 국제인권장전이라고 부른다(위키백과).

5) 생명권을 중심으로 한 최근의 인권논의는 인간중심주의, 생명중심주의, 자연중심주의(생태중심주의)에 이르기까지 생명에 대한 도덕적 객체의 대상을 자연에까지 확장하고 있는 실정이다. 인간중심주의는 모든 인간에게 생명의 존엄성이란 도덕적 가치와 위상을 인정하고 있다. 그렇지만 인간이란 특정 존재에게만 이를 인정하고 다른 여타의 존재를 배제하고 자연 존재들의 가치를 평가절하한다는 점에서 비판받고 있다. 생명중심주의는 "모든 생명체와 생명 그 자체에 고유한 가치와 도덕적 위상을 부여한다." 생태중심주의는 생명을 가진 존재는 물론 생명 없는 존재를 포함해 모든 자연물과 자연체계에 고유한 도덕적 가치를 인정할

또 동서고금을 막론하고 모든 인류사회는 살인죄를 가장 흉악시하고, 이에 대해서는 가장 가혹한 형벌을 내린다. 바로 이런 보편적 사실이 인권 가운데 생명권이 가장 핵심적인 권리임을 말해 준다. 하지만 국제인권장전은 이에 대해 세계인권선언 3항과 B규약 6항에서만 언급하고 있다. 이것도 주로 사형제도나 법에 의해 생명권을 박탈하는 개인적 생명권 침해에 국한되고 있다.

생명권 중에서 핵심은 개인적 생명권보다는 전쟁 또는 종교적 박해에 의한 집단학살 ― 집단적 생명권의 박탈이다(이런 의미에서 생명권은 보다 명확히는 생명·평화권이다). 그렇지만 이러한 전쟁범죄 등에 대한 처벌과 이를 방지하기 위한 규정이 국제인권장전에서는 거의 전무한 상태다. 국제인권장전이 자유·시민권(B규약)에 그렇게 많은 조항을 할애하면서도 전쟁에 의한 생명권 박탈은 제대로 규정하지 않고 있다. 따라서 인류사회의 보편적 인권을 제대로 반영한다고 볼 수 없다. 더 나아가 미국과 같은 초강대국의 전쟁에 의한 집단적 생명권 박탈과 침해를 쟁점화 하지 않는 문제점을 갖고 있다. 물론 미국식 인권개념은 이 생명·평화권을 인권 범주에서 제외하고 있다.

필자는 만약 세계인권선언이 제3세계 학자가 중심이 되어 만들어졌다면 무엇보다 생명·평화권에 초강조점을 두었을 것이라 주장해왔다. 제국주의 식민지배하에서 제3세계 인민의 생명권이 수없이 침해·박탈당한 역사를 제대로 반영했다면 비록 상징적 수준이라 하더라도 생명권에 응당 초점이 맞춰졌을 것이다. 바로 세계인권선언은 그 태생부터 미국과 서구에 의해 주도되어 미국과 서구 편향적임을 확인할 수 있다.

정도이다. 이들 인권과 자연권을 함께 상호보완적으로 접목하려는 시도도 나타나고 있다(김양현, 2004: 82).

이 결과 세계인권선언은 주권을 침해하는 제국주의 침략전쟁에 의한 약소국가 인민의 집단적 생명·평화권 박탈에 눈감고, 인권과 주권의 관계설정을 외면하고 있다.

또 개별 생명권은 고문, 구금, 살인 등이 인간존엄성을 침해하기에 인권의 범주로 제도화되고 있지만 집단적 생명권을 침해하는 전쟁에 의한 생명권 박탈은 가장 반인권적인 범죄임에도 불구하고 인권의 범주로 제도화되지 않고 있다.

집단학살에 의한 생명권 침해의 경우 '집단살해죄의 방지와 처벌에 관한 협약'이 1948년 12월 유엔에서 채택되었으나 이를 집행할 국제형사법정(ICC: International Criminal Court)이 2002년 7월에야, 그것도 유엔 밖의 기구로 출범했을 정도다. 비록 늦긴 했지만 ICC는 내란이나 전시 중 '인종청소'와 같은 대량학살과 집단강간 및 고문 등과 같은 전쟁범죄, 반(反)인도적인 형사범죄를 저지른 개인에 대해 해당 국가가 처벌할 의지나 능력이 없을 경우 기소와 재판, 처벌을 담당할 수 있어 생명권 보호에 획기적인 국제협약이 되었다. 이에 호응하여 139개국이 서명하고 90개국이 비준했다.

클린턴 행정부는 이 조약에 서명했으나 부시 행정부는 2004년 6월 ICC 불참을 선언했다. 더 나아가 미국은 군사원조 등을 미끼로 40여 개 국가와 기소면제 양자협정을 체결했고 2003년 6월 유엔평화유지군으로 활동 중인 미군에 대한 ICC의 기소면제조치를 1년 연장키로 하는 결의안을 유엔안보리에서 강압적으로 통과시켰다.

이같이 미국은 집단학살을 본질적으로 내재하는 전쟁을 지속함으로써 집단적 생명권을 박탈하고 이에 대한 처벌을 면죄받기 위해 다른 나라나 국제기구에 반도덕주의적 강압을 행사하고 있다.

실제로 미국은 2차 대전 이후 약 300만 명의 생명권을 각각 앗아간 한국전쟁과 베트남전쟁, 그리고 걸프전쟁, 파나마전쟁, 그라나다전쟁 등을, 또한 '대테러 전쟁'이라는 아프간전쟁, 이라크전쟁, 레바논전쟁, 소말리아전쟁 등을 직접 유발하거나 개입함으로써 전쟁과 국가테러를 가장 많이 감행해왔다. 이 결과 집단적 생명권을 가장 많이 박탈한 나라는 바로 미국이다. 동시에 미국은 이런 집단학살을 자행하는 대량살상무기를 가장 많이 만들고, 수출하고, 사용했다.

이러다보니 2005년 2월 3일 BBC 방송이 폭로한 것처럼 2월 1일 제임스 매티스 미 해병대 전투개발사령부 사령관(중장)이 이라크전쟁 관련 토론회에서 "전투는 대단히 즐거운 일"이라며 "사람들에게 총을 쏘는 것도 매우 재미있다"고 말했을 정도다. 더 문제가 되는 것은 이 회의에 참석했던 200여 명의 청중들이 이에 박수를 쳐가며 폭소를 터뜨렸다는 사실이다. 그는 "당신이 아프가니스탄에 들어가서, 여성들이 얼굴을 가리지 않았다고 때리던 못된 놈들을 만났다고 치자"며 "이런 녀석들은 남자다움이라곤 찾아볼 수 없으니, 그런 자들에게 총을 쏘는 건 정말이지 재미난 일"이라고 말하기도 했다.

그는 2004년 5월 자신이 관할하던 이라크 서부 시리아 국경지역 마을에서 결혼식 하객 40여 명을 오인공격으로 죽인 사건이 터졌을 때도 "사막 한가운데서 무슨 결혼식이냐"며 "전쟁터에선 고약한 일이 벌어지기 마련이며, 부하병사들이 벌인 일에 대해 사과할 의무는 없다"고 주장했다. 이런 군인을 처벌하기는커녕 진급시키는 게 바로 미국이다.

이러면서도 미국은 다른 나라에 대한 인권보고서를 연례적으로 발표하고 특정 국가를 표적으로 인권법을 제정해 정권교체나 주권침해 기도를 자행하고 있다. 미국은 생명권에 관한 한 지구촌 제1의 인권침해국이다.

둘째, 미국식 인권은 아예 생존권(또는 경제·사회·문화권)을 인권의 범주에서 배제하고 있다. 미국은 생존권에 대한 유엔 인권규약인 A규약을 아예 비준하지 않았고 부시 정권 이후에는 사회보장제 등 생존권에 관한 푸대접 정책을 펼치고 있다. 그들은 개인의 권리를 핵심으로 삼는 자유·시민권 중심의 B규약을 1992년에 인준하고 A규약은 특별한 계층에 속한 권리로 보편성이 없다는 주장을 해왔다. 이는 미국식 인권이 인권의 3대범주인 생명권, 생존권, 자유·시민권 가운데 자유·시민권 수준에만 머물러 보편성을 상실하고 있음을 보여준다. 당연히 그들이 해마다 발표하는 각국 별 인권보고서나 대외 인권정책 또한 편향되어 있다.

유엔은 생존권을 배제하지는 않지만 이에 대한 비중을 낮게 잡고 있다. 도널리(Donnelly, 2002: 29~30 <표 1-1>)의 분석에 의하면 인권장전은 생존권에 관해 9개 항목만을 규정하고 있어 22개 항목을 다루고 있는 자유·시민권에 비해 훨씬 비중이 낮다. 또한 생존권의 하나인 노동권도 재산권에 비해 취약하게 규정하고 있다. 시장 중심의 재산권 과잉 보호가 노동권과 시민·정치권을 침해할 정도다. 곧 미국식 인권과 유엔의 인권장전은 시장과 사유재산 소유에 기반을 둔 것으로, 자유권을 생존권이 보장하지 못할 경우 총체적인 부자유를 초래하는[6] 문제점을 갖고 있다.

생존권 없이 자유권의 하위범주인 재산권을 강화한 미국식 인권은 걸식아동이 수십만 명이나 되는 상황에서도 애완용 개를 위한 특별 생수가 팔려나가는 상황을 부정의·반도덕으로 보지 않는다. 인간의 생존권은 보장되지 않고 '개 권리'만 신장되는 극단적 모순도 자유권의 향유로 치부된다.

---

6) 인권운동사랑방을 대변한 류은숙의 토론문에서 지적되었다. 통일연대, 실천연대, 민변, 민주노동당, 민언련, 천주교인권위원회 공동주최, "미국의 북한인권법 발효와 탈북자문제에 대한 올바른 인식과 대응"(2005년 2월 3일, 국가인권위원회 배움터).

셋째, 미국이 그나마 인권의 범주로 유일하게 채택하고 있는 것이 자유·시민권이다. 그렇지만 이것마저 소수민족이나 이민자에게는 보장하지 않아 '백인들의 인권'과 '부자들의 인권'에 그치고 있다(최협, 2003).

특히 9·11이후 반테러를 빌미로 회교도에 대한 변호사 접견권 등 기초적 시민권조차 제한돼 왔고 검문검색이 일상화 됐다. 9·11 직후 마치 1950년대 반공법을 연상케 하는 '애국법(Patriot Act)'이 제정되어 수사당국에게 이메일과 전화 도·감청, 의료·도서관 기록 검열 등 개인정보에 대한 무제한적인 접근과 비밀영장·체포가 허용되고 있다.

이라크 아부그레이브 수용소에서 자행된 성고문이나 쿠바 관타나모 기지에서 벌어진 반인권 행위에서 보듯 미국은 해외에서도 반인권 행위를 저지르고 있다. 또 미국식 인권이나마 미국은 이를 보편적으로 적용하지 않고 이중 잣대를 적용해 중동이나 아프리카 나라들의 인권은 문제삼지 않으면서 북한과 같은 '악의 축' 나라에게만 '인권법'을 적용시키고 있다.

이상과 같이 미국식 인권이 인권으로서의 보편성을 갖지 못하는 요인을 인권 개념과 범주 설정을 기준으로 살펴보았다. 동시에 미국이 인권의 핵심인 생명권과 생존권을 배제해 인권의 보편성을 침해하고, 미국식 인권으로 유일하게 채택하고 있는 시민·자유권조차 제대로 보장하지 못하고 있음을 확인했다.

인권 보편주의 이념형은 현실적으로 유엔이 중심이 되어 펼쳐나가야 한다. 유엔은 생명권 중심, 생존권과 시민·자유권의 균형적인 인권개념과 범주 설정, 그리고 그 해석을 인권장전에 반영하여 인권에 관한 범인류사회의 보편성을 획득해야 한다. 그리고 그 평가는 각 나라나 지역의 역사와 문화 등에 따라 유연하게 평가·해석될 수 있어야 하고, 인권 보편주의를 적용하고 처방하는 정책에는 더욱 더 인권 상대적 보편주의 접근을 꾀하도록 해야 한다. 이러한 다양성과 다차원성을 가진 인권 보편주의는 어느 한 특정 국가나 지역이 자신들의 인권 기준을 다른 나라나 지역에 강요할 수 없게 만든다.

3. 현실주의 외교기조와 양립 불가능한 미국의 인권정치

앞 절에서 우리는 미국식 인권이 인권 보편주의 이념형에서 벗어났으며, 생명·평화권과 생존권을 인권 범주에서 배제하는 편향된 개념이며, 미국식 인권의 유일한 기준인 자유·시민권조차도 보편적으로 적용되지 않고 있는 문제를 살펴보았다.

이에 덧붙여 미국은 인권 보편주의 정책을 추진할 수 없는 원초적 제약을 가진 나라다. 그것은 미국의 외교기조인 현실주의에서 비롯된다. 현실주의와 인권정치의 기조가 되는 도덕적 보편주의는 기본적으로 상충할 수밖에 없다.

미국은 자국의 힘과 안보를 '절대화'하고, 자국의 이익을 최우선적으로 관철시키는 지배적(domination-oriented) 패권주의를 취하고 있다. 이러한 현실주의 외교기조의 틀 내에서 인권정치가 펼쳐지고 있기에 인권 보편주의가 기초하고 있는 도덕주의와 보편적 규범은 하위범주에 머물게 된다.

현 부시 정권의 국무장관 라이스(C. Rice)는 부시 1차 대통령선거 출마 당시 미국 외교의 원칙을 국익 우선에 두고 그 우선순위를 공개적으로 천명하면서 이에 대한 외교원칙을 발표했다. 그 순위는 첫째, 무력시위와 필요한 경우 전쟁불사, 둘째, 신자유주의 경제체제의 세계적 확산, 셋째, 미국 가치관을 수용하는 일본과 같은 동맹국과의 강력하고 친밀한

관계를 재정립, 넷째, 강대국인 중국과 러시아와 포괄적 관계에 외교를 집중, 다섯째, 깡패국가 또는 적대국가의 위협에 단호히 대처, 여섯째, 깡패국가의 테러와 대량살상무기 개발에 대비하는 대응책, 곧 MD를 추진하는 것이다(장성민, 2001: 32).

이러한 외교기조는 럼스펠드 국방장관, 체니 부통령, 아미티지 등 모든 참모들 사이에 공유되어 구체적 정책으로 나타났다. 2001년 9월의 4개년 국방검토보고(QDR)는 정권교체 전략을, 핵태세검토보고(NPR)는 북한과 중국 등 7개국에 대한 핵공격 가능성을 명기하고, 부시 독트린 (Bush Doctrine)은 선제공격을 공공연히 하고 있다. 북한 내부소요, 정권붕괴, 대규모 탈북사태 등 여러 상황에 대응한 단계별 세부 군사조치 기획으로 전쟁을 유도하는 작전계획5029-05[7]를 한국에 강요했다.

이런 외교기조 아래에서 펼쳐지는 미국의 인권정치가 보편적 도덕주

---

7) 개념계획5029는 1996~1997년 북한붕괴에 대비한 미국 요구로 1999년 개념계획으로, 다섯 가지 시나리오로 구성돼 있었다. 쿠데타 등으로 인한 내전, 대량살상무기 통제력 상실, 주민 대량 탈북, 대규모 자연재해, 북한 내 한국인 인질사태. 이후 2003년 후반 부시 정부의 대북적대정책 강화인 저강도 전쟁에 따라 2005년 4월 한국에 개념계획을 작전계획5029로 전환할 것을 요구했으나 노무현 정권은 주권침해 요소를 들어 이를 거절했다. 이어 5월 싱가포르에서 열린 한미 국방장관 회담에서 개념계획 수준에서 보완·발전시키기로 합의했다. 그러나 북핵실험 이후 2006년 10월 20~21일에 열린 한미연례안보협의회(SCM)에서 개념계획5029 완성을 위한 '전략지침'에 합의했다고 2005년 10월 28일 ≪워싱턴포스트≫가 보도했다. 군사문제 전문 칼럼니스트인 윌리엄 아킨은 "한국과 미국은 북한의 핵실험에 따라 북한의 대량살상무기 수출 등을 포함한 관련 움직임들을 분쇄하기 위한 선제 군사공격을 가할 수 있도록 기존의 '개념계획5029'를 수정·확대하기로 했다." "새로운 계획(5029의 확대)은 북한이 먼저 한국을 침공하거나 공격하지 않을 경우에도 북한에 대한 군사적 조처를 취할 수 있도록 하는 첫 한미 공동계획일 것"이라고 주장했다(양정은, 2006).

의를 기조로 한 인권 보편주의와 양립할 수 없는 것은 자명하다. 이러한 모순은 미국의 '대중국 인권보고서' 공방에서도 드러난다.

중국은 미국의 중국에 대한 「2002년 인권보고서」에 맞대응해 2004년 3월 「2003년 미국의 인권에 관한 보고서(The Human Rights Record of the United States in 2003)」를 발표했다. 이는 '생명·자유·신체의 안전', '정치권리와 자유', '노동자 생존 상황', '인종 차별', '여성·아동·노인의 상황', '타국인권의 침해'라는 총 6개 부분에 걸쳐 미국의 인권 상황을 조목조목 비판하면서 '미국, 너희가 무슨 인권 운운할 자격이 있나'라는 결론을 내렸다.

여러 나라의 차이와 다양성에 상관없이 미국의 이데올로기와 가치, 자국의 인권 모델을 기준으로 다른 나라의 인권 상황에 대해 근거 없는 비난을 하고 있다. 반면에 미국 자신은 자국의 인권 문제에 장님이 되어왔다. 이것으로 미국은 자국의 인권과 패권주의 간의 이중성을 완벽하게 드러냈다. 미국의 인권 상황은 세계의 강자로서의 미국의 위치와는 전혀 합치되지 않는 것이며 스스로 '인권 강국'이라고 자임하는 것도 크나큰 모순일 뿐이다.

이 같은 중국의 주장에 동의하면서 필자는 아래와 같은 외교정책을 펼치는 미국은 남의 나라 인권에 대해 말할 자격이 없다고 본다.

첫째, 미국은 인권의 핵인 생명·평화권을 고강도전쟁과 저강도전쟁으로 지구촌에서 가장 많이 침해해왔다. 또 인도네시아나 칠레 등의 쿠데타를 지원하고 이 군부독재에 의한 수십만 명에 달하는 집단학살을 직·간접적으로 지원해왔다.

둘째, 미국은 북한, 이라크, 이란, 리비아, 니카라과 등에서와 같이 걸핏하면 경제봉쇄와 군사봉쇄로 생존권을 침해해 이라크에서는 수십만의 어린이가 아사하고, 북한에서도 수십만이 아사했다. 북한에 대한 테러지원국 지정, 전략물자반출 제한 등으로 경제적 봉쇄를 여전히 지속하여 북한에 대한 인권 침해가 여전히 자행되고 있다.

셋째, 미국은 1992년 쿠바민주주의법, 1996년 쿠바자유민주연대법, 2001년 쿠바자유법, 1998년 이라크해방법, 2003년 이란민주주의법, 2003~2004년 시리아책임법, 2004년 북한인권법 등과 같이 자유권에 중심을 두고 생명·평화권과 생존권을 배제한 미국식 인권개념을 적용한 '민주화법'으로 반정부단체와 반체제방송을 지원·강화하고 더 나아가 침략전쟁까지 벌여 정권교체를 꾀해왔다. 이는 미국식 인권을 들이미는 주권침해이고 생명권을 박탈하는 범죄행위다. 인권을 빙자한 제국주의 침략·개입행위이며, 인권 제국주의다.

넷째, 앞에서도 언급했지만 이라크 아부그레이브 수용소나 쿠바 관타나모 기지에서 일어난 반인권 행위는 국가의 명령체계하에서 일어난 것이다.

다섯째, 미국은 일방적이고 일면적인 미국식 인권이나마 보편적으로 적용하는 것이 아니라 전형적인 이중 잣대를 적용하고 있다. 이는 미국식 인권마저 그 보편성을 상실하고 있음을 의미한다.

이 결과 미국은 1999년 유엔 인권위에서 대표적 인권침해국으로 지목되었고(≪동아일보≫, 1999.3.23.), 2001년 유엔 인권위원회 이사 자격을 박탈당했다. 2004년 11월 5일에는 유엔 인권위원회가 미국에 대해 애국법과 관련한 인권침해 문제를 해소하는 동시에 이라크와 아프가니스탄, 쿠바 관타나모의 수감자에 대한 법적 지위와 처우 문제를 해결하라고 촉구하고 있다고 밝혔다.

이상과 같이 미국은 인권모범이 아니라 인권침해국이자 인권문제국

이다. 따라서 미국이 추진하는 북한인권법이 인권정치로서의 정당성이
나 보편성을 가질 수 없는 것은 불문가지다.

4. 북한 정권 교체 전략인 저강도전쟁

2006년 1월 30일 '일본재단'이 CIA 극비자료를 토대로 작성한 「한반
도의 중장기 전망과 일본의 대응」 보고서는 미국은 CIA가 구상한 작전계
획5030이 애초에는 북한 내부 교란작전이었으나 럼스펠드의 지시로 국
방정보국(DIA)의 군사작전까지 포함시킨 개념으로 수정·발전시켜 2003
년 가을부터 실질적인 저강도전쟁을 실시하고 있다고 폭로했다(≪세계일
보≫, 2006.1.31.).

이 작전계획5030은 북한군의 식량 등 전시 비축물을 고갈시키는 지
속적인 한미 군사훈련, 북한 항공기 연료를 소진시키기 위해 북한 항공
기의 잦은 긴급발진을 유도하는 불시 정찰비행, 전단 살포 등으로 내부
혼란 조장, 정권 핵심인사와 그 자녀들의 망명 지원, 김 위원장의 자금원
을 막기 위한 외화 유입경로 차단 등을 내용으로 하고 있다. 또한 이
작전의 실행사령부가 한미연합사가 아니라 미 태평양사령부로 한국군
과는 상관없이 미국 단독으로 북한을 공격할 수 있는 저강도전쟁 작전계
획인 것이다.

이에 따라 마카오의 BDA 북한 계좌 폐쇄, 오극렬 노동당 작전부장의
장남 오세욱 전 인민군 대좌의 망명 지원, 북한 상공에 '김일성·김정일
부자의 10대 거짓말' 등 전단 살포, 김 위원장 소재지로 추정되는 장소
에 F-117 스텔스 전폭기를 출동시켜 위협하는 작전 등이 전개되었고
진행되고 있다는 것이다.

2005년 2월 14일자 ≪뉴욕타임스≫도 이 저강도 전쟁을 '불법거래·마약·위조화폐 혐의로 숨통 끊기(choke off) 위한 격리(quarantine) 정책'으로 소개했다.

첫째, 부시의 손발인 국무장관 라이스가 책임을 지고 있던 NSC의 대량살상무기 반확산 담당자 로버트 조지프가 NSC를 사임한 2004년 11월 이전에 이 저강도전쟁 책략을 만들었다. 둘째, 이 저강도전쟁에 부시 대통령이 기자들이 생각하는 것보다 '훨씬 더 강력하게(a lot more intense than you might think) 개입했다' 셋째, 이는 북한을 장기적으로(only slowly) 고사시켜 자연스럽게 김정일 정권의 전복을 꾀하고 있는 북한붕괴책략이다. 관련 당사자 역시 이 책략이 김정일 정권의 전복을 의도한 것으로 입안되지는 않았지만 그 효과가 결과적으로 그렇게 나타날 것은 뻔한 일(That wasn't the intent in drafting it, Whether it could be one of the results is anyone's guess)이라고 말했다.

넷째, 이 책략은 여러 가지 방안을 갖고 있고 그 중 일부는 이미 시행되고 있으며, 일본이 시행하고 있는 선박유탁손해배상보장법은 이 방안의 하나라고 미 정부 관리들이 확인했다. 다섯째, 이 책략은 북한이 마치 '위조화폐나 마약'에 의해 돈을 벌고 있는 것 같은 표현을 쓰면서 이 '불법' 돈거래를 막기 위한 차단방벽을(quarantine) 쌓는 것은 정당하고, 이런 책략은 알카에다 대처에 효과적이었다고 기술함으로써 '북한 = 불법행위자 = 알카에다 = 악마'라는 인식을 유도하고 있다. 여섯째, 이 책략은 쿠바봉쇄가 실패한 것은 EU나 남미 등이 미국의 경제봉쇄에 동참하지 않았기 때문이라고 평가하고 중국과 남한을 동참시키도록 기획되어 있다.

사실 이러한 미국의 저강도 전쟁의 일단은 2005년 6월 열린 한미정상회담에서도 논의되었다. 2005년 4월부터 6월까지 한반도는 전쟁위기에 휩싸여 있었고 이를 타파하기 위해 한국 정부는 긴급 한미정상회담을 주선했다. 6월 10일 워싱턴에서 열린 정상회담에서 부시는 그야말로 전쟁광답게 근거도 없는 위조지폐 제조,[8] 마약거래,[9] 심지어 핵물질

---

8) 독일유력지 ≪프랑크푸르트 알게마이네 차이퉁(FAZ)≫은 2007년 6일과 8일자 기사에서 "아마도 미국의 CIA가 북한의 테러 정권 탓으로 돌리고 있는 완벽하게 위조된 50달러와 100달러 지폐의 제조에 책임이 있는지도 모른다. 이것은 유럽과 아시아의 프랑크푸르트 알게마이네 일요판이 위폐 수사 담당자들과 고도 보안 인쇄업계의 대표적인 관계자들을 대상으로 한 광범위한 조사에서 나왔다"며 "익명을 요구한 취재원들의 보고서에 따르면 CIA가 그럴지 모른다고 한다. CIA가 스스로 워싱턴 근처에 있는 비밀인쇄소에서 달러 화폐를 생산해서 의회의 어떤 통제도 받지 않는 위기지역의 비밀 임무를 위한 자금의 화폐 수단을 조달한다고 한다"고 보도했다. 또한 "북한에 대한 미국의 비난은 많이 흔들리고 있다. 역풍이 불기까지 하는데, 위폐 수사관들과 고도 보안 인쇄 산업의 관계자들은 어느 정도 전제를 깔기는 하지만 오랫동안 도대체 CIA의 비밀 인쇄소에서는 도대체 무엇을 인쇄하고 있는지 물어왔다. 워싱턴 북쪽의 잘 알려진 한 도시에 있는 이 시설에 '슈퍼노트' 생산에 필요한 바로 그 기계가 있다"며 "아마도 CIA는 위폐로 국제적 위험지역에서 행해지는 미 의회의 그 어떤 통제도 받지 않을지도 모르는 비밀임무 수행에 필요한 돈을 만들 수 있다. 그리고 느긋하게 평양에 있는 숙적에게 위폐활동을 뒤집어씌울 수 있다"고 보도한 바 있다. 이 기사를 쓴 클라우즈 벤더(Klaus W. Bender) 기자는 '돈을 만드는 사람들, 지폐 인쇄의 비밀'(출판사 J. Wiley)을 쓴 위폐문제 전문가이고 이 책에서도 미국의 위폐 제조를 문제 삼은 것으로 알려졌다(≪통일뉴스≫, 2007.1.18.). 또한 이미 2006년 2월 14일 한국기자협회가 주최한 "북 위폐논란 토론회"에서 한국외환은행 위폐감식 전문가인 서태석 외환은행 위폐감식팀장도 "슈퍼노트는 정말 정교하며 만드는 비용도 많이 든다며 북한이 제조하는 것이 불가능"하다는 견해를 밝힌 바 있다.

9) 미국과 호주는 2003년 4월 호주 역사상 최대 규모라는 시가 1억 6,000만 달러(1,000억 원) 상당의 헤로인 6개 꾸러미(150kg) 밀수를 '북한 화물선 봉수호 마약밀수 사건'으로 단정 짓고 북한정부가 관여한 것으로 '북한악마 만들기'에 박차를 가했다. 그러나 3년 동안의 재판 결과 2006년 3월 5일 봉수호 선장 등 4명의

이전으로 인해 소형폭탄 제조가 이뤄지고 있다면서 한국이 북한에 애매한 신호(mixed signals)를 보내서는 안 된다고 노 대통령에게 촉구하면서 전쟁까지 불사하는 위협을 가했다.

인터넷 신문 ≪오마이뉴스≫가 입수한 한미 정상회담 대화록과 국가안전보장회의(NSC) 사무처가 작성한 '한미 정상회담 결과' 보고서를 면밀히 대조·분석해 2006년 4월 11일 보도한 기사에 의하면(김당, "부시 '위폐 전략'은 예고됐었다 <단독공개> 작년 6월 한미 정상회담 대화록. 정부, 국내에는 숨겨") 부시는 다음과 같이 협박했다.

또 다른 문제는 북한의 각종 불법행위(illicit business)들입니다. 위조지폐 문제가 있는데, 그들은 100달러짜리 위조지폐를 매우 잘 만듭니다. 최근에도 위조지폐 범인을 잡았는데, 미국에서는 위조지폐를 만들면 감옥에 보냅니다. 아울러 마약거래도 큰 문제입니다 …… 가장 우려되는 것은 (핵물질의) 확산인데 핵무기가 있다고 주장하는 사람들이 그것을 다른 곳에 팔아넘겨 '더티 밤(dirty bomb, 방사능물질을 이용한 소형폭탄: 편집자 주)'이 만들어지는 상황입니다 …… 그래서 평화적 해결을 강조하는 것입니다. 제가 전쟁을 우선시하고 외교를 차선으로 생각한다는 인상이 퍼진 것 같습니다만 그렇지 않습니다. 외교가 우선이며 최후의 수단으로 안전을 위해 필요할 경우에는 군사력이 필요할 수도 있습니다 …… 저는 북한에 군을 투입하고 싶지 않습니다. 중요한 것은 애매한 신호(mixed signals)를 보내서는 안 된다는 것입니다. 애매한 신호는 애매

북한선원들은 무죄선고를 받아 혐의에서 벗어났다. 현지 한인 인터넷신문인 ≪호주온라인뉴스≫는 북한 선원 변호인단이 호주정부에 대해 피해보상 소송을 제기하겠다며, 청구액이 최소한 3,000만 달러라고 보도했다(≪한겨레신문≫, 2006. 3.10.).

한 발표(mixed statement)로 이어집니다.

이에 참여정부는 북한에 대한 200만kw의 전력을 공급하는 대담한 제안에 박차를 가하는 등으로 2005년 9월에 열린 4차 6자회담에서 9·19 공동성명을 이끌어내어 위기를 넘기려 했고 표면적으로는 성공했다. 그러나 미국은 합의서명 바로 다음날 마카오 BDA은행 북한계좌를 동결해 9·19공동성명을 사문화시키고 전방위적인 대북 금융제재를 감행했다.

5. 북한인권법의 저강도전쟁성과 미국의 인권 제국주의

우리들 대부분은 인권, 민주주의, 자유, 합리성, 평등 등과 같은 추상적인 개념이면서 보편성을 띤 이야기만 나오면 비록 그것이 순수하지 못한 정치적 음모의 일환으로 제기되었다 하더라도 일단 수긍하게 된다. 사학자 카(E. H. Carr)가 자유를 보기로 들면서 이 문제점을 잘 지적하고 있다. "'어느 정도의 자유를 누구에게 주려고 하는가, 누구를 우리와 동등하게 인정하려는가, 그것은 어느 정도까지인가' 등을 구체화하지 않는 한 (이들 추상적 개념은) 수사에 불과하고 환상을 일으키는 속임수에 지나지 않는다."

북한인권법이 그 이름에서부터 인권을 표방하고 내용은 온통 자유로 가득 차 있어 마치 인권과 자유라는 추상적인 보편개념을 위한 것으로 보이지만 세 가지 큰 문제점 때문에 정당성을 가질 수 없다. 첫째, 북한 인권법이 기초하고 있는 'SEC. 3. 조사결과'[10)]는 확인되지 않은 탈북자

___

10) 북한의 정치·경제상황, 인권유린, 탈북자의 처지를 25개 항에 걸쳐 상세하게

증언에 주로 의존했기에 신빙성이 없고, 둘째, 인권을 빙자하여 유엔의 권위나 다른 지구촌 구성원의 주권을 침해하기 때문에 정당성이 없고, 셋째, 북한붕괴를 노린 저강도전쟁의 일환이기 때문이다.

1) 북한 인권의 실상을 왜곡·과장한 '조사결과'

정성장 세종연구소 연구위원이 주장한 것처럼 미국은 "법의 필요성을 정당화하기 위해 미 의회 조사결과를 인용했는데 상당 부분이 북한인권을 실제보다 과장되게 소개하거나 불확실한 정보에 기초했"기에 북한의 인권실태를 제대로 반영하지 못했다. 따라서 북한인권법의 'SEC. 3 조사결과'의 아래 항들은 신뢰할 수 없다. 물론 북한이 자유권을 중심으로 한 미국식 인권을 기준으로 볼 때 열악하다는 것을 부인할 수는 없다. 그러나 교육·의료·기초생존권 등 생존권 차원에서 볼 때 인권에서 북한은 미국보다 우위에 있다. 북한인권법의 'SEC. 3 조사결과' 중 주요내용을 아래와 같이 반박한다.

SEC. 3 (4) 지도자에 대한 충성정도에 따라 주민을 분류하고 식량, 취업, 고등교육, 주거장소 등에서 차별화

: "출신성분에 따라 입당자격에 제한이 있다"는 '상식'에 대해서 "그건 80년대 초반까지 얘기"라며 "박정희 정권 때는 정세가 엄혹해서 그런 게 있었지만 그 이후에는 자기가 성실히 일해서 인정받으면 당원이 될 수 있다"(박술희 증언, ≪시민의신문≫, 2004.10.29.).

서술하여 북한인권법에 반영된 북 인권관련 사실관계 미 의회 보고서.

(6), (17), (20) 송환된 탈북자들에 대한 투옥, 고문

: 북한의 감시 통제체제는 남한과 미국에 비해 느슨하다는 것이 이미 판명되었다. 유태준 등에서 보는 바와 같이 수많은 재(再)탈북자들이 존재하고 심지어 귀환해 가족을 함께 데리고 재탈북할 정도로 느슨하다. 또 강제 송환된 경우 가혹한 처벌이 보편적이 아니라는 것은 유태준 씨나 필자가 만난 기획 입국자에게서도 확인되었다.[11]

(8) 수용소 생존 목격자의 증언에 의존한 수용자에 대한 노예노동, 무술연습 상대, 생화학 실험대상

: 일부 탈북자가 몸값을 부풀리기 위해 과장된 발언을 일삼기 일쑤이기에 검증되지 않은 증언에 불과하다. 탈북 후 미국에 이민 간 이순옥 씨의 '기독교인 생체실험', '쇳물주입 살해' 등 의회증언은 같은 탈북자들로부터도 비난받고 있는데 인권법은 이를 진실로 해석하고 있다.

(18), (19), (21) 중국이 경제유민을 난민으로 인정하지 않고 '경제적 이주자'로 인정하는 것이 '위법'이라는 주장

: 탈북자로 이야기되는 북한주민은 99%가 생계형 경제유민이지 인권법이 주장하듯 정치적 억압과 동기 때문에 탈북한 난민이 아니다. 이들

---

11) 유태준 씨는 1998년 함흥 석탄판매소 판매지도원으로 일하다 탈북, 어머니, 아들과 함께 대구에 정착해 살던 중 2000년 6월 아내를 데려오겠다며 입북, 북한 당국에 체포됐다가 2001년 11월 재탈북해 2002년 2월 국내로 들어왔다. 이후 2004년 7월 서울 광화문 교보문고 앞 인도에서 "나와 아들을 경애하는 김정일 장군님 품으로 돌려보내 달라"는 손 팻말을 들고 1인 시위를 벌여 국가보안법 위반으로 기소됐으나 무죄선고를 받았다(《한겨레신문》, 2005.10.13.). 일부 수구냉전신문은 그가 북한에 재입국해 수용소 투옥 뒤 처형된 것으로 보도하기도 했다.

은 대부분 남한·미국·일본의 기독교인이나 브로커 — 자칭 북한인권운
동가들의 기획탈북·기획입국에 의해 만들어지고 있다. 중국이 난민을
인정하지 않고 기획탈북·기획입북을 주도하는 자들을 처벌하는 것은 정
당하다.

2) 유엔의 권위와 관련국 주권을 침해

북한인권법은 유엔에 의무규정을 두고, 주변국에 정책 지침을 내리고,
중국에 대한 근거 없는 위법성을 주장하고 있다. 마치 유엔이 미국의
하부기관인 것처럼 다루는 것이다. 이는 북한과 중국에 대한 내정간섭이
며 '북한 악마만들기'와 '중국 악마만들기'이다.

SEC. 105(유엔인권위원회)는 자의적 구금, 비자발적 실종, 식량권, 의
사와 표현의 자유, 종교와 신념의 자유, 여성에 대한 폭력 등에 대한
특별보고가 '필요하다'고 되어 있다. 이것이 장려사항인지 의무사항인
지 분명하지 않지만 전반적 기조로 보아 의무사항으로 보인다.

또 SEC. 304(유엔난민고등판무관실)는 중국의 주권을 위배하도록 유엔
고등판무관(UNHCR)에게 지시하는 내용이다.

에에 따르면 고등판무관은 ① 중국정부가 방해받지 않고 탈북자를
접근하도록 노력하고, ② 촉구하고, ③ 난민을 보호·지원하기 위해 전문
가를 고용해야 하고, ④ NGO 단체들과 계약을 맺어야 하고, ⑤ 다자간
합의를 통해 난민들에 피신처를 보장하는 정책을 추진해야 한다고 '지
시하고' 있다. 더 나아가 b(2)는 "난민에 대한 접근은 UNHCR의 직무수
행에 있어 필수적이며 현 상황에서의 중재권 포기는 UNHCR이 핵심의
무를 포기하는 심각한 상황일 것이다"라고 경고하고 있다.

동북아관련국에게 SEC. 106(지역기구 수립)은 (b) "미국은 헬싱키 프로

세스에서 제안되었던, 인권과 기본적인 자유를 존중하기 위해 공동의 위원회에 역내의 모든 국가들이 참여하는 북한과의 지역 인권대화 가능성을 모색해야 한다"면서 SEC. 101은 "미국과 북한 그리고 동북아 관련국 사이에 이루어질 모든 미래의 협정은 북한의 인권이 주요 요소여야 한다는 게 미 의회의 입장이다"라고 밝히고 있다. SEC. 202-a-3는 "미국은 북한에 식량 등의 인도적 지원을 하는 다른 국가들이 북한에게 직접 지원하는 방식보다는 투명하고 검증 가능한 채널을 통해서 지원하도록 권장해야 한다"며 북한에 대한 인도적 지원까지 통제·관리하겠다고 한다. 이는 주로 한국과 중국을 겨냥하는 것이다.

3) 북한인권법으로 북한 붕괴 저강도전쟁을 벌이는 미국

필자는 이미 1994년 영변 핵위기 때부터 미국이 언젠가는 북한의 인권문제를 쟁점화할 것이라고 예견해왔다(강정구, 1994). 필자는 당시 미국의 대북한 행위유형을 '양파껍질 벗기기 형'으로 특징화하면서, 그것은 "궁극적으로는 북한의 핵카드를 완전 소멸시켜 북한생존권을 보장하지 않은 상태에서 추가로 인권문제, 미사일문제, 화학무기, 생물학무기, 테러문제, 개방·개혁문제 등을 제기하여 북한목조르기 정책을 지속하려는 정책을 추구하는 경향을 띤다"(강정구, 1996: 339)고 밝혔다.

당시 이러한 미국의 행위유형에 대해 유진 케럴 전 해군제독은 "미국이 고위회담 전제조건으로 '완전한 투명성'을 요구하는 것은 북한에 협상테이블에 나오기 전에 모든 협상카드를 버리고 힘없는 빈손으로 나오라는 것[이며], 그러한 상황에서 어떻게 주고받는 협상이 가능한가?", "북한의 핵위협은 국방부나 미 정보국 사람들, 호전광들의 눈에나 보일 뿐, 실제 존재하지 않는다"(≪한겨레신문≫, 1994.6.16.)라고 정확히 진단했다.

미국의 이러한 기조는 지속되고 있다. 2003년 8월 말에 열린 1차 6자회담에서 미국은 여전히 '선 핵폐기론'을 고집했을 뿐만 아니라, 양국 관계를 정상화하기 위해서는 미사일, 재래식 무기, 인권문제까지 한 테이블에 올려놓고 협상해야 한다는 주장을 내놓았다. 또 2차 6자회담을 끝낸 후 개최된 2004년 3월 2일자 미 상원 외교위원회 청문회에서 미국 측 협상대표 켈리는 "우리는 또한 핵 문제가 가닥이 잡히기 시작하면 미사일, 재래 군사력, 심각한 인권 문제 등 다른 현안들도 미국과 논의할 수 있으며 이런 문제에 대해 진척이 이루어지면 전면적인 관계 정상화로 나아갈 수 있다는 점도 분명히 밝혔다"고 재확인했다.

이는 북한인권법이 직접적으로는 북핵문제의 하위차원에서, 보다 큰 틀에서는 미국의 대북적대정책의 부분집합 차원에서 제기되었음을 보여준다. 부시 정부는 북한이 '완전하고, 검증가능하고, 비가역적으로 폐기하는 것(CVID)'을 수락하지 않는 한 단기적 침략전쟁과 장기적 고사라는 저강도전쟁을 동시에 고려하면서 북한의 정권·체제 교체를 꾀해왔다. 이는 작전계획에서도 엿볼 수 있다. 북한 핵시설에 대한 정밀공격 작전계획인 5026에서부터 대북 선제핵공격 위협과 체제전복을 목표로 하는 5027, 우발계획인 5028, 북한 내부소요와 대규모 탈북사태 등에 대응한다는 5029, 의도적으로 군사긴장을 도발해 북한 군사경제력을 소진시켜 북한 정권을 붕괴시킨다는 저강도 전쟁으로 북핵위기를 장기화해 북한의 내부적 궤멸을 초래하려는 5030 등이다.

이런 차원에서 볼 때 인권이라는 탈을 쓴 미국의 북한인권법은 다음과 같이 북한 정권·체제 붕괴책략을 담고 있는 저강도전쟁의 무기다.

첫째, '자유로운 정보 흐름 촉진'을 위해 방송시간을 12시간 연장하도록 연 400만 달러 지원(sec. 4-4, sec. 103-a, sec. 104-a). 둘째, '민주적인 정부체제하에서 한반도 평화와 통일 가속화'(sec. 4-5). 셋째, '인권, 민주, 법칙과 시장경제의 발전을 촉진시키는' NGO에 보조금 지급(sec. 102a). 넷째, 인도적 지원조건에서 '취약계층에 대한 접근'을 무제한 허용(sec. 202.-b1-d).

다섯째, 비인도적 지원조건으로 노골적인 체제붕괴 요소(sec. 202-b2)를 제시 — 종교자유와 기본인권 존중(A), 북한주민들과 미국 내 자손 및 친지간의 가족상봉 허용(B), 납치 일본인 및 한국인에 대한 모든 정보 공개(C), 납북자들과 가족들의 귀환권 보장(D), 교도소와 강제노동수용소 실질적 개혁과 국제감시 허용(E), '정치적인 의사의 표현과 행동을 기소 혹은 처벌 대상에서 제외'(F). 여섯째, 난민, 탈북자, 고아들의 거처나 수용소에 대한 지원으로 연 2,000만 불 예산 책정(sec. 203). 일곱째, 월경 경제유민에 대한 난민지위를 한국 국적에 상관없이 부여(sec. 302).

이상에서 확인할 수 있는 것처럼 미국은 북한인권법으로 북한 붕괴 저강도전쟁이라는 추악한 전쟁을 벌이고 있다. 단기적 침략전쟁이든 장기적 고사전쟁(저강도전쟁)이든 전쟁의 명분을 쌓는 데는 보편성을 띤 인권문제를 제기하는 인권정치만큼 효율적인 것도 드물다. 이러한 인권정치 또는 인권 제국주의는 미국의 일관된 정책으로 쿠바, 이라크, 이란 등에서 예정된 수순에 따라 등장했다.

이러한 내용의 북한체제·정권 붕괴법이 의회에서 통과되자 기획입국 시도가 줄을 이었다.12) 2004년 9월 28일 캐나다 대사관 44명 진입,

---

12) 북한 경제유민이 자력으로 집단 입국하는 것은 불가능하다. 배고파 이향한 이들이 남한으로 오는 정보, 이에 필요한 돈과 기획, 집단행동, 집단조직과 계획 등을 독자적으로 감당할 수 없다. 2004년 7월 베트남에 체류 중이던 탈북자 460여 명의 기획 입국자 가운데 70%가 여성, 어린이가 20%였다. 이들이 자력으로 베트남이나 북경으로 가 외국공관에 집단 진압하는 것은 불가능한 일이다.

10월 15일 베이징 한국대사관 영사부 20여 명, 21일 베이징 한국국제학교에 29명, 25일과 27일 베이징 한국 영사부에 각각 18명, 1명, 탈북자 2인 미국망명 기도 등이 잇따랐다(≪시민의신문≫, 2004.10.29.).

이러한 기획입국은 이미 오래 전부터 한국·미국·일본에 뿌리를 둔 극우기독교단체, 북한인권운동단체, '민주주의를 위한 기금재단(NED)', 돈벌이를 노린 브로커 등에 의해 돈벌이나 북한체제·정권붕괴 목적으로 진행되어왔다. 일부에서는 "북한민주화론-조선일보-보수개신교회-한나라당-미국 매파 상호간의 전략적 연합전선이 구축돼 있다"고 주장할 정도다. 이는 북한인권시민연합 윤현 이사장이 NED 민주상을 수상하고, 북한민주화운동본부의 대표인 탈북자 출신 조선일보 기자 강철환과 그의 친구 안혁도 2003년 NED 민주상을 수상한 것에서도 드러난다. 출애굽기21 대표 한국계 미국목사 더글러스 신은 ≪워싱턴포스트≫에 "나는 단지 중국과 북한 독재정권들이 나의 백성들을 놔줄 것을 원할 뿐이다"라며 통일된 친미 한국이 만주지역을 지배하는 상황을 전망하기도 했다.

북한인권법을 계기로 반핵·반김 세력들이 체계적인 반북활동을 위한 채비를 갖추기 시작했다. 2004년 11월 1일 '북한민주화포럼'이 류근일, 송복, 이동복, 조갑제, 제성호 등 극우 인사들에 의해 창립되었다. 이들은 앞으로 북한인권법 기류를 한껏 활용하여 남한 내에서 이념논쟁을 벌이고 이를 북한체제·정권 붕괴까지 연결시키려는 저의를 공공연히 드러내었다. 미국에서는 북한인권대사로 검토되고 있는 수잔 솔티가 관여하는 디펜스포럼, 허드슨연구소, 보수적 종교·인권단체들이 참여하는 북한자유연합(North Korea Freedom Coalition) 등에 보수적인 재미동포 기독단체들이 줄을 이어 참여하고 있다. 디펜스포럼 수잔 솔티나 두리하나선교회 천기원 전도사 등이 밝힌 바에 의하면 이들은 몽골에 월경 경제유민 정착촌 건설을 추진하기도 했다.

탈북 기획입국 양성소는 비디오저널리스트 조천현 씨가 ≪월간 말≫ 2004년 12월호에서 폭로한 것처럼 '인간사냥'과 '철조망 없는 감옥' 같은 상상을 초월한 반인권의 소굴이다. 2004년 9월 29일 캐나다대사관에 들어간 탈북자 44명과 함께 있다 탈출한 이귀옥 씨 증언에 의하면 양성소는 열쇠가 채워지고, 외출이 금지되고, 큰소리도 못 치고, 폭행도 당하며, 비밀이 누설되면 죽이거나 북에 있는 가족을 공격하겠다고 공갈당하고, 차용증을 강요당하는 곳이다. 또 수용탈북자는 다른 경제유민을 탈북자로 끌어들여야 한다.

여기에는 북한붕괴 작전인 저강도전쟁이 실제 진행된다. 앞의 이 씨와 또 다른 한 사람에게 20명의 다른 탈북자를 모집해오라는 지시가 떨어졌고, 다른 한 사람에게는 북한에 들어가 한국 정보당국에서 요구하는 '문건'을 가져오고 보위부 가족을 빼오라는 명령이 떨어졌다. 몇 차례 탈북과 입국으로 북한의 탈북자집단수용소에서 갇혀 처형됐다고 ≪조선일보≫가 허위 보도한 유태준의 경우, 남으로 들어오는 과정에 북한의 체제를 비난하도록 협박받고, 들어온 이후에도 이런 저런 반북 적대 활동에 나서도록 강요당했다. 그는 광화문에서 "김정일 장군님 품으로 돌아가게 해 달라"며 일인 시위를 벌이면서 자신이 국정원에 의해 조종되고 있다고 폭로했다.

이러한 움직임은 평화와 통일로 나아가는 민족사의 궤적을 가로막는다. 밖에서는 북한인권법과 북핵문제를 빌미로 미국이라는 외세가, 안에서는 이에 편승한 남한 내 숭미수구냉전세력이 가로막기의 첨병이다. 부시 정부의 북핵 공세에 따라 반핵·반김을 외치는 모습에서 보듯 바깥 바람과 안(內)바람의 민족 앞길 가로막기는 서로 상승작용을 일으키며 한반도 평화와 통일에 어두운 장막을 드리우고 있다.

6. 진정한 북한인권 개선의 모색

북한인권법은 미국이 북한체제·정권 붕괴를 노린 정치적 목적에 따라서 인권을 빌미로 한 저강도전쟁과 인권 제국주의의 수단으로 만들어져 시행되고 있다. 이는 북한 인권을 신장시키기보다는 오히려 악화시킬 따름이다.[13) 이 절에서는 북한 인권을 진정으로 개선시키기 위한 방안을 제안하겠다.[14)

1) 평화권 쟁취로 남북인민의 생명권 확보

인권 가운데 핵심은 생명권이다. 생명권 가운데 전 인류사회가 가장 죄악시하는 것은 집단적 생명권 박탈과 침해다. 이는 평화권을 침해하는 전쟁이다. 자유·시민권 기준에서 북한인권이 문제되는 것은 사실이지만 이를 빌미로 미국처럼 단기적 전쟁이나 장기고사 저강도전쟁을 펴는 것은 반인권이고 인권범죄이자 인권침해다. 따라서 미국의 대북 전쟁책동을 막는 것이야말로 북한 주민의 집단 생명권을 보호하는 것이요, 북한 인권 개선책이다. 곧 생명·평화권 쟁취가 북한인권의 제1 과제인 것이다. 이는 남한주민에게도 제1의 과제다.

한반도의 생명·평화권을 끊임없이 위협하는 미국이야말로 한반도와

---

13) 북한은 천부인권설을 바탕으로 한 자유권과 시민권 중심의 개인 인권보다 집합적 존재로서의 인민대중의 권리, 곧 민중 전체의 권리인 민권과 사회 전체의 공공적 권리를 우선한다(신은희, 2004).

14) 남한 정부의 정책은 북한 인권 문제에 대한 지속적 관심, 국가별 대응방식의 전략적 선택, 화해협력을 통한 점진적 인권개선, 6자회담과 남북관계 발전에 영향 최소화 등을 표방하고 있다.

북한의 최대 인권침해국이며 인권범죄 국가다.

미국의 북한 생명·평화권 위협에 대응해 북한은 불가침조약이나 평화협정을 지속적으로 촉구하고 추진했으나 미국은 전쟁을 제도적으로 막고 평화권을 보장하는 불가침협정과 평화협정을 한사코 거절해 왔다. 더 나아가 이미 합의한 1994년의 제네바협정까지 파기시키면서 생명·평화권 위협을 자행해왔다.

이에 북한은 부득이하게 핵 억지력을 구비함으로써 생명권을 보장받을 수밖에 없다면서 2005년 2월 핵보유선언, 2006년 7월 미사일실험, 2006년 10월 핵실험을 강행했다. 4년 이상 끌어오던 북핵문제가 북한 핵실험 이후에야 2007년 1월 16일 베를린에서 북미 직접대화가 이뤄지고 2·13 합의, BDA 문제 해결 등 북미관계 정상화를 위한 일련의 조치가 진행되고 있다. 북한이 생명·평화권을 확보하기 위해 생명·평화권을 가장 위협하는 핵무기 개발이라는 반인권적인 카드를 쓸 수밖에 없는 아이러니(irony)가 한반도를 지배하고 있다.

미국은 한반도 생명·평화권 침해기도를 즉각 중단하고 평화권을 보장해야 한다. 이를 위한 남한 정부와 사회운동세력의 적극적이고 주도적인 역할이 요구된다. 북한 인민의 핵심인권인 평화·생명권 보장을 위한 제1 급선무는 바로 미국의 대북침략책동을 저지하는 것이다.

2) 경제·군사 봉쇄 해제로 생존권 개선과 확보

북한에 대한 미국의 생존권(또는 경제-사회권) 침해도 중단돼야 한다. 이 침해는 북한에 대한 미국의 테러 지원국 분류에서 온다. 이 때문에 북한은 경제봉쇄를 당하고, 식량난이 가중되어 북한 주민의 고통이 더욱 악화돼왔다. 북한의 생존권을 침해하는 테러 지원국 분류는 1987년 이른바 KAL 858기 폭파사건에서 비롯됐다. 당시 유엔에서 증거불충분으로 북한 테러지원 규탄이 철회된 일에서 보듯 진실이 밝혀지지 않은 상태에서 폭사사건을 적용시킨 점에서 미국이 북한을 테러지원국으로 분류한 것 자체가 폭거다. 여기에 미국은 1994년 10·21제네바협정에서 미국이 합의한, 테러 지원국 해제로 대북 경제봉쇄조치를 풀기로 한 것을 이행하지도 않았다. 미국의 대북 경제봉쇄 해제는 북한 인민의 생존권을 보장하기 위한 두 번째 긴요한 과제다.

미국은 인권을 표방한 북한인권법을 발효시키는 한편, 작전계획5030과 BDA은행 동결 등 금융제재조치를 취해 북한인민의 생존권을 더 침해하고 있다. 작전계획5030의 골간은 잦은 군사적 도발로 취약한 북한의 경제·군사력을 소진시켜 북한 정권을 붕괴시킨다는 것이다. 북핵위기를 장기화하고 북한의 내부적 궤멸을 초래하자는 계획이다. 이는 고강도전쟁을 통해 생명권을 침해함과 동시에 장기 고사전략인 저강도전쟁으로 북한을 압살하자는 것이다.

2003년 3월 북한의 미그-29 전투기와 조우했던 미국의 전자정찰기 RC-135는 북한 영공에 밀착해 정찰을 벌였다. 이 같은 미국의 도발에 북한이 대응조치로 전투기들을 비상 출격시키는 횟수가 잦아지면 그나마 부족한 항공유가 소진되어 북한 경제를 압박하게 된다. 또 미군이 기습적으로 군사훈련을 벌이면 북한 지도부가 급히 지하벙커로 피신하고 군이 동원되면서 그 과정에서 비축식량이나 식수 등 군사자원이 고갈되도록 강요한다는 내용도 있다. 북한의 무기 수출을 차단해 북한 정권의 자금줄을 끊고 북한 주민들을 상대로 허위정보를 유포하는 등의 광범위한 비정규전 전술도 이 작전계획에 포함돼 있다. 그렇게 되면 북한 경제에 더 심한 주름이 가고, 군의 불만이 높아지며 정권교체를 위한 기반이 만들어진다는 것이다.

이러한 작전계획5030 외에도 미국은 중단 없는 대북 침략전쟁연습을 강화함으로써 북한의 생명권과 생존권을 끊임없이 위협해왔다. 1976년부터 세계에서 가장 큰 규모의 군사훈련이면서 대북핵공격훈련인 팀스피리트훈련이 1994년 북미제네바합의로 중단되자 미국은 이 대신 1995년부터 대북한침공 실전연습훈련인 연합전시증원연습(RSOI)을 연례적으로 실시하다 2003년부터 '독수리전쟁연습'과 통합해 통합훈련(RSOI + Foal Eagle)을 실시하고 있다. 이는 제2의 팀스피리트훈련이다. 여기에는 미 본토 군인, 태평양군사령부, 주일미군이 참여하고 전쟁발발 초기 상황을 가정한 실전과 동일한 수준의 대규모 훈련이 전개된다. 북한 섬멸을 위한 실전훈련이 전개되는 것이다.

이는 김정일 정권의 전복, 북한군 궤멸, 평양 장악을 내용으로 하는 작전계획5027에 따라 이루어지는 것으로 1993년 팀스피리트훈련 이래 최대 규모였다. 또 1993년 팀스피리트훈련 이래 10년 만에 F-117 스텔스 전폭기를 투입해 정밀타격능력 위주로 훈련을 실시해 전쟁공포감과 안보불안을 불러왔다. 이 밖에도 을지포커스렌즈 한미합동군사훈련 등 해마다 3월 초부터 북한에 대한 침략 전쟁 연습이 진행되고 그 규모나 강도는 더욱 확대·강화되고 있다.[15)

이러한 침략전쟁연습은 단기적 침략전쟁을 위한 고강도전쟁을 위한 것이면서 동시에 극심한 북한의 경제난을 장기적으로 가중시켜 내부적으로 교란시키는 저강도전쟁이자 고사작전이다. 따라서 생존권 확보에는 테러지원국 규정에 의한 대북한 경제봉쇄뿐 아니라 군사봉쇄와 침략

---

15) 미국이 한국에서 실시하는 군사훈련인 독수리, 을지포커스, 전시증원연습, Freedom Banner, 통합훈련, 작전계획5027 등 군사훈련에 관해서는 아래 참조. http://www.globalsecurity.org/military/ops/ex-usfk.htm

전쟁연습도 해제시키는 조치가 병행돼야 한다.

일부에서는 식량권을 인권의 범주로 삼아 북한식량난 자체가 인권유린이라는 어불성설의 주장을 하기도 한다. 장창준의 지적처럼 우리가 겪었던 1950~1960년대의 보릿고개는 그 자체가 절대적 빈곤이므로 인권침해의 범주에 들어갈 수 없다. 오히려 이러한 절대적 가난을 해결하기 위한 외부의 경제협력이나 식량지원을 가로막는 미국의 봉쇄야말로 생존권을 침해하는 행위다.

생존권에 대한 북한의 제도적 장치는 식량배급제, 무상의료, 무상교육, 의사담당제 등으로 어느 나라 못지않게 우수하다. 다만 극심한 경제난 때문에 이런 제도적 장치가 제대로 활용되지 못하고 있을 따름이다.

3) 외적 억압과 위협의 제거를 통한 자유·시민권의 개선

북한의 자유-시민권 중심의 미국식 인권은 북한 내부의 문제에서 연유된 점이 크다. 그렇지만 동시에 미국의 대북한 전쟁위협과 봉쇄정책에도 기인한다. 북한주민의 최대인권인 생명권의 박탈 위험을 막기 위한 과제가 북한 정권에 주어진 최우선 과제이고 이를 위해서 자유권 중심의 미국식 인권 훼손은 어느 정도 불가피하다. 이에 대해 한국전쟁의 비극을 극단적으로 체험했고, 지금 이라크에서 벌어지고 있는 미국의 이라크 주민에 대한 반인권적 범죄를 잘 알고 있는 북한주민은 자신의 생존을 위해 미국식 인권의 훼손쯤은 충분히 감수할 준비가 되어 있다. 이 점에서 남북 대결구도를 견지한 남한 역시 일단의 책임이 있다.

'좋은 벗들'의 이승용 평화인권부장은 "북한 인민은 정치적 자유보다 생존권을 더 시급하게 생각 한다"며 "이들은 장사할 권리, 뙈기밭을 경작할 권리, 장사를 위해 이동할 권리를 가장 바란다"라고 지적했다

(≪시민의신문≫, 2004.10.29.). 이 부장은 "북한 인권은 시대와 조건을 세세하게 따져서 세밀하게 접근해야 한다"고 주장했다.

생명권을 박탈당할 수 있다는 전쟁 위기의 구조 속에서 북한은 내부 통제를 강화할 수밖에 없는 조건에 처해 있다. 생명·평화권 위험이라는 제약 때문에 자유·시민권의 신장이 제한받는 것을 북한 정권의 책임으로만 돌릴 수는 없는 일이다.

이를 감안하면 북한의 자유·시민권 개선을 위해서는 미국이 대북 적대정책을 철폐하고 남한이 6·15공동선언을 이행해야 한다. 미국의 외적 억압과 위협으로부터 벗어나 북한 스스로 자유·시민권을 개선하도록 객관적인 조건을 창출하자는 것이다.

7. 맺음말

북한 인권에서 가장 급박한 문제는 바로 미국의 대북 전쟁위협에서 오는 북한 주민의 생명권 박탈 위협이고, 미국의 대북 경제봉쇄와 작전계획5030과 같은 저강도 전쟁으로부터 오는 생존권 위협이다. 또한 북한주민의 자유·시민권 제약도 미국은 그 조건을 형성한 책임을 면할 수 없다. 이는 북한 인권 침해의 주범은 바로 미국이라는 점을 말해준다.

그럼에도 불구하고 김승교 변호사의 비유[16]처럼 미국은 북한인권법

---

16) 이런 모순성을 김승교(2004) 변호사는 잘 포착하고 있다. "'목을 조이고 있는 자는 호흡(呼吸)을 말할 자격이 없다.' '집에 불을 내놓고 거기에 부채질하고 있는 자는 진화(鎭火)를 말할 자격이 없다.' 그들이 백날 호흡과 진화를 말해도 그것은 빌미·구실일 뿐이고, 그를 통해 달성하려는 것은 '죽이는 것'과 '불태우는 것'일 뿐이다. 그들에게 인권은 선동도구일 뿐이다. 신성한 인권을 모욕하는 것에 다름

을 발효시켜 마치 북한이라는 집에 불을 질러놓고 거기에다 부채질을 하면서 불을 끄라고 집주인에게 명령하는 후한무치를 행하고 있다. 인권을 빙자한 북한붕괴책략인 저강도전쟁의 일환이자 인권 제국주의의 전형이 바로 미국의 북한인권법이다.

이러한 미국에 대해 정공법으로 맞서기는커녕 마치 일진회 매국노들이 일본에 편승했듯이 남한의 일부언론, 정당, 극우기독교단체, 북한관련인권단체 등 대부분은 인권 제국주의자 미국보다 더 미국다운 형상을 보여주고 있다.

일부 시민단체 또한 구체적으로 어떤 인권을, 누구를 위해, 어떻게 하겠다는 것인지에 대한 근본적인 접근 없이 거저 추상적인 인권의 보편적 개념에 압도되어 주눅 든 채로 미국과 북한을 같은 값으로 비난하는 양비론을 펼치고 있다.

이제 북한 인권문제를 인권 제국주의의 전형인 미국식 인권의 시각에서 바라보는 한계를 극복하고 보편적 가치를 가진 인권과 불가분의 관계에 있는 생명·평화권, 또 이들 사이의 관계 등을 적극적으로 규명하고 이에 근거한 대안을 제시해야 할 때다.

아니다. 인권의 탈을 썼을 뿐 인권에는 관심이 없는 자들이다. 인권을 구실로 잇속을 채우려는 것. 솔직해지기를 희망한다. '그래 인권에는 별로 관심 없다. 정권교체·체제전복이 진실한 목적이다. 인권은 효과적 수단이고 그래서 총포 대신 인권을 공격무기로 들었다'라고 솔직히 고백하기를 희망한다."

▌참고문헌

강정구. 1994. 「북핵문제를 둘러싼 국제적 대응의 실체: 한국·미국·IAEA를 중심으로」. ≪역사비평≫, 계간 27호(1994년 겨울호). 1996. 『분단과 전쟁의 한국현대사』. 역사비평사에 재수록.

_____. 2002. 「분단이산가족의 현황과 문제 해결방향」. 한국인권재단. 『한반도의 평화와 인권』.

_____. 2002. 『민족의 생명권과 통일』. 당대.

_____. 2004. 「주한미군불가피론과 미래 한미동맹에 대한 근본적 재평가」. ≪역사비평≫, 통권 68호(2004년 가을호).

강정구 외. 2005. 『전환기 한미관계 새판짜기』. 한울.

국가인권위원회. 2004. "북한인권 국제심포지엄" 자료집. 일시: 2004년 12월 1일, 장소: 경남대극동문제연구소.

김수암. 2005. 「미국의 북한인권법 발효 이후 변화」. 통일연대, 실천연대, 민변, 민주노동당, 민언련, 천주교인권위원회 공동주최, "미국의 북한인권법 발효와 탈북자문제에 대한 올바른 인식과 대응" 일시: 2005년 2월 3일, 장소: 국가인권위원회 배움터.

김승교. 2005. 「탈북자문제에 대한 올바른 대응방향」. 통일연대, 실천연대, 민변, 민주노동당, 민언련, 천주교인권위원회 공동주최, "미국의 북한인권법 발효와 탈북자문제에 대한 올바른 인식과 대응" 일시: 2005년 2월 3일, 장소: 국가인권위원회 배움터.

김양현. 2004. 「생태적 인간중심주의 인권과 자연권의 조화를 위한 이론 틀의 모색」. 5·18연구소. ≪민주주의와 인권≫, 4권 1호.

김용태. 2003. 「폭력과 인권」. 5·18연구소. ≪민주주의와 인권≫, 4권 1호.

동국대북한학연구소. 2005. 「탈북자 증언을 통해서 본 북한인권 실태조사」. 2004년도 국가인권위원회 인권상황 실태조사 연구용역보고서.

박종귀. 2001. 『중미 인권분쟁』. 새로운 사람들.

신은희. 2004. 「북한의 인권문제와 통일 다원주의」. 2004년 5월 29일 '민족통일학회' 월례 발표문.

양석원. 2003. 「탈식민주의의 정신분석학: 마노니와 파농을 중심으로」. 고부응 엮음. 『탈식민주의 이론과 쟁점』. 문학과지성사.

양정은. 2006. 「수정·보완되는 개념계획 5029의 위험성」. ≪정세동향≫, 통권 138호(2006년 12월 하반기).

원승룡. 2003. 「다문화 사회에서 인권담론 분석」. 5·18연구소 ≪민주주의와 인권≫, 3권 1호.

연효숙. 2003. 「식민·탈식민시대의 주체와 타자」. 학술단체협의회. 『우리 학문 속의 미국』. 한울.

유정애. 2004. 「한미보수세력의 '반북공생' 생명줄은 미국의 자금지원」. ≪민족21≫, 2004년 1월호.

이금순. 2004. 「북한인권상황에 대한 한국사회의 인식과 반응」, 국가인권위원회 주최 2004. '북한인권 국제심포지엄' 자료집. 일시: 2004년 12월 1일, 장소: 경남대극동문제연구소 통일관.

이흥환 편저. 2002. 『부시 행정부와 북한』. 삼인.

장성민 편역. 2001. 『부시행정부의 한반도 리포트』. 김영사.

장창준. 2004. 「북한인권법안과 이북인권상황의 실체」. 민권연구소 ≪정세동향≫, 통권86호(2004년 10월 하반기).

정성장. 2004. 「미국의 북한인권법」. 세종연구소. ≪정세와 정책≫, 2004년 11월호.

정인섭 편역. 2000. 『국제인권 조약집』. 사람생각.

조성렬. 2004. 「미국의 신개입주의 정책과 북한관련 특별법안 쿠바, 이라크, 이란 사례와의 비교」. 활동가/연구자 워크숍 "북한인권을 둘러싼 국제사회의 동향과 우리의 대응" 2004년 7월 9일 장소: 참여연대 2층 강당.

중국외교부. 2004. 「2003년 미국의 인권에 관한 보고서(The Human Rights Record of the United States in 2003)」.

최협. 2003. 「재미한인사회의 인권문제」. 5·18연구소 ≪민주주의와 인권≫, 3권 1호.

Donnelly, Jack. 2002. *International Human Rights*. 박정원 옮김. 『인권과 국제정

치』. 오름.

Fanon, Frantz. 2004. 『대지의 저주받은 사람들』. 남경태 옮김. 도서출판 그린비.

______. 1998. 『검은 피부 하얀 가면』. 이석호 옮김. 인간사랑.

Harrison, Selig. 2003. 『코리안 엔드게임』. 이홍동 외 옮김. 삼인.

Schute, Stephen and Susan Hurley(ed.). 1993. *On Human Rights: The Oxford Amnesty Lectures*, Basic Books. 민주주의법학연구회 옮김. 2000. 『현대사상과 인권』. 사람생각.

제9장

한반도 평화체제 수립방안[*]

한반도 평화체제의 수립과 공고화를 위한 최대주의적 접근

김진환

1. 머리말

'9·19공동성명' 이행의 발목을 붙들던 미국의 대북 금융제재 문제가 1년 9개월 만인 2007년 6월 해결의 실마리를 찾았다. 따라서 2007년 2월 6개국이 합의했던 '9·19공동성명이행을 위한 초기조치'(2·13합의) 이행에 속도가 붙을 전망이다. 이와 함께 9·19공동성명 제4조와 2·13합의 제6조에 명시한대로 한반도에 "영구적 평화체제"를 수립하기 위한 움직임도 가시화될 것이다.

이 글에서는 먼저, 한반도평화체제 수립과정에서 지향해야 할 기본방향을 제시하고, 다음으로 한반도평화체제 수립의 기본방향을 충족시키는 '최대주의적' 접근방식을 소개한 후, 끝으로 한반도평화체제 수립과

---

[*] 이 글은 민주노동당 정책위원회 용역으로 2006년 12월 작성한 보고서를 2007년 6월까지의 정세변화를 반영해 발췌·수정한 글이다. 필자가 윤지훈(민주노동당 정책연구원), 장창준(민주노동당 정책연구원), 전욱(성공회대 사회학과 석사과정)과 함께 작성한 보고서는 『2007년 정책보고서 ②: 통일·평화체제』(민주노동당 정책위원회, 2007)에 실려 있다.

공고화를 위해 이루어져야 할 주요합의와 이행조치들을 4단계로 나누어 서술할 것이다.

특히 이 글은 '평화'와 '통일'의 관계에 대해 한반도평화체제는 평화통일에 의해 비로소 공고화될 수 있다는 인식을 강조한다. 한반도에서 평화와 통일은 대체재(代替財)가 아니라 보완재(補完財)다. 따라서 한반도 평화체제 수립의 모든 과정은 곧 평화통일을 이루어가는 과정이 되어야 한다는 것이 이 글의 핵심적인 문제의식이다.

2. 한반도평화체제 수립의 기본방향

1) 어렵사리 지켜온 불씨

2005년 가을 9·19공동성명은 부시 행정부 출범 이후 북미 대결격화로 꺼져가던 한반도평화체제 수립의 '불씨'를 되살려놓았다. 북미를 포함한 6자회담 참가국들이 "동북아시아의 항구적인 평화와 안정을 위해 공동 노력할 것을 공약"하고 "직접 관련 당사국들은 적절한 별도 포럼에서 한반도의 영구적 평화체제에 관한 협상을 가질 것"(제4조)을 합의했기 때문이다.

돌아보면 2000년 가을은 한반도에서 전쟁을 완전히 종식시키고 평화체제로 나아가는 데 전례 없는 호기였다. 그 해 6월 남북정상회담을 통해 남북화해협력 분위기가 절정에 이르렀고, 10월에는 북미 양국이 "조선반도에서 긴장상태를 완화하고 1953년의 정전협정을 공고한 평화보장체제로 바꾸어 조선전쟁을 공식 종식시키는 데 4자회담 등 여러 가지 방도들이 있다"는 합의에 도달했던 것이다.

하지만 2001년 2월 부시 행정부 출범과 함께 모든 것이 원점으로 돌아갔다. 부시 행정부는 출범 직후부터 대북적대정책을 강화해갔으며,[1] 중국과 러시아를 견제하기 위한 미사일방어체제 구축, 주한·주일 미군의 아시아태평양신속기동군화, 한·미·일 군사동맹 강화 등 한반도와 동북아시아 평화와는 거리가 먼 일들에 주력했다.

우여곡절 끝에 2003년 8월부터 6자회담이 시작됐지만 미국의 발목잡기로 난항을 겪었고, 이 와중에 2005년 2월 북한의 '핵무기 보유 선언'까지 이어지면서 한반도의 시계는 가까이는 미국의 영변핵시설 폭격준비로 전쟁직전까지 갔던 1994년으로, 멀게는 수백만 명의 생명을 앗아갔던 한국전쟁 때로 돌아가는 듯 했다.

평화를 향한 돌파구가 다시 열린 건 2005년 여름~가을이었다. 6월 17일 정동영 통일부장관과 김정일 국방위원장의 면담 직후 북미 양국이 6자회담에 복귀했고, 3개월 뒤 한반도비핵화의 평화적 달성, 북미관계 정상화, 한반도와 동북아시아의 항구적 평화와 안정 등의 목표를 명시한 9·19공동성명을 채택한 것이다.[2]

그러나 한반도평화체제 수립의 불씨는 되살아나자마자 다시 사그라

---

1) 부시 행정부는 클린턴 행정부가 했던 북미관계정상화 약속을 팽개치고 2001년 5월 북한을 테러지원국으로 재지정했다. 2002년 1월 8일에는 미 국방부가 의회에 대북 핵무기공격계획이 담긴 핵태세검토(NPR) 보고서를 제출했고, 부시 대통령은 1월 29일 북한을 '악의 축'으로 지목했으며, 그 해 10월에는 북한의 우라늄 핵무기개발설을 유포하는 등 대북적대정책을 지속적으로 강화해갔다.

2) 특히 9·19공동성명 제4조 채택은 남북정부의 적극적인 공조가 만들어낸 작품으로 알려지고 있다. 제4차 6자회담 남측 대표였던 송민순 외교통상부 차관보는 2005년 8월 9일 MBC라디오 <손석희의 시선집중>에 출연해 제4차 6자회담에서 한반도평화체제 수립논의를 위해 별도의 관련국 포럼을 만들어야 한다는 제안을 북측과 상의해서 내놓았다는 사실을 밝혔다.

질 위기에 처한다. 2005년 11월 시작된 제5차 6자회담 1단계회의가 경수로 제공시기를 둘러싼 북미 의견대립, 미국의 대북 금융제재 등으로 별 성과 없이 중단됐기 때문이다.

이후 2006년 7월 5일 북한의 미사일발사실험, 10월 북한의 핵실험과 미국·일본 주도의 유엔 대북 제재결의안 채택 등으로 대결이 고조되면서 한반도평화체제 수립에 대한 절망이 커져갈 즈음 북미는 10월 31일 제5차 6자회담의 빠른 재개를 극적으로 합의한다. 점증하던 국제사회의 제재 움직임을 제어하려는 북한의 의도와, 중간선거를 앞두고 '북한의 회담복귀'라는 외교적 성과가 절실했던 부시행정부의 이해가 맞아떨어진 결과였다.

합의에 따라 2006년 12월 제5차 6자회담 2단계 회의가 13개월 만에 재개됐고, 마침내 2007년 2월 제5차 6자회담 3단계 회의에서 6개국은 9·19공동성명 이행을 위한 초기조치를 합의하는 데 이르렀다.

2) 한반도평화체제 수립은 동북아시아 현안

이처럼 2005년 가을 이후 한반도평화체제 수립문제는 6자회담이라는 다자간 협의공간에서 주로 논의되어왔다. 이미 2000년 10월 북미가 4자회담의 '유용성'에 합의하면서 한반도평화체제 수립은 다자현안으로서의 속성을 갖기 시작했고, 9·19공동성명은 한반도평화체제 수립을 다자현안으로 확실히 부각시킨 계기였다고 평가할 수 있다.

이제 한반도평화체제 수립은 남북 또는 남·북·미만의 현안이 아니라 동북아시아 6개국의 이해와 밀접히 연관된 지역현안으로 자리 잡았고, 따라서 한반도평화체제 수립과정은 동북아시아 각국이 이 지역에서 자신의 안보이익을 극대화하기 위한 치열한 외교대결의 장이 될 것으로 예상된다.

동북아시아에서 미국의 단일패권이 별 탈 없이 유지되던 1990년대와 달리 2000년대 이후 이 지역에서는 중국·러시아의 성장과 연대로 더디지만 꾸준하게 세력관계 재편이 이루어지고 있다. 미국의 군사적·경제적 패권추구와 일본의 군사대국화가 중국·러시아의 이해와 대립하면서 동북아시아 정세의 불확실성은 1990년대보다 커졌고 이에 따라 동북아시아다자안보협력체제 수립을 주장하는 목소리도 함께 성장하고 있다.

9·19공동성명 제4조에 한반도평화체제 협상에 대한 합의뿐 아니라 "6자는 동북아시아에서의 안보 협력 증진을 위한 방안과 수단을 모색하기로 합의했다"는 문장이 포함된 것도 바로 동북아시아 각국이 한반도평화체제 수립과 동북아시아다자안보체제를 동떨어진 문제로 생각하지 않는다는 점을 반영하는 셈이다.

따라서 한반도평화체제 역시 수립논의가 본격화된다면 지금까지 많이 알려졌던 방식들, 곧 남북 또는 북미 또는 남·북·미 3개국이 주체가 되어 협상을 벌이는 방식들보다는 보다 확대된 다자회담을 거쳐 수립될 가능성이 크다.

중국은 이미 1990년대 말 남·북·중·미 4자회담을 통해 한반도평화체제 수립논의에 한 발을 담갔던 경험이 있다. 또한 한반도평화체제 수립이 불가피하게 내포하는 한반도 내 미국 군사전략의 향배에 일정한 발언권을 행사하고 싶어 할 것이다. 미국 역시 중국에게 북한의 대량살상무기 비확산에 대한 약속이행을 보장하는 의무와 역할을 부여하기 위해 중국의 참여를 바랄 수 있다(이삼성, 2005: 30~31).

북한은 지금까지 평화협정 당사자로 남한이 참여하는 점에 대해서는 유연한 입장을 보여왔던 데 비해 중국의 참여를 명시적으로 밝힌 적은 없다. 하지만 만약 미국이 당사자로 참여하면서 중국의 참여를 요구한다면 수용할 수도 있을 것이다.

이런 분위기 속에서 러시아와 일본을 "직접 관련 당사국들"에서 제외하더라도[3] 6자회담 진전과 맞물려 본격화될 한반도평화체제 협상은 최소한 남·북·중·미 4개국의 다자회담이 될 가능성이 커지고 있는 것이다.

3) 한반도평화체제 수립과 동북아시아 평화

한반도평화체제 수립이 동북아시아의 현안으로 확고히 자리 잡은 조건에서 가장 바람직한 방향은 한반도평화체제 수립과정이 곧 동북아시아 평화를 진전시키는 과정이 되는 것이다. 한반도평화체제가 동북아시아 평화정착의 받침돌이 되어야 한다는 말이다.

이를 위해서는 무엇보다 한반도평화체제 수립과정에서 미국에게 최대의무를 부여해야 한다.[4] 왜냐하면 그동안 미국의 패권적 동북아시아

---

3) 미국은 9·19공동성명 채택 직후 미일 안보동맹을 이유로 일본까지 평화체제 논의에 끌어들이려는 의도를 드러낸 적이 있다. 크리스토퍼 힐 차관보는 2005년 9월 28일 미 평화연구소(USIP) 강연에서 평화협정 문제에 대한 질문에 "휴전협정 당사자는 아니지만, 미국과 (안보동맹)협정을 통한 책임의 측면에서 이에 매우 직접적인 이해관계를 가진 나라가 일본"이라며 "미일 안보관계는 한반도평화체제에 의해 영향을 받을 수 있는 어떤 상황(some contingencies)을 다루는 것이므로, 일본에도 (평화체제 논의 진행상황을) 알려주는(clued in) 방안을 찾아야 한다"고 주장했다(≪연합뉴스≫, 2005.9.29.).

4) 이와 관련해 2006년 11월 18일 토니 스노 백악관 대변인이 "북한이 핵을 포기할 경우 한국전의 종료를 선언할 것"이라고 발언한 사실에 주목할 필요가 있다. (≪연합뉴스≫, 2006.11.19.) 이 발언은 미국이 2000년 10월 '북미공동코뮈니케' 이후 6년여 만에 한국전쟁 종전의사를 공식적으로 밝혔다는 점에서는 의의가 있다. 하지만 한반도평화체제 수립과정에서 미국의 역할을 종전선언 정도로 국한시키면서 최소의무를 져보려는 의도도 엿보인다는 점에서 주의 깊게 보아야

정책이 한반도와 동북아시아 평화정착을 가로막는 최대걸림돌로 작용해왔기 때문이다. 미국 주도의 한·미·일 군사동맹이 계속 강화되거나 북한과 미국·일본 사이의 적대관계가 지속될 경우 한반도와 동북아시아의 평화정착은 요원하다. 미국에게 최대의무를 부과하는 것은 한반도뿐 아니라 동북아시아 평화정착을 위해 필수적이다.

더불어 중국에게도 최대의무를 부여해야 한다. 한반도와 동북아시아 평화는 중국이 군비확장을 기반으로 미국과의 패권경쟁을 강화할 경우에도 정착되기 어렵다. 한반도평화체제 수립과정에서 중·미 사이에 한반도와 동북아시아 긴장완화를 위한 합의를 만들어내는 것은 한반도와 동북아시아 평화정착에 중대한 기여를 할 것이다.

한편 한반도평화체제는 동북아시아의 평화가 실질적으로 진전될 때 안정적으로 유지될 수 있다. 동북아시아 평화의 실질적 진전을 위해 한반도평화체제 수립 당사국들은 상호의무의 책임 있는 이행뿐 아니라 동북아시아다자안보협력체제 수립을 위한 공동 노력에도 합의할 필요가 있다.

이 과정에서 남북은 좁게는 중·미, 넓게는 중·미·러·일 사이에서 '동북아시아 평화촉진자'로서의 역할을 수행해나가야 한다. 지나온 20세기에 수천만 명의 목숨을 앗아간 대규모 전쟁이 끊이지 않았고, 냉전 이후에도 지속적인 군비경쟁으로 세계의 화약고가 되어 버린 '비극과 공포의 땅' 동북아시아에서 평화촉진자로서의 역할을 적극적으로 수행하는 것이 21세기 남북에게 부여된 역사적 사명이다.

한다. 또한 분명히 할 점은 9·19공동성명의 합의정신에 따르면 북한의 핵포기 절차와 한반도평화체제 수립논의는 '동시행동' 대상이다. 북한의 핵포기가 한반도평화체제 수립의 '선결조건'으로 명시되어 있지 않다는 말이다(≪프레시안≫, 2006.11.20. "백악관의 '한국전 종료 선언'은 언론플레이?").

또한 한반도평화체제가 공고화되기 위해서는 동북아시아 평화뿐 아니라 평화통일이 진전되어야 한다. 한반도평화체제가 수립된다 하더라도 분단 상태에서는 남북 간의 우발적 충돌이 심각한 대결로 비화될 가능성을 배제할 수 없다. 남북이 정치·군사·경제·문화 등 모든 영역에서 교류협력을 확대하고 통합수준을 높여갈수록 한반도평화체제도 더욱 공고화될 수 있다.

나아가 남북 통합수준이 높아질수록 동북아시아의 긴장과 갈등을 완화시키는 평화촉진자로서의 위상과 역할 역시 함께 높아질 것이다. 요컨대 한반도평화체제를 기반으로 통일한 남북이 동북아시아 평화정착의 중추가 될 수 있다는 말이다. 따라서 어떤 경우라도 한반도평화체제 수립방안은 통일지향성을 지니고 있어야 한다.[5]

3. 한반도평화체제 개념과 최대주의적 접근

일반적으로 평화란 직접적 폭력인 전쟁과 충돌이 없는 상태를 말한다. 평화학자 갈퉁은 직접적 폭력뿐 아니라 사회구조 자체에서 일어나는 간접적 폭력(구조적 폭력), 그리고 직접적 폭력과 구조적 폭력을 정당화하는 문화적 폭력까지 폭력의 범주에 포함시키고, 평화를 직접적 폭력이 없는 '소극적 평화'와 구조적·문화적 폭력까지 사라진 '적극적 평화'로

---

5) 북한과 미국·일본의 관계정상화, 동북아시아 평화정착 등은 평화통일의 '외적 기반'이 될 것이다. 이와 함께 국가보안법 철폐를 비롯한 법·제도정비, 민족경제 공동체 수립, 반공이데올로기 극복, 평화통일문화 창출 등 평화통일의 '내적 기반'을 마련하는 작업이 필요하다. 따라서 한반도평화체제 수립방안도 바로 이러한 통일의 외적·내적 기반을 마련하기 위한 내용을 포함해야 한다.

광범위하게 정의한다(Galtung, 2000: 17~31).

한반도는 1950년 6월에 전면화된 직접적 폭력이 끝나지 않고 중지된 상태이기 때문에 한반도에서 갈퉁이 말한 '소극적 평화'라도 실현하기 위해서는 반드시 전쟁의 공식적 종결을 거쳐야 한다. 또한 한국전쟁 종결과 함께 전쟁가능성이 있는 국가 간의 충돌을 막기 위한 장치도 갖추어야만 비로소 한반도에 소극적 의미에서나마 평화가 실현됐다고 말할 수 있을 것이다.[6]

이러한 점을 바탕으로 한반도평화체제는 "한반도에서 전쟁을 공식적으로 종결하고, 앞으로의 전쟁과 충돌을 막기 위해 직접 관련 당사국들이 합의한 원칙, 규범, 기구 등의 총체"로 정의할 수 있다. 한반도평화체제는 무엇보다도 직접 관련 당사국들이 정전협정을 대체하는 한반도평화협정을 체결해 평화회복과 유지의 의무를 함께 나누어질 때 비로소 수립될 수 있다.[7] 또한 한반도평화체제는 수립과 동시에 평화통일과 동북아시아다자안보협력체제 수립을 통한 공고화를 지향해야 한다.

---

6) 이 글에 담긴 한반도평화체제 수립방안은 '소극적 평화' 실현에 초점을 맞추고 있다. 한반도평화체제 수립은 한반도에서 억압과 착취라는 구조적 폭력까지 사라진 '적극적 평화'를 실현하기 위해서라도 반드시 거쳐야 할 과정이다. 소극적 평화를 넘어 적극적 평화로 나아가는 과정은 안보개념이 '국가안보'에서 '인간안보'로 확장되어가는 과정이 될 것이다. 이러한 주장에 대해서는 구갑우(2006: 29~32) 참조.

7) 2006년 11월부터 부시 행정부가 조금씩 의사를 밝히고 있는 종전선언문이나 북한체제안전보장문서만으로 한반도평화체제가 수립되는 것은 아니다. 당사국들에게 높은 수준의 상호의무이행을 요구하는 평화협정을 체결하는 것은 한반도평화체제 수립의 필수적 조건이다. 다만 종전선언이나 북한체제안전보장문서가 한반도 평화실현에 끼치는 긍정적 영향과 역사적 의의는 크기 때문에 이를 평화협정 체결로 가는 과정이나 또는 평화협정 내용에 직접 포함시켜 실현할 필요는 있다.

한반도평화체제 수립논의는 한국전쟁 정전 직후부터 지금까지 지속적으로 전개되어왔으며, 2000년 10월 북미공동코뮈니케와 2005년9·19 공동성명 제4조는 이 과정에서 거둔 의미 있는 결실들로 볼 수 있다.

그럼에도 불구하고 한반도평화체제 수립논의가 실질적 성과를 낳는 데 지지부진했던 핵심적인 이유는 한반도평화체제 수립과 직접적 이해관계를 지닌 국가들이 "어떤 상태가 한반도에 평화가 정착된 상태라고 볼 수 있는가?"라는 질문에 서로 다른 답을 가지고 있었기 때문이다.

북한에게 한반도평화는 한국전쟁 정전 이후 지속적으로 받아왔던 안보위협을 근본적으로 해소하는 것이고, 이를 위해 구체적으로 남북 화해협력관계 정착, 미국·일본과의 관계정상화뿐 아니라 자신에게 노골적인 공격의사를 보여주고 있는 한미동맹의 해체를 지향하고 있다.

이와 달리 미국은 한미동맹은 한반도평화체제 수립과 무관하다는 입장이고, 오직 북한의 핵·미사일 같은 대량살상무기 폐기, 그리고 이를 전제로 한 북미관계정상화로 한반도평화는 달성할 수 있다고 여기고 있다.

남한 역시 한미동맹이 한반도평화체제 수립과 무관하다는 미국의 입장을 지지하지만, 북한의 대량살상무기 폐기, 북미관계정상화 못지않게 남북이 당사자가 되는 평화협정 체결, 남북 간의 군사적 신뢰구축과 군비통제를 한반도평화의 중요한 내용이라고 보고 있다.[8]

---

8) 국가안전보장회의(NSC) 사무처가 작성한 '평화체제의 단계별 추진전략'은 한반도평화체제를 3단계에 걸쳐 수립할 필요가 있다고 주장한다. 1단계는 북핵문제의 해결을 모색하면서 초보적 군사적 신뢰구축 등 평화체제의 토대 마련, 2단계는 북핵문제가 사실상 해결단계에 들어서면서 군사적 신뢰구축조치와 평화체제 구축을 위한 구체적 조치 이행, 3단계는 평화협정 체결과 군비통제의 단계적 추진이다(김진향, 2003: 77).

끝으로 한반도평화에 대한 중국의 입장은 공식적으로 밝혀지지 않았지만, 1990년대 후반 4자회담과 최근 6자회담에서 보여준 태도를 토대로 추론해본다면 기본적으로 한반도비핵화와 한미동맹 해체가 자신의 안보에 이익이 된다는 생각은 가지고 있는 것으로 보인다. 특히 최근 한미동맹이 주한미군의 아시아태평양신속기동군화, 미사일방어체제 구축 등을 통해 중국에게 실질적 군사위협이 되고 있는 상황에서 중국은 한미동맹의 완화 또는 해체에 커다란 이해를 가지게 됐다.

이러한 입장 차이가 해소되지 않는 한 한반도평화체제 수립논의가 본격화되더라도 전향적인 합의를 이끌어내기 어렵다. 따라서 한반도평화체제 수립을 위해서는 지난 수십 년간 고수되어온 직접 관련 당사국들의 입장 차이를 좁히기 위한 해법마련이 절실하다.

이와 관련해 한반도에서 벌어지고 있는 대결의 본질이 '한미동맹'과 '북한'과의 적대관계라는 지적은 주목된다(조성렬, 2005: 12).9) 북한의 대량살상무기 포기, 그리고 이에 대한 국제적 검증은 북한이 받고 있는 안보위협을 근본적으로 해소하기 위한 미국의 상호주의적 행동과 연계되어 있음을 인식하게 해주기 때문이다.

따라서 한미상호방위조약, 주한미군, 미국이 남한에 제공하는 핵우산 등은 한반도평화체제 수립의 의제로 반드시 다루어져야 한다. 지금까지

---

9) 조성렬은 주한미군의 대북적대정책 포기, 한미동맹과 주한미군의 성격전환을 표명하는 '한미 신안보공동선언'(가칭) 등으로 이러한 적대관계가 사라질 수 있다고 본다(조성렬, 2005: 13). 그러나 설령 주한미군이 대북 적대정책을 포기한다 하더라도 이미 중국·러시아 등을 겨냥한 아시아태평양신속기동군으로 전환하기 시작한 이상 동북아시아 평화정착에 걸림돌이 되는 것은 불가피하다. 동북아시아의 군사적 긴장은 한반도에도 심각한 악영향을 끼칠 수밖에 없다는 점을 고려할 때 주한미군 철수는 한반도평화체제 수립의 '필수조건'이 되어야 한다.

미국과 남한이 견지해왔던 "한미동맹은 한반도평화체제 수립과 무관하다"는 입장은 시간이 갈수록 한반도평화체제 수립을 방해할 가능성이 크다. 한미 정부는 한반도평화체제 수립논의가 성과를 거둘 수 있도록 지금이라도 기존 입장을 전향적으로 수정해야 한다.

한미동맹 변화와 함께 북중동맹도 변화해야 한다.[10] '동맹에 근거한 안보'라는 냉전시대 논리와 정책은 한반도평화체제 수립에 적절하지 않다. 한반도평화체제 수립의 직접 관련 당사국들뿐 아니라 동북아시아 모든 국가들이 호혜주의 원칙 아래 다자안보협력체제를 발전시켜나가는 것이 21세기에도 전쟁의 씨앗을 품고 있는 한반도와 동북아시아에 평화를 정착하는 가장 바람직한 방법이다.

결론적으로 한반도평화체제 수립을 위해서는 최대한의 직접 관련 당사국들이 자신들의 이해와 요구를 가능한 최대한으로 반영하고 이행해야 할 의무 역시 상호간에 최대한 부과하는 최대주의적 접근(maximum approach)이 필요하다. 곧 남·북·중·미 4개국은 모두 자신의 안보와 관련된 최대한의 요구사항을 한반도평화체제 수립논의의 장에 꺼내놓고 동시행동 원칙에 입각해 상대방의 안보위협을 '근본적으로' 제거하기 위해 협상해야 한다.[11]

---

10) 북한과 중국이 한미동맹 해체를 바란다면 북·중동맹의 해체 역시 추진해야 할 것이다. 북한과 중국은 자동군사개입조항 — 체약(締約) 일방이 어떠한 한 개의 국가 또는 몇 개 국가들의 연합으로부터 무력침공을 당함으로써 전쟁상태에 처하게 되는 경우에 체약 상대방은 모든 힘을 다하여 지체 없이 군사적 및 기타 원조를 제공한다(제2조) — 을 포함한 '우호협조 및 호상원조에 관한 조약'(1961년 9월 10일 발효)을 맺고 있다.

11) 최대주의적 접근은 협상 당사자들이 각자의 이해와 요구를 하나의 패키지로 묶어 맞바꾼다는 점에서 포괄적 접근(comprehensive approach)과 비슷하다. 1994년 북미 제네바합의는 포괄적 접근을 통한 한반도평화 진전의 대표적 사례다.

<그림 9-1> 한반도평화체제 접근방식

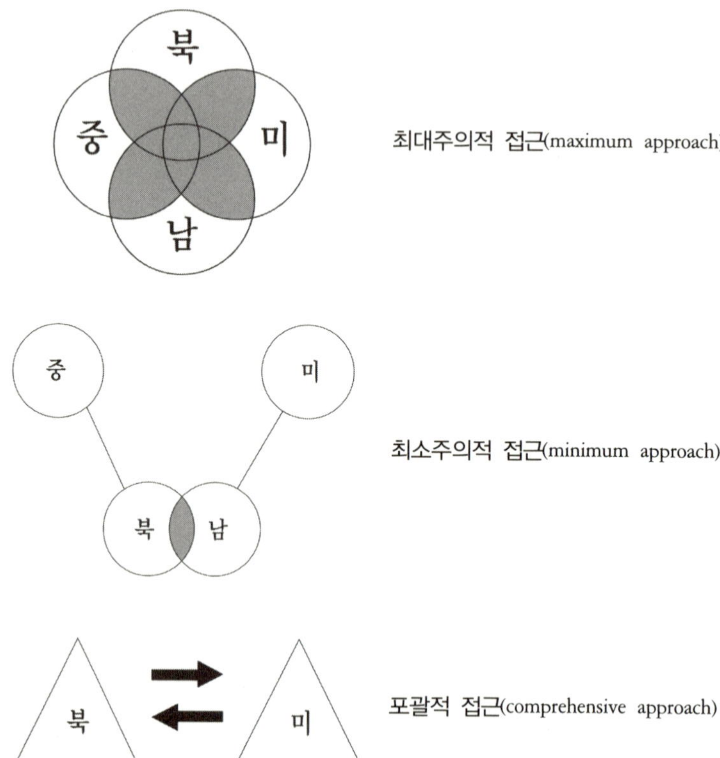

미국과 중국의 위상을 당사자가 아닌 한반도평화체제의 보장자로 규
정하거나, 남북에게만 군비축소와 통제를 요구하는 등 최소주의적 접근
(minimum approach)으로 일관할 경우 4개국의 기존 입장 고수로 인해

그러나 전자는 후자에 비해 당사자와 목표의 '최대화'를 강조한다. 곧 북미 2개국
보다 많은 직접 관련 당사국들이 북미제네바합의 수준과 한계를 뛰어넘어 보다
근본적으로 한반도평화를 달성하려는 목표를 가지고 협상을 진행할 것을 강조하
는 개념이다.

한반도평화체제 수립논의가 공전할 가능성이 크다. 그뿐 아니라 최소주의적 접근은 미중 양국의 지역 내 정치적·군사적 기득권을 정당화해줌으로써 호혜평등의 동북아시아 다자안보협력체제 형성에도 걸림돌이 된다.

냉전 이후에도 여러 차례의 군사적 충돌과 전쟁위기를 겪으면서[12] 겨우겨우 평화정착을 위한 대화의 틀을 마련했다면 당사국들은 이 공간을 적극적으로 활용해 최대합의를 이끌어내기 위해 노력해야 한다. 아래에서는 최대합의를 이끌어내는 과정으로서의 한반도평화체제 수립과정을 단계적으로 제시하도록 하겠다.

4. 한반도평화체제 수립과정

1) 2·13합의 이행과 한반도평화회담 구성

한반도평화체제 수립의 입구는 2·13합의의 성의 있는 이행과정에서 열릴 수 있다. 북한은 재처리 시설을 포함한 영변핵시설을 폐쇄·봉인하고 IAEA와의 합의에 따라 모든 필요한 감시·검증 활동을 수행하도록 IAEA 요원을 초청한다. 이에 대응해 북한을 제외한 5개국은 중유 5만 톤을 북한에 지원하고, 미국은 북한의 테러지원국 지정 해제, 대적성국 교역법 적용 종료를 위한 대화에 나선다.

이 정도 내용의 조치들이 상호 이행된다면 다음 단계는 조금 더 험난

---

12) 강정구는 한반도에서 한국전쟁 정전 이후 냉전기 3차례, 탈냉전기 8차례의 전쟁위기가 존재했다고 지적한다(강정구, 2006).

한 과정이 될 것으로 예상된다. 크게 두 가지 쟁점이 형성될 것으로 보이는데 하나는 북한이 불능화(disabling) 단계에서 신고하고 포기해야 할 핵프로그램과 핵시설의 범위이고, 다른 하나는 경수로 제공 시기와 관련된 것이다.

첫째, 북한은 플루토늄핵무기프로그램과 과거 IAEA에 신고했던 핵시설 외에 추가적으로 신고하거나 불능화할 대상이 없다는 입장을 고수할 것이고,13) 미국은 자신이 의혹을 제기했던 우라늄핵무기프로그램의 신고와 관련시설 불능화를 요구할 수 있다.

둘째, 북한은 2.13합의 당시 "참가국은 9·19공동성명의 1조와 3조를 상기하면서 조선민주주의인민공화국에 대한 경제·에너지·인도적 지원에 협력하기로 합의했다"(제2조 5항)는 점을 들어 경수로의 조속한 제공을 요구할 것이고, 미국은 경수로 제공에 최대한 많은 전제조건들 — 모든 핵프로그램의 전면 공개, 핵시설의 완전한 불능화, 핵무기비확산조약(NPT) 가입 등 — 을 내걸 가능성이 있다.

한반도평화체제 수립논의는 이러한 예상쟁점들이 어느 정도 해소되지 않을 경우 시작하기 어려울 것이다. 그리고 쟁점들이 모두 해소돼 북한의 핵 불능화와 북미관계정상화, 북일관계정상화, 대규모 에너지 제공 등을 맞바꾸는 단계로 나아가더라도 한반도평화체제 수립을 위한 별도 포럼(이하 가칭 '한반도평화회담')을 구성하기 위해서는 "누가 한반도평화협정 체결의 당사자인가"를 둘러싼 논란을 넘어서야 할 것이다.14)

---

13) 1994년 북미 제네바합의 당시 동결대상은 핵연료봉 제조시설, 5MWe실험용 원자로, 방사화학실험실, 건설 중이던 50MWe원자로, 건설 중이던 200MWe원자로였다.

14) 남북이 한반도평화협정 체결 당사자가 되어야 한다는 주장에는 이견이 없지만

　　실현가능하고 바람직한 형식은 남·북·미·중 4국이 반드시 한반도평화협정 체결의 당사자가 되는 것이다. 첫째, 한미동맹과 북한의 적대관계가 한반도 긴장의 본질이 되고 있는 현실에서 미국을 당사자에서 배제하는 평화협정은 체결되기 어렵고,[15] 둘째, 정전협정 서명국인 중국이 평화협정 체결의 형식적 자격을 가지고 있다는 사실에 더해, 중국의 참여는 한반도평화체제가 동북아시아 다자안보협력체제의 산파역할을 해야 한다는 한반도평화체제 수립의 기본방향에도 부합하기 때문이다.[16]

　　미국과 중국의 지위는 논란이 있다. 크게 나누어보면 남북 평화협정체결로 한반도평화체제는 수립 가능하다는 주장(최철영, 2003), 남북이 평화협정을 맺고 미국과 중국이 이를 보장한다는 '2+2'론(박명림, 2004), 남·북·미 3자 또는 남북과 북미 간 2개의 평화협정 체결(서보혁, 2005), 그리고 남·북·미·중 4자가 평화협정을 체결하는 수밖에 없다는 주장(이삼성, 2005)이 존재한다.

15) 이삼성은 미국이 협정당사자가 될 때 한반도평화협정의 체결가능성이 높아진다는 점을 다음과 같이 설득력 있게 주장한다. "실현가능한 협정 틀이란 곧 미국에게도 북한에게도 각각 안보위협해소와 군사적 안전보장에 실효성을 가진 것으로 판단되는 것이어야 함을 말한다. 미국과 한국이 동의할 수 있는 것이어야 하는 동시에 북한이 자신의 체제안전보장을 충족시킬 수 있는 것으로 동의할 수 있는 것이어야 한다. 그것은 불가피하게 남북한 상호간의 의무와 북한의 미국에 대한 의무이행을 규정할 뿐 아니라 미국이 한반도에서 북한에 대해 이행해야 할 의무들을 또한 구체적으로 규정하는 협정이어야 함을 말한다. 이 점을 충족시키지 못할 때 북한을 이 협정 틀에 끌어들여 대량살상무기의혹을 완전히 해소하는 것 자체가 어려워진다. 결국 북한에 최대 군사위협의 실체로서 미국의 책임이 구체적으로 명시되지 않은 평화협정은 북한의 안보관심사를 해소할 수 없으므로 공허한 것으로 간주될 수밖에 없고 실효성이 없는 것이고, 따라서 북한은 그러한 종류의 평화협정을 거부하게 되며, 그런 만큼 실현가능성 자체도 없게 되는 것이다"(이삼성, 2005: 33~34).

16) 미국과 중국이 보장자로 평화협정에 참여할 경우의 문제점은 이삼성 (2005:

2) 한반도평화회담 진행과 실무그룹 가동

6자회담에서 한반도평화회담 구성이 합의될 경우 다음 단계에서는 한반도평화회담의 본격적인 진행과 함께 2·13합의에 따라 설치된 5개 실무그룹이 활발하게 가동되어야 한다.

6자회담 참가국들은 2007년 2월 "9·19공동성명 이행을 위한 구체적 계획을 협의하고 수립"하기 위해 한반도비핵화, 북미관계정상화, 북일관계정상화, 경제·에너지협력, 동북아시아평화·안보체제 실무그룹을 각각 구성하기로 합의했다. 그리고 3월 5~6일 북미관계정상화 회의, 7~8일 북일관계정상화 회의, 15~18일 한반도비핵화, 경제·에너지협력, 동북아시아평화·안보체제 회의가 잇달아 첫 걸음을 뗐다.

이러한 방식으로 회담이 이루어지는 기간을 발전한 6자회담 기간으로 부를 수 있을 것이다. 곧 회담의 '형식'은 유지하면서 '의제'는 총론격인 9·19공동성명 이행을 위한 각론으로 구체화되기 때문이다.

강조하고 싶은 것은 6자회담 진전에 따라 대규모 에너지를 북한에 제공할 경우에 대비해 한반도에너지개발기구(KEDO)의 생존가능성은 열어두는 것이 바람직하다는 점이다. 비록 대북 경수로 제공사업이 2006년 5월 31일 공식 종료됐더라도 사업의 재개 가능성만큼은 남겨두는 것이 이후 대북 에너지 제공의 '효율성'과 '효과성'을 높이는 데 도움이 될 것이다.[17]

34~36).

17) 2006년 12월 7~8일 뉴욕에서 열린 KEDO집행이사회에서 KEDO와 한국전력 사이의 경수로 '사업종료 이행협약(TA)'이 채택됐는데 한국 정부가 26개 핵심부품 청산에 '3년'이 걸릴 것으로 전망한다는 보도는 주목할 만하다. 또한 KEDO 사무국은 없애지만 당분간 집행이사회는 존속시킬 것으로 알려지고 있다. 6자회

이상의 회담들은 모두 한반도와 동북아시아 평화정착을 위해 기여하겠지만 무엇보다도 한반도평화체제 수립과 관련해 중요한 의미를 갖는 것은 한반도평화회담이다. 이 회담의 핵심목표는 남·북·미·중이 한반도평화협정을 체결하는 것이다.

1990년대 후반 4자회담이 의제조차 제대로 확정하지 못한 채 마무리된 선례를 떠올린다면 한반도평화협정 체결가능성을 비관할 수도 있다. 하지만, 남·북·미·중이 최대주의적 접근을 지향한다면 한반도평화체제 수립의 장전(章典)이 될 한반도평화협정 체결이 불가능한 것만은 아니다. 그렇다면 한반도평화협정에 담아야 할 구체적 내용은 무엇인가?

첫째, 한국전쟁의 공식종결에 관련된 내용을 담아야 한다. 평화의 유지를 위해서는 평화의 회복이 먼저 이루어져야 하기 때문이다. 최근 보도되고 있는 종전선언문 채택의 주체를 북한과 미국 뿐 아니라 남한과 중국으로 확대하는 식으로 해결할 수 있다.

둘째, 종전이 합의되면 정전협정의 관리주체였던 유엔사령부 해체를 명문화할 필요가 있다. 유엔사령부는 이미 1991년 9월 남북유엔동시가입으로 존재근거가 희박해졌고, 정전체제의 관리기구라 할 수 있는 군사정전위원회, 중립국감독위원회도 유명무실화됐으며, 유엔사령부를 실질적으로 이끌어왔던 미국이 평화협정 당사자가 될 경우 더욱더 존재할 필요성이 없다.[18] 또한 유엔사령부가 통일기반 조성을 위한 남북교류협

담 진전에 따라 KEDO가 어떤 형태로든 살아날 가능성은 있는 셈이다(≪연합뉴스≫, 2006.12.4., "KEDO 경수로 부활가능성 있나"; ≪연합뉴스≫, 2007.5.25. "KEDO사무국 이달 말 문 닫아… 北경수로사업 종지부").

18) 1994년 5월 28일 북한은 부트로스 부트로스 갈리 유엔 사무총장에게 정전협정 대체와 유엔사령부 해체를 위한 조처를 시작해 달라고 공식 요청했다. 이에 대해 6월 24일 부트로스 부트로스 갈리 총장은 "미국만이 유엔사령부의 존속이나

력의 걸림돌이 될 수도 있기 때문에 평화통일 진전을 위해서도 해체되어야 한다.[19]

셋째, 동맹해체 절차와 내용을 명시해야 한다. 한미동맹과 북중동맹의 상호주의적 해체야말로 최대주의적 한반도평화체제 수립의 핵심요소이기 때문이다.[20] 이 중 북중동맹 해체는 조약 파기만으로 이루어질 수 있는 데 비해, 한미동맹 해체는 보다 많은 과제를 안고 있다. 한미상호방위조약 파기뿐 아니라 주한미군 철군이 결합되어야 하기 때문이다.

한반도평화체제가 구체화되는 과정에서 주한미군의 성격이 '평화유지군'으로 일정하게 변화될 수 있다는 주장도 제기되고 있지만, 이러한

해체에 대해 결정할" 권한을 가지고 있다고 답변했다. 1950년 7월 유엔사령부 결성 당시 안전보장이사회는 병력과 기타 지원을 미국 주도의 통합군 사령부가 이용할 수 있도록 회원국들에게 권고하는 것으로 역할을 제한했다. 따라서 "유엔사령부 해체는 유엔의 어떠한 기구의 책임 범위 안에 있는 것이 아니라 미국 정부의 권한에 속하는 문제"라는 게 답변의 핵심이었다(Harrison, 2003: 266).

19) 2002년 11월 13일 유엔사령부는 경의선과 동해선 철도·도로연결을 위한 지뢰 제거 상호검증단 파견 시 남북 모두 군사정전위원회에 인원과 시기를 신고할 것을 요구했다. 2000년 10월과 2002년 9월 비무장지대 관리권을 남한에 이양해 놓고서 갑작스럽게 관리권을 다시 주장한 것이다. 또한 2002년 11월 28일에는 판문점장성급회담 유엔사령부 대표 제임스 솔리건 소장이 군사분계선 월선과 관련 "북측이 유엔사령부의 승인을 계속 배제하려 든다면 금강산관광 등 남북교류협력 사업이 제대로 되지 않을 것"이라고 경고하기도 했다. 2003년 8월 평양 체육관 준공식 참가단의 대규모 방북 무산도 유엔사령부가 남북교류협력에 지장을 초래한 실례다.

20) 기존 연구들은 대체적으로 외국군 철수나 쌍무동맹 문제를 우회 또는 현상유지 하자는 입장이다. 백승주는 외국군 주둔 및 쌍무동맹조약에 영향을 주는 구체적 내용을 평화협정에 직접 담는 것은 바람직하지 않다고 주장하고(백승주, 2006), 박명림 역시 평화협정 체결과 주한미군 문제는 직접 연계된 사안이 아니라고 주장한다(박명림, 2004).

주장은 중국이 평화협정 당사자로 참여할 경우 무의미해진다. 이미 주한 미군이 중국과 러시아를 겨냥한 아시아태평양신속기동군으로 변화하고 있는 상황에서(서재정, 2005; 고영대, 2005) 미국의 군사패권 확대를 견제하는 중국이 주한미군 주둔을 용인한 평화협정을 수용할 가능성은 크지 않기 때문이다.

넷째, 대량살상무기에 의한 충돌과 갈등을 근본적으로 막기 위해 한반도 비핵지대화를 향한 동시행동 조치를 명시해야 한다. 한반도 비핵지대(nuclear-weapon free zone)는 핵무기의 시험, 제조, 생산, 배치 등을 금지하는 한반도 비핵화(denuclearization)와 달리 군사훈련목적을 위한 핵무기의 '출입'과 '통과'까지도 완전히 금지하고,[21] 무엇보다도 핵무기 보유국들이 남북에 대해 핵무기를 사용하거나 핵무기 사용위협을 해서는 안 되는 상태다. 이는 한반도 비핵화 실무그룹에서의 협의를 토대로 마련할 수 있을 것이다.

다섯째, 전후(戰後)문제 청산을 위한 내용을 담아야 한다. 해양경계선처럼 정전협정에서 정리되지 않은 남북 간의 영토문제를 평화협정을 통해 해결할 필요성이 있으며, 비무장지대를 어떻게 처리할 것인지도 합의해야 한다.[22] 또한 미귀환국군포로, 납북자, 장기수, 전시 민간인 학살문제 처리[23] 등도 평화협정에서 다루어야 할 문제들이다.

---

21) 한국전쟁 정전 이후에도 한·미 합동군사훈련을 목적으로 미국의 핵항공모함, 핵잠수함, 전술핵탄두 등이 한반도에 수시로 드나들었다.

22) 박명림은 평화협정 초안에서 비무장지대의 평화지대(peace zone)로의 전환을 명문화하고 있는데(박명림, 2004), 이를 위해서는 엄청나게 매설되어 있는 대인 살상무기를 어떤 절차로, 누구의 비용부담으로 처리할 것인지를 평화협정에 구체적으로 명시하는 것이 필요하다.

23) 남·북·미·중 모두에게 민간인 학살책임이 있다는 점을 볼 때 4개국이 한반도평화협정의 당사자가 되어야 하는 이유는 보다 뚜렷해진다. 피학살유가족이 생존

여섯째, 남북은 평화통일 추진 조항을 별도로 마련해 합의한다. 한반도평화협정에 의해 수립되는 한반도평화체제는 평화통일에 의해서 공고화될 수 있기 때문이다. 미국과 중국은 남북의 평화통일 노력을 방해하지 않는다고 명시적으로 약속해야 한다.

일곱째, 남·북·미·중은 상호 충돌과 전쟁의 포기 뿐 아니라 동북아시아 다자안보협력체제 수립을 위해 적극 노력할 것이라는 점을 명문화한다.

여덟째, 위에서 제기된 다양한 문제들을 협의하고 집행할 평화협정이행기구 — 평화통일추진기구 포함 — 의 구성과 운영에 관한 내용이 담겨 있어야 한다. 평화협정이행기구는 한반도 비핵지대화 추진회의, 군사동맹해체회의, 과거청산회의 같은 '협의기구'와 합의사항을 실행하는 '집행기구' 등으로 구성할 수 있을 것이다.

3) 한반도평화협정 이행과 북한: 미국·일본 수교

한반도평화협정이 체결되면 실무그룹 회담 진행이 더디더라도 한반도평화체제 수립을 위한 두 번째 단계는 마무리됐다고 평가할 수 있다. 다음 단계에서는 협정 당사국들이 한반도평화협정에 따른 의무사항을 평화협정이행기구를 가동하면서 성실히 이행하는 한편, 한반도냉전구조의 완전한 청산을 위해 북한과 미국·일본의 관계정상화를 완료해야 한다.

이 중 북일수교는 북미수교보다 조금 더 수월할 것으로 예상된다. 장애물이 질적으로 다르기 때문이다. 전자의 핵심의제는 일제 식민지배

─────────────────────

해 있는 현실에서 학살문제를 어떻게 처리할 것인지는 분명 평화협정 체결의 난제 중 하나다.

청산과 전후 발생한 납치자 문제다. 이는 해결되기 위해 평화협정 체결이 필요한 의제들이 아니다. 따라서 이러한 핵심의제만 타결된다면 북미수교와 무관하게 북일수교가 이루어지는 것도 가능하다.[24] 이와 달리 후자의 핵심의제는 한국전쟁 종결과 핵문제 해결이다. 따라서 북미수교는 한반도평화협정 체결이 선행되거나 또는 이와 동시에 진행하지 않고서는 이루어지기 어렵다.

또한 한반도평화협정이 제대로 이행된다면 한반도는 명실상부한 비핵지대로 거듭나게 될 것이며, 한반도비핵지대화는 남북이 동북아시아에서 중·미·러의 핵군축을 추동하는 평화촉진자로서의 역할 수행에 매우 좋은 조건이 될 것이다.

4) 한반도평화체제 공고화: 평화통일과 동북아시아다자안보협력체제 수립 추진

이상의 단계를 모두 거쳤을 때 한반도평화체제는 비로소 수립됐다고 말할 수 있으며, 이제 남은 과제는 수립된 한반도평화체제가 공고화될 수 있도록, 곧 한반도에서 충돌과 전쟁의 가능성을 근본적으로 없애기 위해 평화통일과 동북아시아다자안보협력체제 수립을 추진하는 것이다.

그 동안 남북관계가 국가보안법 같은 적대적 법·제도의 철폐, 해양경계선 설정과 충돌방지대책 마련, 무기 감축 같은 정치군사적 과제보다는 경제·사회문화 교류협력에 집중되었던 것은 후자를 통해 통일기반을

---

24) 실제 북한과 일본은 2002년 9월 조일평양선언을 통해 관계정상화 논의를 비약적으로 진전시켰던 경험이 있다. 조일평양선언의 자세한 내막은 船橋洋一(2007: 16~145) 참조.

마련하겠다는 남한정부의 정책방향이 확고한 이유도 있었지만, 미국이 주도하는 정전체제에서 남북이 정치군사적 과제를 다루고 해결해갈 여지가 적었던 탓도 있었다.

한반도평화협정 체결과 북미대결 종결은 남북이 정치군사적 과제 해결에 보다 더 집중할 수 있는 공간을 마련해준다. 예를 들면 한반도평화체제가 수립된 상태에서 북한을 '적'으로 규정한 국가보안법은 더 이상 존재가치를 지닐 수 없으며, 북한 역시 전국혁명을 명시한 조선노동당 규약 개정을 적극적으로 추진할 수 있을 것이다.25) 또한 대한민국의 영토를 한반도와 그 부속도서로 명시한 대한민국 헌법 제3조의 개정논의도 본격화될 것이다.

남북이 정치군사적 과제 해결, 경제협력 활성화를 통한 민족경제공동체 추진, 다양한 부문·계층 교류확대 등을 통해 평화통일을 위한 내적 기반을 튼튼하게 다져나갈수록 한반도평화체제의 안정성은 갈수록 높아질 것이다. 특히 한반도평화체제 수립 이후에는 그동안 상대적으로 난항을 겪던 남북국방장관회담이 이전에 비해 보다 성과적으로 진행될 수 있으며, 정치군사·경제·사회문화 등 모든 영역의 의제를 포괄하는 남북고위급회담 — 총리급 또는 정상회담 — 의 정례화 필요성도 커질 것이다.

다른 한편 동북아시아다자안보협력체제도 남북이 주도해 만들어가야 한다. 한미동맹과 북중동맹 맞바꾸기는 구조적으로 미국이 동북아시아에서 누리고 있던 일방적 군사패권을 약화시키는 결과를 낳는다. 그리고

---

25) 관련된 규약 내용은 이렇다. "조선로동당의 당면목적은 공화국 북반부에서 사회주의의 완전한 승리를 이룩하며 전국적 범위에서 민족해방과 인민민주주의 혁명과업을 완수하는 데 있으며 최종목적은 온 사회의 주체사상화와 공산주의사회를 건설하는 데 있다"(통일부, 2003: 504~505).

<표 9-1> 한반도평화체제 수립 단계별 내용

단계	시기규정	주요합의와 이행조치	회담형태
1단계	한반도 평화체제 수립 입구	• '2·13합의'의 성의 있는 이행 • 예상쟁점: 핵 프로그램과 핵시설 범위, 경수로 제공 시기 등 • 6자회담에서 남·북·미·중이 당사자로 참여하는 한반도평화회담 구성	6자회담
2단계	한반도 평화체제 수립 본격화	• 한반도평화회담을 통해 한반도평화협정 체결 - 한반도평화협정의 주요내용 : 한국전쟁의 공식 종결, 유엔사령부 해체, 한미동맹·북중동맹 해체의 절차와 내용, 한반도비핵지대화를 향한 동시행동 조치, 전후 문제 청산, 평화통일 추진 조항의 별도 마련, 동북아시아다자안보협력체제 수립노력 명문화, 평화협정이행기구의 구성과 운영에 관한 내용 • 한반도비핵화, 북미관계정상화, 북일관계정상화, 경제·에너지협력, 동북아시아평화·안보체제 실무그룹 가동	발전한 6자회담
3단계	한반도 평화체제 수립	• 한반도평화협정 이행 • 한반도의 명실상부한 비핵지대화(nuclear-weapon free zone) • 북한과 미국·일본 수교	발전한 6자회담
4단계	한반도 평화체제 공고화	• 평화통일 추진 - 남북 간 정치군사적 과제 해결, 경제협력 활성화를 통한 민족경제공동체 추진, 다양한 부문·계층 교류확대 등 평화통일의 내적 기반 마련 • 동북아시아다자안보협력체제 수립 추진 - 남북은 동북아시아다자안보협력체제가 안보대화뿐 아니라 핵·재래식무기 감축까지도 실현가능한 체제가 되도록 평화촉진자로서의 역할 담당	동북아시아 다자안보협력체제 수립을 위한 6자회담

이처럼 미국의 힘이 약화되면 동북아시아 다자안보협력체제의 수립가능성은 커질 수 있다. 미국 입장에서는 문제해결 능력이 감소하기 때문에 정당성과 비용분담을 위해 다자협력을 추진할 수 있고, 여타 국가들

<그림 9-4> 한반도평화체제 수립과정

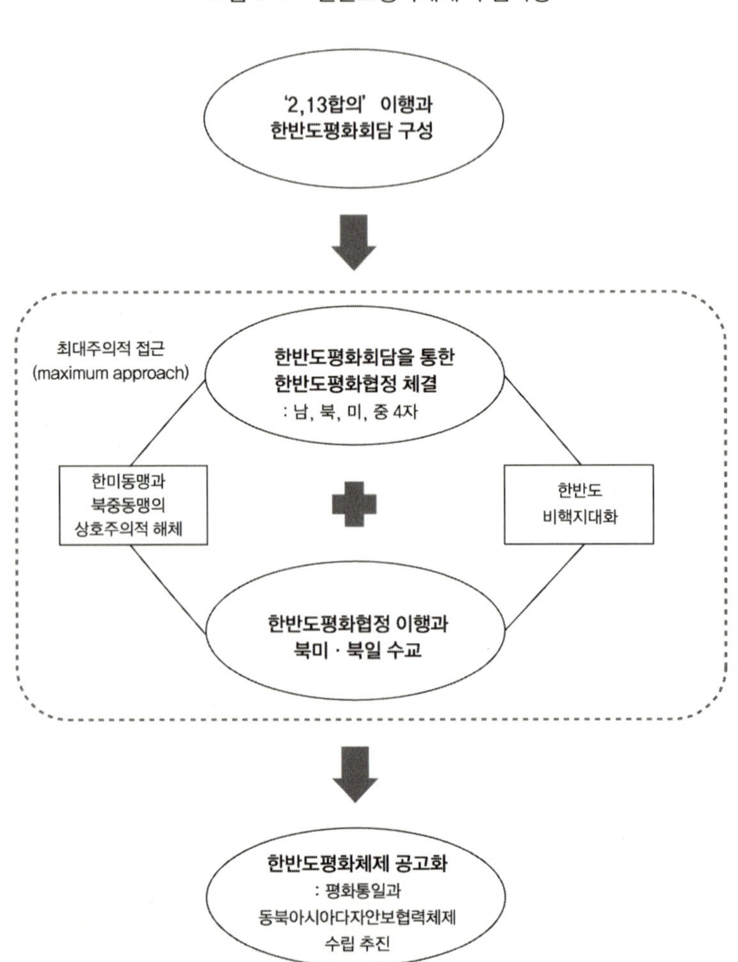

은 대미 견제력을 증대시키고 안보현안을 해결하기 위해 이에 응할 가능
성이 크기 때문이다.

물론 상대적으로 쇠락하는 미국이 강대해지는 중국을 견제하기 위해
세력균형정책을 쓸 경우 미중이 대립하거나 러시아와 일본이 가담한

'중러 대(對) 미일' 구도가 만들어질 수도 있고, 동북아시아에서 미국이 단순한 역외균형자로서의 역할에 만족하면서 미국, 재무장한 일본, 중국, 러시아가 각축하는 다극체제가 형성될 가능성도 있다. 하지만 이러한 대결구조 속에서도 세력대결로 인한 안보불안이 오히려 다자안보협력체제 수립을 추동할 수 있다(최영종, 2005: 14~16).[26]

정리하면 앞으로 동북아시아다자안보협력체제 수립이 구조적으로 가시화될 가능성은 크지만, 위에서 열거한 시나리오 중 어떤 조건에서 어느 정도 수준의 제도화를 이룩할지는 아직 결정되어 있지 않고, 또한 전망하는 일도 쉽지 않다.[27] 달리 말해 미국·중국이 당사자로 참여하는

---

26) 현재 동북아시아를 포함한 동아시아에서는 6자회담을 비롯해 아세안지역포럼(ARF), 아시아태평양안보협력이사회(CSCAP), 동북아시아협력대화(NEACD), 한·미·일대북정책조정감독그룹(TCOG), 아세안+3(아세안 10개국+한·중·일) 같은 다양한 정부·민간 차원의 안보협력체가 가동되고 있다. 자세한 내용은 이서항(2005) 참조.

27) 제도화 수준은 대화를 통한 신뢰구축이 주된 목적인 연성제도화(soft institutionalization)와 군축이나 집단안보를 위해 의무부과가 크고 구속력이 강한 경성제도화(hard institutionalization)로 나누어 볼 수 있다(최영종, 2005: 17~18). 최영종은 동북아시아에서 한 나라의 군비증강이 갖는 부정적 외부효과가 심각하지 않고 미국, 중국, 러시아 같은 군사강대국은 자신의 군사력에 대한 외부간섭에 대해 심한 거부감을 갖고 있다는 이유로 연성제도화를 예상하지만 경성제도화 가능성 역시 배제할 필요는 없다. 또한 이서항은 다자안보협력체제가 지역안정과 평화를 위한 보완수단이 될 뿐 역내에 존재하는 기존의 동맹 및 양자관계를 전적으로 대체할 수는 없는 것으로 보인다고 평가하지만(이서항, 2005: 277~278) '양자동맹 없는 다자안보협력체제'의 수립가능성도 배제할 필요는 없다. 한미동맹과 북중동맹의 맞바꾸기를 통해 한반도평화체제를 수립하듯이 동북아시아다자안보협력체제도 궁극적으로는 지역 내에 어떤 양자동맹도 존재하지 않는 상태를 지향해야 한다. 한반도평화체제 수립 이후 해체되어야 할 지역 내 '유일한' 동맹은 미일동맹이다.

한반도평화체제 수립이 동북아시아다자안보협력체제 수립을 위한 산파 역할은 할 수 있어도 동북아시아다자안보협력체제의 구체적 모습은 지역 내 국가들의 이해와 행위에 크게 영향 받을 수밖에 없는 것이 현실이다.

이러한 현실에서 남북은 동북아시아다자안보협력체제 역시 최대주의적 접근을 통해 안보대화뿐 아니라 핵·재래식 무기 감축까지도 실현가능한 체제가 되도록 평화촉진자로서의 역할을 다할 필요가 있다. 그리고 이 과정은 어렵사리 만들어 낸 한반도평화체제를 공고화해가는 과정이 될 것이다.

5. 맺음말

한반도평화체제가 이러한 단계를 순차적으로 밟으며 수립될 것이라고 단정할 수는 없다. 정세의 가변성 때문이다. 동북아시아 각 국의 정치적·경제적 상황 변화, 이에 따른 대외정책 변화 등은 한반도평화체제 수립에 영향을 미치는 중요 변수들이다. 특히 동북아시아 각국에서 대결 세력이 득세할 경우에는 한반도평화체제 수립이 멀어지고 반대로 화해 세력이 득세할 경우에는 한반도평화체제 수립이 촉진될 것이다.

그러나 어떤 경우라도 한반도와 동북아시아 평화정착을 위해서는 이 글에서 제시한 한반도평화체제 수립의 기본방향만큼은 지킬 필요가 있다. 한반도평화체제 수립과정이 곧 평화통일과 동북아시아 다자안보협력체제 수립에 기여하는 과정이 되어야 하며, 나아가 한반도평화체제가 평화통일과 동북아시아다자안보협력체제 수립에 의해 공고화되는 선순환(善循環)을 지향해야 하는 것이다.

한반도평화체제 수립과정은 대결로 점철된 한반도와 동북아시아의 아픈 과거를 청산하고 화해와 평화의 미래를 열어가는 뜻 깊은 과정이 될 것이다. 한반도와 동북아시아 평화정착을 위해 실천하는 모든 이들에게 이 글에 담긴 한반도평화체제 수립방안이 작은 보탬이나마 되기를 바란다.

▌참고문헌

강정구. 2006. 「북한 전쟁위협론의 허구성과 미국 전쟁위협론의 진실성」. 『미국을 알기나 하나요?』. 통일뉴스.

고영대. 2005. 「주한미군의 아·태 기동군으로의 역할 변경의 위법성」. 『전환기 한미관계의 새판짜기』. 한울.

구갑우. 2006. 「한반도 분단체제와 '평화국가' 만들기」. 『이제 '평화국가'를 이야기하자: 평화국가 구상과 시민사회운동』. 참여연대 평화군축센터 발족 3주년 기념 심포지엄(2006년 8월 10일) 자료집, 참여연대 평화군축센터.

김진향. 2003. 『참여정부의 국정비전②: 한반도 평화체제구축』, 국정홍보처.

박명림. 2004. 「정전체제에서 평화체제로: 평화협정 문제를 중심으로」. 한국인권재단 엮음. 『한반도 평화는 가능한가』. 아르케.

백승주. 2006. 「한반도평화체제의 쟁점: 주체, 절차, 내용, 평화관리 방안」. ≪한국과 국제정치≫, 제22권 1호. 경남대학교 극동문제연구소.

서보혁. 2005. 「정전체제의 유명무실화와 평화체제 수립의 길」. 『전환기 한미관계의 새판짜기』. 한울.

서재정. 2005. 「주한미군 재배치와 한미동맹의 성격 변화」. 『전환기 한미관계의 새판짜기』. 한울.

이삼성. 2005. 「한반도 평화협정: 북한 핵문제 근본해결로서의 평화협정의 틀과 윤곽」.『한반도 평화협정 체결 및 평화군축 방안』. 평화·통일연구소 창립 1주년 기념토론회(2005년 10월 7일) 자료집, 평화·통일연구소.

이서항. 2005. 「동아시아 다자간 안보협력: 실태와 분석」.『동아시아 안보공동체』. 나남출판.

조성렬. 2005.『한반도 비핵화와 평화체제 구축의 로드맵: 「6자회담 공동성명」 이후의 과제』. 통일연구원.

최영종. 2005. 「동북아 다자안보의 미래: 가능성과 한계」. 경남대학교 극동문제연구소 주최 토론회 "한반도 평화체제 구축: 과제와 전략"(2005년 5월 3일) 발표문.

최철영. 2003. 「한반도 평화체제 구축을 위한 법/제도적 과제와 정책대안」. 민주평화통일자문회의·국제법학회 공동주최 토론회 "한반도 평화체제 구축방안"(2003년 3월 28일) 발표문.

통일부. 2003.『2004 북한개요』. 통일부.

船橋洋一. 2007.『김정일 최후의 도박: 북한 핵실험 막전막후 풀 스토리』. 오영환 외 옮김. 중앙일보시사미디어.

Galtung, Johan. 1996. *Peace By Peaceful Means,* London, New Delhi, Thousand Oaks. 이재봉 외 옮김. 2000.『평화적 수단에 의한 평화』. 들녘.

Harrison, Selig S. 2002. *Korean Endgame: a strategy for reunification and U. S. disengagement,* The Century Foundation. 이흥동 외 옮김. 2003.『셀리그 해리슨의 코리안 엔드게임』. 삼인.

<연합뉴스>(www.yonhapnews.co.kr)

<오마이뉴스>(www.ohmynews.com)

<프레시안>(www.pressian.com)

제3부
동북아 새판짜기

제10장 미사일방어와 미국 군산복합체

제11장 '중국위협론'의 실체

제12장 현대 일본정치의 군사화 배경과 미일동맹

미사일방어와 미국 군산복합체

북한 미사일과 MD의 관계를 중심으로

김승국

미사일 방어(Missile Defense: 이하 'MD')는 적의 미사일을 요격하는 최첨단 무기 시스템이다. 미사일이 창(矛)이라면 MD는 방패(盾)다. 그러므로 미사일과 MD는 모순(矛盾)관계이다. 그런데 이 모순관계는 역전이 가능하다. 오히려 MD가 공세적인 창(矛)이 되고 미사일이 수비적인 방패(盾)가 되는 '모순관계의 역전'이 일어날 수 있다. (미사일을 보유한) 북한 대(對) (미사일을 무용지물로 만들 수 있는 MD를 통해 북한을 공략하는) 미국·미일동맹의 비대칭성 속에서 '미사일과 MD의 모순관계'가 역전될 수 있다.

무기의 개체를 중심으로 말하면 북한의 미사일이 창이고 미국/미일동맹의 MD가 방패이다. MD가 북한 미사일에 대해 순수하게 방어적인 자세만 취할 경우에도, 북한 미사일은 창이고 MD는 방패이다. 그러나 무기 체계로서의 MD는 북한의 미사일에 대해 창이 되고 북한의 미사일이 오히려 방패로 역전될 수 있다. 특히 선제공격의 군사 강령을 선포한 부시 정권이 MD를 통한 대북 선제공격능력을 개발 중이므로 무기체계로서의 MD는 북한을 찌르는 창이 될 것이다.

이와 같은 모순관계의 역전은 위협론의 역전을 동반한다. 미국·미일동맹은 북한의 미사일 위협 때문에 MD를 개발한다는 명분을 내세우고 있다. 그런데 MD 군확(군비확장)의 수난자인 북한은 MD가 북한을 위협하는, MD가 북한의 숨통을 죄는 역전극을 실감한다. MD의 원조인 SDI(별들의 전쟁; Star Wars)가 소련을 붕괴시키는 역군이 된 것처럼, 미국이 MD 군확을 통해 북한을 붕괴시킬지도 모른다.

이처럼 북한 미사일과 MD의 모순관계·모순관계의 역전을 설명하는 게 이 논문의 제1차적인 목표이다. 이어 북한 미사일-MD의 관계를 군산복합체(Military-Industrial Complex) 이론으로 규명하는 게 제2차적인 목표이다.

1. 미일동맹 재편과 MD

2006년 7월 5일 북한 미사일 발사 이후 미일동맹은 'MD야말로 미일동맹의 상징인 점'을 공감하고 있다. 미일동맹체가, 마치 북한 미사일 발사를 기다렸다는 듯이 MD 군확을 본격화하고 있다.

이미 MD 군확은 미일동맹 재편―주일미군 재편(일본판 GPR)의 핵심적인 사항이다. 2006년 5월 1일에 발표한 '주일미군 재편을 위한 미국·일본의 로드맵'의 제5항 「미사일 방어(MD)」의 내용은 다음과 같다. ① 미일 쌍방은 추가적인 (MD)능력을 전개하고, 제각기 탄도미사일 방어능력을 향상시킴에 따라 긴밀한 제휴를 지속한다. ② 미군의 새로운 X밴드 레이더 시스템의 최적 전개지(展開地)로 샤리키(車力) 항공자위대 기지를 선정한다. 레이더를 운용할 수 있는 2006년 여름까지 필요한 조치·미국 측의 자금 부담에 따른 시설개수(改修)를 한다. ③ 미국 정부는 X밴드 레이더의 데이터를 일본 정부와 공유한다. ④ 미군의 PAC-3 능력이 주일미군 시설·구역에 전개되어 가능한 한 빠른 시기에 운용한다.

북한의 미사일 발사는 이처럼 미일동맹 재편의 MD 관련 조항들을 촉발하는 역할을 했다. 이 역할을 구체적으로 설명하면 다음과 같다; 첫째 항인 '① 미일 쌍방은 추가적인 (MD)능력을 전개하고, 제각기 탄도미사일 방어능력을 향상시킴에 따라 긴밀한 제휴를 지속한다'와 관련하여, 미일동맹은 북한 미사일 발사 직후 즉각적인 반응을 나타냈다. 미일동맹은 2009년까지 MD 공동작전센터를 세우기로 한 합의를 재확인했다. 미국의 지일파(知日派) 선두주자인 아미티지(Armitage) 전 국무부 부장관은 한 발 더 나아가 '차세대 이지스함인 CGX'를 일본에 판촉하는 발언("일본과 CGX를 공동개발하고 싶다")을 했다(≪日本經濟新聞≫, 2006.7.28.). 2005년 7월 21일의 개정 자위대법에 MD관련조항을 삽입한 뒤 MD 군확의 호기를 노리던 일본 정부와 의회는 북한 미사일 발사 이후 이구동성으로 MD 시스템의 조기(早期)도입을 주창했다.

둘째 항인 '② 미군의 새로운 X밴드 레이더 시스템의 최적 전개지로 샤리키 기지를 선정한다'와 관련하여, 작동 중인 샤리키 기지의 X밴드 레이더 시스템이 이번에 북한 미사일 발사를 탐지하는 데 큰 공헌을 했다. 물론 미일동맹은 북한 미사일 발사를 계기로 샤리키 기지의 X밴드 레이더 시스템을 더욱 강화할 것이다.

셋째 항인 '③ 미국 정부는 X밴드 레이더의 데이터를 일본 정부와 공유한다'와 관련하여, 이미 작동중인 'X밴드 레이더의 데이터 공유(미일 공유) 시스템'이 북한 미사일 발사를 탐지하는 데 큰 역할을 했으며, 미일동맹은 위의 시스템을 강화할 것이다.

넷째항인 '④ 미군의 PAC-3 능력이, 주일미군 시설·구역에 전개되어 가능한 한 빠른 시기에 운용한다'와 관련하여, 일본의 방위시설청 장관은 2006년 7월 20일, "오키나와의 카데나 기지에 PAC-3을 서둘러 배치하겠다"고 했다.

2. 군산복합체론으로 조명한 '북한 미사일-MD 관계'

북한의 미사일 발사가 촉발한 미일동맹의 MD 군확은, MD관련 군산복합체(이하 'MD 군산복합체')의 영향력 확대를 동반한다. 북한의 미사일 발사를 MD 군확의 호기로 삼는 미일 군산복합체는 MD관련 국방예산의 증액을 따낼 것이다. 북한의 미사일 발사는 '2006년 7월까지 예산을 확보하지 못하면 MD가 무산될지도 모르는 위기'를 벗어나 MD예산을 확보·증액하도록 했다.[1]

---

1) 2006년 5월 말부터 미국과 일본의 일부 언론에서 불거지기 시작한 북한의 대포동 2호 미사일 관련 움직임 또한 미국 내 미사일방어 추진과정과 연결해서 보아야 할 것 같다. 부시 행정부가 집권 직후인 2001년부터 6년간 심혈을 기울여온 미사일방어체제가 현재 기로에 처했다는 것이다. 그 동안은 본격적인 미사일방어체제 구축이라기보다 타당성을 검증하는 실험단계였다고 할 수 있으며, 2007 회계연도(FY2007)부터 본격추진을 위한 예산이 책정되는데, 이것을 통과시킬 것인지 아니면 중단할 것인지를 2006년 상반기, 늦어도 7월 말까지는 결판내야 한다는 것이다. 2007 회계년도 예산은 지금까지와는 예산구조면에서 본질적 차이가 있다. 즉, 그 동안은 미사일방어예산이 국방예산의 일부로 편성되어왔던 데 비해, FY2007부터 별도의 미사일방어예산이 책정됨으로써 중간에 정권이 교체되어도 2010년까지는 사업의 영속성이 보장된다는 것이다. 결국 미사일방어 추진론자들 처지에서 2006년이 바로 이 엄청난 이권이 걸린 사업의 존폐 여부를 판가름하는 결정적 시기라고 할 수 있다. 또한 이 문제는 미사일방어 추진파 뿐 아니라, 이를 공약으로 걸었던 부시 행정부 전체의 명운이 걸린 최우선 과제이기도 하다. 미국 국방부 산하 미사일방어국(MDA)은 이에 따라 111억 달러에 달하는 FY2007 미사일방어예산안 개요를 의회에 상정한 바 있으나, 민주당 의원들의 거센 반발에 부딪혔다. 그도 그럴 것이 2002년, 2004년, 2005년

<그림 10-1> 군산 복합체와 '북한 미사일-MD 관계'

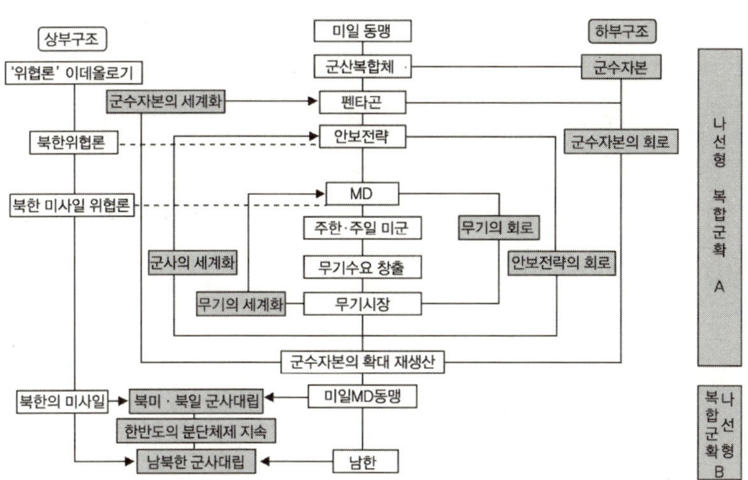

북한 미사일 발사 이후 미일정부가 MD관련 국방예산의 증액을 호언
함에 따라, 군산복합체 주도의 MD 군확이 자동적으로 이루어지게 되어

세 차례 실시한 요격 실험이 모두 실패로 끝남으로써 이미 무기체계로서의 신뢰
성이 극히 의심받고 있는 상황에서, 그렇지 않아도 사상최악의 재정 적자에 시달
리는 판국에 또 다시 천문학적인 지출을 해야 하느냐 하는 문제제기가 비등했던
것이다. 이처럼 부시 행정부가 명운을 걸고 추진한 미사일방어의 운명이 경각에
달려 있기 때문에 북한과의 대화나 문제해결이 근본적인 벽에 부딪히곤 했다는
것이다. '깡패국가' 북한의 존재가 그나마 미사일방어추진 세력의 거의 유일한
명분이다시피 한 상태에서 문제의 해결은커녕, 오히려 북한이 이 시점에 한바탕
벌여주기를 기대하는 심리도 존재해왔다는 것이다(남문희, 2006).

위의 기사에 따르면 '기로에 처한 MD예산의 확보를 위해 북한이 한바탕 일을
저지르길 은근히 기대하고 있던 미사일방어망 추진파의 기대'에 부응하듯, 북한
이 미사일을 발사하며 한바탕 소동을 일으켰다. 이로써 북한의 미사일발사 소동
을 틈탄 미국의 미사일방어추진파가 MD예산을 확보·증액할 수 있게 되었다.

있다.

MD관련 국방예산의 증액은 MD관련 군수업계의 수주확대·이윤증대를 예고하므로, '북한 미사일-MD 관계'를 군산복합체론으로 조명할 이론적인 근거가 발생한다. '북한 미사일- MD 관계'를 군산복합체론으로 조명하기 위한 이론적인 작업을 아래와 같은 순서로 진행한다.

이 작업을 수행하기 위해 <그림 10-1> "군산복합체와 북한 미사일-MD 관계"를 제시한다.

3. 미일MD동맹과 북한위협론

1) 미일동맹

미일동맹은 제국 '미국'이 일본을 거느리는 동맹체제로 되어 있으며, 제국적인 세계지배체제다. 미일동맹은 군사동맹을 그 실체로 한다. 미일 군사동맹은 남한을 하부 동맹자로 편입한 '미·일·한 군사공동체'를 이루는 한편 중국·북한에 대한 공세적인 자세를 취하고 있으며 북한과의 전쟁도 불사한다. 여기에서 미일동맹의 중국·북한 (핵)미사일에 대한 요격수단으로 새롭게 등장한 것이 MD이다. 특히 북한 미사일에 대한 요격의 방벽을 쌓기 위한 명분으로 개발 중인 MD 시스템은 북한 미사일·북한 군사시설에 대한 선제공격이 가능하다.

이렇게 방어·공격의 양용(dual use)기술을 확보해야 하는 난제를 해결하기 위해, 미일 양국은 막대한 예산을 들여 MD 공동연구·기술개발에 주력하고 있다(藤岡 惇 外, 2006: 46~47).

미일의 MD 공동연구·개발은 미일 군산복합체의 도움 없이는 불가능

하다. 미일 군산복합체의 군수생산협력(김진균·홍성태, 1996: 205~218)·
무기공동개발(김승국, 1993: 75~77) 체제를 배제한 채 MD를 공동연구·
개발할 수 없다. 미국 군산복합체·일본 군수업계[2] 사이의 분업(김진균·
홍성태, 1996: 211)·협업체제가 MD 공동연구·개발의 토대이며, 이 토대
위에서 미일동맹의 틀이 새롭게 형성되어가고 있다. 미일동맹이 새로운
틀을 짜고 있는 미일 군산복합체는, '북한 미사일 발사'라는 호재(好材)를
이용하여 MD 공동연구·개발 체제에 박차를 가하고 있다. MD체계가
실용화·실전화(實戰化)될 경우, 미일동맹은 MD 우산을 새롭게 보유하게
되며, 기존의 핵무기 우산과 시너지 효과를 드러내는 가운데 제국적인
세계지배를 도모할 것이다.

2) 군산복합체의 하부구조: 군수자본

군산복합체의 하부구조를 이루는 것이 군수자본이다. 군수자본은 자
본 일반의 군사적 외화물이다. 군사적 지향을 갖는 자본을 군수자본이라
고 규정할 수 있다. 자본이 군사적 성격을 갖는 근본적인 이유는 안보시
장이 형성되기 때문이다.

(1) 안보시장의 확대

안보시장의 확대를 가져오는 요소는 다음과 같다. ① 전쟁 경제·군확
경제(アメリカの戰爭擴大と日本の有事法制に反對する署名事務局, 2002: 94)

---

2) 일본에 군산복합체가 존재하지 않는다는 견해(김진균·홍성태, 1996: 196~197)
   를 고려하여 '일본 군수업계'라고 표기했다. 그러나 미국의 군산복합체와 일본
   군수업계의 분업·협업 체계를 '미일 군산복합체'라고 부를 수 있으므로, 일본
   군산복합체의 실재를 사실상 인지할 수 있다.

의 발달, ② 전쟁 비즈니스(アメリカの戰爭擴大と日本の有事法制に反對する署名事務局, 2002: 92)의 번창, ③ 전쟁비용 증가, ④ 국방예산(군사비) 증액,3) ⑤ 무기수출 증대,4) ⑥ 군수업계의 이윤 증가, ⑦ 군사비 중 자본지출 비율이 높아지는 현상, ⑧ 군사예산 중 장비조달 비용5)이 증

---

3) 2002회계연도 미국 예산 중 국방예산이 17%이고, 2003회계연도 미국 예산의 재량적 경비 중 국방예산이 53%를 차지한다. 2003회계연도 군사비는 미국 GDP의 3.5%이다(アメリカの戰爭擴大と日本の有事法制に反對する署名事務局, 2002: 80~82).

4) 매년 180억 달러(2000년)를 넘는 미국의 무기수출액이 군산 복합체의 호주머니로 들어가 거대한 안보시장을 형성한다.

5) 펜타곤의 2003년도 예산표에 의하면 '장비조달비' 687억 달러, 연구개발비 538억 달러(합계 1,225억 달러)가 국방 총예산(3,793억 달러)의 32.3%를 차지한다. MD와 관련한 장비조달비·연구개발비는 MD 군산복합체를 먹여 살리는 '철밥통'이다. 이 철밥통을 군산복합체가 많이 차지하면 안보시장의 활황이 이루어지고, 적게 차지하면 불황이 닥쳐온다. 군산복합체의 사활이 걸린 장비 조달비의 증액·감소논쟁은 안보전략과 직결되므로, 이를 에워싼 '장비조달 논쟁'이 클린턴 정권 때부터 일어났다. 클린턴 정권은 장비조달비를 삭감한 BUR(Bottom Up Review) 전략 등에 따른 평화배당금(peace dividend) 2,500억 달러로 경제의 활성화를 꾀했다[클린턴 정권 말기의 RMA(군사혁신)로 BUR의 장비조달비 삭감정책이 퇴색했지만……]. 그런데 장비조달비 삭감정책은 군산복합체의 사망선고나 다름없었기 때문에, 군산복합체의 생존·부활을 위해 미국의 '국방족(國防族)들(네오콘 포함)'이 대동단결하여 클린턴 민주당 정권을 타도(?)하고 부시 공화당 정권을 옹립함으로써 대군확(大軍擴)에 성공했다. 부시 정권은 출범하자마자 QDR(Quadrennial Defense Review, 4개년 국방계획)을 통해 장비조달비를 대폭 증액함으로써 국방족들의 부시정권 수립 노력에 보답했다(アメリカの戰爭擴大と日本の有事法制に反對する署名事務局, 2002: 70~73).

한국·일본에서 진행 중인 GPR(Global Defense Posture Review)은, 평택·헤노코·괌에 새로운 미군기지를 건설하는 수요를 창출하므로 이에 따른 미국 군수업계의 장비조달비가 급증한다. GPR의 미군기지 건설 수요에 따른 장비 조달비의 대다수는 한국·일본의 정부 예산으로 조달된다. GPR관련 장비조달비 부담은

가하는 현상, ⑨ 군수자본의 유기적 구성도가 높아지는 현상(군수관련 가변자본에 대한 불변자본의 비율이 커지는 자본구성의 고도화 현상).[6]

위의 요소들이 시너지 효과를 가져올수록 안보시장의 규모가 확대된다. 그런데 위의 요소들보다 중요한 것은 생산양식의 변화이다. 특히 IT산업 중심으로 생산양식이 변화됨에 따라 안보시장 규모는 기하급수적으로 확장되었다. IT산업 발전에 힘입은 '제3의 물결 전쟁(the third wave war)'으로 말미암아 안보시장의 규모가 급격하게 증대되었으며, 이를 수렴한 안보전략이 군사혁신(Revolution of Military Affairs; 이하 'RMA')이다. 클린턴 정권이 기획한 RMA를 통해 커진 안보시장을 결정적으로 확대시킨 사건은 9·11 테러이다.

9·11 사태는 안보시장의 확대를 가져오는 요소들(앞에서 거론한 9가지 요소들)을 한꺼번에 충족시키는 '쾌거'였다. 9·11 사태 이후 반테러 전쟁 비용의 급증,[7] 본토 방위비의 급증,[8] 국방지출 증가,[9] 이라크 전쟁비용

한국·일본의 국부 유출이지만, 미국 군산 복합체에게는 '안보시장 활성화에 따른 거대한 이윤'의 원천이 된다.

6) 자본주의 발전에 수반하는 자본구성의 고도화는 노동생산성의 향상을 의미하지만, 그 때문에 노동력 공급의 과잉과 자본의 과잉을 초래하다. 이러한 현상은 군사부분에도 나타나는바, 군수자본 구성의 고도화로 인한 군수자본의 과잉이 안보시장을 활성화한다.

7) 미국 의회 예산국(CBO)은 부시정권이 '대테러 전쟁'에 2001년부터 6년간 (이라크·아프가니스탄전쟁을 중심으로) 4,320억 달러를 지출했다고 2006년 8월 17일에 밝혔다. 이 액수는 전쟁비용, 전쟁 이후의 군 주둔비용. 현재의 군경 훈련 비용, 경제원조를 포함한 것이다. 이 액수(4,320억 달러)의 76%는 이라크 관련 비용이며, 대테러 전쟁 비용은 베트남 전쟁 비용 4,943억 달러에 육박한다.

8) 9.11 사태 이후 부시 정권이 강조하는 '국토 안전보장'은 거대한 안보시장을 형성하고 있다. 9.11 사태 이후 신설된 국토안전부(DHS)의 2003회계연도 예산이 375억 달러이며, 9.11 직후 집행된 '부흥특별세비' 400억 달러를 합하면 775

증가10)로 안보시장이 확장됨에 따라 쾌재를 부른 미국의 군수 자본가들

억 달러가 된다. 이 775억 달러의 상당부분은 미국 내 테러를 방지하기 위한 공항경비·영해경비·국경경비·경찰조직 강화용으로 지출되었다. 160억 달러의 대부분은 최첨단(Hi Tech) 경비시스템을 도입하는 데 지출되었으며, 이와 관련된 군수업계(휴렛 패커드·AOL Time Warner·AT&T 등)의 호황을 초래했다. 또 보잉사는 미국 모든 공항의 폭탄탐지장치의 설계·보수 점검·교육훈련 시스템을 수주했으며, 록히드 마틴은 대규모 공항 경비강화 시스템·탄저균 검출 시스템을, IBM은 워싱턴 안팎의 즉각 경계발령 네트워크 구축 사업을, EDS는 이민귀화국의 외국인 유학생 감시 시스템·세관의 X선 검사장치·컨테이너 감시 시스템을 수주했다. 그리고 미국민 24명당 1명을 이웃 감시조(정보제공자·스파이)로 채용하는 테러정보방지 시스템(TIPS)을 운용하는 데 드는 막대한 국토안전보장비는, 이 분야의 안보시장에 호황을 안겨주었다. ≪日經ビジネス≫, 2002.9.16.; *Business Week*, 2002.9.23.

9) 9·11 사태가 발생한 이듬해인 2002년의 제1/4분기의 국방지출이 18.3% 증가함에 따라 미국 군수산업의 3대기업인 록히드 마틴, 그루만(Northrop Grumman), 제너럴 다이내믹스(General Dynamics)가 '떼돈'을 벌어 안보시장의 활황에 큰 기여를 했다. 록히드 마틴의 2002년 4~6월 매상고는 전년 동기에 비해 10.6% 증가한 62억 9,000만 달러였으며, 순이익은 2.4배 늘어난 3억 3,900만 달러를 기록했다. 미국 최대의 군수 프로젝트(계약액 4,200만 달러)인 차세대 주력 전투기 JSF의 상담도 록히드 마틴이 획득했다. 그루만의 2002년 4~6월 매상고는 20% 증가한 44억 달러였으며, 순이익은 1억 8,700만 달러였다. 제너럴 다이내믹스의 2002년 4~6월 매상고는 35억 달러이었으며 순이익은 2억 6,300만 달러를 기록했다. 장세(場勢)가 허약한 뉴욕 주식시장의 주식 중 군수 관련 주식만 기염을 토해냈으며, 군수 관련 신규주식 공개에 의한 기업매수가 성황을 이루었다. 9·11 사태 이후의 미국 군사비 급증에 따라 군수 관련 기업·고용자의 숫자가 급증하여 안보시장이 크게 활성화됨으로써 군수산업·군산복합체가 미국의 최대 기간산업이 되었다(アメリカの戰爭擴大と日本の有事法制に反對する署名事務局, 2002: 79~80).

10) 미국 의회예산국이 2002년 9월 30일에 발표한 이라크 전쟁수행 비용은 매월 60억~90억 달러이며, 계속 증가추세를 보이고 있다(アメリカの戰爭擴大と日本の

은 'MD를 통한 군수자본의 회로'를 새로이 개발하고, 이를 통해 군수자본의 확대재생산을 도모하고 있다. 특히 군수자본은 자본의 세계화를 통한 군수자본의 확대재생산을 펜타곤과 합작으로 추진하고 있다. 군수자본·펜타곤의 합작은 '전쟁개념·군의 변환(Transformation: 이하 'Transformation')[11]을 낳았으며, Transformation과 GPR이 동전의 양면을 이루며[12] 주일미군·주한미군의 재편을 가속화하고 있다. 주한미군·주일미군의 재편(GPR)에 의한 미일동맹·한미동맹의 Transformation이 북한 붕

有事法制に反對する署名事務局, 2002: 94~95).

11) 'Transformation'은, RMA의 기본발상을 향한 '미군의 변환'을 내포하고 있다 (松村昌廣, 2004: 133 참조). Transformation은 1990년대 중반부터 제창되었으나 럼스펠드가 미군의 획기적인 '변환'을 자주 강조하는 바람에 럼스펠드의 전매특허와 같은 인상을 준다(江畑謙介, 2005: 23). 부시 정권의 펜타곤이 강조하는 Transformation은, 클린턴 정권 때 정립된 RMA의 연장선상에 있으므로, RMA와 별개의 것이 아니다. 클린턴 정권은 RMA의 성과를 활용한 'Triad(미국 군사전략 변환의 3대 지주)' 중심의 Transformation 전략을 책정했다. 부시 정권의 Transformation은 기본적으로 이러한 흐름을 이어 받은 것이다(防衛廳防衛研究所, 2005: 184).

12) 2001년에 발족한 부시 정권은, 미국 동시다발 테러 사건 이후 테러와의 전쟁을 계속하는 한편 1990년대에 줄곧 유지되어온 재래식전력 태세의 근본적인 수정을 두 가지 측면에서 착수한다. ① '두개의 대규모 전역 전쟁' 위협을 상정한 전력정비 발상을 '능력에 기반을 둔 정비계획'으로 변경한다. '누가 적인가' '전쟁이 어디에서 일어나는가'가 아니라 '적이 어떻게 싸우는가' 하는 점을 중시하고, 이에 대응하기 위해 필요한 능력의 정비에 중점을 두는 것이다. 이러한 측면에서 통합 편성·통합 운용을 중시하며, 미군을 '신속한 전개능력·원정작전 능력을 갖고 유연한 전력 구성 부대'로 변혁하는 것이다. 이러한 변혁을 Transformation 이라고 총칭한다. ② 9·11 테러 이후의 새로운 안전보장 환경에 대응하기 위해 전 세계 미군을 재편성하는 GPR이다. ①과 ②는 표리일체를 이루는 것으로 Transformation에 의해 강화되는 미군의 능력이 GPR 촉진을 가능하게 한다(防衛廳防衛研究所, 2005: 184).

괴의 방향으로 진행 중인 바, 이를 견제하기 위해 북한이 미사일을 발사한 듯하다.

(2) MD로 수렴되는 나선형 복합 군확[13)

펜타곤·군수자본의 합성체인 군산복합체가 9.11 사태 이후의 안보전략 회로〔Transformation~GPR~미일동맹·한미동맹 재편〕를 새롭게 형성했다. 위의 안보전략 회로가 북한과의 전쟁선(戰爭線)으로 굳어지자, 이에 반격을 가한 북한의 미사일 발사 행위(action)가 'MD 중심의 무기 회로 확장 및 이에 따른 MD 중심의 안보전략 강화'라는 반작용을 낳은 끝에 'MD 군산복합체의 확대재생산(군수자본의 meta-action)'을 초래하는 '변증법적인 악순환'이 발생하고 있으며, 이를 도식적으로 그린 <그림 10-1>은 '변증법적인 악순환'을 설명하기 위한 것이다.

이 '변증법적인 악순환'을 군수자본의 주도성을 중심으로 <그림 10-1>에 따라 설명하면 다음과 같은 '나선형 군확'을 그릴 수 있다.[14) 군수자본~북한 미사일 발사에 힘입은 군수자본 회로의 증강~군수자본 확대재생산~군수자본의 세계화~펜타곤의 (안보전략 수립·집행의) 주도성~펜타곤 주도의 안보전략(Transformation) 수립~안보전략의 회로 (Transformation~GPR~미일동맹·한미동맹 재편)~군사의 세계화(세계화 시대의 군사화)~불량국가(북한 등)의 (핵)미사일을 요격하기 위한 MD

---

13) MD로 수렴되는 '나선형 복합 군확'을 이해하기 위해 김승국(2002: 87~168)을 참고할 것.

14) <그림 10-1>·<그림 10-2>·<그림 10-3>을 모두 나선형으로 그려야 하지만, 설명을 쉽게 하기 위해 4각형으로 형상화했다. 4각형의 형상화는 기술상의 편의를 위한 것일 뿐이므로, <그림 10-1>·<그림 10-2>·<그림 10-3>의 '4각형 수렴·확산 운동'을 '나선형 수렴·확산 운동'으로 이해하기 바란다.

<그림 10-2> MD로 수렴되는 나선형 복합 군확

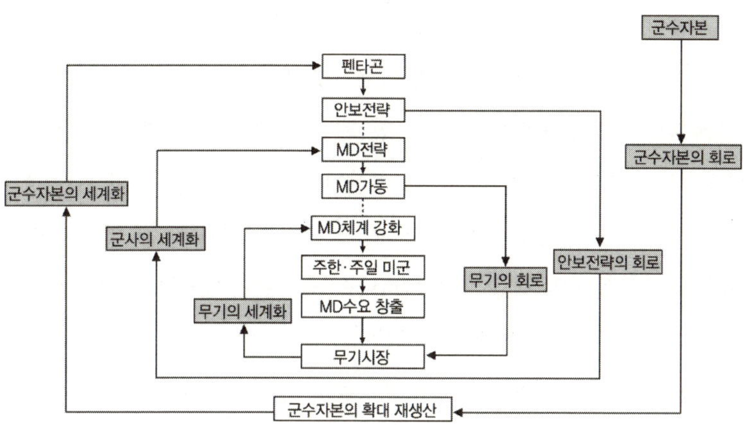

전략~(북한의 미사일 발사에 힘입어) MD 가동~(MD 중심의) 무기 회로~(MD를 비롯한) 무기시장(의 활성화)~(MD를 포함한) 무기의 세계화~MD 체계 강화~(MD 체계의 운용자인) 주한·주일미군~주한·주일미군이 MD의 수요 창출~무기 시장 확대.

위의 '나선형 군확'의 한 가운데 있는 Transformation은 펜타곤의 기획(기획의 주도성)에 따라 군수업계가 자본을 투입(자본투입의 주도성)하는 구도인데, 이 Transformation의 16대 과제 중 MD가 들어 있는 점에 주목해야할 것이다(石川潤一, 2006: 69).

이와 같이 군수자본의 주도성에서 비롯된 '거미줄 같은 나선형 군확(거미줄 나선형 군확)'15)을 도식적으로 그린 것이 <그림 10-2> "MD로 수렴되는 나선형 복합 군확"이다.

---

15) '거미줄 나선형 군확'은, '거미줄처럼 나선형으로 꼬이며 복합적으로 얽혀 있는 군확'을 특별히 형상화하기 위한 표현으로서 '나선형 복합 군확'과 동일한 의미를 내포하고 있다.

<그림 10-2>는 북한 미사일-MD의 복합적인 관계를 표상하는 '거미줄 나선형 군확'을 나타낸 것이므로, '나선형 복합 군확'이라고 부를 수 있다. 이는 군수자본에서 출발하여 MD체계로 수렴되는 나선형 복합 군확이다. 이렇게 수렴되는 '나선형 복합 군확'은, 차후에 설명할 'MD 체제에서 출발하여 군수자본으로 확산되는 나선형 복합 군확'과 자동적으로 연동되는 가운데 '나선형 복합 군확의 수렴과 확산'을 반복한다. 'MD 군산복합체의 작동 기제(메카니즘)'를 나타내는 이 수렴-확산운동을 통하여 군수자본의 확대재생산이 이루어진다.

필자는 'MD로 수렴되는 나선형 복합 군확'과 'MD에서 확산되는 나선형 복합 군확'을 총괄하여 '나선형 복합 군확 A'로 명명한다.

3) 군산복합체의 상부구조: '위협론' 이데올로기 – 북한위협론

군산복합체를 떠받드는 상부구조(이데올로기/이념체계)의 주류는 군사주의(militarism)다. 군사 케인즈주의는 군사주의의 한 방편이며, 군사 케인즈주의에 의한 군수자본의 확장을 위해서는 '가상적' 이데올로기가 필수적이다. 가상적(敵國)이 미국의 안보를 위협하므로, 이를 물리치기 위해 '군산복합체에 의한 군비확장·군사주의·군사 케인즈주의가 불가피하다'는 이데올로기를 유포해야 한다.

미국의 세계관·행동 특히 폭력적인 행위는 어떤 형태로든지 '정당화' 되지 않으면 안 된다. 미국민·미국 정부 자신에 대해서도 '정당한 이유가 있기 때문에 미국은 이러한 행동을 한다'고 말할 필요가 있다. 이를 위해 사용되는 게 '미국은 위협에 노출되어 있다'는 논리다. 커다란 적(敵)이 존재하고 있으며, 이 적이 미국시민의 생활을 파괴하려고 한다는 논리이다. 부시와 그의 지지자들이 거듭하여 이러한 '위협'의 존재를

뭇사람의 입으로 퍼뜨려 왁자하게 만들었다. 결론부터 말하면, 그들이 말하는 위협은 공상에 지나지 않는다. 그리고 그런 공상은, 일종의 '중독'에 기인하는 것이다. 아메리카는, 미국 외부에 커다란 적이 없으면 진드근하지 못하는 '중독환자'가 되어버렸다. 미국에서 압도적인 힘을 가진 사람들 — 이른바 군산복합체는, 적이 존재하는 데서 이익을 본다. 1989년의 베를린 장벽이 무너지고 소련이 붕괴함으로써 미국은 커다란 적을 상실하게 되었고 이에 따른 공백 상태가 생겼다. '외적중독(外敵中毒)'에 걸려 있는 미국의 정치세계에서 보건대 이러한 공백은 바람직하지 않았다. 그들은 이러한 공백을, 어떻게 해서든지 메우지 않으면 안 되었다. 그리하여 새로운 적을 발견한 것이다. 그게 이른바 '불량국가'라는 환상이다. 이란·이라크·북한 등을 '불량국가'로 일방적으로 단정하고, '불량국가가 미국시민의 생활을 위협하는 존재이므로 이에 대비하기 위해 극심하게 높은 군사지출을 해야 한다'고 정당화했다(『カレル・V・ウォルフレン』, 2003: 48~51).

위협이 실재하지 않더라도 '가상 적'이 자국의 안보를 위협한다는 허구를 만들어내야 군산복합체가 돌아간다. 이러한 허구적인 위협인식을 나타내는 이데올로기로서의 '위협론'은 군산 복합체의 생존조건이다. 일단 위협론이 고착되면 위협론을 중심으로 정세판단을 하게 되는데, 이 때 위협의 실재와 무관한 전략을 수립하게 된다(위협의 실재와 위협론이 불일치한 전술·전략이 군확·전쟁을 낳는 경우가 많다). 실재의 위협을 부풀려 위협론을 만들어냄으로써, 국민들을 군사주의로 세뇌시킨 다음에 국방비를 염출하거나 군비확장을 하는 게 군산복합체의 생존방식이다.

앞의 설명으로 되돌아가면 '나선형 복합 군확 A'는 확실한 '가상 적' 없이 이루어질 수 없다. 군산복합체가 군사주의로 무장해 있더라도, '나선형 복합 군확 I'의 정당성을 제공해주는 가상 적이 확실하게 존재하지 않으면 'Pax Americana(제국 미국의 힘에 의한 세계제패)'를 성취할 수 없다. 냉전시대의 소련을 가상 적으로 형상화한 '소련위협론'이라는 이데올로기에 버금가는 위협인식이 존재해야 제국 미국·(군사주의적인) 미국 자본주의가 번창한다(김승국, 2002: 160~164). 군사지향적인 미국 자본주의의 발전을 위해서라도 위협론을 의제(擬制: 가상 적의 공포를 억지로 만들어냄)해야 하는데, 유감스럽게 탈냉전 시대에 들어와 소련에 필적할 위협의 요소를 찾을 수 없었다. 그리하여 새로운 가상 적을 찾은 끝에 중국위협론·북한위협론을 만들어냈다.16)

북한위협론은 중국위협론의 보조적인 측면이 강하지만, 군산복합체의 활성화·MD 군확을 위해 가장 많이 악용되고 있다(김승국, 2002: 134~138). 북한과 같은 세계 최대의 빈국을, 세계 최대의 '불량국가(Rogue state)'로 낙인찍는 '둔갑술' 안에 위협론의 이데올로기(허위의식)가 깃들어 있다. 미국이 세계평화의 최대 위협세력임에도 불구하고 '북한이 세계평화를 위협한다'고 거꾸로 뒤집는 '위협론의 전도(顚倒)'야말로 이데올로기(허위의식)이다.

---

16) 미소 냉전시대에 아메리카는 글로벌 파워(Global Power)인 소련을 봉쇄하기 위해 핵·통상 전력의 압도적인 우위를 획득하려고 군확경쟁을 벌였다. 레이건 군확으로 팽창된 핵 군산복합체가 절정에 도달했을 때 소련붕괴라는 충격적인 사건이 발발했다. 펜타곤·핵 군산복합체가 갑자기 군확경쟁의 상대방을 상실하는 바람에 소련을 향한 '과잉군비'가 드러나게 되었다. 펜타곤은 살아남기 위해 억지로 가상 적 찾기를 시작지만 이라크·북한을 대상으로 (소련을 향했던) 군비가 필요할 리 없었다. 그런데도 펜타곤은 어떻게 해서라도 '과잉군비'를 유지하고 싶었다(アメリカの戰爭擴大と日本の有事法制に反對する署名事務局, 2002: 65). 이와 같이 펜타곤 군산복합체가 과잉군비를 유지하기 위해 '미국의 안보를 결정적으로 위협할 능력이 없는 북한'을 가상적으로 내세워 '북한위협론'을 의제하기 시작했다.

군산복합체에 의해 조작된 위협론 중의 하나가 북한위협론인바, 군산복합체의 상부구조에 해당된다. 특히 MD 군확을 위한 북한위협론·북한미사일위협론(대포동 미사일의 공포)[17]은, MD 군산복합체의 정당성을 '제공'하는 이데올로기이다. '제공'한다는 측면에서, 북한위협론은 '나

---

17) 1998년은 미국에 대한 미사일 위협과 핵 위협이 크게 고조되고 미국인들이 점점 더 위험한 세상에서 살게 되었다는 인식이 널리 뿌리내린 계기가 된 한 해였다. 1998년 6월, 미국은 북한의 비밀 핵 시설 문제를 집중 거론하기 시작했다. 1998년 8월에 북한은 대포동 1호를 발사했다. 미사일 위협이 심각해지고 있다는 공식적인 견해는 미사일 기술을 수출하려는 북한의 태도에 크게 영향받았다. 대포동 1호의 비행거리는 단지 1,320킬로미터에 불과했으나 국제적 충격은 엄청났다. 1999년 코언 미 국방장관은 이런 결론을 내렸다. "대포동 1호의 실험은 우리 조국(미국)이 실제로 불량국의 미사일 위협에 직면하게 되리라는 사실을 분명히 보여주는 또 하나의 강력한 증거였다. 따라서 우리는 미사일 위협으로부터 국민을 방위하지 않으면 안 된다. 우리가 제한적인 국가 미사일방어망을 배치하는 결정을 내리기 전에 납득시켜야 할 두 가지 기준이 있다. 하나는 방어망 배치를 해야 할 만큼의 위협이 있어야 한다는 것이며, 또 하나는 미사일방어망 개발이 실전에 차질이 없을 만큼 기술적으로 충분히 성숙되어 있어야 한다는 것이다. 그렇다면 오늘의 상황은 어떠한가. 첫 번째 기준은 곧 갖춰질 것으로 예상되며, 남은 문제는 기술적 준비뿐이다." 1999년도 (미국의) 국가정보평가서는 북한·이란·이라크로부터 야기될지 모르는 위협만을 집중적으로 다루면서, 향후 5~10년에 걸쳐 어느 나라가 장거리미사일을 실험할 '능력'이 있는지를 강조했다. 국가정보평가서에는 합동보고서를 작성하는 데 관련된 정보기관 중 하나로부터 제기된 다음과 같은 색다른 반대 의견이 덧붙여져 있다. "일부 분석가들이 각국이 개발할 '능력'을 지닌 미사일들에 대한 강조로, 예상되는 사태 진전이 과대평가되고 있다고 믿고 있다." 미사일 위협에 대한 공식 성명은 '의지'가 아닌 '능력'을 명백한 확실성으로 해석함으로써 그 피해 가능성을 침소봉대해왔다. 2000년 3월 코언 국방부 장관은 "미사일 위협은 지금 여기에 실재한다. 만약 지금 당장 여기에 실재하지 않으면, 내일 여기에 실재할 것이다"라고 말했다(아이젠드랜드, 2002: 114~117).

선형 복합 군확 A의 밥'이다. '밥'이란 '나선형 복합 군확 A'의 추동체인 군산복합체가 '북한위협론'이라는 밥을 먹고 성장함을 비유함과 동시에, 북한이 미사일 발사를 통해 '나선형 복합 군확 A의 밥'을 스스로 제공하는 희생양임을 비유한 단어이다.[18]

북한위협론은 이데올로기(허위의식)이므로 맨 처음에는 논리적 근거가 허약하다. 맨 처음에 궁여지책으로 북한위협론을 꾸며 내지만, 이데올로기 기관(언론·보수진영의 연구기관·기독교 근본주의 관련 기구)이 가세하여 북한위협론을 선전하면서 대포동 미사일 한 발이 소련의 핵탄두 수만 발과 비슷한 위협감을 미국민에게 주게 된다. 북한위협론에 세뇌된 미국민들은 '세계최대의 빈국이 세계최대의 미국에 위협이 될 수 없는 상식'을 망각하고, 북한의 대포동 미사일이 미국을 불바다로 만들 것이라는 환상을 갖게 된다. 이러한 환상은 MD 군확의 무풍지대를 만들어준다. 북한이 불량국가로 낙인 찍혀 있는 상황에서, 대포동 미사일을 요격할 MD가 미국 방어를 위해 필수적이라는 국민여론이 형성된다. 논리적 근거가 허약했던 북한위협론을 국민적인 MD무장론으로 변환시키는 일상적인 활동을 CNN(언론)·CSP(네오콘 계열의 Think Tank) 등의 이데올로기 기관이 해낸다. 이들 이데올로기 기관은 어불성설인 북한위협론을 진리(?)로 만들어낸 작업의 대가를 군산복합체로부터 받는다. 이 뿐 아니다. 미국의 기독교 근본주의 세력은 북한을 악마·사탄으로 규정하면서, 사탄인 '북한·북한의 대포동 미사일' 응징 수단으로 MD가 필수적이라는 기도를, 미국의 이름으로 올린다. 미국 기독교 근본주

---

18) 르네 지라르(Rene Girard)의 '희생양' 이론을, 나선형 복합 군확 A(군산복합체측·MD)-나선형 복합 군확 A의 밥(북한 측·북한 미사일)에 적용할 수 있을 것 같으나 지면제약상 기술하지 않는다.

의 세력은 '북한'이라는 희생양을 제국 미국의 제단에 바친다(김승국,
2002: 100~103, 164).

이와 같은 '군산·정·언·학·종(기독교 근본주의 세력) 복합체'가 총동원
되어 북한위협론을 빙자한(김승국, 2002: 123~128) 안보전략(작전계획
5027-98 등의 북한 붕괴전략)을 수립하고 있다. 이 안보전략의 최신판인
MD체제를 구축하기 위해 북한미사일위협론을 마음껏 부풀리는 것은
물론이다. 북한위협론을 빙자한 MD구축은 군산복합체의 새로운 생존방
식을 제공하고 있으며, 제국 미국의 나아갈 길이 되었다. 북한위협론·북
한미사일위협론을 먹이사슬로 삼은 MD가 군산복합체의 새로운 지평을
열어준 것이다.

4) 군산복합체의 새로운 지평: MD

(1) 군산복합체의 분화

군산복합체는 무기의 발달사(發達史)와 함께 발전한다. 재래식무기 중
심의 무기체계에 바탕한 군산복합체의 본체가 맨 먼저 성립되었다. 그
뒤 핵무기의 등장에 힘입어 '핵 군산복합체(Nuclear Military-Industrial
Complex)'가 발달했다. 미소 핵개발 경쟁으로 점철된 냉전시대의
ABM (Anti-Ballistic Missile: 요격 미사일)체제가 핵 군산복합체의 근
간을 이루게 되었다. 따라서 냉전시대의 군산복합체는 재래식무기 중심
의 군산복합체와 핵 군산복합체의 합성체이다. 그런데 부시 정권이
ABM체제를 붕괴시킴과 동시에 MD에 주력하면서 냉전형 군산복합체
는 존립을 위협받게 되었다. 특히 핵 군산복합체는 존립의 위협으로부터
벗어나기 위해 MD 특수를 일으켰으며, 북한 미사일 발사가 MD 특수
의 원군이 되었다. 이렇게 MD 특수를 통해 핵 군산복합체를 부활시키

려고 노력하고 있는 지점에서 'MD 군산복합체'가 형성되고 있다. 록히드 마틴 등의 MD 관련 초국적 군수기업이 중심이 된 MD 군산복합체는 핵 군산복합체로부터 분화된 것이다(アメリカの戰爭擴大と日本の有事法制に反對する署名事務局, 2002: 86~87).

(2) MD에서 확산되는 나선형 복합 군확[19)]

MD에서 확산되는 나선형 복합 군확을 도식화하면 <그림 10-3>과 같다. MD(ⓐ)~무기의 회로(ⓑ)~무기시장(ⓒ)~무기의 세계화(ⓓ)~안보전략(ⓔ)~안보전략의 회로(ⓕ)~군사의 세계화(ⓖ)~펜타곤(ⓗ)~군수자본(ⓘ)~군수자본의 회로(ⓙ)~군수자본의 확대재생산(ⓚ)~군수자본의 세계화(ⓛ)로, 거미줄처럼 나선형으로 확산되는 'MD 군확의 망'을 도식화한 것이 <그림 10-3> "MD에서 확산되는 나선형 복합 군확"이다. 이처럼 <그림 10-3>은 MD를 출발지점으로 삼아 MD군확을 하면서 군수자본의 확대 재생산을 지향한다.

ⓐ 출발지점 MDⓐ

레이건 정권 군확노선의 결정판이고 '고전적인 MD체계인 SDI(Star Wars: 별들의 전쟁)'가 MD의 원초적인 출발지점이다. 그러나 SDI에서 MD로 이어지는 길의 단속(斷續)이 심한 탓에 MD시스템이 작동되는 현장ⓐ를 출발지점으로 설정한다. 더 구체적으로 말하면, (부시 정권의 QDR에 따라 급증된) 장비 조달비가 MD개발용으로 쓰이는 곳(ⓐ)이 출발지점이다. 장비 조달비의 상당 부분이 MD 연구·개발(R&D)에 사

---

19) MD에서 확산되는 '나선형 복합 군확'을 이해하기 위해, 김승국(2002: 87~168)을 참고할 것.

<그림 10-3> MD에서 확산되는 나선형 복합 군확

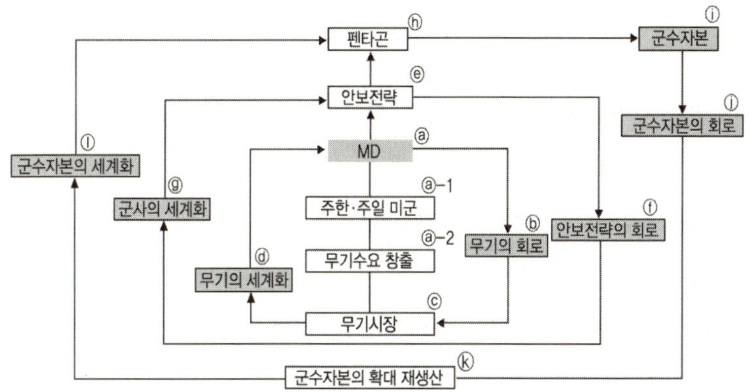

용되기 때문에 구체적인 출발지점으로 삼은 것이다.

그런데 이 출발지점을 빛내준 것은 북한의 대포동 미사일이다. 대포동 미사일 위협론을 명분으로 삼아 MD 연구·개발 예산을 많이 확보했기 때문이다. 천문학적인 MD 예산은 군산복합체 부활의 구세주가 되었다(アメリカの戦争擴大と日本の有事法制に反對する署名事務局, 2002: 66).

북한의 미사일 발사 이후 미일 양국이 추진하는 MD 동맹의 담지자는 주일·주한미군(ⓐ-1)이다. 2006년 7월 5일의 북한 미사일 발사 때 주일 미군과 자위대가 일체화(一體化)되어 북한 미사일을 탐지·감시·요격하는 틀을 갖춘 점은 앞서 지적했다.

MD 군산복합체는 '미일의 MD동맹'에 한국을 편입시키기 위해 노력할 것이다. 한국을 편입시키는 수단으로 주한미군의 MD운용 체계를 강화할 것이다.[20] 미국의 '국방족' '전쟁귀족(warlords: 장군)'들은 주한미

---

20) 주한미군은 MD라는 초강도전략을 엄호하는 기능을 보유할 것이다(김승국, 2002: 92).

군의 MD 기능이 취약하다고 주장하면서(김승국, 2002: 108), 취약점을 보완하기 위해 서해안을 'MD띠'로 조성할 태세이다.

주한·주일미군이 MD체계를 보유하고 중국·북한의 탄도 미사일을 요격할 태세를 갖춰야 MD의 수요가 창출된다(ⓐ-2). 이 때문에 MD 군산복합체는 '한·미·일 3각 군사동맹체의 MD무장화'에 집착하고 있다. '한·미·일 3각 군사동맹체의 MD무장화'의 가장 손쉬운 수단은 PAC-3를 한국·일본에 판매하는 일이다. 일본 정부가 북한 미사일 관련 대책비로 2007년 예산안에 227억 엔을 책정하여 PAC-3 등을 서둘러 구입할 예정인 바, PAC-3의 수요창출(ⓐ-2)에 성공했다. 이제 한국 정부에 압력을 넣어 MD 무기(PAC-3 등)의 수요창출에 착수하는 일만 남았다.

ⓑ 무기의 회로

주한미군이 무기수요 창출의 연결고리이므로[21] 주한미군이 MD로 무장하면 한국군도 뒤따르지 않을 수 없다. 따라서 MD관련 무기체계(PAC-3 등)의 수입을 피하기 어려울 것이다. 한편 주한미군의 배후에 있는 '군산·정·학·언 복합체'가 대북 강경파를 형성한다. 이 강경파는 북한위협론을 빙자한 MD 유효수효를 창출(ⓐ-2)[22]한 다음에 한국 정부

---

21) 주한미군이 주둔하고 한미군사동맹에 의한 양국 간 합동훈련이 지속되는 한 미국제 무기를 구입할 수밖에 없다. 한국군을 미국 군산복합체의 무기시장에 얽어매는 고리가 주한미군이다. 주한미군이 없으면 미국 군산복합체가 자국산 무기를 강매할 근거를 상실한다(김승국, 2002: 122).

22) 북한위협론·북한 미사일 위협론은 MD를 통한 미국의 군확 논리로 이어질 뿐만 아니라 한국군 무력증강(전력증강사업)의 정당성을 제공한다. MD의 전진기지인 한국이 미사일방어체계에 필요한 무기를 사지 않을 수 없는 구조를 만들어낸다. 미국 군산복합체가 운명을 걸고 추진 중인 MD에 편입될 한국이 MD의 핵심인 PAC-3, 이지스함, 조기 경보기를 억지로 구입하지 않을 수 없는 상황이 조성된

에게 (북한 미사일 위협에 대비한) PAC-3 등을 구입하라고 종용하면서 MD관련 무기시장(ⓒ)을 형성할 것이다. 결국 PAC-3 등은 MD관련 무기의 회로(ⓑ)를 형성하는 기초를 제공하며 이 무기의 회로를 타고 MD관련 무기시장(ⓒ)이 형성될 것이다.

ⓒ 무기시장

주한미군(ⓐ-1)은 미국 군산복합체와 한국의 무기시장을 이어주는 연결고리 역할을 하며, 이 연결고리를 중심으로 무기(MD)의 회로가 형성된다. MD관련 무기의 회로(ⓑ)가, MD전략의 회로(ⓕ)·MD관련 자본의 회로(ⓙ)와 맞물리며 형성되는 가운데 한국의 무기시장이 식민지성(植民地性)을 강화한다.

ⓓ 무기의 세계화

앞의 '식민지성'은 무기(MD)의 세계화를 추진하는 미국 군산복합체의 무기 하치장이 한국임을 뜻한다. MD는 본래 우주의 군사화를 겨냥한 범세계적인 무기이다. 미국 군산복합체는 범세계적인 무기인 MD를 통해 군사의 세계화를 도모함과 동시에 군수자본의 세계화를 추진하고 있다. 세계화 시대에 조응하는 MD를 통해 '무기의 세계화-군사의 세계화—군수자본의 세계화'라는 일석삼조를 얻기 위한 안보 전략(ⓔ)이 핵태세검토보고(Nuclear Posture Review; 이하 'NPR')이며, 이 NPR의 중요 부분이 MD전략이다.23)

다. 한편 북한위협론·북한미사일위협론을 빙자한 MD체계는 북한의 군확을 유인한다(김승국, 2002: 121).

23) NPR의 특징은, 핵무기와 MD를 결합한 데 있다. 21세기의 새로운 적(북한 등의 불량국가와 알카에다와 같은 테러 집단)에 대처하기 위해서는 핵무기의

ⓔ 안보 전략

9·11 테러는 미국의 군사전략에 심대한 영향을 주었다. ① 위협기반 전략이 능력기반 전략으로 전환되었고, 그와 동시에 양대 전쟁 전략이 롤백정책으로 전환되었으며, ② 본토방위가 최우선 과제가 되었으며, ③ 상호확증파괴에서 탈피하여 미사일방어(MD)를 보다 중시하게 되었으며, ④ 3대 지주(triad)에서 신3대지주(new triad)로 전환되었으며, ⑤ 미군의 군사변환(military transformation)이 추진되게 되었다고 할 수 있다. 2001년 12월 31일 의회에 제출되었던 핵태세 검토보고서 (NPR 2002)는 전략면에서는 상호확증파괴(MAD)의 종언을 선언함과 동시에 핵사용의 문턱을 낮춤으로써 일방적인 확증파괴(UAD)로의 전환을 시사하고 있다. 또한 보장(Assure), 좌절(Dissuade), 억제(Deter), 격퇴(Defeat) 등 미국의 국방전략 개념을 핵전략에도 그대로 도입하고 있다. NPR 2002는 이러한 핵전략을 가능케 할 기반으로 신3대 지주를 강조하고 있다(정택상, 2005).

신3대 지주란 ① 공격적인 제1격 시스템 ② 전략방어 ③ 재생된 방어 인프라를 말한다. 이 전략방어의 축소판이 MD이며, NPR은 천문학적인 MD예산을 상정하고 있다. NPR에는 럼스펠드의 지론인 'MD를 중심으로 한 안보전략의 대변환(Transformation)'이 깃들어 있다. MD야말로 장기간에 걸쳐 막대한 개발자금을 군수업계가 획득할 수 있는 '황금 알을 낳는 거위'이므로, 군산복합체 부활의 구세주이다(Hartung, 2002 참조).

억지력으로 불충분하므로 MD의 적극적인 억지력(MD의 선제공격 능력)이 필요하다는 것이다. 이러한 차원에서 핵전략과 MD전략을 합성한 것이 NPR이다. NPR에 관해서는 http://www.globalsecurity.org/wmd/library/policy/dod/npr.htm 을 참고할 것.

ⓕ 안보전략의 회로

신3대 지주(new Triad)의 핵심인 MD를 통해 펜타곤(럼스펠드)의 안보전략 변환(Transformation)이 수행되는 회로가 생긴다. 이 안보전략의 회로(ⓕ)를 타고 연간 수백억 달러의 MD 예산이 집행되며, 펜타곤(ⓗ)의 조율에 따라 MD 관련 무기시장(ⓒ)을 거쳐 군수자본의 회로(ⓙ)로 진입한 다음 군수자본의 확대재생산(ⓚ)을 가져온다.

ⓖ 군사의 세계화

위의 과정은 세계화 시대의 군사적인 흐름, 즉 군사의 세계화(ⓖ)를 거치지 않으면 안 된다. GPR의 세계화를 주도하는 미군이 보유할 MD 체계는 지구적(global)·우주적인 안보전략의 반영물이다.24) MD를 방편으로 미국의 지구적·우주적 안보전략은 (클린턴 정권의) RMA에서 (부시 정권의) Transformation으로 이행되고 있으며25), 이는 MD 군

---

24) MD체제를 추진하는 중요한 두 축은 미국 내의 정치경제학적 역학관계와 글로벌 안보인식 및 전략과 관계되어 있다. 즉, 미국의 산업구조 및 그 수혜집단의 이해관계라는 국내적 측면과 미국의 글로벌 전략이라는 국제적 측면이 복합적으로 MD추진의 핵심적 사유체계를 구성한다. 궁극적으로 이 두 가지 측면이 미국의 국가이익 증진이라는 하나의 목표에 봉사하게 되는 것이다. 대외적 군사 정치적 측면에서 MD계획의 연원은 흔히 지적되듯이 냉전 이후 대량살상무기(WMD) 및 미사일 기술 확산에 대한 군사안보적 대응이라는 정책목표보다 훨씬 더 심원한 글로벌 전략 환경의 질적 변화 및 그에 대한 워싱턴의 인식과 대응으로부터 기인되는 것이다(강진석, 2005: 154).

25) RMA는 '전투의 성질에 있어서의 변혁'인 데 비해, Transformation은 'RMA의 결과 생기는 (혹은 RMA를 기대해) 무기·임무의 개념·조직에서 일어나는 변혁'이다(CRS Report for Congress, 2004: 4~5). Transformation은 ① 전투방법의 개혁, ② 펜타곤 안의 비즈니스 방법의 개혁(법률상의 개혁·인재 관리의 유연성·미군생활의 질 향상·조달과정의 개혁 등), ③ 군과 국가기관의 정보공유·미군의

산복합체를 배양하고 있는 안보전략이다.

RMA에 이미 우주전략(우주차원의 통신·선제공격 등)이 포함되어 있으며, 이 우주전략의 일환이 MD이다. MD가 발전을 거듭하면, 우주에 무적(無敵)의 미군기지를 만들어 놓고 마음 놓고 지구촌을 군사적으로 지배할 수 있게 된다. 우주에서 MD 시스템을 이용하여, 지구촌의 불량국가(북한 등)를 선제공격·초토화할 수 있게 된다. 이렇게 기괴한 우주지배 전략과 MD를 연결해주는 사항이 '군사의 세계화'이다. MD라는 군사 시스템을 통해 세계화 시대의 패권을 장악하고 더 나아가 우주를 지배하려는 것이 제국 미국의 야망이다.

ⓗ 펜타곤

MD 관련 군사의 세계화를 추진하는 본부가 펜타곤이다. 펜타곤의 MD구상에 따라 MD 관련 군수자본(ⓘ)의 흐름이 조율된다. 이 조율과정에서 펜타곤이 MD추진의 주도권을 쥐는 경우도 있고 군수자본이 주도권을 쥐는 경우도 있다. 그러나 펜타곤과 군수자본은 MD동맹을 맺은 상태이므로 MD추진의 주도권을 공유하고 있다고 보아야 할 것이다.

ⓘ 군수자본

펜타곤(ⓗ)이 MD 관련 안보전략의 회로(ⓕ)에 관심이 많은 데 비해,

개혁능력을 동맹군에 적용하는 일 등을 포괄하는 매우 광범위한 군사변혁을 뜻한다(「Transformation Planning Guidance」, 2003: 7). Transformation은 미군의 조직·편성·운용 등을 변혁하여 능력·효율성의 향상을 도모하고 경량화하며 고속 기동력·거대한 파괴력을 갖는 군대로 개혁하려는 것이다. 이를 위해 Global Stryker 여단 중심으로 전 세계 미군을 재편하는 GPR을 추진 중이며, 평택 미군기지 집중은 '한국판 GPR'을 말해준다.

군수자본(ⓘ)은 군수자본의 회로(ⓙ)에 관심이 많다. 군수자본의 회로에 MD관련예산을 투입하여 군수자본의 확대재생산(ⓚ)을 꾀하겠다는 욕구가 강하기 때문이다. 물론 군수자본의 확대재생산을 위해 펜타곤이 적극적인 지원을 한다.

ⓙ 군수자본의 확대재생산

MD는 군산복합체의 '황금의 밭'이다. MD가 '황금을 낳는 거위'라는 표현을 많이 사용하는데, 이 표현 속에 군수자본 확대 재생산(ⓚ)의 비결이 있다. 이 비결을 정치경제학의 이론으로 해설하는 작업은 숙제로 남겨 놓는다.

ⓚ 군수자본의 세계화

MD 관련 '군사의 세계화(ⓖ)'는 군수자본의 세계화(ⓘ) 없이 불가능하다. 물론 MD 관련 군수자본의 세계화는 MD라는 무기의 세계화(ⓓ) 없이 불가능하다. MD 관련 무기의 세계화-군사의 세계화-군수자본의 세계화가 3위1체를 형성하는 가운데 군수자본의 확대 재생산(ⓚ)이 이룩된다. 이 과정에서 군수자본이 신자유주의의 우산 아래에 들어가 원유자본(Oil money) 등의 비(非)군수자본과 뒤섞인다. 부시정권이 군수자본을 동원하여 석유 — OPEC의 원유자본을 장악하기 위해 이라크를 침공한 사실은 널리 알려져 있다. 부시 정권의 두 가지 버팀목인 군수자본과 원유자본을 총동원하여 신자유주의 체제를 굳히기 위해 이라크 전쟁까지 감행한 것이다. 경제적인 차원에서 세계를 제패하려는 구상이 신자유주의이며, 군사적인 차원에서 패권을 장악하려는 것이 MD다. 신자유주의의 자본질서를 확대재생산하기 위해 MD(미국의 군사력)를 사용하려는 게 부시 정권의 구상이다.

(3) '나선형 복합 군확 A'의 종합

앞의 설명구도를 따라 ⓐ에서 출발하여 알파벳 순서로 ①로 나아가는 그림을 그리면 거미줄 같으면서도 나선형으로 확산되는 '복합적인 MD 군비확장도(軍備擴張圖)', 즉 <그림 10-3>을 쉽게 파악할 수 있다. <그림 10-3>은 'MD에서 확산되는 나선형 복합 군확'을 그린 것이며, <그림 10-2>의 'MD로 수렴되는 나선형 복합 군확'과 연동되어 '나선형 복합 군확 A'를 이룬다. 달리 설명하면 <그림 10-2>는 MD 군확의 수렴형(收斂型)을, <그림 10-3>은 MD 군확의 확산형(擴散型)을 나타낸다. <그림 10-2>의 수렴운동과 <그림 10-3>의 확산운동을 합성한 것이 '나선형 복합 군확 A'이며, MD군확의 수렴·확산 운동을 반복하면서 MD관련 군수자본의 확대재생산이 이루어진다. 그리고 군수자본의 확대재생산을 연결고리로 삼아 '나선형 복합 군확 A'가 '나선형 복합 군확 B'로 외화된다.

5) 나선형 복합 군확 B

김승국(2002: 148~155)은, '제1파(波) 3위1체'[26]에서 '제2파 3위1체'[27]·'제3파·제4파 3위1체'[28]로 나선형처럼 복잡하게 꼬이는 MD 복

---

[26] WASP(White Anglo-Saxon Protestant; 와스프 미국의 앵글로색슨계 백인 프로테스탄트. 미국으로 초기에 이민 간 사람들의 자손들로서 미국사회의 주류를 이루어 왔다)의 지파인 초국적 자본, 군산복합체, 기독교 근본주의 집단이 역할분담을 하면서 신자유주의-군사 케인즈주의-불량국가론의 3위1체<제1파(波;first wave) 3위1체>를 이루는 가운데 미국의 패권주의적인 안보전략이 결정되고 펜타곤이 이를 수행한다.

[27] MD 주력기업의 초국적 군수자본(국방색의 신자유주의 자본) 회로와 펜타곤의 안보전략 회로가 합집합(접합)을 이루는데, 이러한 접합은 미국의 한국에 대한

합군화 현상을 설명한다. 이는 '나선형 복합 군화 B'의 예비적인 설명이다. 이 설명을 동아시아 국제정세 속에서 북한 미사일의 당사국(미국·일본·남북한) 중심으로 다시 풀이한 것이 <그림 10-4>이다.

'나선형 복합 군화 A'의 MD 군화가 군수자본의 확대 재생산을 연결고리로, 국제정세 속에서 외화된 것이 '나선형 복합 군화 B'이며 이를 구도화한 것이 <그림 10-4>이다. <그림 10-4>에서 알 수 있듯이, '나선형 복합 군화 A'와 '나선형 복합 군화 B'의 연결고리인 군수자본의

무기인 식민주의를 낳는다. 한국에 대한 무기—식민주의를 통해 미국 군수자본이 1조 원의 이윤을 얻었다고 가정해보자. 이 1조 원이 록펠러 군수기업 집단의 계열은행인 시티뱅크 한국지점으로 입금될 경우, 시티뱅크라는 군산복합체의 금융부문 지원세력이 첫 수혜자가 된다. 더욱이 CNN 등 군산복합체 재벌이 소유한 언론매체가 북한위협론을 과대포장하고 기독교 근본주의 세력이 북한 악마론을 널리 유포한 덕분에 1조원의 횡재를 한 셈이다. 이 1조 원의 일부는 MD를 개발하기 위한 재투자(연구개발비를 통해 Think Tank를 지원함으로써 '군산·학 복합체'가 강화됨)로 이어질 것이고 나머지는 증권의 형태로 월스트리트에 유입될 것이다. 만약 1조 원의 일부를 조지 소로스의 헤지펀드에 투자했다면 신자유주의 자본과 직접 결탁하게 된다. 1조 원의 일부가 신자유주의 자본으로 흘러들어가 한국의 자본시장을 공략한다는 것이다. MD와 관련된 미국의 군수자본이 '신자유주의'의 이름으로 한국에 재상륙하게 된다. 이럴 경우 '신자유주의 자본·군산복합체-기독교 근본주의의 3위1체'의 제2파(제1파 3위1체의 확대재생산)가 이루어진다.

28) 국방색 군수자본을 신자유주의 자본(green back)으로 탈색(가치이전)시켜 잉여가치를 획득한 미국의 군수업계는 한국에 더 많은 무기를 팔기 위해 미국의 권부(백악관, 펜타곤, 의회)를 상대로 로비를 벌일 것이다. 한국 민중이 피땀 흘려 낸 국방혈세를 WASP의 사교클럽 무대 뒷전에서 뿌려대며 로비를 전개할 것이다. 북한위협론을 통해 북한을 때리면 때릴수록 한반도의 정세가 긴장되어 한국 정부가 더 많은 무기를 도입하고 이에 따라 한국 무기시장의 대미 종속이 강화되므로 더 많은 돈이 미국 군수업계로 굴러 들어와 '제3파·제4파의 3위1체'로 상승할 것이다.

<그림 10-4> 나선형 복합 군확 B

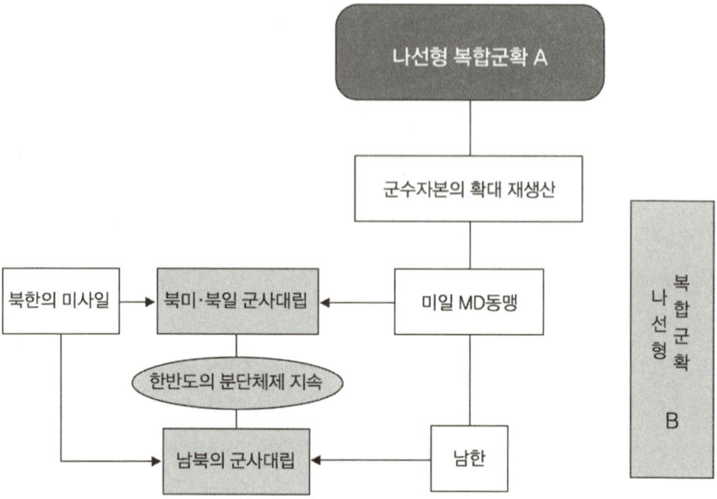

확대 재생산은 미일MD동맹에 의해 보장된다. 미일MD동맹이 군수자본의 확대재생산이라는 보증수표를 군산복합체에 발행해준다. 이 보증수표의 발행처가 '미일 안전보장 산업포럼(US-Japan Industry Forum for Security Cooperation: 이하 'IFSEC')'이다.

ⓐ IFSEC

IFSEC는 미국과 일본의 거대 군수기업 등이 참가하는 미일 군산복합체의 연대체이다. IFSEC에 참가하는 미국·일본 측 회사들이 거의 모두 MD의 주력기업이므로, IFSEC는 미일MD동맹의 '돈줄(군수자본의 사령탑)'이다. IFSEC는 북한 대포동 미사일에 대응한 MD를 미일정부에 요청하는 가운데 미일MD동맹의 하부구조를 이룬다. (미일MD동맹의 물리력·경제력·자본력을 제공하는 하부구조인) IFSEC는 (미일MD동맹의 정치·군사적인 최종 결정을 하는 상층인) 미일안보협의위원회(SCC; '2+2

전략회의'라고 불리는 미일동맹 재편의 최상위 협의기구)와 더불어 '미일MD 동맹체'를 형성하고 있다.

IFSEC는 미일MD 개발의 '돈줄'을 만드는 역할을 한다. 북한 미사일 발사를 계기로 가속화하는 미일동맹 재편(주일미군·자위대의 일체화)의 중요한 부분이 미일MD 공동연구·개발이다. 미일MD 공동연구[29]·개발은, IFSEC과 같은 '미일 군산복합체의 연대틀'에 의해 가속화하고 있다.[30]

2002년 12월의 「IFSEC 미일 공동선언 개정판」은 'IFSEC 공동선언의 취지에 따른 BMD(MD) 관련 차세대 SM-3의 네 가지 구성부품이 미일협력의 실체'라는 제언을 한다. 이 제언은 세 개의 항목, 즉 '현상'

---

29) 미일MD동맹을 예비하는 미일MD 공동연구는 1999년부터 시작되어 '이지스함에 배치하는 차세대 SM(Standard Missile)-3의 네 가지 구성부품'을 대상으로 진행되고 있으며, 2006년 5월 1일 발표된 「미일동맹의 재편 로드맵」은 MD관련 미일 협력체제를 강화한다고 확정했다. 차세대 SM-3의 네 가지 구성부품은 다음과 같다. ① 적외선을 사용하여 적(敵)의 미사일을 식별·포착·추격하는 '적외선 Sinker' ② 요격미사일의 맨 앞부분을 보호하는 '원추형 두부(Nose Cone)' ③ 적의 미사일을 파괴하는 'Kinetic 탄두' ④ 3단계로 분리되는 요격 미사일의 두 번째 단계의 추진력인 '제2단 로켓 모터'.

30) 2005년 6월 5일 '일본·미국이 공동기술연구를 진행 중인 차세대 SM-3'에 관해 언급한 오노(大野功統) 일본 방위청장관은 '2006년도부터 차세대 SM-3의 개발단계로 이행할 생각임'을 표명했다. 일본 방위청장관이 2006년 3월의 MD 요격실험 결과를 기다리지 않고 차세대 SM-3 개발단계로의 이행을 밝힌 것은 미일 군수업계의 강한 요구 때문이다. 미국 측은 2005년 2월의 미일방위정상회담에서 차세대 SM-3을 2005년 10월 이후에 개발할 방침을 전달하면서 일본 측의 참가를 요구했다. 이와 동시에 미쓰비시 중공업을 비롯한 기술연구를 청부받은 일본의 군수업계도 차세대 SM-3의 대량생산을 강하게 요구해왔다. 이에 따라 일본 정부는 2005년 12월 '무기 수출 3원칙'을 완화하여 MD 장비의 공동개발·생산 관련 규제조항을 없앰으로써, 미일공동 MD개발의 길을 열었다.

'이지스 BMD 시스템에 관한 공동개발' '이지스 BMD의 관계 시스템의 공동생산'에 걸쳐 구체적인 기술을 한다.

이 제안의 '현상' 항목에 "현재의 BMD(MD)에 관한 미일 협력의 틀은, 공동연구의 단계로는 충분한 내용이지만, 전체 시스템의 개발·생산의 제휴를 하는 데는 충분하지 않다"는 문구가 있다. 이 문구에는, '일본의 민간기업이 MD에 필요한 기술을 가졌지만 자유롭게 대화할 수 없다'는 불만, 무기수출 금지 3원칙 때문에 새로운 MD개발·생산을 진척시킬 수 없다는 불만이 명료한 형태로 드러난다. 그리고 이러한 불만을 해소하기 위해 '이지스 BMD(MD)시스템의 개발에 관한 미일 산업 간의 대화를 추진해야하고 대화의 영역을 넓혀야하며 미국의 동맹국(한국 등)을 포함한 다국 간 MD 개발 컨소시엄을 구축해야함'을 강조한다. 이는 MD를 통해 미일 군수산업의 일체화를 추진하려는 것이다(アメリカの戰爭擴大と日本の有事法制に反對する署名事務局, 2004).

여기서 일본 쪽 군수산업계가 미일 군수산업의 일체화에 적극적이라는 점을 주목할 필요가 있다. IFSEC의 일본 측 핵심인 '일본 경단련(經團連, 구체적으로는 경단련 방위생산위원회)'이 앞장서서 "무기수출 금지 3원칙을 완화하여(무기 수출 3원칙을 완화하는 만큼 일본이 군국주의로 나아간다) 미국과 공동으로 MD를 연구·개발하자"며 일본 정부를 압박하고 있다.[31] 특히 경단련 방위생산 위원회의 핵심기업인 미쓰비시 중공업은 일본형 군산복합체의 선두주자인 바, 미쓰비시 중공업 등이 미일MD동맹에 적극적이다. 미쓰비시 중공업을 비롯한 일본 군수업계는, 천문학적인 MD 연구·개발비를 미국에 헌납할 각오를 나타내고 있다. 미국 군산

---

31) (한국의 전경련에 해당되는) 경단련이 일본 재계를 대표하여 일본 평화헌법 제9조를 개폐함으로써 군국주의를 부활하려는 움직임과 MD개발이 맞물려 있다.

복합체에 막대한 공물(貢物)을 바치며 미일MD동맹을 성사시킬 각오를 일본 군수업계가 다짐하고 있다.

미국 군산복합체가 잉여가치를 제대로 실현하기 위해서는 '나선형 복합 군확 A'를 필수적으로 거쳐야 한다. '나선형 복합 군확 A'를 통해 미국 군수자본의 확대재생산이 가능하며, 이를 통해 MD 관련 수익을 얻을 수 있으나 그 수익이 자동적으로 창출되는 것은 아니다. 일본·남한을 대상으로 '북한미사일위협론' 이데올로기를 침투시키는 가운데(이 작업을 위해 언론· 보수 학계·기독교 근본주의 세력의 도움이 필요함), 일본·한국 정부의 MD 보유욕(保有慾)을 자극하는 게 중요하다. 이어 MD 보유욕에 사로잡힌 일본 정부가 '적 기지 공격론을 실현하기 위한 MD개발'을 서두르도록 하면 된다. 일본이 MD체제를 보유하게 되면 한국·대만도 MD 보유대열에 합류할 것이고, 중국도 이에 대항하며 MD개발 열기에 휩싸일 것이므로 동아시아에서 '나선형 복합 MD 군확'의 불길이 치솟을 것이다.

위와 같이 '나선형 복합 군확 A'가 동아시아의 복잡한 갈등관계 속에서 재생산되므로, 이를 '나선형 복합 군확 B'라고 부른다. 군수자본의 확대재생산이라는 유수(流水)[32]를 MD 삼국지(일본-남한-북한)에 넣어 '분할통치 방식의 펌프질'을 하며 MD를 개발하면, (제2파 MD군확을 나타내는) 나선형 복합 군확 B라는 새로운 물[33]이 나오게 된다.

---

32) 제1파 MD군확을 나타내는 나선형 복합 군확 A의 성과물.
33) MD 관련 군수자본의 두 번째 확대재생산.

참고문헌

강진석. 2005. 『한국의 안보전략과 국방개혁』. 서울: 평단.

김승국. 1993. 「미국 군산복합체의 동향」. ≪경제와 사회≫, 제20호.

______. 2002. 『오만한 나라 미국』. 고양: 아이필드.

김진균·홍성태. 1996. 『군신과 현대사회』. 서울: 문화과학사.

김형균. 1995. 「한국 군수산업의 구조와 발전」. 부산대학교 박사학위 논문.

남문희. 2006. "'북한 미사일' 소동은 MD예산 확보용?". ≪시사저널≫, 871호 (2006.7.4.).

윤정원. 2005. 『21세기 한반도 안보문제 분석』. 서울; 육군사관학교 화랑대 연구소.

아이젠드랜드, 크레이그 외. 2002. 『미사일 디펜스』. 김기협 외 옮김. 서울: 들녘.

江畑謙介. 2005. 『米軍再編』. 東京: ビジネス社.

藤岡 惇 外. 2006. 「アメリカの覇權と軍産複合体」. ≪經濟≫, 1월호.

防衛廳防衛研究所 編. 2005. 『東アジア戰略槪觀』. 東京: 國立印刷局.

石川潤一. 2006. 「米空軍のトランスフォーメーション」. ≪軍事研究≫, 5월 호.

松村昌廣. 2004. 『軍事情報戰略と日米同盟』. 東京: 芦書房.

アメリカの戰爭擴大と日本の有事法制に反對する署名事務局. 2002. 『ブッシュ政權と軍産複合体』. 大阪: アメリカの戰爭擴大と日本の有事法制に反對する署名事務局.

カレル·V·ウォルフレン. 2003. 『アメリカからの獨立が日本人を幸福にする』. 東京: 實業之日本社. 원저 = Karl von Wolferen. *Genuine Japanese Independence: A Nessessity!*

CRS Report for Congress. 2004. "Defense Transformation: Background and Oversight Issues for Congress". Feb. 24 2004.

『Nuclear Weapon & Nuclear Test Monitor(核兵器·核實驗モニター)』. 239호

(2005.8.1.).

『Nuclear Weapon & Nuclear Test Monitor(核兵器·核實驗モニター)』. 262-3호
　　　(2006.9.1.).

"Transformation Planning Guidance", April 2003. US Department of Defense.

정택상. 2005. 「한미 군사훈련과 대북 작전계획」. ≪평화 만들기≫, 211호
　　　http://www.peacemaking.co.kr

Global Security. http://www.globalsecurity.org

IFSEC Joint Report. 2003. "Revised US-Japan Statement of Mutual Interests".
　　　http://www.keidanren.or.jp/japanese/policy/2003/005e.html

NPR 보고서. http://www.globalsecurity.org/wmd/library/policy/dod/npr.htm

William D. Hartung. 2002. "About Face: The Role of the Arms Lobby In the Bush
　　　Administration's Radical Reversal of Two Decades of U.S. Nuclear Policy"
　　　http://www.worldpolicy.org/projects/arms/reports/reportaboutface.html.

アメリカの戰爭擴大と日本の有事法制に反對する署名事務局. 2004. 「米軍需産
　　　業への'從屬化' '下請け'で生き殘り圖る日本軍需産業」. http://www.jca.
　　　apc.org/stopUSwar/Japanmilitarism/war_corporation2.htm.

제11장

'중국위협론'의 실체

한호석

1. 글을 시작하며

중국과 미국의 국가관계는 양국관계의 범위를 넘어서 아시아정세는 말할 것 없고 세계정세 전반에 결정적인 영향을 주는 요인이다. 그러한 중미관계를 분석하는 것이 이 글의 목적이다.

글머리에서 짚고 넘어가는 것은 중미관계를 바라보는 시각이다. 어떤 시각을 갖느냐에 따라 실체가 다르게 보이는 것은 당연한 일이다. 국제 정세를 읽는 시각은 다종다양한데, 이 글에서 선택한 특정한 시각은 이념적 시각(ideological perspective)이다. 이 글에서 말하는 이념적 시각이란, 국제사회에 나타나는 현상을 정치이념(political ideology)을 통해서 바라보는 시각이다.

이념적으로 볼 때, 국가관계(international relation)는 사회주의와 제국주의라는 두 개의 상충적인 정치이념을 통해서 인식할 수 있다. 말하자면, 중미관계를 사회주의 중국과 제국주의 미국 사이에서 형성된 국가관계로 인식하는 것이다. 이념적 시각은 국가조직 자체의 본질은 말할 것도 없고 국가관계의 본질도 정치이념을 통하여 인식할 수 있다고 인정한다.

반면, 탈이념적 시각에서 국가관계를 논할 때는 대체로 두 나라의 국가경제지표나 군사력 등을 평면적으로 비교하고 분석하는데, 이념적 시각에서 보면 그러한 비교와 분석은 국가관계의 겉에 드러난 몇 가지 현상을 기술하는 것에 지나지 않는다. 이 글에서 중시하는 것은 중미관계의 현상분석이 아니라 그 관계의 본질인식이다.

이념적 시각에서 살펴보면, 중국의 국가경제지표나 군사력 등은 중국이 추구하는 사회주의정치이념에 따라서, 그리고 중국이라는 사회주의국가에 의해서 실체화된 것으로 보인다. 다른 한편, 미국의 국가경제지표나 군사력은 미국이 추구하는 제국주의정치이념에 따라서, 그리고 미국이라는 제국주의국가에 의해서 실체화된 것으로 보인다.

이념적 시각에서 볼 때, 중미관계를 단순히 중국과 미국이라는 두 강대국 사이에서 형성된 국가관계로 보는 탈이념적 시각은 너무 제한적이어서 국가관계의 본질에 접근하지 못한다. 그러한 제한성 때문에 탈이념적 시각은 '중국위협론'을 제기하는 미국이 중국 못지않게 국력증강을 다그치는 인도에 대해서는 왜 '인도위협론'을 제기하지 않는가 하는 물음에 답을 주지 못한다.

2. 중미관계의 변화요인

모든 관계에는 힘이 작용한다. 힘의 작용이 관계를 결정한다. 국가관계도 예외로 되지 않는다.

국가관계에 작용하는 힘을 국력(national power)이라 한다. 다시 말해서, 국가주권이 미치는 범위 안에 형성된 사회적 관계를 총체적으로 조직하고 동원하는 국가조직의 물리적인 힘을 국력이라 한다. 흔히 국력이라고 부르는 물리력은 정치, 군사, 경제부문에서 가장 집중적으로 표현된다. 그 세 부문의 물리력이 다른 나라와 비교해서 상대적으로 강한 나라를 강국(power)이라 하고, 절대적으로 강한 나라를 초강국(super-power)이라 한다.

정치, 군사, 경제부문에서 복잡하게 얽혀 있는 국가관계는 적대관계, 갈등관계, 협력관계, 동맹관계 등 네 유형으로 분류된다. 적대관계는 이념적 적대성이 존재하고 그에 따라 충돌가능성이 매우 높은 국가관계이고, 동맹관계는 이념적 일치성이 존재하고 그에 따라 충돌가능성이 거의 없는 국가관계이다. 갈등관계는 충돌가능성이 없으나 이념적 갈등요인이 존재하고, 따라서 서로 갈등하는 국가관계이며, 협력관계는 이념적 갈등요인이 존재하나 일단 그것을 접어두고 서로 협력하는 국가관계이다.

새삼스럽게 논할 필요가 없이, 사회주의와 제국주의의 관계는 적대관계이다. 그 둘 사이에는 이념적 적대성이 존재하고 그에 따라 충돌가능성이 매우 높다. 지난 시기 중국과 미국의 적대관계가 그러했다. 1950년대 중국과 미국은 한국(조선)반도에서 전쟁을 벌였으며 대만문제로 날카롭게 맞선 적대관계에 놓여 있었다. 그 적대관계는 사회주의 대 제국주의의 이념적 대결구도 위에 형성된 것이었다.

그런데 중국과 미국의 적대관계에 해빙분위기가 싹트기 시작했다. 1970년대 초에 제국주의 미국은 사회주의진영을 분열, 약화시키기 위해 이른바 '해빙정책(detente policy)'을 들고 나왔다. 그것은 소련과 중국이 이념갈등과 국경분쟁에 휘말려든 국제정세의 변화추세에 편승한 미국이 사회주의진영을 분열, 약화시키기 위해 취한 공세정책이었다.

1972년 2월 미국 대통령 리처드 닉슨(Richard M. Nixon, 1913~1994)이 중국을 찾아가 상해에서 공동성명을 발표한 뒤, 중국과 미국은 적대적인 관계를 해소하기 위한 정치회담을 계속한 끝에, 1979년 1월 1일 미국이 대만과 단교하고, 대만 주둔 미국군을 철군하며, 대만과 맺은 공동방위 조약을 철폐하는 조건으로 국교를 맺었다.

제국주의 미국이 사회주의 중국과 국교를 맺은 까닭은 중국, 소련, 미국의 삼각관계가 형성되자 중국을 자기 쪽으로 끌어당겨 소련을 견제하는 한편, 베트남전쟁의 수렁에서 빠져나오려고 했기 때문이다. 그에 비해, 사회주의 중국이 제국주의 미국과 국교를 맺은 까닭은 사회주의노선에서 이탈한 수정주의세력이라고 규정한 소련을 고립·압박하는 한편, 미국의 제국주의 지배 아래에 있는 자기 영토의 일부인 대만을 되찾아 중국의 완전한 통일을 실현하려고 타산했기 때문이다. 이처럼 중미 국교 수립에는 두 나라에게 '공동의 적'으로 다가선 소련을 고립·압박하려는 정치적 의도, 그리고 대만문제와 베트남문제가 강하게 작용했다.

그런데 여기서 주목하는 것은, 제국주의 미국과 국교를 맺었다고 해서 중국이 사회주의를 포기하려고 한 것은 아니었다는 점이다. 이것은 중미국교 수립이 사회주의 대 제국주의의 이념적 대립구도를 무너뜨리지 못했음을 뜻한다. 중미 두 나라가 국교를 맺었으나 사회주의 대 제국주의의 이념적 대립구도가 사라지지 않았으므로 기존의 적대관계가 해소된 것도 아니었다.

중국과 미국을 적대관계에서 벗어나게 만든 결정적 요인은, 중미국교 수립이 아니라 중국의 시장개방(market-opening)과 경제개혁(economic reform)이었다. 중국의 시장개방과 경제개혁은 미국의 강제력에 의한 타율적 변화가 아니라 중국 공산당이 스스로 결정하고 추진한 자율적 변화였다. 물론 중미국교 수립이 중국에게 시장개방과 경제개혁의 기회를 안겨준 것은 사실이었으나, 그것이 시장개방과 경제개혁의 결정적 조건은 아니었다.

중국이 자국의 시장을 열어놓으면서 경제개혁에 나서기 시작한 때부터 중미관계는 이른바 '전략적 협력(strategic cooperation)'을 향해 조금씩 진전되었다. 이러한 관계변화는 중미관계를 지배해왔던 사회주의 대 제국주의의 이념적 대결구도가 차츰 해소되면서 사회체제의 적대성이 완화되기 시작했음을 말해주는 것이었다.

중미관계의 변화과정을 논할 때, 중국의 변화와 더불어 살펴보아야 할 것은 미국의 변화이다. 1970년대 후반에 터져 나온 국제석유파동과 달러화 가치폭락으로 제국주의세계체제가 엄청난 타격을 받자, 미국은 그 체제를 지탱하기 위해 아시아, 아프리카, 라틴아메리카의 노동계급과 근로대중에 대한 대량수탈의 고삐를 더욱 힘껏 조이는 한편, 세 대륙 곳곳에 세워놓은 친미예속정권들을 앞세워 노동운동과 사회주의운동을 폭력적으로 짓밟았다. 그에 따라 1980년대 초반에 일어난 현상들은, 이른바 '레어거노믹스(Reaganomics)'로 경제정책을 바꾸고, 중남미와 아시아의 사회주의운동을 무력으로 파괴하는 이른바 저강도전쟁(low- intensity warfare)을 도발하며, 레이건-대처-나카소네로 이어진 제국주의삼각동맹을 강화하고, 한(조선)반도에서 예고 없는 선제핵공격(unwarned preemptive nuclear attack)을 상정한 세계 최대 규모의 침략전쟁연습을 다그친 것 등이다. 10·26사태로 박정희 극우반동정권이 무너진 정치적 공백기를 틈타서 전두환을 중심으로 군사정변을 일으킨 극우군부세력이 정권을 탈취하고 광주민중항쟁을 유혈진압했던 것도 바로 그 무렵이었다.

그런데 1980년대 초반의 국제정세가 이처럼 제국주의 미국의 주도에 따라 극우반동화되고 있었던 것과 달리, 중미관계는 차츰 적대성을 완화해 가고 있었다. 세계적 범위에서 사회주의 대 제국주의의 대결이 더욱 날카롭게 전개되었던 1980년대에 유독 중미관계에서만 적대성이 완화되는 특이한 현상이 생겨난 까닭은, 중국이 반제사회주의(anti-imperialist socialism)에서 돌아서서 시장사회주의(market socialism)로 나아갔기 때문이다. 중국은 1978년 12월부터 시장개방과 경제개혁을 시작했는데, 체제변화의 내부충격을 줄이기 위해 1984년 10월부터 태평양 연안 대도시를 중심으로 경제개혁을 밀고 나갔고, 1988년 9월부터는 시장개방과 경제개혁을 전국적 범위로 넓혀나갔다. 그때로부터 18년이 흐른 오늘 중국의 시장사회주의는 성숙기에 이르렀으며, 따라서 중미관계에서는 사회주의 대 제국주의의 이념적 대결구도가 해소되면서 새로운 요소가 생겨나게 되었다.

주목하는 것은 중국과 미국 사이에 형성된 새로운 관계에는 갈등과 협력이라는 두 가지 새로운 요소가 들어있다는 점이다. 여기서 말하는 갈등이란 이념적 갈등이 아니라, 비이념적 갈등이다. 비이념적 갈등이란 갈등이 전면화, 영구화되는 것이 아니라 어떤 특정한 조건에서 서로 협력할 수 있는 것이다. 비이념적 갈등관계는 조건적 협력관계와 모순되지 않는다.

오늘 중미관계에는 비이념적 갈등과 조건적 협력이 뒤엉켜 있다. 중미 두 나라는 정치부문과 군사부문에서 비이념적 갈등관계를 형성했고, 경제부문에서는 조건적 협력관계를 형성했던 것이다. 중국과 미국의 이념적 대결구도가 사라지고 비이념적 갈등관계와 조건적 협력관계가 형성되자, 두 나라는 서로를 잠재적 적국(potential adversary)으로 인정하기 시작했다.

중국과 미국이 서로를 잠재적 적국으로 인정하는 것이 가장 뚜렷이 드러난 곳은 정치적·군사적 갈등을 몰고 온 대만문제이다. 대만해협의 군사적 위기가 높아졌을 때, 두 나라는 고위급 군사회담을 열어 위기를 넘겼으면서도 중국은 중미 사이에 군사적 비상연락망(military hotline)을 설치하자는 미국의 제안을 거부했다.

중국과 미국은 군사부문에서 비이념적 갈등요소를 안고 있으면서도,

1997년부터 해마다 한 차례씩 군사협의회를 개최하고 있다. 2006년도 중미 군사협의회는 6월 8일 베이징에서 중국 인민해방군 총참모장 조리와 미국 국방부 국제안보담당 차관보가 각각 수석대표로 참석한 가운데 열렸다. 그 협의회에서 중국은 2006년 6월 19일부터 23일까지 괌 부근에서 미국 태평양군사령부가 실시하는 10년 이래 최대의 군사훈련인 '용감한 방패 2006'에 참관단을 보내달라는 미국의 요청을 받아들였다. 중국언론의 분석에 따르면, 미국은 앞으로 중러합동군사훈련에 자국의 참관단을 보내는 것을 조건으로, 먼저 중국에게 태평양군사령부의 군사훈련에 참관단을 보내달라고 요청한 것이라 한다(≪인터내셔널≫, 2006. 6.10.).

물론 중국과 미국이 해마다 군사협의회를 개최하고 중국이 미국군 군사훈련에 참관단을 보낸다고 해서 군사부문의 비이념적 갈등요소가 사라지는 것은 아니다. 중미관계에 들어 있는 비이념적 갈등요소는 유동적이어서 시간의 흐름에 따라 부침을 거듭하고 있다. 미국 국가정보기관들과 연계된 국책연구기관인 국가정보위원회(NIC)는, 중국이 자기의 국력을 강화하고 미국은 중국의 국력강화를 저지할 것이므로 이제까지 중국과 미국의 전략적 협력관계 안에서 일정하게 완화되었던 적대성이 2020년까지 다시 커질 것으로 내다보았다.

3. 중국 시장사회주의의 빛과 어둠

1993년 11월 중국은 시장사회주의경제체제를 완성했다고 선언했다. 중국이 1979년부터 시장사회주의로 돌아서기 시작하여 20여 년 동안 점진적으로 바뀌어온 과정은 산업생산력이 고도로 성장해온 과정이었

다. 중국은 1978년부터 2005년까지 연평균 성장률 9.6%에 이르는 고도
성장의 길을 달려왔다. 2003년에 중국은 전 세계 석탄소비량의 33%,
철강소비량의 27%, 알루미늄소비량의 25%, 시멘트소비량의 40%를 차
지했다.

그러나 고도성장의 뒤쪽에는 취약성과 위험성이 도사리고 있다. 인구
증가와 농업생산력 정체에 따라 식량자급체제가 무너질 위험(≪에이에프
피≫, 2004.3.11.)이 있으며, 전력소비가 12%로 늘어나는 반면 전력생산은
9%밖에 늘어나지 않는 전력난의 위험(≪신화통신≫, 2004.2.25.)이 있다.

연구자들 사이에서는, 중국의 성장속도가 가파르게 이어지는 경우
중국의 국내총생산(GDP)은 2030년 이전에 미국을 넘어서서 세계 1위로
올라설 것이라는 전망이 우세하다. 미국언론들은 중국이 앞으로 13년
안에 경제부문에서 미국을 앞지르는 세계 최대 경제강국으로 성장할
가능성이 있다고 내다본다.

시장개방과 경제개혁을 밀고 나가기 시작할 때, 중국 공산당은 인민
이 빈부격차를 모르고 함께 살아가는 사회주의평등론을 접고, 누구든지
먼저 부자가 되면 그 혜택이 다른 사람에게도 돌아간다는 이른바 선부론
(先富論)을 내세웠다.

그러나 오늘의 중국 사회는 선부론이 오류였음을 현실로 입증하고
있다. 중국이 시장사회주의로 돌아서고 사회적 생산력을 가파르게 끌어
올린 고도성장의 과정은 선부론이 실현되는 과정이 아니라 중국 사회에
서 사회적 빈부격차와 계급적 착취와 차별이 생겨나 사회계급관계가
대립적으로 바뀌어가는 퇴행과정이었다.

사회계급관계의 대립적 전환은, 중국 공산당이 사회적 생산수단의
국유화를 점진적으로 포기하고 사회적 생산수단의 사유화를 확대하는
과정에서 생겨난 퇴행적 결과이다. 중국은 1995년부터 2002년까지 대

형 국유기업 7만 7,600개를 4만 2,000개로 줄였고, 중소 국유기업 24만 5,000개를 14만 9,000개로 줄였으며, 2008년까지 대형 국유기업 1만 개를 더 줄일 것이다. 2003년 현재 2,400억 위안이나 되는 빚더미에 짓눌린 국유기업 2,500여 개와 거기에 속한 노동자 510만 명은 파산상태에 있으며 실업률은 7%에 이른다.

반면에, 사유기업은 급성장을 거듭하고 있는데, 1989년에 9만 581개였던 사유기업이 2004년에는 344만 개로 폭증했고, 사유기업의 생산은 1989년 422억 위안에서 2003년 말 2조 83억 위안으로 48배나 늘어났다.

중국에서 도시와 농촌의 격차는 세계 최고 수준에 이르렀고 농촌에서 빠져 나온 떠돌이 노동자(打工仔) 1억여 명이 도시에 몰려들었고, 농촌 실직자는 1억 5,000만 명이나 되는데 그 수가 해마다 600만 명씩 늘어나고 있고, 중국 인구 가운데 하루 생계비가 1달러도 채 안 되는 극빈인구가 2억 명이나 된다.

다급해진 중국 공산당과 중국 정부는 직장을 얻지 못한 대학졸업자들을 농촌에 보내는 유인정책을 취하고 있으나, 그 정책의 성과는 미지수이다.

오늘 중국에서는 사회계급관계가 대립적으로 바뀌어가면서 심각한 파열현상이 곳곳에서 일어고 있다. 임금체불, 정리해고, 토지강제환수, 도시철거, 이주민 보상문제 등으로 폭발한, 이른바 '군체성사건(群體性事件)'이라 부르는 군중 폭동이 그것이다. 군중 폭동은 1993년에 1만여 건이었던 것이 2004년에는 7만 4,000건으로, 2005년에는 8만 7,000여 건으로 급증했고, 노동 쟁의는 1995년 3만 3,000건, 12만 3,000명이었는데 10년 뒤인 2006년에는 18만 건, 60만 명으로 늘어났다.

이처럼 사회계급관계가 대립적으로 바뀔수록 사회적 불안정이 수습하지 못할 만큼 커지는 것은 당연한 귀결이다. 오늘 중국 사회에서 불거져 나온 불안정한 현상들은 다음과 같다.

중국에서는 2003년 말 현재 마약중독자가 105만 3,000명이나 되고 그 가운데 청년층 마약중독자가 72.2%에 이르렀다. 중국 정부당국은 2005년 1월부터 아홉 달 동안 이른바 '마약퇴치 인민전쟁(禁毒人民戰爭)'을 벌여 마약범죄 7만 4,419건을 적발하고, 마약범죄 용의자 4만 9,097명을 체포했다.

마약범죄만이 아니라 인신매매범죄도 확산되고 있다. 2001년부터 이태 동안 인신매매에 걸려든 여성과 어린이는, 공안에 적발된 경우만 해도 4만 2,215명이나 되었다. 거기에 더하여, 자살인구는 세계 자살인구의 4분의 1에 이르는 연간 25만여 명이다.

더 심각한 문제는 사회적 불안정을 해결해야 할 중국 공산당과 중국 정부가 부정부패의 늪에 빠져들고 있다는 점이다. 중국 사법당국이 1999년부터 2003년까지 다섯 해 동안 적발한 부패관리는 4만 5,000여 명, 부패관리들로부터 되찾은 환수재산은 212억 위안(약 3조 1,800억 원)이고, 그 가운데 환수재산 규모가 100만 위안(1억 5,000만 원) 이상이 되는 대형부패사건이 5,000여 건, 부패한 장관급 고위관리가 20명이 넘으며, 1990년 이후 관리들이 저지르는 부정부패 때문에 해마다 중국 국내총생산(GDP)의 13.2~16.8%를 차지하는 1조 위안(150조 원)씩 손실을 보고 있다(≪시사저널≫, 제738호, 2003.12.18.). 2003년 상반기 여섯 달 동안 부정부패에 휘말린 중국 공산당원 1,200여 명이 자살했고, 당원 8,000명이 해외로 달아났으며 정부관료와 고위간부 6,500여 명이 실종되었다. 놀랍게도, 사유기업을 틀어쥐고 노동계급을 착취하는 신흥자본가들 가운데 3분의 1이 중국공산당원이다.

의료, 교육, 주택, 고용에서 중국 인민들이 겪는 사회적 빈부격차, 계급적 착취와 차별, 그리고 날이 갈수록 극성을 부리는 집권세력의 부정부패는 시장사회주의가 몰고 온 병폐로서 21세기의 중국사회를 위협하고 있다. 문제의 심각성은 21세기 중국 사회에 밀어닥친 그러한 병폐를 극복할 전망과 능력이 없다는 데 있다.

중국 공산당은 시장사회주의의 병폐를 극복하는 길을 마르크스주의 정치이념(Marxist political ideology)에서 찾으려 하고 있다. 2004년 1월 중국 공산당은 당 중앙위원회의 지도에 따라 당 간부학교, 교육부, 사회 과학원, 중앙편집번역국이 참여하는 '마르크스주의 기초연구와 건설공정'을 앞으로 10년 동안 추진하기로 결정했고, 2005년 12월 중국 최고의 연구기관 사회과학원에 마르크스주의연구원을 개설했으며, 2006년 5월 광시(廣西)대학에 마르크스주의경제학연구소를 개설했다.

그러한 이념적 움직임에 맞서, 중국 공산당 안에서는 시장개방과 경제개혁을 더욱 심화함으로써만 시장사회주의의 병폐를 극복할 수 있다는 주장이 더 강하게 제기되고 있다. 명백하게도, 오늘 중국 공산당 안에서는 시장사회주의가 마르크스주의정치이념을 능가하고 있다. 그 까닭은 중국 사회가 시장개방과 경제개혁의 길에서 돌아설 수 없는 단계에 이르렀기 때문이다.

시장개방과 경제개혁을 전면화하면서 시장사회주의를 적극 추구하는 중국 공산당이 마르크스주의정치이념에 대한 연구를 강화하는 것으로는 시장사회주의가 몰고 오는 병폐를 극복할 수 없을 것이며, 시장사회주의노선에 따라 국력팽창에 힘쓸수록 시장개방과 경제개혁의 병폐는 덧쌓여갈 것이며, 병폐누적과 국력팽창의 모순은 결국 중국 공산당의 통치력을 위협하게 될 것이다.

그런데 병폐누적과 국력팽창의 모순이 심화되는 것보다 더 심각한 문제는, 제국주의 미국이 시장개방과 경제개혁을 전면화하고 있는 중국을 멀찌감치 바라보고만 있지 않는다는 것이다.

4. 중국이 겪는 재앙과 미국의 제국주의 개입정책

중국 상무부가 발표한 통계에 따르면, 중국에는 2006년 2월 현재 중국 노동자 2,400만 명을 고용한 55만 8,000여 개의 외국기업이 있는데, 그 가운데는 미국의 경제지 ≪포천(Fortune)≫이 뽑은 세계 500대 다국적기업들 가운데 450개 기업이 들어 있다. 중국에 들어가서 기업활동을 하는 다국적기업(multinational cooperation)들이 제국주의독점자본(imperialist monopoly capital)의 기업임은 두말할 나위가 없다.

2004년을 기준으로, 중국의 200대 수출기업들 가운데 외국기업이 차지하는 비중은 49.5%, 국유기업이 차지하는 비중은 35.5%로 나타났고, 500대 수입기업들 가운데 외국기업이 차지하는 비중은 54.0%이고, 국유기업이 차지하는 비중은 31%다. 외국기업의 수출액은 1,350억 달러로 전년 대비 40%가 늘어났고, 전체 중국 수출총액의 30.9%를 차지했다. 외국기업의 수입액은 3,600억 달러로 전년 대비 40%가 늘어났고, 전체 수입총액의 42.4%를 차지했다. 이제 중국경제는 외국자본, 외국시장, 외국기술에 의존하지 않으면 유지할 수 없게 되고 말았다.

중국의 시장개방은 금융시장개방에서 완성된다. 제국주의독점자본이 중국의 금융시장을 지배해야 시장개방이 완성되었다고 말할 수 있다. 요즈음 중국의 비금융부문에 대한 외국자본의 투자는 줄어드는데도, 중국의 은행, 보험, 증권에 외국자본이 몰리는 것은 금융시장개방이 완성되고 있음을 뜻한다. 중국 언론보도에 따르면, 2005년 한 해 동안 중국에 들어간 외국자본은 724억 600만 달러(69조 2,217억 원)인데, 그 가운데 금융시장에 들어간 자본은 16%인 118억 달러였다.

이처럼 시장경제원리에 따라 제국주의독점자본에게 시장을 열어주고 사회주의국유화를 자본주의사유화로 바꾸는 경제개혁을 추진해온 중국에서 한 가지 눈길을 끄는 것은, 사회적 생산력이 크게 발전했다는 것이다.

그러나 중국은 제국주의독점자본을 불러들여 자국의 생산력을 크게 발전시킨 대신 두 가지 재앙을 겪고 있다. 오늘 중국을 뒤흔드는 사회적 불안정은 그 두 가지 재앙에서 파생되는 것이다.

첫째 재앙은 제국주의독점자본의 시장지배와 이윤수탈이다. 제국주의독점자본이 중국에서 하는 일은, 다른 나라들에서도 그러하지만, 시장지배와 이윤수탈이다. 제국주의독점자본이 중국의 시장경제를 지배하고 있다는 점은 국가경제지표를 살펴보면 알 수 있다. 이를테면, 중국의 수출총액에서 외국기업이 차지하는 비중은 2001년 50.1%, 2003년 55.6%, 2004년 57.8로 끊임없이 늘어나고 있으며, 중국의 대외 기술의존도는 50%에 이르며, 설비투자 가운데 60%를 수입에 의존하는 것 등이다. 중국에서 제국주의독점자본의 시장지배력은 날이 갈수록 강해지고 있다.

제국주의독점자본의 시장지배는 자연히 이윤수탈로 이어진다. 이른바 다국적기업이라는 이름으로 중국에 들어간 450개에 이르는 제국주의독점자본들은 1990년대 이후 2,700억 달러의 자본을 투자한 대가로 순이익 2,000억 달러를 가져갔다. 그들이 중국에서 가져간 '순이익'은 중국의 노동계급이 창출했으나 제국주의독점자본이 수탈한 이윤 이외에 다른 것이 아니다. 중국에서 제국주의독점자본의 이윤수탈은 날이 갈수록 대량화되고 있다.

제국주의독점자본을 비롯한 외국자본들이 중국에 들어가 노동자 2,400만 명을 고용했으니 중국이 시장개방과 경제개혁을 추진한 덕택에 대단한 고용창출효과를 얻었다고 보는 견해가 있지만, 외국자본들이 중국 노동자를 세계에서 값싸기로 소문난 저임금 노동자로 고용하여 착취, 수탈하고 있음을 은폐하는 만큼 그 견해는 천박하다.

이처럼 제국주의독점자본의 시장지배와 이윤수탈이 재앙을 몰고 오고 있으니, 그에 대해 중국이 제동을 걸고 나서는 것은 당연한 일이다. 2006년 6월 7일 중국 국무원이 반독점법 초안을 채택한 것은 제국주의독점자본의 시장지배와 이윤수탈을 억제하는 제동장치를 마련한 것이다.

둘째 재앙은 자본주의시장경제와 사회주의정치 사이에서 발생한 모순이다. 시장경제원리에 따라 생산력을 발전시키면서 차츰 확대되는 자본주의경제체제가, 사회주의 집권당이 유지하는 사회주의정치체제와 모순관계에 빠지게 되는 것은 필연적이다.

그런데 주목하는 것은, 미국이 중국에서 자본주의시장경제와 사회주의정치의 모순에 대응하는 제국주의개입정책(imperialist engagement policy)을 추진하고 있다는 점이다. 제국주의 미국은 중국에서 자본주의시장경제의 발전을 촉진하는 한편, 사회주의정치의 무력화를 촉진한다. 자본주의시장경제 발전의 촉진을 사회주의정치 무력화의 촉진으로 이어가려는 것은 미국의 중국정책에서 움직일 수 없는 원칙이다.

미국이 중국의 자본주의시장경제 발전을 촉진하는 까닭은, 자본주의시장경제가 발전함으로써 불가피하게 생겨나는 사회계급관계의 대립적 전환과 그에 따른 사회적 불안정이 사회주의 집권당인 중국 공산당의 통치력을 약화시켜 장차 사회주의 정치를 자본주의 정치로 뒤바꿀 수 있으리라고 생각하기 때문이다.

일반 언론에서는 미국이 중국의 자본주의시장경제 발전을 촉진하는 것을 가리켜 흔히 중국과 미국이 경제적으로 협력한다고 표현하거나 또는 중국과 미국의 경제적 상호의존도가 심화되었다고 표현하기도 한다.

그러나 그 현상의 뒤에 숨어 있는 실체는 미국이 추진하는 제국주의개입정책이다. 중국에 대한 미국의 제국주의개입정책은 자본주의시장경제의 전면화를 노린다. 한 마디로 말해서, 제국주의개입정책은 미국이 동아시아에서 밀고 나가는 신자유주의 세계화(neoliberal globalization)의 전략목표이다.

미국 의회 회계감사원(GAO)이 내놓은 자료에 따르면, 미국은 2000년부터 2004년까지 다섯 해 동안 중국의 '민주주의'를 진전시키기 위해 3,900만 달러를 썼다고 한다. 미국이 중국의 '민주주의'를 진전시킨다는 말은, 중국의 사회주의 정치를 자본주의 정치로 뒤바꾸려는 제국주의 개입정책을 밀고 나간다는 뜻이다. 제국주의 미국이 추구하는 '민주주의의 확산'이란 제국주의개입정책의 핵심내용이다. 미국이 중국에서 제국주의개입정책을 밀고 나가는 근본목적은 중국 공산당의 사회주의정치를 다당제와 직접선거를 핵심내용으로 한 미국식 자본주의 정치로 뒤바꾸려는 것이다.

이처럼 미국이 제국주의개입정책을 밀고 나가자, 중국에서는 '미국식 민주주의'의 싹이 자라기 시작했는데, 그것은 이른바 '정치개혁'이라는 구실을 내걸고 진행되고 있다. 언론보도에 따르면, 중국공산당은 2001년부터 사천성 평창현의 당 기층조직들인 향(鄕)위원회와 진(鎭)위원회의 서기를 선출하는 과정에서 공천을 통해 단일후보를 내세워 직접선거를 실시했고, 2003년에는 그러한 미국식 선거제도를 강소성 서주시 일부 지방당 조직들로 확대했다.

문제의 심각성은 '정치개혁'이 계속 확대될 경우 중국공산당의 사회주의정치가 변질될 위험이 생겨난다는 데 있다. 소련의 사회주의정치를 변질·와해시킨 미하일 고르바초프(Mikhail Gorvachov)도 중국공산당 기관지 《인민일보》에 실린 자기의 대담기사에서 민주화와 관련된 어떤 일도 하지 말라고 중국에게 충고하면서, 자신은 개혁시기에 당의 지도력을 강화하는 것이 가장 중요한 것임을 깊이 체득했다고 말했다.

5. 중미관계의 자극요인

국가조직의 물리력이 정치적·군사적·경제적으로 표현되지만, 정치력과 경제력의 직접적인 연장이며 동시에 정치력과 경제력을 통합한 물리력이라는 점에서 군사력은 국가조직의 물리력 수준을 직접적으로 반영한다. 그러므로 국가관계를 분석할 때 중시하는 것은 군사부문이다.

중미관계를 군사부문에서 살펴보아야, 다시 말해서 중미 군사관계를 살펴보아야 중미관계의 실체가 더욱 뚜렷이 드러나게 된다.

군사전문가들은 중국 인민해방군 해군이 자국의 연해 경제권을 보호하기 위해 2014년 안에 해안선에서 500km까지 이르는 바다에서 제해권을 장악할 것으로 내다보고 있다. 주한미군 기지가 있는 전라북도 군산에서 중국 인민해방군 기지가 있는 산둥반도까지 직선거리는 400km이므로, 앞으로 중국이 500km의 제해권을 장악하려 할 경우 서해는 중국의 제해권 범위 안에 들어가게 될 것이다.

중국이 제해권 장악에 나선 데는 일본 해상자위대의 도발적 행동에서 자극을 받은 측면이 있다. 일본 해상자위대는 일본열도에서 1,852km(1천 해리)에 이르는 바다까지 호위함대를 보내는 이른바 '1천 해리 전수방어'를 주장했다가, 공고(金剛)급 이지스 구축함 네 척을 보유하게 되자 3,704km(2천 해리)에 이르는 바다까지 호위함대를 보내는 이른바 '2천 해리 전수방어'를 주장하기 시작했다.[1]

일본으로부터 자극을 받은 중국이 제해권 범위를 넓혀가는 것은 태평양과 인도양으로 나간다는 뜻인데, 중국이 태평양으로 나가는 길목을 가로막은 걸림돌이 있으니 그것은 중국 영토의 일부인 대만이다. 대만을

---

[1] 이정훈, 「대양해군의 비밀병기 6.6함대」, ≪신동아≫(2001년 9월호).

지배하는 세력이 중국으로부터 대만을 분리, 독립시키려는 뜻을 굽히지 않고 있어서 중국과 대만의 관계에서는 통합 대 독립의 대결구도가 형성되었다. 중국의 '일개중국론(一個中國論)'과 대만의 '일변일국론(一邊一國論)'의 대립이 그것이다. 대만의 분리독립을 저지하는 것은 중국이 결코 가볍게 다룰 수 없는 전략목표이다.

중국은 2020년까지 대만을 통합하겠다는 의사를 밝혔고, 실제로 1995년 이후 대만을 마주한 대륙연안지역에 미사일을 증강 배치하고 대만에 대한 공격력을 계속 강화하면서 대만통합을 위한 군사훈련을 실시해오고 있다. 만일 대만이 분리독립을 추진할 경우, 중국 인민해방군과 대만군의 무력충돌이 일어날 가능성이 매우 높다. 미국의 초당파적 연구기관인 미중 경제안보검토위원회는 연방의회에 제출한 보고서에서 중국의 대만위협이 아시아태평양지역에서 미국의 안보를 크게 해친다고 걱정했다.

미국 랜드(RAND)연구소가 미국 육군 작전처(G3)로부터 의뢰를 받아 작성한 보고서는 중국이 2003년부터 2007년 사이에, 또는 2012년에 미국의 무력개입을 견제한 가운데 대만을 무력으로 공격할 수 있을 것으로 내다보았다. 역사적으로 볼 때, 중국은 대만을 무력으로 통합하려는 전쟁계획을 1950년 초에 세워두었는데, 그해 6월에 한국(조선)전쟁이 일어나 실행에 옮기지 못했다. 1958년 중국 인민해방군이 대만이 장악한 진먼 섬(金門島)에 44일 동안 포탄 50만 발을 쏟아 부어 대만해협의 군사적 긴장이 매우 높아졌던 시기에 미국은 당시 일본 오키나와 현에 있는 미국 공군기지 핵무기 정비반에서 일하던 요원들에게 극비 특별명령을 내려 일본 아오모리 현에 있는 미사와 미군기지 등 두 군데에 배치한 핵폭탄 엠케이(MK)-7을 정비하게 했다. 그 핵폭탄이 중국으로 출격할 미 공군 전략폭격기에 실릴 것임은 두말할 나위가 없이 명백했다.

1961년 미국과 대만은 중국의 샤먼(廈門) 일대를 전술핵무기로 공격하는 방안을 검토했다.

미국은 중국의 태평양 진출과 인도양 진출을 가로막기 위해서 대만을 정치군사적으로 지원하고 있을 뿐 아니라, 한 걸음 더 나아가 동북아시아에서 동남아시아에 이르는 커다란 반원형을 그리며 중국을 포위하는 제국주의봉쇄정책(imperialist containment policy)을 밀고 나가고 있다. 미국이 일본과 인도를 끌어들여 '해상 공동방어선'을 구축하여 중국의 태평양 진출과 인도양 진출을 가로막으려는 움직임이 그것이다.

제국주의봉쇄정책은 미국이 동아시아를 지배하려는 정책이다. 미국 국방부 국제안보담당 차관보 피터 로드먼(Peter Rodman)은 중국에 대한 제국주의봉쇄정책을 '울타리전략(hedge strategy)'이라고 불렀다(≪워싱턴타임스≫, 2006.3.17.). 제국주의봉쇄정책은 미국이 대중관계에서 밀고 나가는 제국주의개입정책과 짝을 이룬다.

중국이 자국의 해상진출로를 가로막는 제국주의봉쇄정책에 맞서 육상진출로를 확보하기 위해 창설한 지역안보협력체가 상하이협력기구(SCO)이다. 2001년 상하이에서 창설된 상하이협력기구에는 중국, 러시아, 우즈베키스탄, 카자흐스탄, 키르기스스탄, 타지키스탄 여섯 나라가 회원국으로, 그리고 이란, 인도, 파키스탄, 몽골 네 나라가 참관국으로 참가하고 있다. 2006년도 상하이협력기구 정상회담은 6월 15일부터 18일까지 상하이에서 열렸다.

중국의 태평양 진출과 인도양 진출을 가로막으려는 미국이 동아시아에 제국주의무력을 배치하고 있는 한, 더욱이 미국이 동아시아에 배치한 제국주의무력을 신속기동군으로 개편, 증강하여 전쟁수행력을 높이면서 일본과 인도를 무력증강에 끌어들이고 있는 한, 그리고 대만의 분리독립세력이 차츰 강해지는 한, 중국의 대만통합 전쟁계획은 쉽사리 실행에 옮기기 힘들 것으로 보인다.

이를테면, 대만군의 군사훈련에 미국군 장교 60명과 일본 자위대 지휘관들이 참가하여 대만군의 군사작전에 관해 논의한 것은, 미국이 지난 시기 대만과 맺었다가 중미국교수립 이후에 해체했던 군사동맹을 은밀히 되살리고 있음을 말해준다. 더 심각한 문제는, 미국이 대만과 맺었다가 해체했던 군사동맹을 되살리려는 움직임에 일본을 끌어들이고 있다는 점이다. 2005년 2월 10일 미국과 일본은 대만이 두 나라 공동의 전략목표임을 밝힌 공동성명을 역사상 처음으로 발표했고(≪워싱턴포스트≫, 2006.2.18.), 중국은 그에 대해 주권침해라며 강하게 반발했다(≪뉴욕타임스≫, 2005.2.21.).

이러한 변화를 감지하고 있는 대만에서는 미국이 앞으로 미일 합동군사훈련에 대만을 참가시킬 것이며, 유사시에는 미군이 대만에 다시 들어갈 것이라는 전망이 나오고 있다. 중국 인민해방군과 미군이 각각 출동시킨 군함과 전투기들이 대만해협 부근에서 날카롭게 대치한 것은, 중국과 미국 사이에서 대만문제를 둘러싸고 정치군사적 갈등이 존재하고 있음을 뚜렷이 보여주었다. 대만문제는 중미관계를 자극하는 결정적 요인으로 되었다.

중국과 미국의 정치군사적 갈등관계를 부추기는 세력은 미국 국방부와 군부이다. 미국 국방부 산하 국방안보협력본부(DSCA)는 2004년 3월 말 중국의 미사일 공격으로부터 대만을 방어하는 데 요구된다고 하면서 장거리 조기경보레이더 장비를 대만에 팔아넘기는 문제를 승인했다. 또한 미국 국방부는 2000년부터 해마다 중국과 대만의 군사상황에 관한 보고서를 작성하여 연방의회에 제출하고 있는데, 2005년도 보고서에서는 대만의 무력이 중국의 무력에 비해 열세이므로 군사적으로 불균형하다고 지적한 바 있다. 미국 국방부는 중국 인민해방군이 대만을 공격하려는 조짐이 보이면, 태평양군사령부(CINCPAC)가 지휘하는 전투기 1,500대로 대만해협 상공을 뒤덮으면서 제공권을 장악하는 군사작전계획을 세워두었다.

그러나 대만을 통합하는 과업이 미국의 무력개입으로 어려움을 겪는다 해도 중국은 전략적으로 매우 중요한 가치를 지닌 자기 영토인 대만을 결코 내버리지 않을 것이다. 중국이 무력으로 대만을 통합할 수 있는 가능성은, 남(한국)에서 주한미군이 철군하고 자주적 평화통일이 실현되는 동아시아 정세의 질적 변화에서 찾을 수 있다. 중국은 그러한 변화가 일어나는 때를 참을성 있게 기다리며 대만을 통합하기 위한 무력을 증강하고 있는지 모른다.

만일 주한미군이 철군하지 않고 한(조선)반도에서 자주적 평화통일이 실현되지 못하면 중국의 대만통합계획은 영영 실행되지 못할 수 있다. 그러므로 주한미군 철군과 한(조선)반도의 자주적 평화통일은 중국의 전략적 이익추구에 밀접하게 결부된 중대한 정치과업으로 된다. 대만통합이라는 양보할 수 없는 전략적 이익을 추구하려는 중국이 주한미군 철군과 한(조선)반도의 자주적 평화통일을 추진하는 북(조선)과 전략적 동맹관계를 유지하는 것은 너무도 당연하다.

이런 맥락에서 보면, 대만문제가 부각될수록 또는 주한미군 철군문제와 한(조선)반도 통일문제가 부각될수록 조중동맹과 미일동맹은 각각 서로 대치되는 방향에서 더 강화될 것으로 보인다.

6. '중국위협론'의 실상과 허상

미국 국제평가전략센터(IASC)의 연구자 리처드 피셔 2세(Richard Fisher, Jr.)는 중국이 무력을 증강하는 목표가 단기적으로는 대만점령, 장기적으로는 미국군을 아시아에서 몰아내고 인도를 억제하여 아시아에서 패권을 장악하는 것이라고 주장한 바 있다. 미국 국방부는 2006년도 연례보고서에서 중국이 무력으로 대응할 가능성이 있는 지역을 한(조선)반도, 일본, 베트남, 필리핀, 말레이시아, 부르나이, 남사군도, 중앙아시아 등이라고 지적했다.

2006년 3월 16일 미국 대통령 조지 부시가 발표한 '국가안보전략보고서(NSS)'는 중국이 미국을 비롯한 다른 나라들과 협력하여 정치적·경제적 개혁을 추진하고 국제사회의 안정에 이바지했다고 긍정적으로 평가하면서도, 불투명한 방식으로 무력을 증강하고 있음을 지적·경고했다. 이처럼 미국은 중국이 무력을 증강하고 있다는 사실을 들어 '중국위협론'을 퍼뜨리고 있는 것이다.

미국이 지적한 대로, 중국이 무력을 증강하는 것은 부인할 수 없는 사실이다. 2006년 5월 25일 중국 국방과학기술공업위원회는 칭다오에서 회의를 갖고 앞으로 15년 동안 무력을 현대화하는 계획을 채택했다(≪사우스차이나 모닝포스트≫, 2006.5.26.).

중국의 무력증강은 사회주의자력갱생의 원칙에 따라 추진되고 있다. 중국은 다른 나라에서 개발한 첨단무기를 지나치게 많이 사들이면 결국 군사력을 다른 나라에 의존하게 된다고 보기 때문에 시간과 노력이 들더라도 사회주의자력갱생의 원칙에 따라 무기들을 자기 힘으로 개발한다. 인도는 외국산 무기를 사들이는 데 비해, 중국은 자체로 생산한다. 이를테면, 중국은 1997년부터 러시아, 이스라엘과 공동으로 조기경보기를 개발하려고 했는데, 미국의 방해에 걸려 3국 공동개발사업이 무산되자 2000년 말부터 자국의 50여 개 연구소를 동원하여 독자개발사업을 밀고 나갔으며, 마침내 다섯 해 뒤인 2006년 초 독자적으로 개발한 최신예 조기경보기 '쿵징-2000' 4기를 공군기지에 작전배치했다.

중국의 군사전문가들 사이에서 벌어지고 있는 중국의 군사력 수준에 관한 논쟁을 살펴보면, 중국은 군사부문에서 선진국과 비교할 때 15~25년이 뒤져 있을 뿐 아니라, 미국과 군비경쟁을 벌일 여유가 없으므로 중국의 군사력은 100년이 지나도 미국의 군사력을 따라잡지 못할 것이라는 견해가 있다. 다른 한 쪽에는 중국의 군사력이 20년 뒤에 미국의 군사력을 따라잡을 수 있을 것이라는 견해가 있다. 중미관계를 중심으로 펼쳐지는 국제정세를 종합적으로 판단하면, 앞의 견해가 뒤의 견해보다 더 설득력 있게 들린다.

미국이 국제사회에 퍼뜨리는 '중국위협론'을 논하려면, 중국이 무력을 증강하는 목적, 중국의 군사적 의지, 중국의 군사전략을 각각 살펴보아야 한다.

1) 중국이 무력을 증강하는 목적

중국이 무력을 증강하는 것은, 첨단무기로 무장한 제국주의 미국의 무력 우위에 도전하기 위함이다. 한국(조선)전쟁에 참전했을 때 미국으로부터 핵공격 위협을 받았던 중국은 그 전쟁이 끝나고 얼마 지나지 않은 1955년 1월 15일 핵무기 독자개발사업을 추진하기로 결정했고, 마침내 1964년 10월 지하핵실험에 성공하여 동아시아에서 미국의 핵무기 독점체제를 무너뜨렸다.

또한 중국은 1965년에 인공위성 개발사업에 착수한 뒤 5년 만인 1970년 인공위성 발사에 성공했고, 1992년에 유인우주선 발사계획을 발표하고 1999년에 무인우주선을 성공적으로 발사한 뒤로 해마다 22억 달러씩 우주개발사업에 투자한 끝에 마침내 2003년에 '선저우 5호' 유인우주선

발사에 성공함으로써 미국의 우주개발 독점체제를 무너뜨렸다.

지금 중국은 독자적으로 개발한 기술로 니미츠급 항공모함과 사정거리 1만 2,000km의 장거리 다탄두 전략미사일을 탑재할 최신형 핵추진 잠수함을 건조하는 무력증강사업을 밀고 나가면서 태평양과 인도양에 대한 미국의 독점적 지배체제를 무너뜨리고 있는 중이다.

미국은 중국이 무력을 증강함에 따라 자기의 군사적 독점이 하나씩 무너지는 것을 중국의 군사적 도전으로 받아들인다. 그러나 미국의 군사적 독점이 무너지는 것이 곧 미국에 대한 군사적 위협을 뜻하는 것은 결코 아니다.

정반대로, 미국의 군사적 독점이 유지되는 한, 중국을 겨냥한 미국의 제국주의전쟁위협이 증대되는 것은 불가피하다. 중국의 무력증강은, 중미관계의 군사적 불균형을 넘어선다는 점에서 미국의 제국주의전쟁위협을 억제한다고 볼 수 있다. 이런 맥락에서 볼 때, 미국이 국제사회에 퍼뜨리는 '중국위협론'은 왜곡이다.

2) 중국의 군사적 의지

1955년 5월 전라북도 군산의 공군기지에서 발진한 미국 제5공군 소속 전투기 여덟 대가 서해상에서 중국 영공에 다가섰을 때 중국은 전투기를 긴급 출격시켜 공중전을 벌였다. 미국 국방부 자료에 따르면, 미군 전투기들은 그 공중전에서 중국 인민해방군 전투기 4대를 격추했다고 한다. 1970년 2월 중국군은 대만의 공군기지에서 발진한 미군 무인정찰기를 미사일로 격추했다.

그런데 중국은 미국과 국교를 맺은 뒤부터는 그러한 공격성향을 보이지 않고 있다. 중국은 미국이 자기를 공격하지 않으면 자신도 미국을 공격하지 않는다는 소극적·방어적 군사노선을 취하고 있다. 중국은 자기의 무력이 아직 미국과 맞서 싸울 수 없을 만큼 강하지 못하므로 정면충돌을 피하고 있는 것이다. 대만을 통합하기 위해서 대만이 마주 보이는 대륙연안지역에 미사일을 공격형으로 배치한 것을 제외한다면, 중국 인민해방군의 무력은 전반적으로 방어형으로 배치되어 있다. 중국의 군사전략은 자본주의 멸망의 필연성을 논한 마르크스주의정치이념에 따라 미국군의 무력이 크게 감퇴하게 될 2030년까지 미국과 정면대결을 피한다는 전략이다.

1993년 미국 해군 제7함대는 이란을 향해 항해하던 중국 화물선 은하호를 공해상에서 정선명령을 내리고 검색했다. 미국은 중국이 화물선에 화학무기 생산물질을 숨겨 이란에 넘겨주려고 했다는 혐의를 뒤집어씌워 그 화물선을 샅샅이 뒤졌으나 아무 것도 찾아내지 못했다. 중국은 주권을 침해당했으면서도 미국에게 대들지 않았다. 그로부터 여섯 해 뒤인 1999년 5월 나토 공군기가 유고슬라비아 베오그라드 주재 중국대사관에 미사일을 발사해 중국인 기자 3명을 비롯하여 20여 명이 죽거나 다쳤을 때도 중국은 미국에 대들지 못했다.

2001년 4월 1일 미국 해군 정찰기가 중국 인민해방군 구축함 상공을 날면서 첩보감시활동을 벌이자 중국 인민해방군 전투기 한 대가 출격하여 근접비행하는 도중 실수로 정찰기와 충돌하여 바다에 추락했다. 전투기와 충돌한 미국군 정찰기도 기체가 상하는 바람에 하이난 섬(海南島)에 있는 중국 인민해방군 공군기지에 허락도 받지 않고 불시착했다. 미국은 하이난 섬 앞바다에 구축함 세 척을 들이밀면서 중국에게 피해보상금 3만 4,000달러를 요구했고, 중국은 미국의 사과도 받지 않고 정찰기에 탔던 미국군 24명과 기체를 서둘러 돌려주고 말았다.

이 사건은 중국이 미국에 맞서 싸울 의사가 없음을 드러낸 것이다.

미국 국방부는 중국이 미국을 상대로 전면전을 벌이지 못할 것으로 파악하고 있다(≪워싱턴타임스≫, 2000.2.2.). 만일 미국이 중국의 대만공격을 저지하기 위해 무력개입을 강행하는 경우에도 중국은 미국에게 대량보복을 가하지 않을 것이다. 중국에게는 이처럼 미국에 맞서 싸울 의사가 없는 데도, 미국은 '중국위협론'을 퍼뜨리고 있다. '중국위협론'은 허구이다.

3) 중국이 벌이는 전쟁의 특징 – 응징전

중국은 다른 나라와 전쟁을 벌이지만, 다른 나라를 침공하여 점령하는 제국주의침략전쟁을 도발하지는 않는다. 중국이 벌이는 전쟁의 특징은 응징전이라는 데 있다.

응징전이란 전쟁에서 승리한 뒤에 정치적 항복을 받아 내고 패전국의 영토에 자기 군대를 주둔시켜 군정을 실시하지 않는 전쟁이다. 응징전에서 승리하면 곧 철군한다. 이를테면 중국은 1960년대와 1970년대에 인도, 베트남, 소련과 각각 무력충돌을 일으킬 때 응징전을 벌인 바 있다. 군사적 점령과 군정실시는 중국의 군사전략에서 배제된다.

반면에, 미국이 벌이는 제국주의침략전쟁의 특징은 전쟁이 끝난 뒤에 패전국에 자기 군대를 주둔시켜 군정을 실시하면서 군사적으로 점령하는 점령전이라는 데 있다. 군사적 점령은 미국의 군사전략에서 중심을 차지한다. 아시아태평양지역 곳곳에 거대한 군사기지를 유지하면서 군사동맹이라는 명목으로 군사점령체제를 틀어쥐고 있는 유일한 제국주의국가는 미국이다.

미국의 '중국위협론'은, 다른 나라를 침략하고 점령하는 제국주의국가가, 다른 나라와 전쟁을 벌여도 그 나라를 군사적으로 점령하지 않는 사회주의국가를 겨냥한 왜곡선전이다.

4) 미국이 만들어낸 '중국위협론'

미국이 주도하는 제국주의세계체제는 정치적·군사적 대립관계 위에 성립한다. 제국주의 미국과 그 동맹국들은 자기들을 위협하는 적대세력을 끊임없이 만들어내야 그에 맞서는 정치적·군사적 대립관계를 유지할 수 있는 것이다. 제국주의세계체제는 그 대립관계 위에서 '안보'와 '국익'이라는 명분을 내걸고 자기의 존재를 지탱한다.

미국이 주도하는 제국주의세계체제를 유지하기 위해서 미국과 그 동맹국들이 만들어낸 적대세력이 있으니, 그것이 중국이다. 특히 아시아에서 미국은 일본과 맺은 제국주의동맹체제를 강화하기 위해 중국을 '공동의 적'으로 규정하는 데 주저함이 없다. 미국 랜드(RAND)연구소가 미국 육군 작전처(G3)로부터 의뢰를 받아 작성한 보고서는 미국이 일본과 맺은 군사동맹을 강화하여 중국의 대만공격에 대비해야 한다고 지적했다. '중국위협론'은 미국이 일본을 언제까지나 자기의 하위동맹국으로 묶어놓기 위해 꾸며낸 정치선전이다.

7. '중국위협론'과 미일동맹군의 무력증강

중국이 동아시아시장을 지배하자 동아시아경제는 중국경제를 중심으로 통합되고 있으며, 그에 따라 동아시아시장에서 일본경제의 지위와 역할은 상대적으로 약화·축소되었다. 중국의 생산력이 발전할수록 일본은 동아시아시장에서 패권적 지위를 빼앗기지나 않을까 하는 조바심과 불안을 느끼게 된다.

일본은 동아시아에서 중국에게 뒤지지 않기 위해서 독자적 대응노선을 취할 것인지 아니면 미일동맹 강화노선을 취할 것인지를 결정하지 않으면 안 되었다. 일본이 선택한 것은 후자이다. 중국의 국력이 강해지는 조건에서 일본이 느끼는 조바심과 불안은, 일본이 미국과 맺은 동맹관계를 더욱 강화시키는 요인이 될 뿐 아니라 일본의 무력증강을 촉진시키는 요인으로 된다. 일본은 미국의 ‘중국위협론’을 가장 충실히 따르는 제국주의동맹국이다.

미국은 그러한 추세에 편승하여 일본과 맺은 제국주의동맹체제를 부쩍 강화하고 있다. 2006년 5월 23일 미국 국방부 차관보 리처드 롤리스(Richard Lawless)는 일본이 미국과 맺은 동맹관계를 재편하고 더 많은 군사적 역할을 떠맡기로 사실상 합의했다고 말했다.

일본의 ‘중국위협론’도 미국의 ‘중국위협론’과 마찬가지로, 군사부문에서 가장 뚜렷이 드러난다. 일본은 ‘방위계획대강’을 개정하면서 중국이 일본에게 ‘군사적 위협’을 가하고 있음을 처음으로 명시했다(≪니혼게이자이신붕≫, 2004.9.15.). 2006년 6월 9일 일본 각료회의는 방위청을 방위성으로 승격시키는 법안을 의결하고 중의원에 제출했다. 방위성 승격조치는 자연히 자위대를 정규군으로 승격시키는 조치와 연계될 것인데, 이것은 단순한 명칭변경이 아니라 무력증강의지의 정치적 표현이다.

일본의 ‘중국위협론’이 노리는 목표는 자국의 무력증강이다. 자국의 무력을 증강하기 위해서 적대세력을 만들어내야 하는 일본이 적대세력으로 선택한 대상이 중국이다. 물론 북(조선)도 일본이 자국의 무력을 증강하기 위해 선택한 적대세력이다.

오늘 무력증강에 발 벗고 나선 일본의 군사전략에서 드러나는 특징은, 일본이 미국과 맺은 제국주의군사동맹을 강화하면서 무력증강을 추진한다는 것이다. 일본의 그러한 군사전략이, 미국이 일본과 맺은 제국주의군사동맹을 강화하는 전략과 일치하는 것은 두말할 나위가 없다.

1) 미국과 일본의 '중국위협론'은 중국을 겨냥한 미일군사동맹의 무력 증강 구실로 이용되고 있다

미국 대통령 조지 부시(George W. Bush)와 일본 총리 고이즈미 준이치로(小泉純一郎)가 이른바 '전략대화'를 시작하기로 합의한 때는 2001년 6월이었다. 2004년 12월 말 도쿄에서 열린 미국과 일본의 심의관급 비공식협의회에서 미국 대표는 태평양에서 활동범위를 넓히고 있는 중국 인민해방군 해군에 맞서기 위해 미국과 일본이 공동대응태세를 강화할 것을 일본에게 요구했다(≪니혼게이자이신붕≫, 2005.1.4.). 미일전략대화는 2005년에 이르러 외무장관급으로 격상되었다.

미일전략대화가 일차적으로 노리는 것은 미일동맹군의 무력증강이다. 미일동맹군의 무력증강은 미일합동군사훈련의 규모가 갈수록 커지고 있다는 사실에서 드러난다.

일본 항공자위대 전투기들이 미일합동군사훈련에 참가하여 공중급유를 받으며 태평양 횡단훈련을 처음으로 벌인 때는 2003년 5월 28일이었고, 일본 나가사키 현에 주둔하는 육상자위대 병력이 미국 태평양연안 샌디에고에서 실시된 미국군 해병대의 상륙작전훈련에 처음으로 참가한 때는 2006년 1월, 미국과 일본이 미사일을 요격하는 공동실험을 처음으로 실시한 때는 2006년 3월이었다.

일본 해상자위대가 보유한 이지스함은 2006년 6월 미군 태평양사령부가 하와이 앞바다에서 실시하는 미사일방어요격훈련에 처음으로 참가하고, 미국과 일본이 공동으로 개발한 지상발사형 요격미사일(PAC-3)

을 일본에 작전배치하는 때는 2006년 말이며, 미국이 역사상 처음으로 재래식 항공모함을 대체하여 니미츠급 핵추진 항공모함 조지 워싱턴 호를 일본 요코스카 해군기지에 배치하는 때는 2008년이다.

2) 미국과 일본의 '중국위협론'은 미일동맹군을 재배치하는 군사전략 추진 구실로 이용되고 있다

언론들은 미일동맹군을 재배치하는 군사전략을 '전략적 유연성(strategic flexibility)'을 강화하는 군사전략이라 부른다. 미국 연방의회 회계감사원이 밝힌 바에 따르면, 미국이 미국군을 현대화하는 이른바 '미래전투체계(FSC)'를 완성하는 데는 적어도 2,000억 달러가 들어갈 것이라고 한다. 세상에 널리 알려진 대로, 주한미국군의 재배치가 동아시아에서 집중적으로 추진되는 곳은 경기도 평택이다.

주목하는 것은, 동아시아에서 '전략적 유연성'을 강화하는 군사전략이 주한미군과 주일미군의 재배치만이 아니라 한국군의 재배치, 일본 자위대의 재배치에까지 연장된다는 점이다. 그 까닭은 '전략적 유연성'을 강화하는 미국의 군사전략이 미일군사동맹과 한미군사동맹에 직결되기 때문이다.

새삼스럽게 논할 필요가 없이, 동아시아에서 '전략적 유연성'을 강화하는 미국과 일본의 21세기 군사전략은 중국과 북(조선)을 겨냥하는 것이다. 2006년 5월 30일 일본 각료회의가 주일미군 재배치계획을 승인한 것에서도 드러나는 것처럼, 일본은 '전략적 유연성'을 강화하는 미국의 군사전략을 적극 추종하고 있다.

미일동맹군을 재배치하는 군사전략은 전투력의 첨단화라는 또 다른 특징을 보인다. 이를테면 미일동맹군의 미사일전력을 첨단화하는 것이다. 현대전은 육상·해상·공중에서 미사일을 쏘는 미사일전쟁이다. 현재 미국에서 미사일을 연구하고 개발하는 과학자와 기술자들은 2만 명이나 된다. 미국과 일본은 이지스함에 설치하는 요격미사일인 에스엠(SM)-3 미사일을 공동으로 개발하여 미국 해군과 일본 해상자위대에 공급하고 있다.

미국군이 보유한 최신예 지상발사형 요격미사일(PAC-3)이 2006년 안에 오키나와 현 가데나에 있는 미군기지에 처음으로 작전배치되고, 일본 항공자위대 기지에도 배치될 것이다(≪니혼게이자이신붕≫, 2006.5.21.).

3) 미국의 '중국위협론'은 일본에 '핵우산'을 제공하는 미국의 정책과 결부되어 있다

오래 전부터 중국은 일본에서 극우세력이 정치적으로 진출하여 핵무장을 요구하지나 않을까 염려해왔다. 만일 미국이 일본에서 '핵우산'을 철거하는 경우, 일본은 곧바로 독자적 핵무장에 나설 것이다. 미국 중앙정보국(CIA) 산하기관인 국가정보회의(NIE)는 보고서에서 미일동맹의 결속력이 느슨해지는 2020년에 가면 일본이 독자적으로 핵무기를 보유할 가능성이 있다고 내다보았다. 미국이 일본에서 '핵우산'을 철거하는 경우, 일본이 독자적 핵무장에 나설 것이라는 점은 일본 총리를 지낸 극우정치인 나카소네 야스히로(中曾根康弘)의 견해에서도 확인된다. 2002년 4월 6일 일본 자유당 당수 오자와 이치로(小澤一郞)는 후쿠오카에서 열린 강연에서 중국이 군비를 계속 확장하면 일본은 핵무기와 대륙간탄도미사일을 보유할 수 있다고 말한 바 있다.

미국 국방부가 기밀해제한 문서에 따르면, 일본 총리였던 이케다 하야토(池田勇人, 1899~1965)는 1961년에, 그리고 그의 후임 총리였던 사토

에이사쿠(佐藤榮作, 1901~1975)는 1964년에 각각 미국의 고위관리에게 일본의 핵무장 가능성을 내비쳤는데, 1965년 미국 대통령 린든 존슨(Lyndon B. Johnson, 1908~1973)은 미일 정상회담에서 사토 에이사쿠에게 일본의 '안보'를 위해 '핵우산'을 제공하겠다는 방침을 처음으로 밝혔다. 이처럼 미국은 일본에게 '핵우산'을 제공함으로써 일본의 핵무장 욕구를 억제했다.

그러나 미국이 '핵우산'을 제공했다고 해서 일본의 핵무장 욕구가 사라진 것은 아니었다. 수백 기의 핵무기를 만들 수 있는 엄청난 양의 플루토늄을 가지고 있고, 핵무기 개발사업에 동원할 수 있는 기술인력을 수백 명이나 가지고 있는 일본이 핵무장 욕구를 느끼지 않는다면 그것이 도리어 이상한 일이다. 나카소네는 자신이 방위청 장관으로 있던 1970년에 핵무장 가능성을 은밀히 검토하라고 방위청 관리들에게 지시했다. 회고록에 따르면, 나카소네는 핵무기를 보유하는 문제를 가장 열심히 연구하고 있던 방위청 관리에게 핵무장에 요구되는 비용과 시간을 연구하라고 지시했는데, 당시 연구책임을 맡은 방위청 관리는 조선과 만주를 침략한 원흉 이토 히로부미(伊藤博文, 1841~1909)의 손자였다.

미국은 북(조선)이 핵무장을 포기하는 것과는 상관없이 일본에게 '핵우산'을 계속 제공한다는 방침을 정했는데, 이것은 일본에 대한 '핵우산' 제공이 일본의 핵무장 억제정책이자 중국과 북(조선)을 겨냥한 선제 핵공격전략임을 말해주는 것이다.

일본의 핵무장 욕구를 억제하고 중국과 일본의 군사대결구도를 현재의 핵무장국 대 비핵국의 관계로 유지하는 데서, 미일군사동맹이 일정한 억제역할을 하고 있다는 것이 중국의 전략적 판단이다. 1973년 중국 총리 저우언라이(朱恩來, 1898~1976)가 미국 국무장관 헨리 키신저(Henry A. Kissinger)에게 밝힌 것처럼, 중국은 일본이 언제까지나 미국의 '핵우산' 아래 남아 있기를 바라는 것이다.

그러나 일본이 미국의 '핵우산' 아래 있다고 해서 자기의 핵무장 욕구를 스스로 포기하는 것은 아니며 어디까지나 타율적으로 억제를 받는 것이다. 따라서 일본의 핵무장 욕구에 대한 타율적 억제력이 느슨해지는 것이야말로 중국에게 걱정거리로 된다. 최근에 중국은 일본이 미국의 비호와 지원을 받아 은밀히 대륙간탄도미사일(ICBM)을 개발하여 동아시아에서 군사적 균형을 깨뜨리지나 않을까 걱정하고 있다(≪한겨레≫, 2006.5.26.). 대륙간탄도미사일을 개발하는 것은 핵무기를 개발한다는 뜻이므로, 중국은 일본의 핵무장 가능성을 걱정하는 것이다.

미국이 일본의 재무장과 군비확장은 반대하지 않으면서도 일본의 핵무장만큼은 억제하는 것은 이미 1972년 닉슨이 중국을 방문하면서 채택한 정책이며, 그 뒤에도 줄곧 미국은 일본의 핵무장 억제정책을 추진해왔다. 미국이 일본의 핵무장을 억제하는 까닭은, 미국이 주도하는 핵확산금지체제(NPT Regime)를 유지하는 데서 필수적이기 때문이고, 군사적 균형을 잡아가면서 동아시아 지배구도를 유지하는 데서도 필수적이기 때문이다. 미국은 일본과 맺은 제국주의동맹관계를 유지해야 일본의 핵무장 억제정책도 유지할 수 있다.

4) 중국의 동북아 다자안보협력체 구상

1931년부터 1945년까지 14년 동안 제국주의 일본이 중국을 침략, 점령함으로써 중국인 5,000만 명이 목숨을 잃고, 6,000억 달러의 직간접적인 경제적 손실을 입어 결과적으로 사회발전이 반세기나 늦춰진 중국에게 미일동맹군이 자기를 겨냥하여 무력증강을 다그치는 것은 악몽이 아닐 수 없다. 중국은 그 악몽에서 벗어나기 위해서 동북아시아

다자안보협력체를 창설하려는 구상을 가지고 있다. 그러한 구상은 미일 동맹군의 무력증강이라는 위험요인에 직면한 중국에게 절실히 요구되는 것이다. 중국은 6자회담에서 북(조선)의 '핵문제'가 해결되면 6자회담 구도를 바탕으로 한 다자안보협력체를 창설하려는 전략구상을 가지고 있는 것이다.

중국이 동북아시아에서 다자안보협력체를 창설하려는 목적은 일본의 핵무장 욕구를 국제적 감시를 통해 억제하면서 미일동맹군의 무력증강을 저지하려는 데 있다. 동북아에서 다자안보협력체가 창설되는 것은 냉전의 산물인 한미동맹과 미일동맹의 지위와 역할을 약화시키고 견제하는 효과를 가져온다. 지금 중국이 6자회담에 적극적인 노력을 기울이는 까닭이 거기에 있다.

8. 글을 맺으며

갈등의 골이 깊어 가는 오늘의 중미관계를 논할 때, 일반언론에서는 중미관계의 갈등을 지난 시기의 냉전에 빗대어 새로운 냉전(New Cold War)으로 표현한다. 그러나 중미관계의 갈등을 새로운 냉전으로 보는 것은, 중미관계에 들어 있는 비이념적 갈등요인에 대한 확대해석이다.

원래 냉전(Cold War)이란 한국(조선)전쟁이나 베트남전쟁 같은 열전 (Hot War)에 대비되는 개념으로 성립된 것이다. 지난 냉전시기 사회주의 진영 대 제국주의진영의 군사적 긴장이 높아졌을 때마다, 냉전은 순식간에 핵열전으로 바뀔 극도의 위험성을 가지고 있었다. 이를테면, 영국 국립문서보관소가 최근 공개한 기밀문서에 따르면, 1962년 '쿠바위기' 가 고조되었을 때 제국주의 미국은 소련의 대륙간탄도미사일 기지를 선제공격으로 파괴하려고 했다고 한다. 또한 폴란드 국방부가 최근 공개한 기밀문서에 따르면, 1965년부터 1985년까지 20년 동안 바르샤바군 미사일부대가 서유럽 대도시들을 177발의 핵무기로 공격하고, 소련군 전략폭격기가 12발의 핵폭탄으로 추가공격하는 사회주의 진영의 핵전쟁계획이 존재했다고 한다.

이처럼 냉전이라는 개념은 국가관계에서 형성된 사회주의 대 제국주의의 이념적 대결을 뜻하는 역사적 개념이다. 냉전의 극복은 사회주의와 제국주의 가운데서 어느 한 쪽이 소멸되는 것이었고, 실제로 냉전체제의 해체는 소련과 동유럽의 사회주의체제가 무너졌기 때문에 가능했다.

그런데 위에서 논한 것처럼, 중국이 시장사회주의로 돌아선 뒤에 중미관계에서는 기존의 사회주의 대 제국주의의 이념적 대결구도가 사라졌다. 오늘의 중미관계에서는 이념적 적대성이 비이념적 갈등으로 바뀌었고, 그에 따라 충돌가능성도 적어졌다.

중국에 대한 미국의 제국주의개입정책은 중국의 시장사회주의를 무너뜨리기 위한 것이 아니라 그것의 발전을 촉진시켜 아직 남아 있는 사회주의적 요소를 완전히 없애고 자본주의로 전면교체하려는 것이며, 중국에 대한 미국의 제국주의봉쇄정책은 미국의 아시아태평양 지배체제를 위협하는 중국의 국력팽창을 저지하기 위한 것이다. 1999년에 미국의 랜드연구소는 제국주의개입정책과 제국주의봉쇄정책을 하나의 개념으로 통합하여 '봉쇄적 개입(congagement)'이라는 새로운 합성어를 만들어내기도 했다.

오늘의 중미관계는 사회주의 대 제국주의의 적대관계가 아니라 시장사회주의 대 제국주의 사이에서 형성되어 때로 갈등하고 때로 협력하는 특수관계이다. 앞으로 중국의 시장사회주의가 자본주의로 전면교체될수록 중국과 미국의 협력관계가 더 진전될 것이고, 중국의 국력이 팽창되는 한 중국과 미국의 갈등관계는 부침을 거듭하면서 그대로 유지될 것이다.

│참고자료

≪연합뉴스≫, 1990년대 이후 관련기사.

현대 일본정치의 군사화 배경과 미일동맹
미일 안보조약 · 미군재편 · 평화헌법개악 움직임과 관련하여

고케츠 아츠시(纐纈 厚)

번역: 박현주(야마구치대학 연구원)

1. 머리말

이 글의 목적은 미일동맹 또는 한·미·일 동맹을 축으로 하는 전후 일본의 보수정치를 해명하는 것을 통해서 오늘날 군국주의 국가 일본이 어떻게 재등장하는가를 밝히는 것이다.

패전 후에 일본은 민주화 정책으로 평화국가를 건설한다는 목표를 갖고 특히 지난날의 침략전쟁과 식민지 지배를 청산하고 과거를 극복함으로써 아시아 국민들로부터 신뢰를 회복하기 위해 노력했다. 그래서 당시 일본 정부가 미일안보조약에 지나치게 의존하여 미일관계를 군사동맹관계로까지 심화시키려 했을 때, 일본사회는 반전평화운동을 활발히 펼쳤다. 그 상징이 1960년 미일안보 반대를 내건 대규모 국민운동이다.

이 운동은 반안보·반기지 운동이었는데, 베트남 반전운동으로 계승되어 일본에서는 많은 사람들이 반전평화 의식을 갖게 되었다. 그들의 공동목표는 일본의 민주화를 추진하는 것이고, 전쟁과 군비를 포기한다고 다짐한 평화헌법을 지키는 것이었다.

그러나 1960년 안보와 1970년 안보, 베트남 반전의 고양기가 지나자, 일본의 보수정치는 민주화를 형식적으로 추진하는데 그치고 경제적 영역의 근대화에만 매진하게 된다. 그리고 이제 형식적 민주화는 동시적으로 평화주의의 공동화를 초래하고, 일본사회는 더욱 우경화를 재촉하고 있다. 고이즈미 총리의 야스쿠니 신사참배는 많은 양심적인 일본인과 아시아 국민들의 비판과 불신을 샀다.

일본의 보수체제·보수정치의 본질이 드러나는 계기의 하나는 대만과의 국교단절과 그 이면으로서의 '중일 국교회복'이 강행된 1972년 당시에서 찾을 수 있다. 일본 정부와 재계는 경제적 이익 또는 국가이익을 우선한 나머지, 중국과의 국교회복을 선택하고 그 전까지 우호국이었던 대만과의 공식 관계를 끊는 선택을 한 것이다. 지금 일본은 대만과의 관계뿐만 아니라, 중일관계에서도 큰 전환점을 맞고 있다.

이 글은 전후 일본의 보수정치의 실태와 특징을 분석함으로써 다른 무엇보다도 전후 일본정치의 위험 구조를 명확히 하는 것을 제1의 목표로 삼는다. 또 일본과 대만 사이의 현황과 전망에 관해 언급하면서 미군재편(GPR)과, 이에 연동된 일본 헌법의 개악에 의해 일본의 군국화가 급속히 진행되는 실태를 강조한다.

필자의 입장을 분명히 한다면, 일본은 역사체험을 충분히 평가하지 않았기 때문에 이제 또 일본의 정치는 '또 하나의 전전(前戰)'을 맞고 있다. 전후 일본 정치는 미일안보체제에 의해 지탱되고, 동시에 그에 규정되면서도 경제성장을 해온 한편으로 그 군사적 체질이 다시금 부상하고 있다. 즉, 패전 후 일본의 보수주의는 미일안보체제의 세계화와 군사동맹화의 노선 설정 속에서 종래부터 내재되어 있던 군사화와 파시즘의 본질을 전면적으로 전개하려고 한다.

2. 전후 일본정치와 미일안보조약의 위치

먼저, 전후 일본정치에서 미일안보조약이 어떤 위치를 차지하는가 하는 점부터 살펴본다. 전후 일본 보수체제의 출발점은 패전 과정에서 천황제를 그대로 둔 것에 있다. 농지개혁·재벌해체·교육민주화·육해군 해체 등 점령정책에 의해 전전기의 정치·경제·군사 기구의 개편이 이루어졌다. 그러나 천황제가 남아 있게 되면서 천황제를 형성하고 있던 궁중·중신그룹[1] 중심의 보수세력은 사실상 온존된다.

살아남은 천황제는 다시금 전전기의 보수세력이나 관료층을 전후로 이어주는 역할을 했으며, 또 전전기 보수세력은 천황의 권위를 정치적으로 이용한 '성단(聖斷)'에 의해 일본의 패전직전에 정치주도권을 육군주 전파로부터 탈환했다. 그 결과, 전후 보수정치의 주도권까지도 장악하게 된 것이다.

천황제의 존치가 분명히 외압에 의해 결정됐다고 하더라도, 그 과정에서 보수세력의 동향은 전후 일본의 보수정치의 형태에 중요한 성격을 부여하게 되고, 동시에 '상징화'된 천황의 새로운 정치적 역할까지도 준비해준 것이다.

그 정치적 역할로써, 미국에 대한 오키나와 군정통치의 요구와 사실상 미일안보조약의 계기가 된 천황메시지 등, 천황의 발언 및 정치행동은 전후 일본의 보수구조의 골격을 형성해갔다.

전후 미국의 대일 정책의 기본 목표는 철저한 비군국주의화(=민주화)

---

1) 수상경험자 등으로 구성된 천황의 브레인적 존재. 전전기 일본의 권력의 핵심을 구성하고 패전시 '종전공작'을 이끌었다. 고케츠 아츠시, 『日本海軍の終戰工作』(中央公論社, 1996) 참조

였으며, 대미 전쟁의 군사적·경제적 능력을 완전히 빼앗아, 일본의 정치적 지위를 아시아의 소국으로 만드는 것이었다.

그 과정에서 일본의 정치세력이 친미적인 것은 당연하다고 치더라도, 독립국가의 전망을 갖는 것조차도 제약하려고 했다. 말하자면, 일본은 아시아의 반쪽짜리 국가(semi state)로서 태평양의 한구석에 놓일 운명에 있었다. 물론, 전후 살아남은 보수세력은 그와 같은 아시아의 '반국가' 일본의 위치에 결코 만족하지 않았다. 그들은 천황제를 핵으로 일본이 재건할 기회를 엿보고 있었다.

그 기회는 의외로 빨리 찾아왔다. 1949년 10월, 중화인민공화국 성립으로 인해 미국의 아시아 전략은 근본에서 수정되고, 포스트 중국으로서의 일본이 급부상하게 된 것이다.

결국, 미국은 아시아의 거점으로서 중국을 대신하여 일본을 절대적인 동맹국으로 육성하는 방침을 채용하고, 그때까지의 대일정책을 역전시키게 된다. 이를 '역코스'라고 부른다. 이 '역코스'의 전형적 사례야말로, 미일 안보조약의 체결과 그에 연동하는 일본 재군비였다.

3. 전후 보수권력을 지탱한 미일안보와 한일관계

그러나 미국은 큰 모순에 직면한다. 그것은 일본의 철저한 비군사화(=민주화), 평화주의의 실현을 목표로 일본 점령하에 제정한 일본국 헌법의 존재였다. 일본국 헌법에 비무장 중립주의를 표방한 제9조를 둔 것은, 지난 날 미국과 함께 군국주의국가 일본과 싸우고, 군국주의의 온상인 천황제를 남겨두는 것을 경계하고 비판했던 영국·네덜란드·중국 등의 연합국의 불안과 비판을 불식시키기 위한 것이기도 했다.

그 때문에 미국이 대일 정책의 기본인 비군국화 정책을 수정하고, 한국전쟁을 기회로 일본의 재군비를 개시한 것은, 지난날의 연합국과 한국 등 일본의 피식민지 국가와의 알력을 불러올 가능성이 컸다.

그래서 미국은, 알력을 회피하는 수단으로 일본의 재군비 목적이 공산주의의 일본열도 침투를 저지하기 위한 것이라는 설명을 반복하게 된다. 동시에 재군비가 일본의 군국주의 부활을 촉진할 위험성을 지적하는 내외의 소리를 의식해 일본헌법은 전혀 손대지 않았다.

또 일본의 재군비와 일본열도의 미군기지화라는 2개 목표를 달성하기 위해, 미국은 천황의 제의, 소위 '천황메시지'를 받아들이는 형식을 밟음으로써 미일 안보조약과 재군비가 일본 정부에 강제된 결과라는 사실을 희석시키려 했다. 그래서 미국은 자신의 의도를 충분히 이해하고 적극적인 협력자로서 일본의 패전과정을 이끌어온 요시다 시게루(吉田茂) 등의 보수세력과의 연계를 꾀한다.

이처럼 요시다 등의 보수세력은 '성단'에 의해 아무런 상처를 입음이 없이 전후 보수세력으로서 복권된다. 요시다 등은 장기적이며 안정적인 권력을 구축하기 위해 미국의 경제적, 정치적 지원을 절대적으로 필요로 했다. 사실, 요시다 등은 미일안보조약의 체결 교섭 때, 피점령국이면서도 미국의 요청에 응하는 한편, 미국으로부터 최대한 양보를 받아내려고 했다. 즉, 일본 정부의 군사비 부담을 가능한 한 줄이면서 실질적으로는 미국의 재군비 요청에 응함으로써 미국의 대일 경제지원을 받아내고자 하였다.

안보조약 체결에 의해 구축된 미일안보체제하에서 경찰예비대를 거쳐 보안대, 나아가 자위대의 창설로 이어지는 일본의 재군비는 급속도로 진행되었다. 1960년대의 미일관계는 미국에 대한 전토기지 공여방식이 상징하듯이 일본이 미국에게 군사적 특권을 일방적으로 제공하는 성격을 띠었다.

그러나 동시에 일본을 아시아의 반공방파제 국가로 키우기 위해 미국 자본주의의 아시아 최대 시장이라는 경제적 측면의 중요성도 강조된다. 일본도 미일 안보조약을 확실한 경제발전을 보장하는 '경제조약'의 의미로 강조하고, 실제로 그러한 혜택을 가져다주는 것으로 보고 적극적으로 받아 들였다.

말하자면, 군사안보 측면보다도 경제안보 측면을 부각시키고 미일안보의 경제적 이점을 강조함으로써 미일동맹관계와 일본의 보수세력의 강화가 동시에 진행되는 결과가 됐다. 일본의 보수세력은 냉전구조라는 국제정치의 큰 틀 속에서 미일안보체제를 지렛대로 자신의 이익구조를 구축하고 계속 정권을 장악하였으며 그 결과, 경제대국 일본을 달성하였다. 국내 정치는 이익유도형 정치에 철저히 근거하고, 유권자의 투표행동을 끌어내 안정적인 장기집권에도 성공하였다.

그러나 한편에서, 미일안보체제는 일본의 대(對)아시아 외교에서 결정적인 모순을 낳았다. 그리고 그 모순은 현재까지 청산되지 않고 있다. 최대 과제는 경제 격차이다. 일본은 미일안보체제에 전면적으로 의거함으로써 경제대국의 길을 달려왔지만, 그로 인해 미국 이외에도 지난날 피식민지 국가였던 대만이나 한국 등의 아시아 국가들이 일본 수출시장의 표적이 되었다.

일본이 옛 식민지 지역에 수출을 안정적으로 하기 위해서는 수출 대상국이 친미·친일 국가가 되어야 했다. 그래서 일본은 미국과 연동해, 대만과 한국을 비롯한 이웃 아시아의 권위주의적 개발독재형의 정권에 대한 원조를 강행하였다. 일본은 주변 국가들을 군국주의화함으로써 친미·친일 정권을 지탱하고, 그 정권과의 깊은 관계 속에서 수출 공세를 상례화한 것이다.

이처럼 일본은 민주화와 경제 우선주의를 추진하는 한편, 대만이나 한국 등 주변국가의 군사화를 용인하고 지지함으로써, 일본의 안정된 수출대상국으로 만들어왔는데 이런 실태를 '주변 군국주의' 또는 '대체 군국주의'[2]라고 부른다. 이런 식으로 일본의 수출주도형 무역구조가 정착해 일본의 경이적인 경제발전을 지탱해왔다.

미일안보체제가 경제이익과 연동돼 있는 한 일본의 보수세력 또한 계속 건재를 과시하는, 안보와 경제의 깊은 관련이 일본 보수세력의 강화와 보수주의의 민중에로의 침투를 가져왔다. 일본의 수출시장의 표적이 된 아시아 국가들에서 일본과의 무역으로 일정한 이익을 얻는 층은 일부에 불과하고, 국내의 토착산업은 발전의 기회를 빼앗기고 압도적 다수의 민중은 권위주의 체제의 압정에 시달리지 않으면 안 되었음은 물론이다. 미일 안보체제란 일본의 경제발전을 보증하고 보수주의를 지탱하는 한편으로 아시아 민중에 대한 경제적 압력과 정치적 억압을 낳았다. 거기에 미일안보의 본질이 있다.

4. 전후 일본사회의 변동과 미일안보체제

다음은 다른 각도에서 전후 일본 보수체제의 특징을 말한다. 일본의 보수체제를 지탱한 미일안보체제의 첫 번째 역할은, 일본의 외교·군사 영역만이 아니라 정치영역에서도 정책의 기본적인 틀을 지속적으로 규정해 온 것이다. 이것은 일미관계가 변하면 바로 일미 안보체제의 역할

---

2) 이 명칭을 제시한 것은 도쿄대학 명예교수인 사카모토(坂本義和) 씨이며, 자세한 것은 사카모토 씨의 『軍縮の政治學』(岩波書店·新書, 1982)을 참조.

에 대한 기대도 변한다는 것을 의미한다. 가령 미국 경제가 상대적으로 저하한 반면 일본 자본주의가 확대, 발전하면서 미일 경제마찰이 깊어지게 되자, 미국은 미일안보관계를 편무조약 성격에서 쌍무조약적 성격으로 전환할 것을 요구했다. 소련붕괴에 따른 냉전 종식으로 대소동맹으로서의 미일안보체제는 그 역할과 정당성이 심각하게 의문시되었다.

조금 이야기의 순서가 바뀌지만, 미국의 대소 전략 강화를 목적으로 1978년 11월 27일 '미일방위협력지침'(구 가이드라인)이 결정되고, 미일 공동작전체제의 구축과 '전투할 수 있는 자위대'로의 탈바꿈이 기도된 바가 있다. 더욱이 소련 붕괴 후, 대소전략의 소멸이라는 사태에 대비해서 1998년 4월 28일, '신 미일방위협력지침'(신 가이드라인)이 합의되고, 중동이나 한반도 군사사태를 상정해, 자위대의 해외파병의 길을 텄다.

그리고 미일안보체제의 제2의 역할은, '55년 체제'로 불리는, 자유민주당의 전후 장기적인 1당 지배체제를 뒷받침한 것이다. 1955년 11월 15일, 자유당과 민주당의 2개 보수정당은 미국의 강한 요청하에서 합당하고 재계로부터 풍부한 정치자금을 제공받으며 관료제의 정책능력을 배경으로 하여 1993년 7월 22일 미야자와 키이치(宮澤喜一) 내각의 퇴진 표명 때까지 1당 집권을 계속했다.

자유민주당은 '친미반공'을 정당의 조직원리로 삼고, 재계 및 관계(官界)와의 삼각동맹을 배경으로 경제성장 노선에서 형성된 거대한 성장이익을 지역에 분배하는 이익유도형 정치를 정착시켰다. 1960년 6월 15일의 안보개정에 이르기까지 미일안보나 자위대의 정당성을 둘러싼 자유민주당(＝보수세력)과 혁신세력(일본사회당이 중심)의 대립·항쟁이 계속됐는데, 안보개정 이후 고도경제성장이 실현되면서 자본주의 대 사회주의라는 체제선택의 문제가 후퇴하고 보수 대 혁신이라는 대립구조가 붕괴했다.

결국, 미일안보체제의 군사적 측면이 희박해지고 그 대신 경제적 측면이 전면에 부각되었다. 그로부터 보수세력이 상투적으로 '안보번영론'이나 '안보효과론'을 말하는 것처럼 미일안보조약에 의한 안정된 미일관계를 일본의 경제발전의 최대 이유로 꼽는 사고가 유력해졌다.

그러나 소련 붕괴 후, 미국의 세계전략이 크게 변동하는 과정에서 자민당도 탈냉전시대 보수체제의 방향을 둘러싼 당내 분쟁 때문에 1993년 7월 실시된 총선거에서 패배했다.

1951년 9월 4일, 샌프란시스코 강화조약에 의해 점령통치에서 해방된 이래 일본의 보수정치는 미일 안보조약에 의해 지탱되고, 그 틀 속에서 운영돼온 정치체제였음을 지적할 수 있다. 그것은 보수체제 하의 일본이 미국에 대한 기지제공 때문에 빚어지는 피해 그리고 간접적이지만 한국전쟁, 베트남전쟁, 걸프전쟁, 아프간전쟁, 이라크전쟁 등 미국의 전쟁에 일본이 실질적으로 가담할 수밖에 없는 구조를 일본의 정치구조로 받아들여 왔음을 의미한다. 전후 일본의 평화국가로의 길이 그 표면상의 목표와는 달리, 끊임없이 '반(牛)전쟁국가'로서의 성격을 가질 수밖에 없었던 이유는, 평화주의를 기본이념으로 한 일본헌법의 하위법이어야 할 미일안보조약이 때때로 일본헌법을 빈껍데기로 전락시켰기 때문이다. 그와 같은 상황을 지속적으로 허락해온 전후 일본의 보수세력의 역할을 우리들은 반복해서 되묻지 않으면 안 된다.

5. 미군재편과 연동된 일본의 헌법개악

냉전구조의 시점에서 본다면, 미일안보조약이나 자민당의 일당지배는 '국내 냉전체제'였다. 즉, 미소 냉전구조라는 국제정치의 틀 속에서 자민당 일당 정치지배가 실현되자, 보수 이데올로기의 민중으로의 침투도, 일본국 헌법이 존재하면서도 자위대 증강도 가능했던 것이다.

그 점에서 본다면, 필자는 전후 일본의 정치는 국제적 냉전과 국내적 냉전이라는 '2중 냉전 시스템' 속에서, 사실상 일본국 헌법이 내세우는 평화주의의 목표가 봉쇄되고, 그 틈을 메우는 형태로 자위대라는 일본의 군사력 증강이 강행되어 재군비와 거의 동시에 유사법제 정비(=법제화)가 추진된 것이라고 생각한다.

더 큰 문제는 이러한 '2중 냉전시스템'에서 전후 일본이 취해야 할 최대 과제였던 전쟁책임 문제를 해결하기 위한 노력을 거의 포기한 것이다. 일본과 같은 패전국이었던 독일이 전후 '독일의 유럽화'를 표방하면서 전전의 나치·독일이 행한 '유럽의 독일화' 정책을 철저히 반성하고 유럽으로 '돌아감'으로써 평화국가 독일의 재건을 달성하려고 했다.

그에 비해, 일본은 전전의 식민지지배 책임이나 전쟁책임의 역사사실을 정면에서 마주하지 않을 뿐만 아니라, 역사교훈을 바탕으로 한 과거청산이나 극복도 뒤로 미룬 채, 일본의 미국화에 분주했다. 거기에는 전전의 '아시아의 야마토화(=일본화)'를 청산하고 '일본의 아시아화'를 달성하려는 역사인식이 생겨날 리가 없었다.

그뿐만 아니라, 대만이나 조선에 대한 식민지 지배나 아시아의 민중에 대한 침략전쟁의 역사사실을 망각하고 미국과의 동맹관계에 매달림으로써, 결국 아시아와의 관계는 어깨너머로의 접점밖에 요구하지 않는 입장을 정착시키게 된 것이다. 그러나 냉전구조의 종언을 기회로, 그때까지 냉전시스템에 의해 억제돼 온 전쟁책임 문제가 한꺼번에 분출한 것은 그 간의 사실들이 보여주고 있다.

여기서 강조할 것은 동서 냉전구조의 종식이 미일안보체제와 자민당 정권의 존립조건을 밑바탕에서 흔들었다는 것이다. 사실, 미일안보체제와 자민당 정권, 그리고 회사주의(=일본 자본주의)도 냉전구조에 의해 그 존립을 보장받아 왔다.

여기서 주목할 것은, 범세계적인 동서 냉전의 종식이 미일안보체제나 자민당정권에 근본적이고 급격한 변혁을 강요한 것이다. 이미 쓴 것처럼, 그 이유는 미일안보체제도 자민당정권도 냉전구조라는 '하부구조'에 올라탄 '상부구조'로 존재했기 때문이다.

그 때문에 '하부구조'의 변동은 그대로 '상부구조'의 변동을 초래하게 된 것이다. 미일안보체제는 미일 신가이드라인 책정으로부터 1999년 5월의 주변사태법, 거기에다 2001년 10월의 테러대책특별조치법에 이르기까지 안보의 재정의·재강화가 강행된 결과, 아시아 지역뿐만 아니라 세계적 규모의 전개를 시야에 넣은, 말하자면 미일안보의 세계화(글로벌화)가 추진된 것이다. 이 미일안보의 글로벌화에 대응하는 국내적 조치야말로 일본의 유사법제의 본질이다.

조금 이야기 순서가 뒤바뀌지만, 자민당정권도 1993년 7월에는, 1955년 11월 이후 계속해온 집권을 비자민 연립정권에 양도할 수밖에 없었다. 또 그 같은 사태는 안보체제의 수정이 시간문제로 된 배경과 결코 무관한 것이 아니었다. 미국은 안보수정 시기에 등장한 비자민 연립정권의 성립을 미일안보의 새로운 역할을 모색하는 좋은 기회로 생각했기 때문에 이를 적극적으로 지지한 것이다.

미국은 이보다 먼저, 1991년 1월부터 시작된 걸프 전쟁 시에 일본이 전비부담에는 응했지만, 평화헌법을 의식해 미국이 요청하는 '국제공헌'에 충분히 응하지 않았던 가이후 토시키(海部俊樹) 자민당정권에 불신감을 품고, 냉전 종식 후의 정권으로서 한계를 느꼈다.

그래서 미국은 냉전 종식에 대응해서 지역적인 미일안보를 탈냉전시대에 적합한 질과 내용을 가진 체제로 전환하려고 한 것이다. 즉, 아시아

군사전략을 수행하는 중에 아시아 최대의 동맹국으로서 새로운 군사적 부담을 짊어지게 하기 위해 미일안보체제의 글로벌화를 서두른 것이다. 그 시도가 미일안보 재정의이며 일본 정부는 미국의 의사를 수용해 주변 사태법을 비롯한 일련의 유사법을 정비하고 착착 유사체제(=군사체제)를 구축한다.

미일안보의 글로벌화는 일본에서 '국제공헌'론을 명분으로 제기되었다. 군사력 사용까지를 전제조건으로 하는 '보통국가'론이 탈냉전시대의 새로운 국제국가로서의 일본의 지위를 확보한다는 명분하에 등장하였다. 오늘날에는 테러대책을 계기로 국제공헌론을 펴며 이라크 파병을 강행하였다.

필자는 이러한 일본의 현실을 '파병국가' 또는 '유사체제국가'로 규정하면서 새로운 군사국가 일본이 성립되는 위험성을 반복해서 지적하는 작업을 계속하고 있다.[3] 오늘날 부상하는 주한미군의 재배치를 포함한 아시아 지역의 미군 재편계획(transeformation)도 한국과 일본의 국가체제에 대단히 큰 질적 전환을 요구하게 될 것이다.

그런 의미에서 동서냉전의 종식은 미일 체제의 변환을 밑바탕에서부터 요구하고, 동시에 구태의연한 이익유도형 정치를 강행하는 것으로 일당 지배체제가 가능했던 자민당 자체의 수정을 요청하는 것이라고 할 수 있다.

---

3) 이 문제에 대해서는 『有事體制論: 派兵國家を超えて』(インパクト出版會, 2004)를 비롯한 『有事體制とは何か』(インパクト出版會, 2002), 『有事法制にだまされるな』(凱風社, 2002), 『周辺事態法新たな地域總動員　有事法制の時代』(社會評論社, 2000) 등이 있다. 또 한국 '평화만들기'에 「일본의 새로운 군국주의」의 제목으로, 현대 일본의 군국화의 실태에 관한 분석을 연재중이다.

6. 미군재편과 한·미·일 동맹

미군재편의 의미와 목적에 관해 서술한다. 2006년 5월 1일, 미일 두 정부는 2005년 10월 29일에 합의한 '미일동맹 미래를 위한 변혁과 재편'에 이어, 그 최종보고서인 '재편을 위한 미일로드맵'에 합의했다. 그 의미와 목적은 동시에 발표된 '공동발표문'에 단적으로 나타난다.

미일동맹이 "지역 및 세계의 평화와 안전을 높이는 데서 극히 중요한 역할을 계속해낼 수 있도록 협력을 확대한다"고 말하고 있다. 여기서 핵심어는 '자유·민주주의·법의 지배'이다. 다시 말해, 미국 패권주의가 관철되는 동아시아 지역의 질서를 미일동맹을 주축으로, 여기에 한국을 끌어들여 항구적으로 굳히려는 행위 자체를 '평화와 안전을 높인다'라는 말로 나타냈다.

미국은 변함없이 '자유'나 '민주주의'를 군사력에 의해 강제적으로 타국에 강요하려고 한다. 그 공갈적 수법을 스스로 '법의 지배'라는 용어로 자기변호를 하고 있다.

이처럼 군사력에 의한 위협이나 공갈 또는 전쟁도발을 통해서 미국이 말하는 '평화와 안전'을 확보하려는 발상은 말할 것도 없이 냉전시대의 유물이다. 이번에 공표된 미군재편을 위한 최종보고서인 '재편을 위한 로드맵'은 본질적으로는 군사력에 의한 패권주의를 관철하고 차별화를 도모하는 것으로 지배와 피지배의 수직적 구조에 의한 질서의 재형성이라는 점에서 실은 냉전체제의 부활을 의도하는 것이다.

필자가 현대의 군사문제의 연구를 시작한 지, 이미 30년이 지났지만 그간 일관되게 비판을 해온 것은 미국의 냉전체제를 이용한 세계패권주의였다. 그런 의미에서 베를린 장벽 붕괴에 이르는 일련의 정치변동 속에서 유럽의 냉전체제의 붕괴는 문자 그대로 급격한 변화였다. 그건

일극에 있던 소련의 소멸을 의미하는 것만이 아니라, 다른 한 극에 있던 미국의 붕괴까지도 기대할 수 있는 것이었다.

왜냐하면 미국과 소련은 어떤 의미에선 상호보완적인 냉전구조의 틀 속에서 공존을 하며 세계패권주의를 관철하고 있었기 때문이다. 그 틀 구조가 깨진 것이다. 그러나 미국은 자신의 붕괴위기를 알고 있었기 때문에, 유럽에서는 영국, 아시아에서는 일본의 양 동맹국과의 관계강화를 한층 도모하게 된다. 특히 아시아 지역에서 일본은 미국에게 아주 중요하고 귀중한 절대적 동맹국으로 재평가 받게 되었다.

그런 의미에서 미군재편이란 실은 미일동맹 재편을 노린 것이며, 재편 과정과 결과를 통해 일본을 미국의 군사전략 또는 세계전략에 완벽히 포섭하는 목적을 가진 것이다. 미일동맹 관계가 보다 안정적으로 되기 위해서는 또 다른 아시아의 동맹국인 한국에서 미군의 역할도 재정의 되어야 한다. 평택 기지확장은 주요하게는 중국을 겨냥한 미국의 군사력의 재구축이므로 거기에 긴요한 기지기능을 갖추게 될 것이다.

그건 주한미군기지의 통폐합이라는 이름하의 기지기능의 질적 향상과 전력의 합리적 배치를 목적으로 한 것이 분명하다. 이미 미국은 차기 공격대상국이 북한이 아니라 중국임을 평택의 기지기능의 확대를 통해 증명하고 있는 것이다.

그럼 한국에서 미군재편은 대체 어떤 의미를 가지는 것일까? 이미 한국에서는 뛰어난 분석이 나오고 있지만, 미군재편의 최대 포인트는 이를 기회로 미국 정부가 한국 정부를 압박해 주한미군의 전략적 유연성을 받아들이도록 하는 것이다. 결국 미군기지 재편은 자유자재로 해외에 파견될 수 있는 능력과 장비를 보유한 기동부대로 주한미군이 전환된다는 것을 의미한다. 그렇게 되면 주한미군이 대중국 포위전략의 긴요한 임무를 수행하는 부대로 재편되고 한국 영토가 출격기지로 될 가능성이 높아진다. 그건 동시에, 가령 미국이 북한을 공격하면 한국군도 따라서 북한을 향해 기동전개하게 된다. 서울 이북의 미군기지를 서울 이남으로 이전하는 군사적 이유는 북한군의 장거리포의 사정거리 밖으로 부대를 이동한다는 소극적 이유 이상으로, 더욱 유연하게 기동전개를 할 수 있도록 하기 위한 것이다.

군사 상식으로는 주한미군이 평택에 일대 집적하여 기지를 설정하고, 여기를 거점으로 북한 침공작전이 전개가능하다면 그건 동시에 북한 이외의 영역으로의 전개도 가능하게 된다. 어떻든 휴전선 근처에 전개하는 것 이상으로 주한미군의 북한 침공이 편리해졌다고 할 수 있다. 그런 의미에서 평택기지의 기지 기능 확대는 남북의 평화통일이라는 전망을 저해하는 것으로 볼 수 있다. 평화통일을 희구한다면 평택기지의 확대를 허락해서는 안 된다.

그런 상황하에서 필자는 한 가지 이해하기 힘든 문제가 있다. 한국 노(盧) 정권하에서 2006년의 국방비가 전년도에 비해 9.8%나 늘어난 점이다. 노 정권은 한미군사동맹을 중시하면서도 다른 한편에서는 한국의 독자적 방위구상을 '자주국방'의 이름으로 주장하고 있다. 한국군의 증강 의도가 미국의 제1의 가상 적국인 중국에 대비한 것인지, 아니면 아시아에서 최대 군사 대국인 일본에 대한 대항과 경계로부터 온 것인지 불투명하다. 그러나 그것이 곧 남북한의 평화통일이나 한일관계 및 동북 아시아의 긴장 격화에 연동하는 것이 아니라고 믿고 싶다.

7. 남북한 자주통일의 가능성과 한일관계

오늘날 자민당을 주축으로 하는 3당 연립정권이 끊임없이 '규제완화'

'구조개혁' 등의 말을 반복할 수밖에 없는 것은 자민당 자체를 포함해서 일본의 보수체제가 민족주의적 정당세력으로서는 이미 존립할 수 없다는 것을 보여준다.

더욱이 회사주의(기업경영)의 면에서 보더라도 벌써 대부분의 기업은 다국적화하지 않으면 살아남을 수 없다. 덧붙여 세계의 구조적 불황하에서 세계경제가 블록화 하면서 주지하듯이 자본주의 간의 연합형태를 취할 수밖에 없다. 국내외를 막론하고 기업의 흡수 합병이 아주 급격히 진행되는 현실은, 동서냉전에 의해 보호되어온 기업사회도 본격적인 국제경쟁 시대의 앞에서 변화를 하지 않을 수 없도록 만들고 있다.

전후 일본사회 및 일본의 보수체제를 분석하면서 강조하고 싶은 것은, 일본의 전후 보수주의의 본질로서의 비자립성(=종속성)이다. 그 때문에 일본의 정치 경제는 언제나 미국의 세계정치 군사전략, 바꿔 말하면 외적조건에 따라서 불안정한 변동을 강요 당해왔고 그런 의미에서 미국에 대한 종속성으로 일관해 있다.

전후 일본의 보수체제는 내실이 취약할 수밖에 없었다. 문제는 취약함을 보완하기 위해 다시 군사력에 의존하는 체질이 강화될 위험성이다. 또 문제는 일련의 유사법제 정비가 상징하듯이, 한편으로 민주주의를 강조하는 듯이 보이면서 실제로는 그 안에서 극히 편협한 민족주의나 군사주의, 더욱이 파시즘의 정치사상이 아주 뚜렷이 숨쉬기 시작하였다는 점이다. 고이즈미 총리의 야스쿠니 신사 공식참배문제나 집단적자위권에 대한 선을 넘어선 발언, 또 최근 부상하고 있는 UN상임이사국에 들어가려는 움직임 등을 그 사례로 지적할 수 있다.

새로운 형태를 띠고 등장하는 현 일본의 보수체제는 군사체제의 구축에서 보는 것처럼 새로운 군사국가 일본을 민주주의적 절차를 거쳐 만들어 내려고 하며, 그런 한에서는 자립적이며 주체적인 평화주의의 확립이라는 본래 의미의 민주주의 국가 일본의 길은 멀어질 뿐이다.

가까운 미래의 아시아 나라들의 민중, 특히 한일관계를 포함해서 말하면, 일본은 미국의 군사력 재편계획에 나타난 중국 포위전략에 규정되면서 이에 호응하는 국내체제를 갖추게 되고, 그 결과 중국을 포함한 아시아 국가 민중과의 화해와 공생프로그램은 현재 상황에서 후퇴할 수밖에 없다.

현재, 다양한 선택을 예상해 볼 수 있지만 남북한의 평화통일 움직임은 객관적 관점에서 역사적 흐름이 되었고, 그 결과 한반도를 기점으로 하는 아시아 냉전구조는 실질적으로는 종언을 맞고 있다. 그런데도 불구하고, 냉전구조를 고수함으로써 유지되는 일본의 보수체제는 자기변혁을 강요받으면서도, 자신을 유사국가, 군사국가로 변신시키는 것으로 연명을 도모하고 있다. 그 구체적 예가 미군재편에 편승한 것이며, 이에 연동한 헌법개악의 움직임이다.

미국이 일본이나 한국에 전개하는 군사력재편계획, 소위 '미군재편(GRR)'은 실은 제국주의 국가 미국이, 특히 미국의 전략적 경쟁자로 여기는 중국을 군사력으로 포위하는 전략의 일환이다. 그것은 미국의 세계패권주의의 구체화다. 또 이것은 계속해서 동아시아 지역에 미국의 대규모 군사력이 정착하는 것을 의미한다.

그것은 평화통일을 간절히 바라는 한국과 북한 사람들에게도, 또 이를 적극적으로 지지하는 일본 사람들에게도 극히 우려해야 할 사태를 의미한다. 왜냐하면, 평화통일의 대전제로서 장래 한반도 전체의 비무장화가 불가결하기 때문이다. 최종적으로 평화를 보장하는 것은 군사력에 의존하지 않는 시스템의 구축이며, 그 방향 속에서 우리들은 평화통일에 관한 전망을 논의해야 한다.

지금 우리들이 미군재편을 과감하게 비판하는 운동을 진행하는 것은 군사력의 위협에서 해방된 시스템의 구축을 어디까지나 민중의 시점에서 창조해가고자 하기 때문이다. 그것이 문자 그대로 평화창조이며 도달해야 할 목표라고 생각된다.

그렇지만 일본의 새로운 보수체제를 갖고서는 아시아 국가들의 정부 및 민중과 진정한 교류를 굳건히 해나가는 것을 기대할 수 없다. 그래서 우리 일본 국민은 이러한 보수체제의 단계적 청산을 요구하고, 또 일본의 시민사회에 뿌리내린 배타주의적 민족주의에서 해방되기 위한 사상을 키우고, 그 행동을 일상화해야 한다고 생각한다.

이런 방향으로 과감히 수정과 변혁을 하지 않는 한, 또다시 일본은 미국의 어깨너머로밖에 아시아의 민중들과 마주하지 못할 것이다.

지금 한국과 일본의 동지들은 미군 재편 및 기지강화 요구를 단호히 반대하고, 한반도 평화통일의 실현이 결국 진정한 평화공존의 방법임을 자각하고, 연대를 강화해야 한다. 우리는 지금 시험당하고 있다. 정말 우리에게 평화공존을 이룰 실천력과 지혜가 있는지 어떤지를. 나는 단언한다. 우리가 모든 기회를 통해서 한일연대를 강화하고, 같이 실천해간다면 기필코 길이 열릴 것이다.

▌필자 저서 일람

1) 『總力戰体制研究─日本陸軍の國家總力戰構想』(1981.7., 三一書房)
2) 『近代日本の政軍關係─軍人政治家田中義一の軌跡』(1987.1., 大學教育社)
3) 『防諜政策と民衆─國家秘密法制史の檢証』(1991.10., 昭和出版)
4) 『PKO協力法体制』(1992.10., 梓書店)

5) 『現代政治の課題－戰爭·平和·人權·環境の連關構造を考える』(1994.1., 北樹出版)

6) 『日米安保体制の歷史と構造』(1995.8., 長周新聞社)

7) 『日本海軍の終戰工作－アジア太平洋戰爭の再檢証』(1996.6., 中央公論社)

8) 『檢証·新ガイドライン安保体制』(1998.2., インパクト出版會)

9) 『日本陸軍の總力戰政策』(1999.3., 大學敎育出版)

10) 『侵略戰爭－歷史事實と歷史認識』(1999.7., 筑摩書房)

11) 『周辺事態法－新たな地域總動員 有事法制の時代』(2000.3., 社會評論社)

12) 『有事法制とは何か－その史的檢証と現段階』(2002.3., インパクト出版會)

13) 『有事法にだまされるな』(2002.12., 凱風社)

14) 『有事体制論－派兵國家を超えて』(2004.6., インパクト出版會)

15) 『近代日本政軍關係史の研究』(2005.3., 岩波書店)

16) 『文民統制　自衛隊はどこへ行くのか』(2005.6., 岩波書店)

17) 『戰爭と平和の政治學』(2005.9., 北樹出版)

18) 『侵略戰爭－歷史事實と歷史認識』(韓國: 凡友社, 2006.5., 韓國語)

19) 『憲法９條と日本の臨戰体制』(2006.11., 凱風社)

20) 『聖斷虛構と昭和天皇』(2006.12., 新日本出版社)

21) 『侵略戰爭－歷史事實與歷史認識』(台湾: 高雄復文圖書出版社, 2007.5., 中國語)

제4차 6자회담 공동성명(2005.9.19. 베이징)

제4차 6자회담이 베이징에서 중화인민공화국, 조선민주주의인민공화국, 일본, 대한민국, 러시아연방, 미합중국이 참석한 가운데 2005년 7월 26일부터 8월 7일까지 그리고 9월 13일부터 19일까지 개최되었다.

우다웨이 중화인민공화국 외교부 부부장, 김계관 조선민주주의인민공화국 외무성 부상, 사사에 켄이치로 일본 외무성 아시아대양주 국장, 송민순 대한민국 외교통상부 차관보, 알렉세예프 러시아 외무부 차관, 그리고 크리스토퍼 힐 미합중국 국무부 동아태 차관보가 각 대표단의 수석대표로 동 회담에 참석했다.

우다웨이 부부장은 동 회담의 의장을 맡았다.

한반도와 동북아시아 전반의 평화와 안정이라는 대의를 위해, 6자는 상호 존중과 평등의 정신하에, 지난 3회에 걸친 회담에서 이루어진 공동의 이해를 기반으로, 한반도의 비핵화에 대해 진지하면서도 실질적인 회담을 가졌으며, 이러한 맥락에서 다음과 같이 합의했다.

1. 6자는 6자회담의 목표가 한반도의 검증가능한 비핵화를 평화적인 방법으로 달성하는 것임을 만장일치로 재확인했다.

   조선민주주의인민공화국은 모든 핵무기와 현존하는 핵계획을 포기할 것과, 조속한 시일 내에 핵확산금지조약(NPT)과 국제원자력기구(IAEA)의 안전조치에 복귀할 것을 공약했다.

미합중국은 한반도에 핵무기를 갖고 있지 않으며, 핵무기 또는 재래식 무기로 조선민주주의인민공화국을 공격 또는 침공할 의사가 없다는 것을 확인했다.

대한민국은 자국 영토 내에 핵무기가 존재하지 않는다는 것을 확인하면서, 1992년도 「한반도의 비핵화에 관한 남북공동선언」에 따라, 핵무기를 접수 또는 배비하지 않겠다는 공약을 재확인했다.

1992년도 「한반도의 비핵화에 관한 남북공동선언」은 준수, 이행되어야 한다.

조선민주주의인민공화국은 핵에너지의 평화적 이용에 관한 권리를 가지고 있다고 밝혔다. 여타 당사국들은 이에 대한 존중을 표명했고, 적절한 시기에 조선민주주의인민공화국에 대한 경수로 제공 문제에 대해 논의하는 데 동의했다.

2. 6자는 상호 관계에 있어 국제연합헌장의 목적과 원칙 및 국제관계에서 인정된 규범을 준수할 것을 약속했다.

조선민주주의인민공화국과 미합중국은 상호 주권을 존중하고, 평화적으로 공존하며, 각자의 정책에 따라 관계정상화를 위한 조치를 취할 것을 약속했다.

조선민주주의인민공화국과 일본은 평양선언에 따라, 불행했던 과거와 현안사항의 해결을 기초로 하여 관계정상화를 위한 조치를 취할 것을 약속했다.

3. 6자는 에너지, 교역 및 투자 분야에서의 경제협력을 양자 및 다자적
으로 증진시킬 것을 약속했다.

중화인민공화국, 일본, 대한민국, 러시아연방 및 미합중국은 조선민
주주의인민공화국에 대해 에너지 지원을 제공할 용의를 표명했다.
대한민국은 조선민주주의인민공화국에 대한 2백만킬로와트의 전력
공급에 관한 2005년 7월 12일자 제안을 재확인했다.

4. 6자는 동북아시아의 항구적인 평화와 안정을 위해 공동 노력할 것을
공약했다.

직접 관련 당사국들은 적절한 별도 포럼에서 한반도의 영구적(perma-
nent) 평화체제에 관한 협상을 가질 것이다.
6자는 동북아시아에서의 안보협력 증진을 위한 방안과 수단을 모색
하기로 합의했다.

5. 6자는 '공약 대 공약', '행동 대 행동' 원칙에 입각하여 단계적 방식으
로 상기 합의의 이행을 위해 상호 조율된 조치를 취할 것을 합의했다.

6. 6자는 제5차 6자회담을 11월초 북경에서 협의를 통해 결정되는 일자
에 개최하기로 합의했다.

* 출처: 대한민국 외교통상부

'9·19공동성명 이행을 위한 초기조치'와 '대북지원부담의 분담에 관한 합의 의사록' 전문(2007.2.13. 베이징)

남북한과 미국 중국 러시아 일본 등 6자회담 참가국들은 2007년 2월 13일 오후 중국 베이징(北京) 댜오위타이(釣魚臺)에서 열린 제5차 6자회담 3단계회의의 합의결과를 담은 '9·19공동성명 이행을 위한 초기조치'를 채택했다.

다음은 '9·19공동성명 이행을 위한 초기조치' 전문과 '대북지원부담의 분담에 관한 합의 의사록' 전문이다.

9·19공동성명 이행을 위한 초기조치

Ⅰ. 참가국들은 2005년 9월 19일 공동성명의 이행을 위해 초기 단계에서 각 국이 취해야 할 조치에 관해 진지하게 생산적인 협의를 했다. 참가국들은 한반도비핵화를 조기에 평화적으로 달성하기 위한 공동의 목표와 의지를 재확인했으며 공동성명 상의 공약을 성실히 이행할 것이라는 점을 재확인했다. 참가국들은 '행동 대 행동' 원칙에 따라 단계적으로 공동성명을 이행하기 위해 상호 조율된 조치를 취하기로 합의했다.

Ⅱ. 참가국들은 초기단계에 다음과 같은 조치를 병렬적으로 취하기로 합의했다.

1. 조선민주주의인민공화국은 궁극적인 포기를 목적으로 재처리 시설을 포함한 영변 핵시설을 폐쇄·봉인하고 IAEA와의 합의에 따라 모든 필요한 감시 및 검증 활동을 수행하기 위해 IAEA 요원을 복귀토록 초청한다.

2. 조선민주주의인민공화국은 9·19공동성명에 따라 포기하도록 돼있는 사용 후 연료봉으로부터 추출된 플루토늄을 포함, 성명에 명기된 모든 핵 프로그램의 목록을 여타 참가국들과 협의한다.

3. 조선민주주의인민공화국과 미국은 양자 간 현안을 해결하고 전면적 외교관계로 나아가기 위한 양자대화를 개시한다. 미국은 조선민주주의인민공화국을 테러지원국 지정으로부터 해제하기 위한 과정을 개시하고, 조선민주주의인민공화국에 대한 대적성국 교역법 적용을 종료시키기 위한 과정을 진전시켜 나간다.

4. 조선민주주의인민공화국과 일본은 불행한 과거와 미결 관심사안의 해결을 기반으로 평양선언에 따라 양국 관계 정상화를 취해 나가는 것을 목표로 양자대화를 개시한다.

5. 참가국은 9·19공동성명의 1조와 3조를 상기하면서 조선민주주의인민공화국에 대한 경제·에너지·인도적 지원에 협력하기로 합의했다.

이와 관련, 참가국들은 초기단계에서 조선민주주의인민공화국에 대한 긴급 에너지 지원을 제공하기로 합의했다.

중유 5만톤 상당의 긴급 에너지 지원의 최초 운송은 60일 이내에 개시된다.

참가국들은 상기 초기조치들이 향후 60일 이내에 이행되며 이러한 목표를 향해 상호 조율된 조치를 취한다는 데 합의했다.

III. 참가국들은 초기조치를 이행하고 공동성명의 완전한 이행을 목표로 다음과 같은 실무그룹(W/G)을 설치하는 데 합의했다.

1. 한반도비핵화
2. 미·북 관계정상화
3. 일·북 관계정상화
4. 경제 및 에너지 협력
5. 동북아시아 평화·안보 체제(mechanism)

실무그룹들은 각자의 분야에서 9·19공동성명의 이행을 위한 구체적 계획을 협의하고 수립한다. 실무그룹들은 각각의 작업 진전에 관해 6자회담 수석대표회의에 보고한다. 원칙적으로 한 실무그룹의 진전은 다른 실무그룹의 진전에 영향을 주지 않는다. 5개 실무그룹에서 만들어진 계획은 상호 조율된 방식으로 전체적으로 이행될 것이다.

참가국들은 모든 실무그룹 회의를 향후 30일 이내에 개최하는 데 합의했다.

IV. 초기조치 기간 및 조선민주주의인민공화국의 모든 핵프로그램에 대한 완전한 신고와 흑연감속로 및 재처리시설을 포함하는 모든 현존하는 핵시설의 불능화를 포함하는 다음 단계 기간 중, 조선민주주의인민공화국에 최초 선적분인 중유 5만톤 상당의 지원을 포함한 중유 100만t 상당의 경제·에너지·인도적 지원이 제공된다.

상기 지원에 대한 세부사항은 경제 및 에너지 협력 실무그룹의 협의와 적절한 평가를 통해 결정된다.

V. 초기조치가 이행되는 대로 6자는 9·19공동성명의 이행을 확인하고 동북아 안보협력 증진방안 모색을 위한 장관급회담을 신속하게 개최한다.

VI. 참가국들은 상호신뢰를 증진시키기 위한 긍정적인 조치를 취하고 동북아에서의 지속적인 평화와 안정을 위한 공동노력을 할 것을 재확인했다. 직접 관련 당사국들은 적절한 별도 포럼에서 한반도의 영구적(permanent) 평화체제에 관한 협상을 갖는다.

VII. 참가국들은 실무그룹의 보고를 청취하고 다음 단계 행동에 관한 협의를 위해 제6차 6자회담을 2007년 3월 19일에 개최하기로 합의했다.

대북 지원부담의 분담에 관한 합의 의사록

중국, 미국, 러시아, 한국은 각 국 정부의 결정에 따라 II조 5항 및 IV조에 규정된 조선민주주의인민공화국에 대한 지원 부담을 평등과 형평의 원칙에 기초하여 분담할 것에 합의하고, 일본이 자국의 우려 사항이 다뤄지는 대로 동일한 원칙에 따라 참여하기를 기대하며 또 이 과정에서 국제사회의 참여를 환영한다.

* 출처: 대한민국 외교통상부

지은이 소개

강정구
위스콘신 매디슨 대학 사회학 박사, 현 동국대학교 사회학과 교수,
한미관계연구회 회장, 평통사 부설 평화·통일연구소 소장
저서: 『민족의 생명권과 통일』, 『현대 한국사회의 이해와 전망』 외

고영대
단국대학교 사회학과 졸업, 현 평통사 부설 평화·통일연구소 상임연구위원,
전 민족화해자주통일협의회 집행위원장, 전 평화와 통일을 여는 사람들 사무처장

고케츠 아츠시(纐纈 厚)
현 야마구치대학(山口大學) 인문학부 겸 야마구치대학 독립대학원 동아시아연구
과 교수, 연구특임교수
저서: 『침략전쟁』, 『부활하는 일본의 군국주의』 외

김승국
철학박사, 평화활동가, 현 평화만들기 대표, 민족화합운동연합 공동의장
저서: 『오만한 나라 미국』, 『한국의 핵문제 핵인식론』, 『겨레의 칠성판 핵』 외

김진환
(사)현대사연구소 상임연구원, 동국대학교 강사

박기학
서울대학교 경제학과 졸업, 현 평화·통일연구소 연구위원

이재봉
원광대학교 정치외교학과 교수, 남이랑북이랑 더불어 살기 위한 통일운동 대표

이철기
동국대학교 대학원 정치학 박사, 현 동국대학교 법정대학 국제관계학과 교수,
경실련 통일협회 정책위원장 역임
저서: 『동북아 군축론: 신동북아질서의 모색』, 『21세기 국제관계와 한반도』(공저)

허영구
현 민주노총 부위원장, 투기자본감시센터 공동대표,
한미FTA저지 범국민운동본부 공동 집행위원장
저서: 『그래, 우린 노동자요!』, 『노동의 불복종』, 『진보정치를 위하여』 외

한호석
현 통일학연구소 소장
저서: 『평양회담과 연방제통일의 길』, 『자주적 민주정부와 자주적 통일정부를
      향하여』

전환기 한미관계의 새판짜기 2

ⓒ 평화·통일연구소, 2007

엮은이 ∣ 평화·통일연구소
지은이 ∣ 강정구·고영대·고케츠 아츠시·김승국·김진환·
         박기학·이재봉·이철기·한호석·허영구
펴낸이 ∣ 김종수
펴낸곳 ∣ 도서출판 한울

편집책임 ∣ 김현대

초판 1쇄 인쇄 ∣ 2007년 8월 14일
초판 1쇄 발행 ∣ 2007년 8월 24일

주소 ∣ 413-832 파주시 교하읍 문발리 507-2(본사)
       121-801 서울시 마포구 공덕동 105-90 서울빌딩 3층(서울 사무소)
전화 ∣ 영업 02-326-0095, 편집 02-336-6183
팩스 ∣ 02-333-7543
홈페이지 ∣ www.hanulbooks.co.kr
등록 ∣ 1980년 3월 13일, 제406-2003-051호

Printed in Korea.
ISBN 978-89-460-3793-9   03340

* 가격은 겉표지에 표시되어 있습니다.